国家重点档案专项资金资助项目

抗日战争档案汇编

溥仪私藏伪满档案

1

辽宁省档案馆　编

中華書局

图书在版编目（CIP）数据

溥仪私藏伪满档案 / 辽宁省档案馆编．－北京：中华书局, 2020.6
（抗日战争档案汇编）
ISBN 978-7-101-14511-3

Ⅰ．溥… Ⅱ．辽… Ⅲ．伪满洲国 (1932) －历史档案－史料 Ⅳ．K265.610.6

中国版本图书馆 CIP 数据核字 (2020) 第 059356 号

书　　名　溥仪私藏伪满档案（全二册）
丛 书 名　抗日战争档案汇编
编　　者　辽宁省档案馆
策划编辑　许旭虹
责任编辑　李晓燕
装帧设计　许丽娟
出版发行　中华书局
（北京市丰台区太平桥西里38号　100073）
http://www.zhbc.com.cn
E-mail:zhbc@zhbc.com.cn
图文制版　北京禾风雅艺文化发展有限公司
印　　刷　天津艺嘉印刷科技有限公司
版　　次　2020年6月北京第1版
2020年6月第1次印刷
规　　格　开本889×1194毫米　1/16
印张46½
国际书号　ISBN 978-7-101-14511-3
定　　价　750.00元

抗日战争档案汇编编委会

编纂出版工作领导小组

组　长　李明华

副组长　胡旺林　王绍忠　付　华　刘鲤生

编纂委员会

主　任　李明华

副主任　王绍忠

顾　问　杨冬权

成　员（按姓氏笔画为序排列）

于学蕴　于晶霞　马振犊　王　放　孔凡春　田　洪

付　杰　白明标　邢建榕　刘玉峰　刘新华　许桂清

苏东亮　杜　梅　李华强　李宗春　吴志强　张荣斌

林　真　罗亚夫　郑惠姿　孟玉林　赵国强　赵　深

胡元潮　耿树伟　徐春阳　徐　峰　黄凤平　黄菊艳

常建宏　覃兰花　程　勇　程潜龙　焦东华　谭向文

编纂出版工作领导小组办公室

主　任　常建宏

副主任　李莉娜　孙秋浦

成　员（按姓氏笔画为序排列）

石　勇　李　宁　贾　坤

溥仪私藏伪满档案编委会

编纂委员会

总序

为深入贯彻落实习近平总书记「让历史说话，用史实发言，深入开展中国人民抗日战争研究」的重要指示精神，国家档案局根据《全国档案事业发展「十三五」规划纲要》和《「十三五」时期国家重点档案保护与开发工作总体规划》的有关安排，决定全面系统地整理全国各级综合档案馆馆藏抗战档案，编纂出版《抗日战争档案汇编》（以下简称《汇编》）。

中国人民抗日战争是近代以来中国反抗外敌入侵第一次取得完全胜利的民族解放战争，开辟了中华民族伟大复兴的光明前景。这一伟大胜利，也是中国人民为世界反法西斯战争胜利、维护世界和平作出的重大贡献。加强中国人民抗日战争研究，具有重要的历史意义和现实意义。

全国各级档案馆保存的抗战档案，数量众多，内容丰富，全面记录了中国人民抗日战争的艰辛历程，是研究抗战历史的珍贵史料。一直以来，全国各级档案馆十分重视抗战档案的开发利用，陆续出版公布了一大批抗战档案，对揭露日本帝国主义侵华罪行，讴歌中华儿女勠力同心、不屈不挠抗击侵略的伟大壮举，弘扬伟大的抗战精神，引导正确的历史认知，发挥了积极作用。特别是国家档案局组织有关方面共同努力和积极推动，「南京大屠杀档案」被联合国教科文组织评选为「世界记忆遗产」，列入《世界记忆名录》，捍卫了历史真相，在国际上产生了广泛而深远的影响。

全国各级档案馆馆藏抗战档案开发利用工作虽然取得了一定的成果，但是，在档案信息资源开发的系统性和深入性方面仍显不足。正如习近平总书记所指出的：「同中国人民抗日战争的历史地位和历史意义相比，同这场战争对中华民族和世界的影响相比，我们的抗战研究还远远不够，要继续进行深入系统的研究。」「抗战研究要深入，就要更多通过档案、资料、事实、当事人证词等各种人证、物证来说话。要加强资料收集和整理这一基础性工作，全面整理我国各地抗战档案、照片、资料、实物等……」

国家档案局组织编纂《汇编》，对全国各级档案馆馆藏抗战档案进行深入系统地开发，是档案部门贯彻落实习近平总书记重要指示精神，推动深入开展中国人民抗日战争研究的一项重要举措。本书的编纂力图准确把握中国人民抗日战争的历史进程、主流和本质，用详实的档案全面反映一九三一年九一八事变后十四年抗战的全过程，反映中国共产党在抗日战争中的中流砥柱作用以及中国人民抗日战争在世界反法西斯战争中的重要地位，反映国共两党「兄弟阋于墙，外御其侮」进行合作抗战、共同捍卫民族尊严的历史，反映各民族、各阶层及海外华侨共同参与抗战的壮举，展现中国人民抗日战争的伟大意义，以历史档案揭露日本侵华暴行，揭示日本军国主义反人类、反和平的实质。

编纂《汇编》是一项浩繁而艰巨的系统工程。为保证这项工作的有序推进，国家档案局制订了总体规划和详细的实施方案，明确了指导思想、工作步骤和编纂要求。为保证编纂成果的科学性、准确性和严肃性，国家档案局组织专家对选题进行全面论证，对编纂成果进行严格审核。

各级档案馆高度重视并积极参与到《汇编》工作之中，通过全面清理馆藏抗战档案，将政治、军事、外交、经济、文化、宣传、教育等多个领域涉及抗战的内容列入选材范围。入选档案包括公文、电报、传单、文告、日记、照片、图表等多种类型。在编纂过程中，坚持实事求是的原则和科学严谨的态度，对所收录的每一件档案都仔细鉴定、甄别与考证，维护档案文献的真实性，彰显档案文献的权威性。同时，以《汇编》编纂工作为契机，以项目谋发展，用实干育人才，带动国家重点档案保护与开发，夯实档案馆基础业务，提高档案人员的业务水平，促进档案馆各项事业的发展。

守护历史，传承文明，是档案部门的重要责任。我们相信，编纂出版《汇编》，对于记录抗战历史，弘扬抗战精神，发挥档案留史存鉴、资政育人的作用，更好地服务于新时代中国特色社会主义文化建设，都具有极其重要的意义。

抗日战争档案汇编编纂委员会

编辑说明

一九三一年九月十八日，日本帝国主义发动九一八事变，进而武装侵占中国东北地区，并于一九三二年三月，策划成立伪满洲国，扶植起以前清末代皇帝溥仪为首的汉奸傀儡政权，作为其在东北实行殖民统治的工具，使我国的东北沦陷十四年。随着日本战败，伪满洲国于一九四五年八月十八日覆亡。

本书选用档案为辽宁省档案馆馆藏的关于溥仪就任伪满执政和称帝后的一段时间内形成的真实记录，这些档案材料，真实地反映了日本扶植傀儡政权的阴谋行径，以及溥仪与其追随者在当时的心理状态和种种活动。主要内容包括溥仪同日本勾结的密约；为恢复帝制派人到东京活动的往来电报；溥仪的老师陈宝琛等人写给溥仪的密信；溥仪同外国人交往活动的记录及信函；专供溥仪参阅的国内外报刊抄件及译稿等。这些档案以确凿的证据揭露了日本帝国主义者操纵控制伪政权，并扩大对中国侵略的历史事实。

本书选用档案时间起自一九三二年，迄至一九三六年，按照文件形成时间先后进行排序，文件标题由编者拟写。

本书选用档案均为本馆馆藏原件全文影印，未作删节；如有缺页，为档案自身缺页。

档案标题中人名使用通用名，有名无姓或有姓无名并不可考者，使用档案中的称谓。机构名称使用全称或规范简称，历史地名沿用当时名称。档案所载时间不完整或不准确的，作了补充或订正。只有年份、月份而没有日期的档案，排在本年或本月末。

本书使用规范的简化字。对标题中人名、历史地名、机构名称中出现的繁体字、错别字、不规范异体字、异形字等，予以径改。限于篇幅，本书不作注释。

由于时间紧，档案公布量大，编者水平有限，在编辑过程中可能存在疏漏之处，考订难免有误，欢迎方家斧正。

编　者

二〇一八年十一月二十八日

伪满洲国执政溥仪（右上）、夫人婉容（左）及伪满洲国执政府大楼承先门（右下）

伪满洲国执政溥仪

伪满洲国国务总理郑孝胥

溥仪老师陈宝琛

伪满洲国执政府秘书长胡嗣瑗

国联调查团成员与溥仪会面

伪满执政就任仪式后纪念照。前排右二起，分别为臧式毅、熙洽、罗振玉、张景惠、郑孝胥、溥仪、关东军司令官本庄繁、满铁总裁内田康哉等

伪满洲国皇帝溥仪

伪满洲国皇帝溥仪登基大礼殿宝座

伪满洲国国务院玄关

目录

第二册

后记

東北行政委員會第一次推戴書

伏維有清

聖賢遞作垂三百年深仁厚澤浹於民心辛亥

遜位以不忍塗炭生靈而爭一家一姓之私遽以政權公諸天下

讓德光昭尤爲中外國人同所頂仰詎自共和成立以來紀綱日墮爭戰

頻仍軍閥黨徒迭爲消長禍國殃民於今彌烈而我滿蒙各地既爲殘

暴所凴更受淪胥之苦水深火熱呼籲無門今幸一旦廓清亟應與民

更始爰建新國名曰滿洲惟是天生蒸民必立之長謳歌訟獄民意是

歸事經行政委員會博徵輿論密察群情研慮再三久而復定僉以

前清宣統皇帝冲齡遜政

功德在民念載潛居

鑒閲僉懋謹以我三千萬民衆一致之推戴懇請

權領滿洲新國執政事務想當年救民爲志不惜敝屣尊榮今者仍以救

國爲懷

紆尊屈任正無悖夫初心況遼瀋爲豐鎬舊邦誼同桑梓痌瘝在念何能

恝然務乞

俯徇民意即日就任以慰來蘇之望謹合詞籲請派遣凌陞等賫呈

淵鑒臨牋不勝迫切待命之至

三月三日　東北行政委員會印

宣統皇帝示各省代表諭

予自播越在外退處民間閉戶讀書罕聞外事雖宗國之阽危時軫於私念而救濟之方略未講於平時憂患餘生才微德鮮今三省代表等前來猥以藐藐之躬當茲重任五中驚震彌切慚惶事未更則閱歷之途淺學未裕則經國之術疏加以事變日新多逾常軌際遇艱屯百倍曩昔人民之疾苦已臻其極風俗之邪詖莫知所屆既不可以陳方醫變症更不可以推助徇末流誠所謂危急存亡之秋一髮千鈞之會苟非通達中外融貫古今天生聖哲殆難宏濟斷非薄德所能勝任望別舉賢能造福桑梓勿以負疚之身更貽口實

伪东北行政委员会关于溥仪执政伪满洲国的第二次推戴书（一九三二年三月七日）

東北行政委員會第二次推戴書

前以群情推戴合詞籲請

俯徇民意暫領滿洲新國執政事務伏承

温諭益見

冲懷此次

皇帝矜念滿蒙黎庶屈志救民

盛德謙光同深感戴至日後政體設有違忤不適之處去就自當敬遵

聖意決不敢絲毫相强特再陳明仍懇

星言夙駕以慰三千萬民衆喁喁之望

三月七日　印

宣統皇帝答書

前表愚衷未蒙矜諒更辱推戴感惕交深慨自三省變興久失統治承以大義相責豈敢以暇逸自寬審度再三重違群望今者憲法尚未成立國體尚待決定竊以爲天下無無弊之法所當兩權其重輕才力有不及之時要貴自知其長短固不敢强人而從已亦未敢違道以趨時今與國人預約勉竭愚昧暫任執政一年一年之後如多隕越敬避賢路倘一年之內憲法成立國體決定若與素志相合再當審慎度德量力以定去就若其未合即當辭退此約必得國人公認然後敢承期有出言可踐之實庶免爲德不卒之譏蓋天下有明知其法之善盡心而爲之或有不如初志者矣未有明知其法之不善違心而爲之而或收善果者也覆轍未可重蹈徇人必至失已願得一言以爲息壤此心皦日幸垂諒焉

胡嗣瑗为报国民政府下令逮捕溥仪事给溥仪的签呈稿（一九三二年三月十八日）

附：东京《朝日新闻》译文（一九三二年三月十三日）

日前見本國報載南京黨政府十六日對我
皇上竟發有非常侮辱之逮捕令似非下臣所當繼續闡明實國際
間極為嚴重問題未可邑蔑不論當即面商沈瑞麟
躬詢鄭孝胥實使善勝吏安慕如何辦法須即電詰
問我國政府言態模稜復見東京朝日新聞載明該
黨政府十六日通令全國對于加滿洲國之中國人援照緊
急治罪法及懲匪總治法從嚴處罰云云謹照原報譯
呈
在我國國法絕難容日方將亦甚漠視
御覽足證十二兩日一令必非下臣可否請飭
皇上諭飭沈瑞麟與日大使館速籌對策臣不勝迫切

徨(?)約 命之亟 二月十二日電(?)坤(?)謹報

昨聞日方將與(提)經濟協訂之說不知確否竊查鄭孝胥迎

洽此行職在修聘並未奉有全權訂約明文與(談)彼方果有

見於文字之提議必須預行請

旨不得經予簽訂俟兩特使

陛辭時相請

對切詢詳俾有遵循遇事不免延(?)[illegible]而致周(?)[illegible] 伏候

聖鑒(裁)施行 二月十四日(?)電(?)

南京十二日電　國民政府於十一日通令全國各機關聲明對於滿洲國之態度以參加滿洲國之本國人認為賣國行為按照緊急治罪法及盜匪懲治條例從嚴處罰因此正在醞釀之日支兩國關係又見逆轉殊為可憂政府所以出此者因三月一日立法院開會時曾有一部分委員不滿政府對於滿洲帝制所持之態度大肆抨擊至七日中央政治會議更以此問題為中心並涉及中日支間諸問題爭論相持甚久以張繼為首中央委員並以此次三月一日我駐

屯軍舉行演習顯背條約攻擊日本甚力要求外交當局迅予日方交涉保證此後不得再有類此違約舉動此外如最近有吉與汪累次相見亦要求宣佈交涉內容聞汪氏答以中日關係不可再見惡化此為政府對日之外交方針此外并未進一步故解決日支懸案此尚非其時總而言之此次發表既令刺激人心不少政府之對日方針既趨於惡化則解決日支懸案此實為一大阻礙也

右譯三月十二日東京朝日新聞

9

25-4

郑孝胥在汤岗子拟交日本关东军司令官本庄繁的《日满密约》底稿（一九三二年三月）

八月十八日
照抄湯崗子行次鄭孝胥鄭垂手呈軍司令部擬來請
上發致本庄繁函第一稿 聞尚有第二次稿在孝胥父子手俟索來再抄

逕啓者此次滿洲事變以來
貴國竭力維持滿蒙全境之治安以致
貴國軍隊及其人民均受重大之犧牲本　深表
感謝且確認關於此後敝國之安全及發展
貴國之援助指導實有絕對之必要爲此對於左開各
項特求
貴國援助
一敝國關於敝國之國防及維持治安委諸

貴國而其所需經費均由敝國負擔
二 敝國承認
貴國軍隊認為國防上必要已修鐵路之管理並新路之布
設均委諸
貴國或
貴國所指定之機關
三 敝國對於
貴國軍隊認為必要之各種施設竭力援助

四、敝國參議府就
貴國人選有達識名望者任為參議其他中央及地方
各官署有必要之官吏亦任用
貴國人而其人物之選定委諸
貴軍司令官其解職應得
貴軍司令官之同意前項參議之人數參議總數更改
時若有
貴國希望則依
貴我兩國協議增減之
五、希望並據約於

貴國希望之時期由兩國締結正式條約時即以上開各

項之精神及規定為基本

此致

大日本帝國關東軍司令官本庄 繁

年 月 日

129

溥仪致日本皇帝的「国书」胡嗣瑗的签呈（一九三二年四月二十八日）

外交部擬呈國書稿大致可用惟稱大日本國旁添一帝
字與向來書法不合似仍以稱大日本國為宜又並代達
本執政實心友好之意句多出一上字似可節去伏候
御筆削定交下再發該部恭繕

臣胡嗣瑗謹簽 四月二十八日

130
4-1

伪满洲国外交部所拟的原稿（一九三二年十月十二日）

滿洲國政府

滿洲國執政○○謹致書於[illegible]英武
大日本帝國皇帝陛下敬[illegible]者客秋
貴國駐滿軍隊因正當之自衛消滅滿洲舊軍閥之勢力其時滿洲全體民衆[illegible]
嘗不良政治之痛苦因利乘便群議組織新國以謀享受王道之幸福遂於本年
三月建立滿洲新國家數月以來迭荷
貴國軍隊及官民予我新國家之[illegible]助者至深且厚復於八月十五日[illegible]
貴大皇帝陛下特派全權大使武藤信義與[illegible]委任之國務總理鄭孝胥相互簽
押議定書[illegible]以確[illegible]敝國之獨立[illegible]並以兩國共同防衛之旨趣使敝國
能消內外之脅威一體同心專力於保障東亞民族之康寧實[illegible]與敝國人民
所同聲感謝者嗣後敝國當以全國之資源企圖發達以求兩國之國力增進尤
盼望
貴國臣民以卓越之組織力輔助敝國使敝國國防得以鞏固治安得以維持資

需—0101　　(B列5號)

滿洲國政府

源得以開發庶幾王道之治得以彰明茲特派敝國外交部總長謝介石趨赴

闕下虔申謝意以謀兩國極密切之親善敬祈

賜與陛見俾得代達悃忱用特具書達臚恭祝

貴大皇帝陛下政躬安泰國運隆昌不勝企幸之至

滿洲國執政○○印

大同元年十月十二日

大滿洲國執政謹致書於

大日本帝國皇帝陛下敬啓者客秋

貴國駐滿軍隊因正當之自衛清滅滿洲舊軍閥之勢力其時滿洲

全體民衆皇皇無所依歸群議組織新國以謀享受王道之幸福遂於

本年三月建立滿洲新國家推戴予為執政數月以來迭荷

貴國尊重我滿洲之領土權及民衆之意思予我新國家以贊助者至

深且厚復於九月十五日承

貴大皇帝陛下特派全權大使武藤信義與予委任之國務總理鄭

孝胥相互簽押議定書確認敝國之獨立並以兩國共同防衛之旨趣使

敝國能清弭內外之脅威一體同心專力於保障東亞民族之康寧實予

與敝國人民所同聲感謝者嗣後敝國當以全國之資源企圖發達以求兩國
之國力共同增進光明之望
貴國以永遠鞏固兩國向善隣之關係力予輔助使敝國國防得以鞏固
治安得以維持資源得以開發庶幾王道之治得以彰明茲特派敝國外交
部總長謝介石趨赴
闕下虔申謝忱以謀兩國極密切之親善敬祈
賜與陛見俾得代達悃忱用特具書達朕恭祝
貴大皇帝陛下政躬安泰國運隆昌不勝企幸之至
大滿洲國執政
大同元年十月十二日

陈宝琛汇报其平津活动情况致胡嗣瑗的信（一九三二年八月十一日）

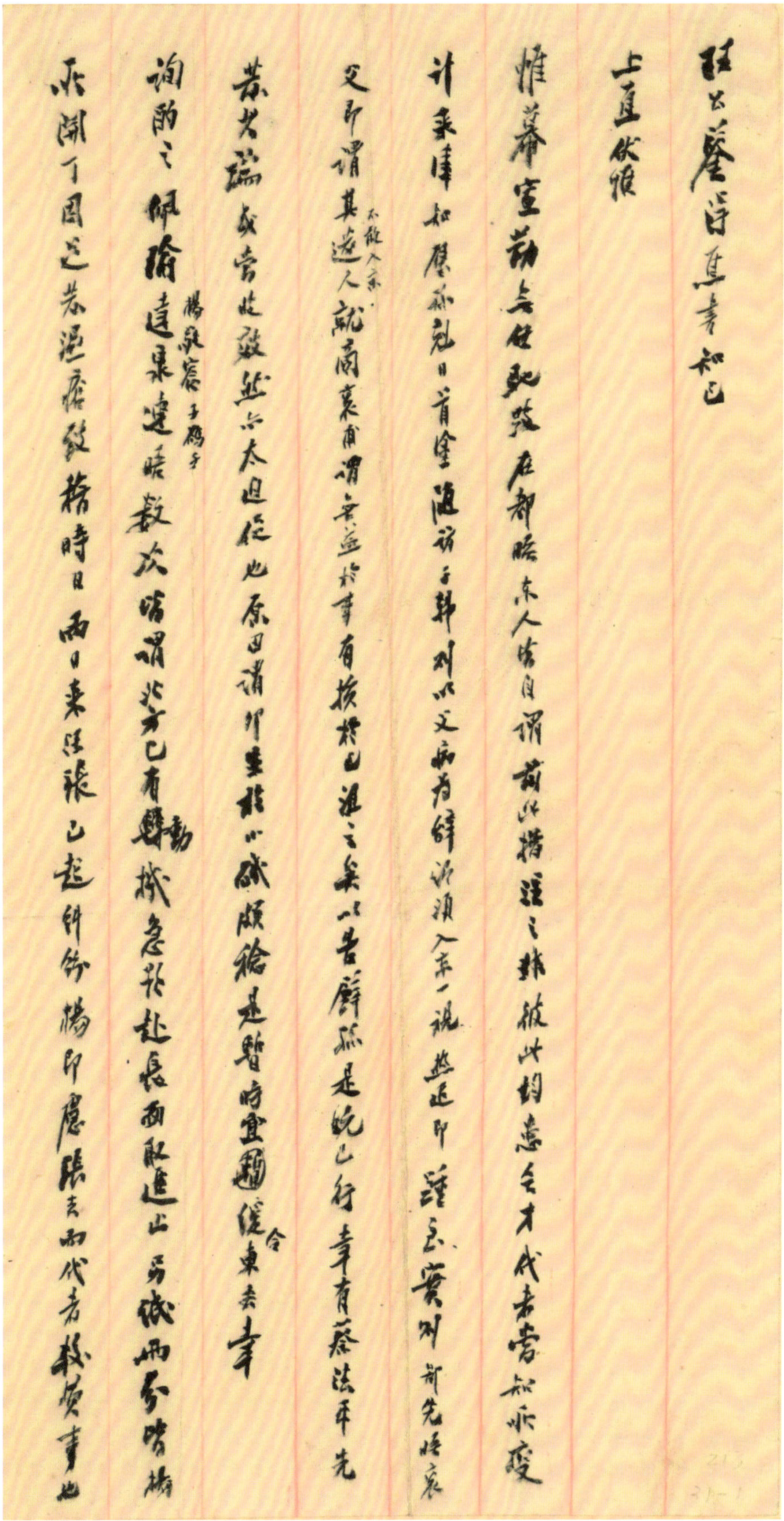

来谕敬悉。太郎与本庄虽敌亦非趣，此时宜择两人中丁甚沉稳，杨较勇往，乞先上陈
此笺亦不能不谈外交，但觉以中人为是，必须划清界限，如果事不必求，对视解密一隅，受人保护
者，显而易见，然尤宜确察安全。来见时，俾来其说加以讨论，谈林会宁，而能定也。北直此有（来文说给以资）
虚局奉宸者，成兴军时吉思归上置于为筹，毋以交蔽流为霸域，幸与秉钧者商之，谋于归
何服务局，关系所系，依于先阅，发人言亦不甘为傀儡，盛格仍在长春否？乃龙搏先一查，是实否
今予久待进不能归，幸彼我时世机急也。语兄因并甚婞，不肯始于到日来，若能事亦寒日安
阁趣。併并依来笔，代函印改
勋祉
孝忠明经
谪生 七月初十夜

現據李德孫勤遠司令前奉天陸軍旅長張
永祥云彼由東北帶來三萬人械八成情願投効
惟須與現在鄰省軍事接洽由伊轉處即可保來
長官一層渠頗願自居前函已言及
查張永祥原係王樹翰舊部
現張新之飛機隊已由恒純鵬丹向趙隊長商
洽妥協均願投効

業經人名昌吉

附（二）关于张学良设立抗日救国会等情报

韩復渠之兄仲勉素云伊弟極願效力并願輸命
在關内勤除一切至于馮在泰山而無須慮極易消滅
石友三現在沈克一師亦願投効石則惟韓命是聽
然須有動作方能反正等語
張漢卿在北京舊刑部街奉天會館内設有抗日救國
會派彭桂北為委員長并派五十四路總指揮請吳子
玉任總司令張敬坤為總指揮已電約結舊部軍及撫
河北近土匪混跡各地搶掠以滋擾日本

此節恐出於大言耶

日人末次政太郎亦急須隨同政等赴長春因時勢急迫不
能再緩若再有其他變動至難預料

陈宝琛为报平津形势致胡嗣瑗的信（一九三二年八月二十二日）

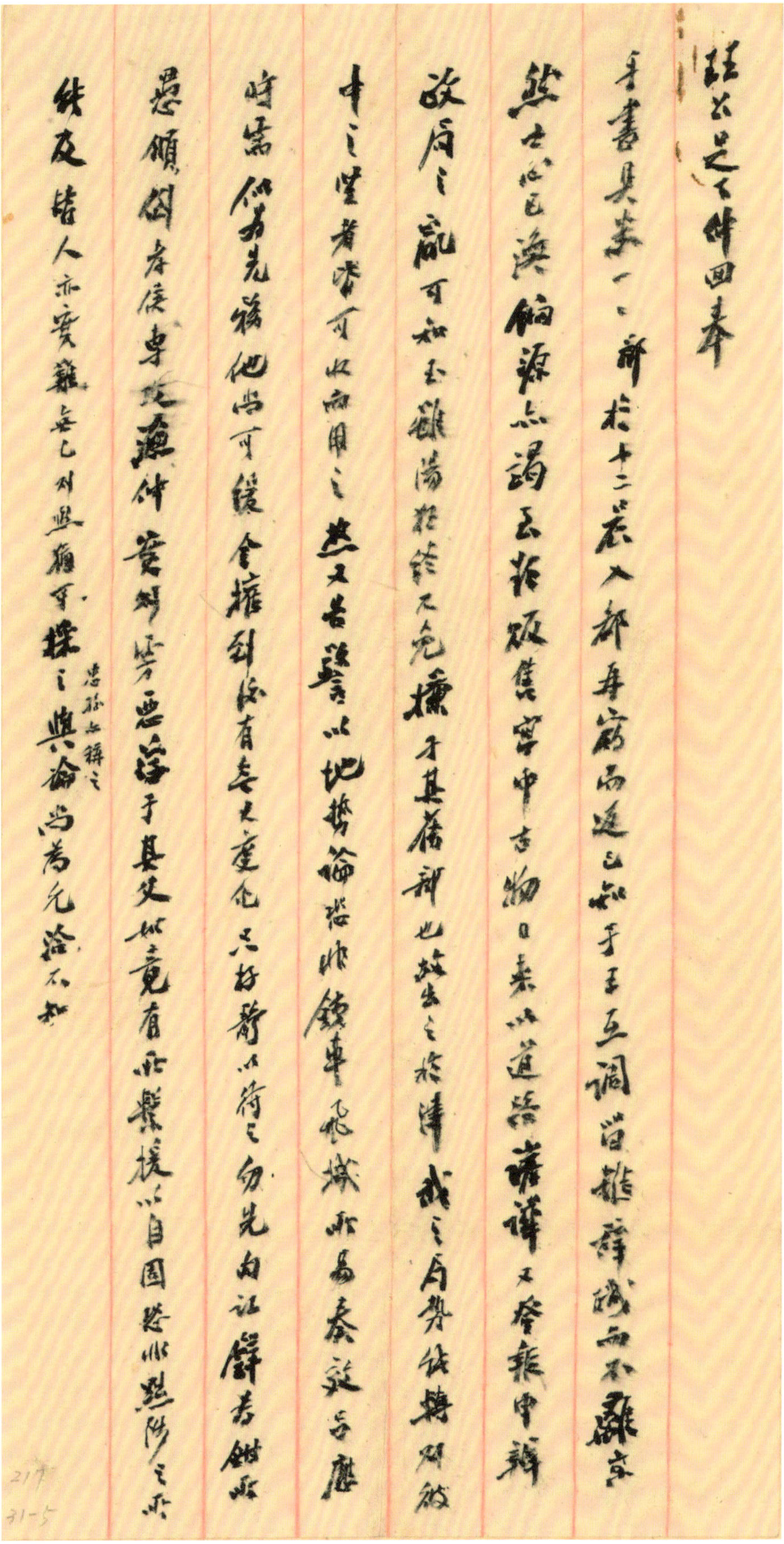

琴公足下：件回奉。

手書具悉。一一新於十二晨入都，專爲商延之，如手王互調，皆能辭職而不離京。然古應已涣，銷源亦竭，至於販售宮中古物，日來以道路傳譁，又登報中，辭職後之窮可知。至雖尚能維持，終不免慄于其舊部也。故出之於津，成之內勢，係無所被中之望者，皆可以兩用之。然又豈容以地勢論，恐非鐵車所能攫，所爲委蛇者應時需，似尚先穩他，尚可緩合權利，得有來大產，他只好靜以待之，勿先自試，辭去錯所畏頗囚，本使卑職通仲，貴州勞亞孚于其史，似竟有所覬援以自固，悠非慰防之。亦然及諸人亦實難安，已判無痛等。操之與論，尚為允洽，不知若孫無諱之

217

31-5

上意如何瞿文達為眉長時以清正名不擾於留而去日前談及欽差一節頗為不平
現甚遭亂京居不入旅者 似可羅致 閣系人才平日身懸者尚有數輩 特留備留
此。昔雖無徵也前函所敘李岳生侯閒一摺祇發已入奏非寒難也險在晉也濱
江水交示警反身修德而應敬家想已上呈睿覽
宸斷玩易以順天心 欲趁月白保奉輯了出處欽求原諒恕
左右以遂遂就就 歟此旅時旋府更新府有藹倪矣尊命旋請
　　盛格仍主長春洗灌先奉奉
善安 日昨盜甚不靠且不敢守前僅
進
安 再兄頓首　　鏞垂頁　十月廿日

谢孝同言年兄敬求去救之，当以宁嘱止之，孙原田亦命与参谋接洽，此时正多关洽之

事，所以自揣不合时宜，亦皆少退，以消嫌隙。有碑亦病，病急无以怡神，然其心术

实有可信，十数年来发奋不遗余力者。

主人亦肯为之所感动，此固众目所共见而痛哭者，者并亦悲之，致使左右刻无亲信之人以

发其意而得以为致，亦形不安，其以即自振收归，至今犹郁志此此亦。

主人所虑及可与患难而不共安乐者，诚所以见机于先矣。

主人心地最厚，迥非其他，况今不敌于安乐之时，用舍进退所关，不能尉避亲，不敢有所陈

献替之便，当为及之。 廿一夜二钟

日本外交总长牙须牙玉西达公爵在国会席上关于日本应承认伪满洲国之演说（一九三二年八月二十五日）

一九三二年八月廿五日外交總長牙須牙玉西達公爵在國会席

上之演説

今在開会之時甚願對於大衆述明我等對外之政策俾得共同研究以及現下滿洲事件發生後之関於滿洲與中國各項重大問題以定日本政府之方針

吾儕甚為幸甚認定滿洲國必能成為最進化之國所以日本應先承認之以保東亜永久之和平在未正式承認之先業已與之商談各種規定俾得將来実行我等之計劃

昔者自從九一八之後他國人等皆不明瞭日本對于中國之態度及發現滿洲國之実在情形故皆認為日本承認滿洲國

為不當行為既有上述誤会之處於此时機當與大衆言明以解釋日本確立之地位及承認滿洲國之理由俾得民衆了然也

祇中國近數年來在革命政治之下薫受他種學說蠱惑轉向不可掩視紊亂之國家故吾等在东亜所發展各項事業最先重受其創他國因此亦有甚鉅之損失此於中國現在之実情國際盟約又有何方以及他項方法改正之真所謂「機械化之和平」所以日本屢次以顯著事實建議各國以彼所有在中國既得權利見有被侵之虞即以実力援就之不必顧及「和平式之和平」

28

日本自民國成立廿年以來極力隱忍與謙讓希望中國自醒再行重建有力之政府俾能維持東亞之和平而中國非但未有為此舉動以達吾等之懇望與同情而且負其自驕自大以應付各方日政府曾經屢次勸戒日本人民忍耐及警告中國中國並未加以注意遂激起日本人民之氣昂而造成九一八之變於滿洲日本政府不得已方用正當自衛之手段而是各方皆以為日本此行似有侵犯開路條約之舉關於此層日本未能認為完全同意日本曾經聲明此舉迫不得已為保其權利與生存之威脅在此情況之下開路條約不能禁止簽約者直接所受地土上及其權利上各種險惡與威脅而祈其

58-3

必要正當防衛之舉再者自衛法遍行於各國各國在此情況之下亦必絕對有如日本之行動也此次張學良首領在逃各重要職員退職東北遂入無政府狀態同時東北各偉人早已不滿張之高壓政策及參加中國內戰等舉動業經實有改組東北之新計劃祗待倒張後即可實行故有「自治委員維持会」成立於奉天哈尔濱及各城市並請吾儕允為協助一切以維滿洲治安於是遂由滿洲各名人與各委員計議應時成立新國家滿洲國之成立係由地理歷史及滿族人民種々特別之關係而造成也非如各界不明事實與真像妄下判语與猜疑皆以此次滿洲政革無獨

27

立行動係直接由日本軍事行動所造成並云發現日人密之參加此項運動等語想係由滿洲國各機關顧用日人所致也此層何足猜嫌哉可引証前事如日本在變法之时日政府曾顧用一千八百七十五名外國人士爲顧问及辦事員等於各機關今在滿洲國政府顧用日本人士祗五百餘人耳何以由此加其不應加之罪名再查滿洲之分離運動雖在中國內地亦有之結果以日本所處地位與形勢及各方意見不能不承認其新國家如是遂以侵犯開路條約爲口实殊令人費解也查開路條約並未言及禁止其人民在中國作分離運動並不能阻其無論在中國何處自由建設獨立之國家故日本承

143

58-3

認其由人民志願造成之滿洲國不能認為日本有擴大其領土以滿洲為附庸之意則有違反關係九國條約也且日本屢次聲明日本對於滿洲領土無何等野心

現再將日本對中國態度略為申述自從九一八之變日本所取之步調甚為公正與和宜適值滿洲由滿民衆一時志願運動與中國分離實行建設新國家日本以地位關係祇能承認之此行不能認為違反九國條約須知日本承認滿洲國之理由係最後有實效之一辦法而可解決滿洲之問題此項問題日本政府以為最重要關鍵為基本如下列

第一須覓得最妥善解決辦法即應成全滿洲自由正當之新空氣及保証日本所有之權利並避免將來之騷乱產生安寧新國家于滿洲即爲維持滿洲之治安以保滿民與外人之安寧而可永保東亞之和平

第二應得到一種解決方法須避免以各種情感作用及各種學說之參加應以事實爲基礎俾得易於施行也

前已將九一八事變情形及我國業經所受重大之犧牲述明日本政府認爲已到必要之期以前項所述兩大要素之政策解決全滿問題俾得免脫中日永世之紛争再述及他方各方面似擬計劃一種政策可使中國能有兼領滿洲之權此項計劃吾儕業經

試嘗其苦境恐將來仍不免成爲九一八之結果故日本不能承
認此項解決方法再無論中國以何種方式分配兼領滿洲
無絶對不能適合於滿民衆宣言後之滿洲獨立國此項計劃
絶難合滿民之慾望可能承認之而此項不公不平之方案祇有
再造滿洲於騷擾之患耳
滿洲國以忠實誠懇建國並繼續其努力最高上之工作將
來定可得到良好之結果不過現有多人張大其辭皆以滿洲
盜賊蜂起及現下財源枯据狀況爲慮吾等反對此項悲觀
之見因無論在世界何處產生新國家在未施行新法律
之時總應有之騷擾於相當時期今滿洲盜賊之起事所

29

當此而可催促新國家迅於進化中以滿洲國現在財政形勢而論設滿洲當局所希望者為優勝因其領有博大之土地保有多數之人民鉅大天然之蓄藏造成世界大市場實於良善政府統治下定可成為富裕之國家而無疑義我甚希望滿洲前途發展非但造福三千萬民衆而可喚起中國之興奮也

以中國現下情形而論吾甚抱歉應認定其國中內政紊亂形勢有增無已兼有大多數共產黨活躍於楊子流域及其腹地將來於其內政上大受影響從中並生有排外之運動尤其對於日本最烈如是對外益增複雜之關係對內更行紊亂於無

形中國民衆受此困苦情形日本深表同情也
世界各國皆甚希望中國注意其國内嚴重形勢最好棄
其對外壞政策極力設法建設改良新内政日本甚願以東亞
利益大勢論絶對協助中國一切吾並希望不久滿中日三大强
國以道德風俗同種各關係作成親密之聯合以維東亞永久
之和平及世界之利益與文化也

（滿洲事件終）

148

58-10

陈宝琛为分析形势及举荐人员等事致胡嗣瑗的信（一九三二年九月四日）

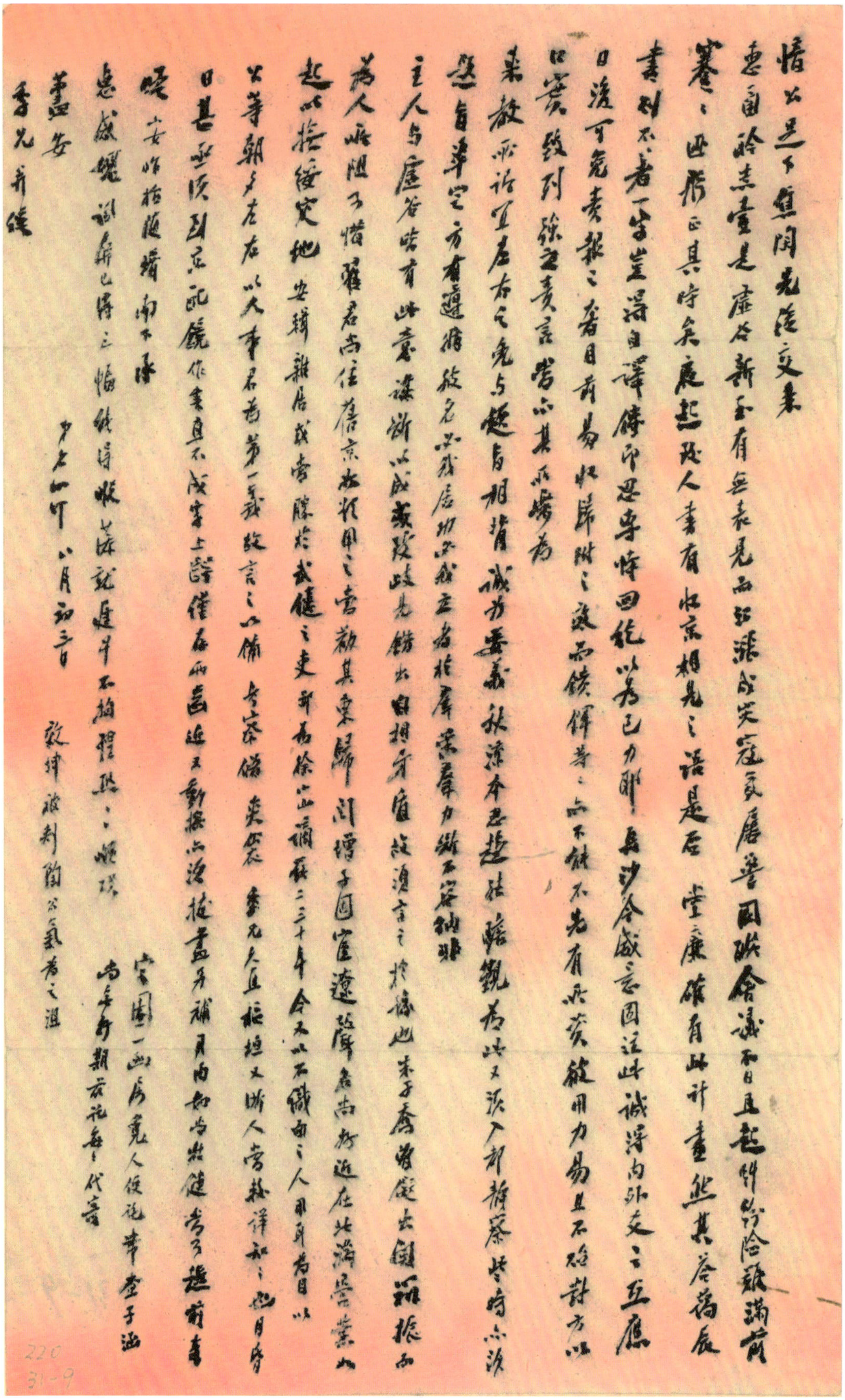

手緘陟七年歎悵速論猶於舊時體制多所未諳特取其素性愛好
相從發志出於誠悃雖未遂壯而志不渝其見愛於
公者亦即以此自去歲奉 派往遼瀋數隨節轉徙□攬□而不得見
諭傳徐令之言今兹灰心此次章肩瞻卿又為同儕排其於辟舉亦至捨棄
於承居上承諾點論心不能無少望以其悻悻求去以視棄完料之遠失無所
不至有自不可回之語然此等小丈夫之所為交友尚不可何況事君且當此陰難滿前
吾於吾文返國之時嵩少自洗奮之權已非此曉之甚於隣人所別甚明此首尾貫
串多事之秋似不可舍之使去
時時自痛切指導之 弟東去與尚需時也 報告匯十日內方入見此時共商定動靜耶
崇之尊顏
日祉
弟文□ 頓首 初四日

221
31-12

日本政府承认伪满洲国的声明（一九三二年九月十五日）

附：《日满协定书》

一九三二年九月十五日日本之聲明

日本為維持全滿和平及其卅七年以來日人投資經營發展滿洲之事業不能默視中國革命黨排外政治之手腕漸漸有侵害及其人民生命財產及其既得權利為自衛計不得已方有九月十八正當防衛之舉遂推翻東北各種組織又由奉天吉林黑龍江熱河特別區蒙古各地偉人集会共同宣佈脫離中央成立滿洲國於其宣言內最堪注目者係免去所有一切舊政治方法對內以公正對外以平願與國際間持門戶開放均等兩項主旨甚是忠實公正也該政府遂于三月

十日通告日本與其他十六國請注意其主旨並希望
與其有外交上之聯絡而在最近六個月中日本帝國就
近注意滿洲發展之形勢足可欽佩甚有承認可能性
以全副毅力俾得貫澈實行其上項兩大主旨並成立
特別委員会一組研究取消治外法權與改正內部不良條法
俾變方改善進行可能邀各外友邦贊和其對於改善
財政方法及其他項皆有顯著成績以各項政治觀點滿洲國
已在成熟之時將來必達其目的再查滿洲國對內
外各上項問題均與日本在滿洲之權利有生死存亡
大關鍵故日本帝國決定以全力保証該地界現不與

將來之平穩即是保存帝國與東亞和平之方法故本政
府派定武藤將軍專使與滿洲國當局簽訂協定即
於簽字日正式承認滿洲國並於八月廿五日本外交部長
曾在貴族院講演詳加解釋日本此項舉動並未違反各
條約之協定認滿洲為本人民志願而成獨立國所有
日本在滿境內既得權利及領事裁判權均應按照新
舊條約一律遵守並認為所有一切威脅於滿洲及日本者
帝國無本協定認為滿日兩國應有共同維持一切責
任故日本兵力有駐滿洲國境內之必要本協定成立即為
維持兩滿國永久之友誼及維持東亞和平之大旨日本政

府並屢次聲明對於滿洲地土無何等野心兩簽字國應
有互相遵守其領土之權
滿洲國對於外國投資曾於三月十號宣言以上述之門
戶開放均等日本對于此層甚願投資于滿洲並希
望將來世界各國資本家皆投資於兩大主旨之忠實
滿洲國以求無限制之發展也
滿日協定簽字於九月十五日一九三二年於新京
因日本認定滿洲國本住居人民志願自由成立獨立國
滿洲國曾宣言尊重中國與國際所定各協約其應適
用於滿洲國者為限

20

為鞏固滿日兩國永久之親睦關係及其互相尊重領
土權保證東亞和平之意旨議訂協定如下
(1) 滿洲國承認與尊重在未與日本另訂協款之先所
有日本在滿洲國既得權利與領事裁判權皆根
據中日所訂條約協款契約及中日公私合同
(2) 滿洲國與日本確認締約國某一方所受一切之威
脅或關於地方之安寧即可同時能造成締約其
他方所受一切之威脅及安寧與生存均有關連約
定共共日防守之國家如此則日軍有駐滿洲國之
必要

14-3

153

本協定由簽字日起發生效力

本協定以中日兩國文字各繕爲二份如遇內中字義解釋誤會之處則以日文爲標準

本協定以各本國政府尊重委派簽字者簽字蓋章以照信守

全權大使武藤信義

國務總理鄭孝胥

昭和七年九月十五日

大同元年九月十五日

陈宝琛为坂西回国事致胡嗣瑗的信（一九三二年九月十六日）

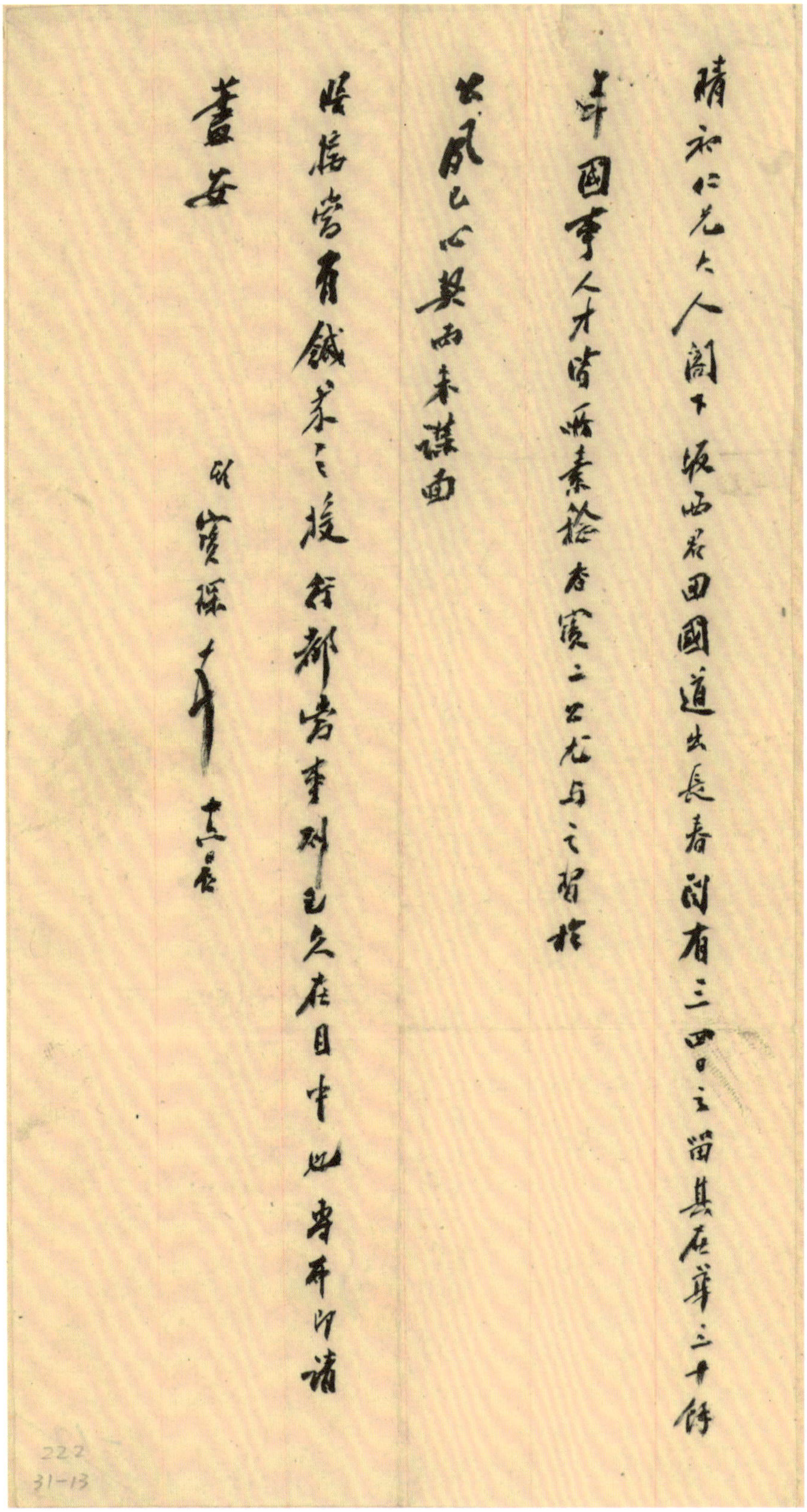

晴初仁兄大人阁下：坂西君回国，道出长春，闻有三四日之留。其在华三十余年，国事人才皆所素谙，本实之出尤与之习。於其风已心契而未谋面，暌隔岁有馀，未之接，於都中事对已久在目中也，专此即请
晝安

弟宝琛顿首 十六日

222
31-13

九月十九廿一日呈

新國家成立已及半年一切行政未入正軌大小官吏或蔑視法令或放棄職權或任意專横或互相朦蔽紛歧隔閡弊不勝言前途如漆岌岌可危茲謹列關於制度之應修改者十四條關於行政之計畫六條冀能依此進行或可稍圖補救惟根本之地則在政府現在國務總理實無統率群僚之能力往往放棄責任各部總長或以事權不專觀望隱忍或則

昧於事理殊悞滋多若不易選賢能實行政組則雖
有良策亦等諸空言而已為新國家前途惟有以改組
國務院為第一步然後修正制度整理行政始可逐步
推行

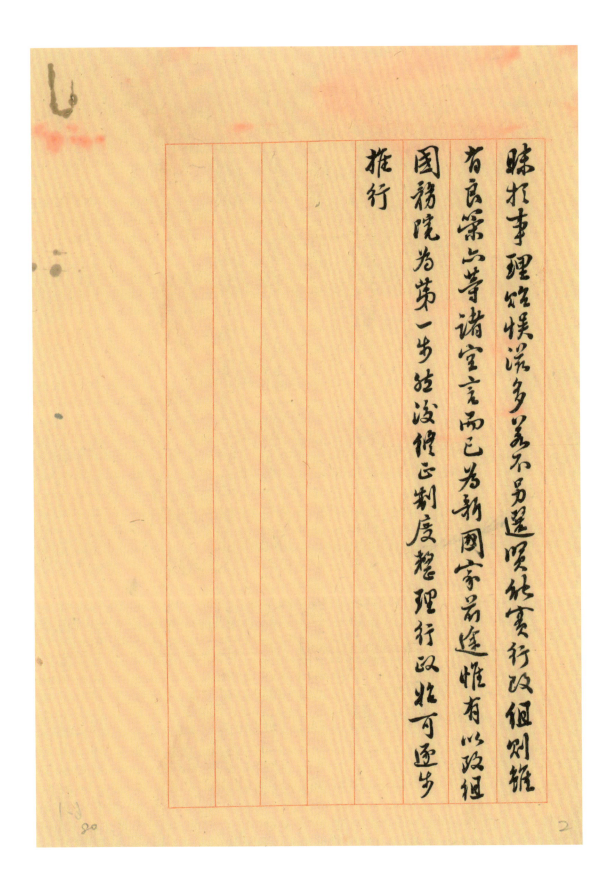

關於行政之計畫

一地方治安關係最大現在各處匪徒蠭起其中亦有
脅從或盲從者專恃兵力撲剿既損軍實又多
殘生命此輩被竄雖望肅清良善者不得安居
貧弱者不得生活應兼用收撫之法收撫之後分
三種辦法(一)改编(二)安插(三)資遣其詳細規則另
行議定

二编練軍隊現在三省軍隊吉林步騎共九旅黑龍江洮遼步

騎七旅七團奉天及洮遼其他襍隊亦復不少其中真正
得力者恐不及半應一面檢查原有之兵力加以淘
汰全行改編一面徵募新軍預定數目逐漸訓練
並以現有之財力足以擔負為度
三地方官吏与人民直接有關係應嚴加考核其賢
能有成績者特別予以榮賞其不能勝任者或調或
免其貪汙者加以懲處由各省考核後咨報民政部及國務院施行分別獎懲呈請執政
四民法刑法為人民生命財產所關現暫沿用國民

82

4

政府現行法庶將其中與滿洲國情及王道牴觸者

先行抽提部分修改之

五 教育自經事變以後各學校或解散或停止亟宜

設法恢復至於教科書一時編定不易應將原有

之教科書刪去其不合國情違反王道之部分暫

時適用

一 立法院為人民代表機關應及早辦理選舉

六 各機關次級首領官應滿人與日人並用但取其才能

七 不分國界惟無論日滿人何等員皆應依其職權服

83
6-3

5

經長官命令若長官有違法命令得陳訴於國務總理或監察院糾彈之

七 現任日本官吏有不稱職者應由各長官考核更易之以後需用日本官吏應由大使館推薦或各日本高級官保薦俾先送姓名資歷於銓敘局登記俟有相當缺出時由各院部長官選用之

陈宝琛为赴津等事致胡嗣瑗的信（一九三二年十二月十三日）

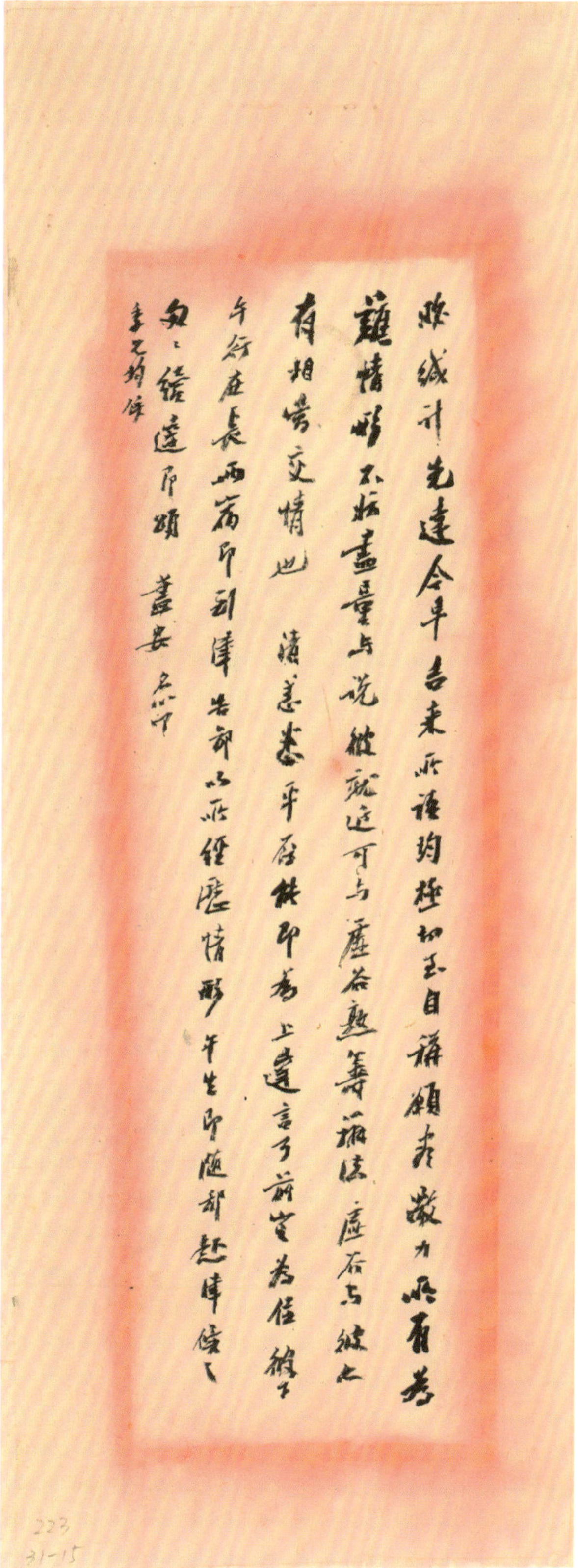

昨緘計先達。今午吉來，所語均極切至，自謂頗有微力所有爲
蘊情形，不妨盡量與說。彼就近可與盧谷趙等一班接洽，盧谷與彼亦
有相當交情也。　清意若平居然即爲上達，言于前宣爲佳。彼于
午後在長兩宿即到津，告弟以所經歷情形。午生即隨弟赴津。餘
勿勿，餘容即頌
著安　名心
季之約停

陈宝琛为告行程事致胡嗣瑗的信（一九三二年十二月十五日）

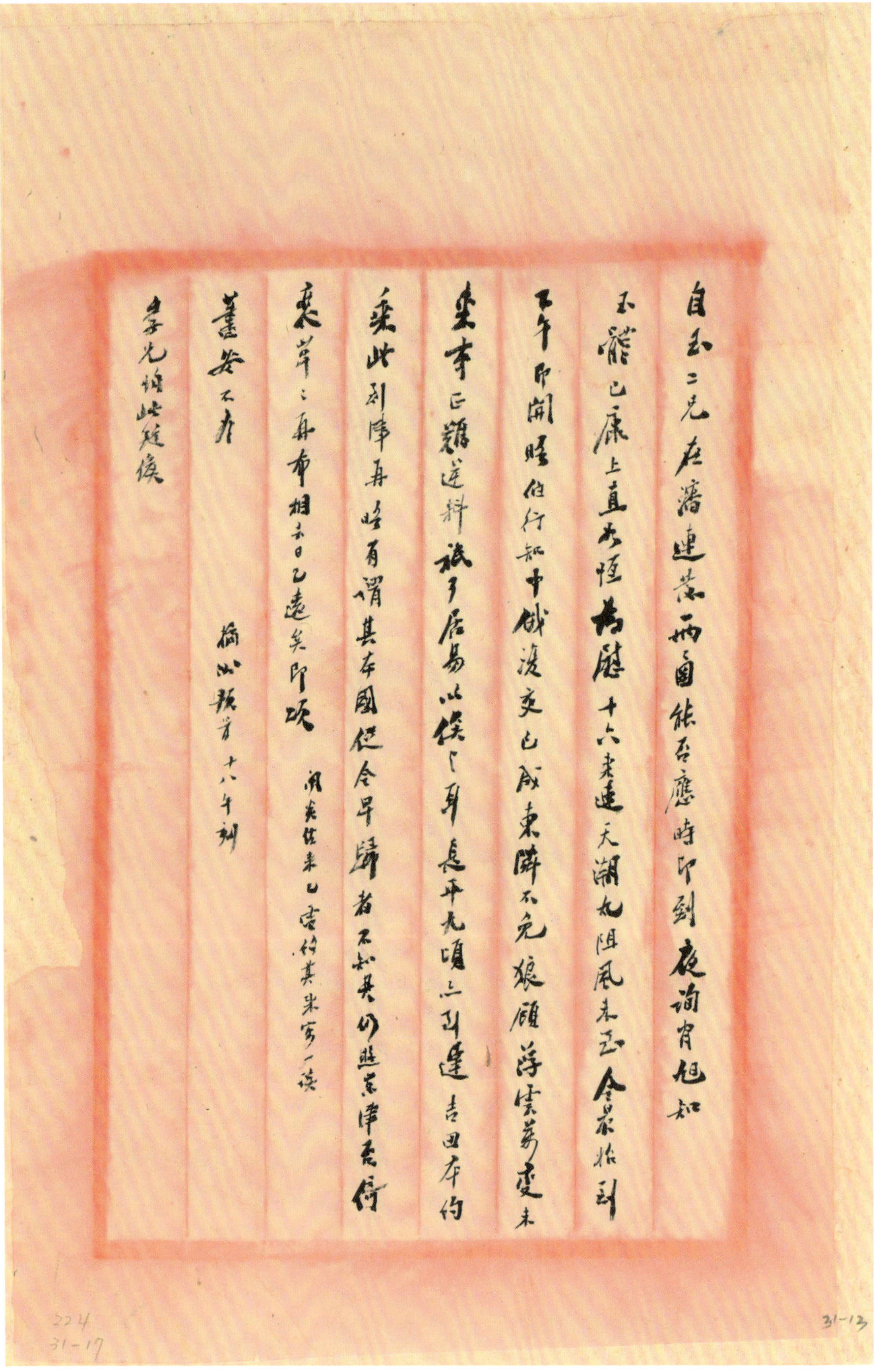
自玉〻兄在瀋連發兩函能否應時即到夜詢胥旭知
玉體已康上直如恆為慰十六來連天湖丸阻風未至今晨始到
下午即開晤佐行知中俄復交已成東隣不免狼顧浮雲蔽變未
央李正難逆料祗可居易以俟〻耳長平九頃〻到達吉田本约
來此別車再晤有謂其本國促令早歸者不知其仍赴京津否待
來岸〻再布相去日已遠矣即頌　兩兄供來已寄付其米家一談
蕙安不具　橘叟頓首十八午刻
孝先惟此致候

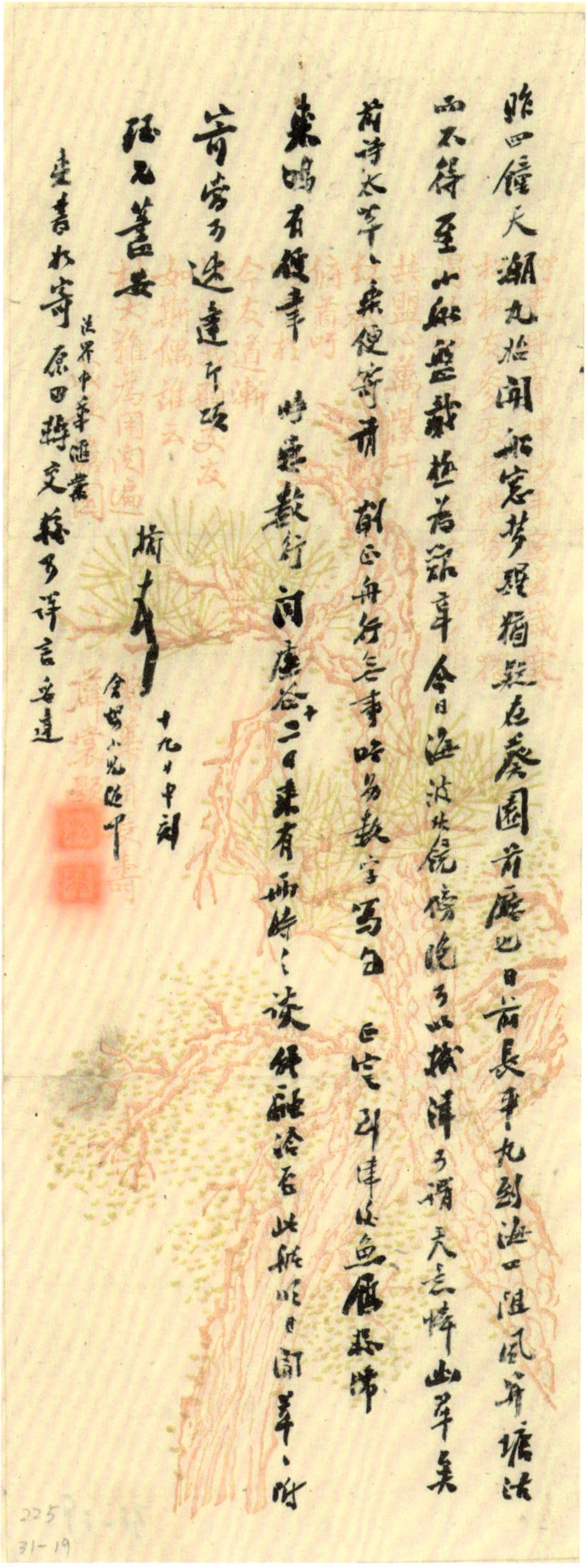

陈宝琛在由连至津途中致胡嗣瑗的信（一九三二年十二月十六日）

陈宝琛关于平津舆论等情形致胡嗣瑗的信（一九三二年十二月二十三日）

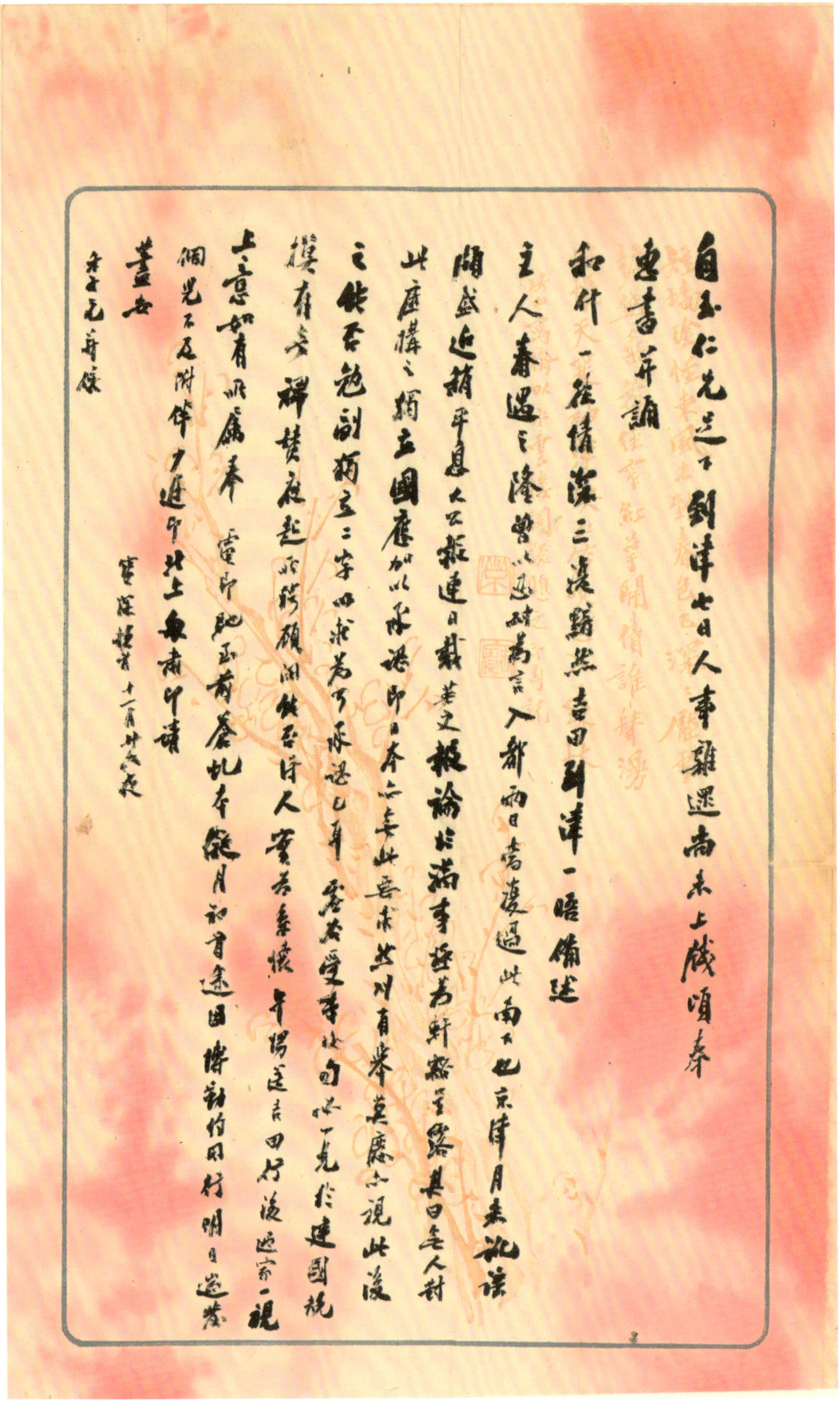

自玉仁兄足下 到津七日人事雜遝尚未上牋順奉
惠書并誦
和什一種情深三復黯然吉田到津一晤備述
主人眷遇之隆曾以丞相為言 入都兩日前復過此南下也京津月來輿論
頗盛近稍平息大公報連日載英文報論於滿事極為軒豁並露其日本人對
此匪構之獨立國應加以承認即日本亦無此要求其用意莫處不視此後
之能否勉副獨立二字以求為可承認之耳 然若受李頓自必一見於建國規
模有之 禪贊夜起所躬預聞能否得人實為系懷 昨偶送吉田行後還寓一視
上意如有所屬奉 電即馳至前答如本擬月初首途因 攝勸作同行明日遂發
倘先不及附伴乃遲即北上 乘肅即請
藎安
寶琛頓首 十一月廿六夜
余不一 再候

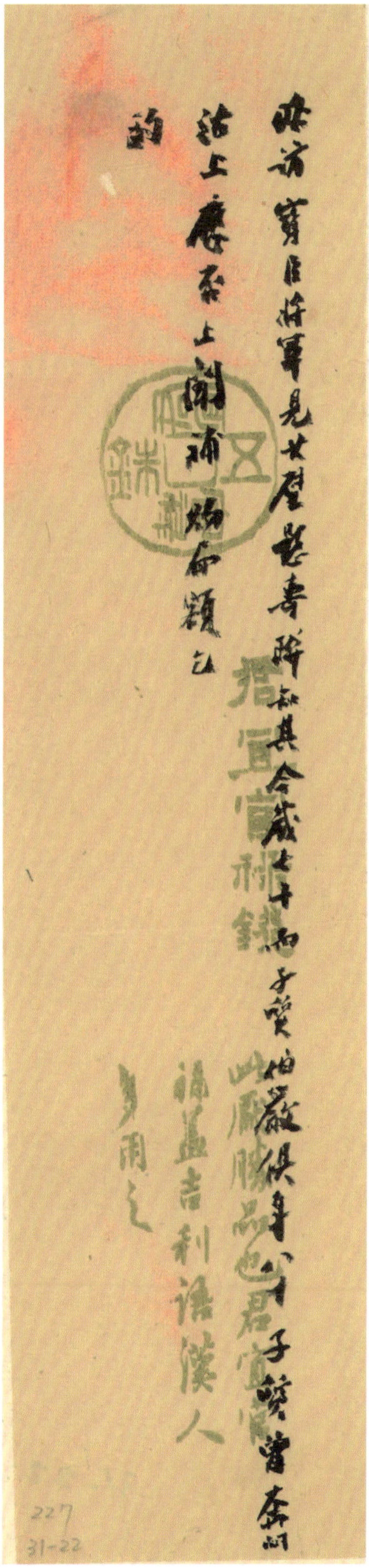

昨請寶臣將軍見其屢求壽辭，知其今歲七十有四，子質、伯敬俱年八十，子質曾奉間

詰上慶，奉上謝補，煩命題也

鈞

伪满洲国国务总理郑孝胥请假始末记（一九三二年）

國務總理鄭孝胥請假始末記

九月三日鄭總理孝胥進見面稱新國家成立已經半年國務院應辦之事卻未辦好現在武藤大將到任正宜趁此一新耳目懇准辭職庶可打開難局

孝胥並稱總務長官駒井德三遇事把持以致辦事有種種障碍

上諭繼任總理一時難得其人孝胥稱前在旅順時日軍司令部本有以臧式毅為副總理之說足見式毅人望甚好今若以之繼任似屬相宜

上諭臧式毅是否肯出担任尚不可知萬一日人方面不許爾退屆時爾能否與之切實商量改良國務辦法孝胥稱總望准予辭職擬先請假七日表明求退之意

上諭汝必求退或調任參議府議長孝胥遂退

四日鄭孝胥令鄭禹來府進見聲明請假十日午後駒井德三進見面稱現值日
本辦理承認要緊期間總理萬不可以請假表示求退總理人實無他惟其子
鄭垂喜交結不正當之日人暗中策動恐生意外若再留任秘書官實不相宜擬
請另予位置以免總理受累
上聞之無表示駒井遂退
一同日駒井往見鄭孝胥即以見 上所說各節告之並請決去鄭垂
五日駒井德三來府行親任式後進見面稱頃往見鄭總理擬勸其打消辭意照
常辦事總理不見可否懇
上由電話告以往見之意
上允之駒井又稱如果總理不允出來請以閣員中之年高望重者代行職務

108

上諭此刻勸總理出来則此層尚説不到駒井退即以電話告鄭孝胥謂駒井即往見 上并命秘書許寶蘅往見總理傳 諭國務要緊不可中斷應照常負責辦事許寶蘅先以電話告鄭禹禹電話答稱長官来均未見他人更不能見寶蘅告以有諭須面傳鄭禹謂如上有諭可請自用電話逕傳等語午後據駒井由電話與府中諮議中島比多吉聞

上已否電告總理頃往仍拒不見中島電詢鄭禹據答稱奉

上電話但云駒井来見並未令總理必見現在無論如何皆不能見中島遂據以轉告駒井下午二時餘鄭禹来府進見面稱駒井兩至其家總理未見駒井盛怒謂似此放棄責任我須報告軍司令部對於總理父子皆須嚴重處置至頃間秘書處電話答復無狀孝胥命禹前来請罪云云是時

109
Fa13-21-3

上正召見參議筑紫熊七討論總理求退應籌妥善辦法命先向武籐大使說明
事實經過並傳達
上意適值鄭禹來報告駒井發怒情形並即告知筑紫去訖五時外交總長謝介
石來府進見面稱本日國務會議駒井報告總理現在請假十日已回明
執政由軍政部長張景惠代行總理職務等語
上諭張景惠未奉明令何能代行總理職務此種舉動實屬非法臧式毅隨後
到府進見亦報告張景惠代行事
上諭以予未認可
六日駒井來府請見
上感冒避風未見張景惠來亦未見遂到秘書處晤胡秘書長嗣瑗述稱昨日在恭

議府忽外交次長大橋忠一来訪旋請外交總長謝介石来通譯大橋云鄭總理
請假十日以張總長年高望重請代行總理職務景惠遜謝久之駒井繼至大橋
與謝總長先去駒井云鄭總理請假十日已回明 執政以總長中年序之一人代行
職務景惠又遜謝至再駒井云以十日為期景惠始允遂同至國務院出席國務會
議今日来見請問代理有無明令經胡嗣瑗答以未聞有令午後張景惠又至秘書處
以國務院所辦諮詢參議府公文六件託代呈
覽旋奉
上電話諭張景惠代行事予並未認可殊屬違法著告張景惠不可誤會承認
當飭鄭孝胥即辦命令派員代理遵即告知景惠公文六件隨即發下交張景惠
帶回當晚胡嗣瑗奉

上電話諭頃飭鄭孝胥辦代理命令孝胥請稍緩再發

同日駒井訪臧式毅談話先說明張景惠之代行總理職係回明　執政以總長中年序一人代理又云現在日本即辦承認總理不宜更動又云　執政對於日本人似未能十分誠意希望隨時勸諫式毅答云以　執政之英明對於日本關係之切決無不誠之意勿待勸諫

同日駒井又訪羅振玉與前說大畧相同振玉云府院向來隔閡院中所辦之事　執政往往不知並有言　執政不宜預聞政治者依政府組織法　執政對人民負責任若不預聞政治何能負責駒井佯驚云吾以為總理每日到府必遇事稟承　執政不料隔閡至此　執政自應多問事方妥駒井又云昨見鄭禹禹云我現在只知有孝不知有忠吾謂之曰汝現為官吏何能不忠古人有移孝作忠者更有大義滅親者

七日鄭禹來府進見面稱筑紫業已由奉返京先往見鄭總理促其銷假孝胥無何意見只知服從

上命請見筑紫議之

上旋召筑紫來見據稱日本承認在即此時對於國務院不可遽行更迭並力任勸告

駒井

112

上諭予對於鄭孝胥駒井個人本無成見但數月来辦事情形之不當不能不詳加考
慮筑紫遂退午後復進見面稱已晤駒井加以勸告駒井深自引咎當再往勸鄭總理
銷假等語適接鄭禹報告總理住宅為憲兵監視不准出入總理仍表示不能即行
銷假
上即據以告知筑紫筑紫稱鄭總理住宅由憲兵保護專為取締不正當之日人出入並
非監視總理當往解釋誤會勸其早出筑紫去後下午經
上電話垂詢鄭禹據稱孝胥與筑紫談話甚久經孝胥告以駒井所説皆不可靠實難
即行銷假假滿或須續假亦未可定筑紫勸説再三孝胥堅執不允筑紫已電約軍
司令部参謀副長岡村寧次来京商議此事云云未幾鄭總理自以電話聲請即派
臧式毅代行總理職務繕呈命令請

上立即盖印發由鄭總理交院公布
八日午後六時餘臧式毅来府進見面稱代理命令仍存國務院經晤駒井仍望
上對於張景惠之代理俯予承認現俟岡村寧次到後面商再定等語
是日駒井語臧式毅云張景惠代理事曾奏 執政未有明答至謝介石進見 執政則否
認自知手續錯悞惟仍希望 執政對於張景惠代理俯予承認
九時據鄭禹電話報稱岡村寧次已到偕同筑紫訪晤總理商妥明日即出銷假
旋筑紫偕多田利三郎介紹岡村寧次岡部英一来府請謁
上即召見筑紫稱近兩日總理請假問題本擬與軍司令官商量因軍司令官
不能即来由副參謀長岡村来京已同晤鄭總理商允明日出勤茲特同来報
告岡村稱軍司令官俟承認手續預備完竣預計十三可以来京新國家官制
應加修改人事必須異動但在承認以前總望暫維現狀隨後再行商洽辦

理鄭總理明日當進府請見等語
九日鄭孝胥進見面稱昨見岡村等力勸銷假勢難再却當已聲明再出視事
以二十日為期屆時仍當求退若駒井一時不去到院暫不與之相見若駒井屆
時他調自己尚有考量餘地云云遂退赴國務院視事如故
同日孝胥到院時駒井先迎見鄭禹向之二鞠躬甚敬謂禹云前事請勿芥蒂禹
云我本無芥蒂駒井又云鄭垂已否回京應請其速来駒井旋見總理二鞠躬深表
敬意孝胥語文部次長許汝棻如此并謂吾此番戰勝駒井矣
翌日内務處科長劉慶鐘晤孝胥云此係第一次打仗尚須打第二次仗如屆二十日期
駒井不去仍須辭職又云當時駒井面請名鄭垂回院我面斥之鄭垂非汝所得請（語
此時并伸一指作面斥狀）

昨承林棨等交阅之修改国务院官制草案想必已经
详细研究想必对于此次所以修改之主义可以明瞭
彼此实在相同
三宅所拟修正各条文政府组织法一条与所交草案不过文字有详简意
義即无分别
至国务院官制之第一条第一项条文中统制二字其意
義有甚于指挥监督断不能用
政府组织法第六条云执政统督国务院以行政权等语
各部总长与总理为担任国务之人同受执政统督行政权

前第七條第一項改為各部總長承國務總理統制從事組織

第七條規定不合 照現行官制之第七條第一項條文承國務總理之命處理國務

第七條要之完全失敗 5但照此之規定不合即改為承統制亦可兩

不妥

故草案中分別規定較為明白

如能照草案施行則全部貫串不致有前後抵觸之弊

總務長官改為總務廳長似與各省之總務廳長名稱全别同不足以

長官則帝城之重要故更改為秘書長較易分別再於職限

倘只係照日本內閣之設書記官長制其相同

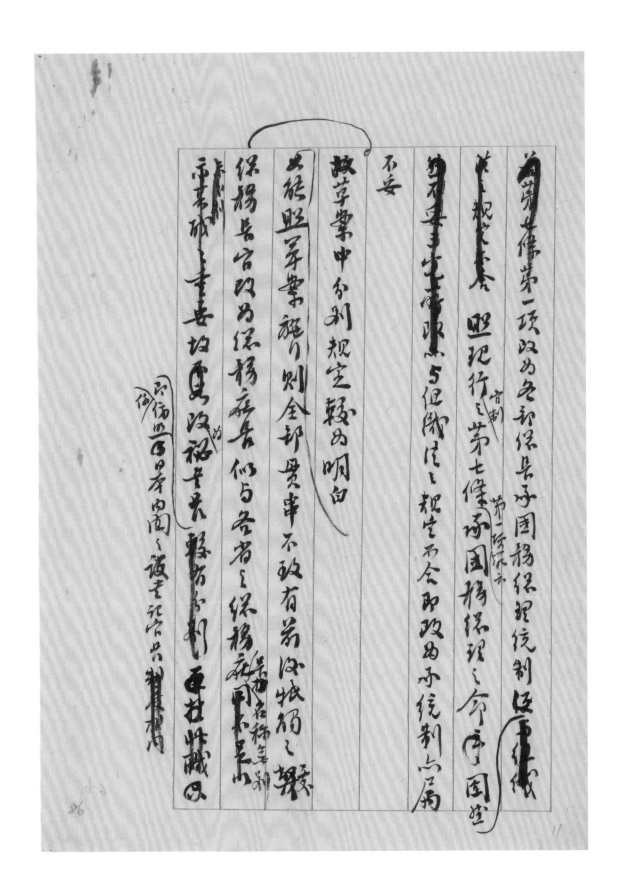

[illegible]

宜用簡任官若仍用特任則與現行之總務長官竟無

分別何必多此一改至於人選宜用日本人或滿洲人候（官制頒定）後

再斟酌　現行官制總務長官外尚有次長職者

仍設一次長亦可

朱益藩为给溥仪出谋划策事致胡嗣瑗的信（一九三二年）

愔仲仁兄年大人閣下昨晤幾士兄得悉
新都大概情形近日此間及津門訛言孔多莫衷一是即於
我無反抗之論調而有來蘇之顏色是亦佳兆也所望設法爭
得主權可以發皇事業將興利惠民諸政辦得數件樹之
風聲以後漸可着手此亦非旦夕之事非一手足之烈現在力
量雖有限而規模計畫總宜從大處着眼養士一層弟屢以
為言實為要須預備有素平時可以壯觀瞻臨事可以供
驅策臨渴掘井恐不及但須細意甄別不可以葉公之龍

亢叔弟

藎籌所及諒有同心惟孤立無助困難必多每一念及諸深焦

灼聞執以南來行此时想不能更遲矣年關轉瞬即到淑

霞開支之款乞

飭主者從早匯寄若必待臨时電匯所費必多平津天氣

太煖人皆苦亢燥聞長春亦復如是伏惟

以时加衛為要即請

台安　諸唐好希　珍念

弟蔣夢麟　廿二

朱益藩为对《日满议定书》签定提出异议致胡嗣瑗的信（一九三二年）

愔仲仁兄年大人閣下：陳（又爵君帶到一函）唐二君携到
惠書祗悉壹是久無妥便遂未奉覆武臣到長觀其
舉止似非蠻悍不受商量者惟所謂議定書未見內容
不知於從前稱諸條一一糾正否如報紙所載則事前並
未使方協商臨時武先簽字而亂雜繼之果爾則彼仍是
令出惟行無復磋商之餘地以後欲支之節之與之麻煩以
圖挽回難矣亂雜自滅自起戀棧之意顯然若僅遂其二雖
而仍令居位則一切如故進展無望矣替人誠難其選得

一彼善於此處初未與彼邦定議者可不為前例所束縛我可隨時爭執漸圖就我範圍江東則欲之不可棄在東瀛聲名甚劣為人所輕且貪狠性成一朝得志其流毒必甚於亂離

上決計不用可謂聰察矣此間自汪張相持公署已撤而設軍委分會插入多人前議四路之說已不適用近又組織一委員會章程十八條業已覓得彼雖云不改初志然其辦法則大異矣據箇中人密談大意在收服義軍以為我用聞現已著手

將來即以為護衛
乘輿之用但恐烏合之衆不易就緒耳總之弟意以為閣內
如有團結力萬衆一心迎請入閣則可若由他邦送之入閣
則不可以目前情形論人心漸轉誠有可乘之機亦非不能辦
之事但（非）赤手空拳所能有濟耳前此報載蒙約從翦下奉
覽楊崇禧之項每節分還千六百五十元至明年秋節為
止於與各處員役工食（年節除發六百元）一併電匯諸人日日來催至可厭也
太妃邸（栢公主府）修補之款其人四籍尚未具領隨後請緒弟撥

令爱清恙计已全愈，若有需调理之处，尽可随时来唐诊察。敝处女伴甚多，年纪相若，可以随意盘桓也。兹来络绎匆匆，布此，即请

台安

贵同事诸君均奉候

弟名心印

廿七日

377

36-2-4

抄录报载之《满日双方缔约的基础案》的原文及修正文（一九三二年）

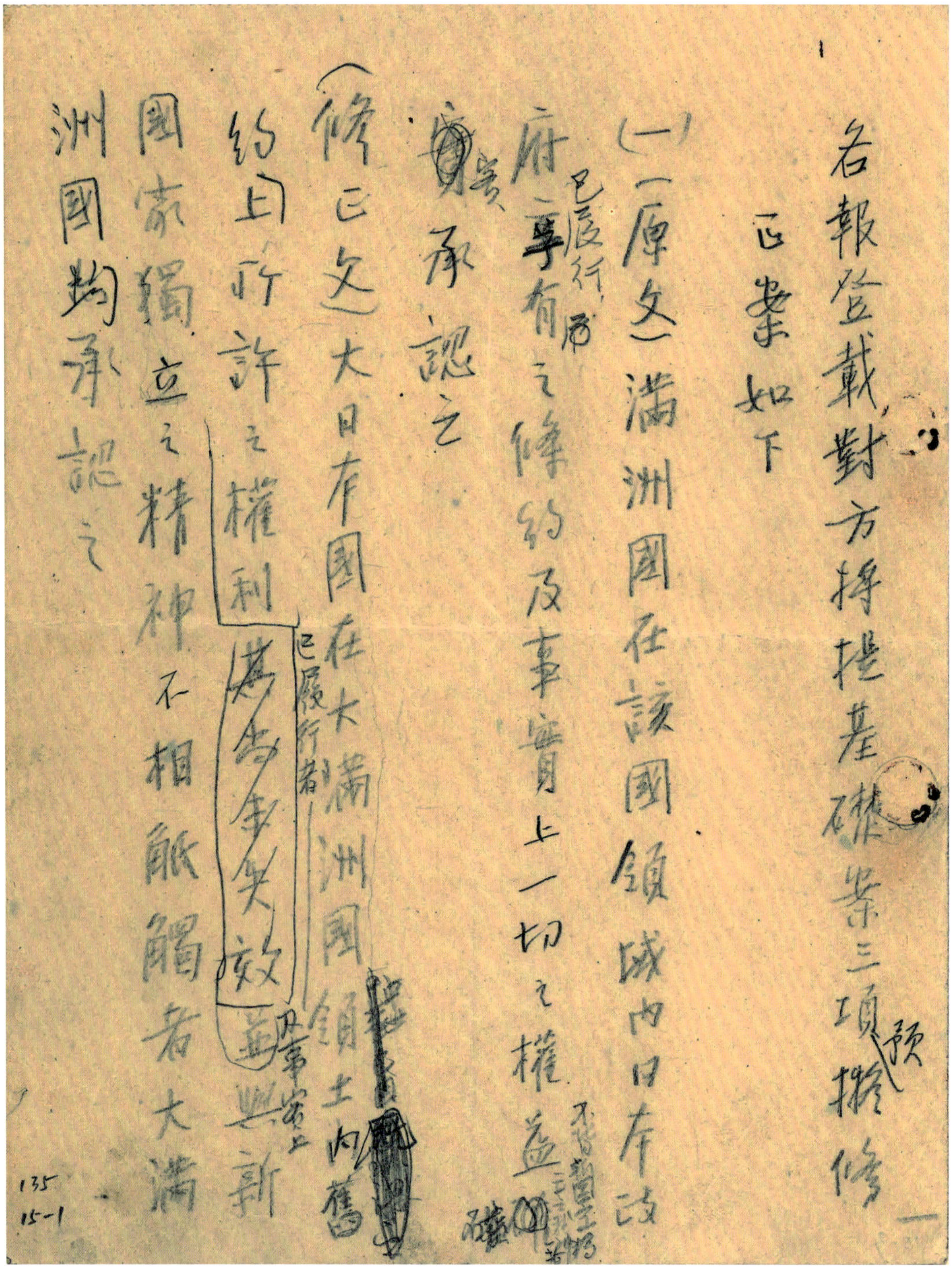

各報登載對方所提基礎案三項擬修
正案如下
（一）（原文）滿洲國在該國領域內日本政
府享有之條約及事實上一切之權益
承認之
（修正文）大日本國在大滿洲國領土內舊
約上所許之權利並與新
國家獨立之精神不相觝觸者大滿
洲國均承認之

135
15-1

二

一（原文）日本國及滿洲國為維持共同和平若受第三國侵略之協合以防守同盟對抗之

（修正文）兩締約國為維持極東永久和平起見若受第三者之侵略以防守同盟對抗之

一（原文）對於滿洲國維持內外之威（治安）脅認為日滿共同問題兩國共同企圖維持滿洲之治安

136
15-2

三

脩正兩締約國國境毗連關係
密切倘內外治安受第三者之威脅
時並存防守同盟之精神處置之

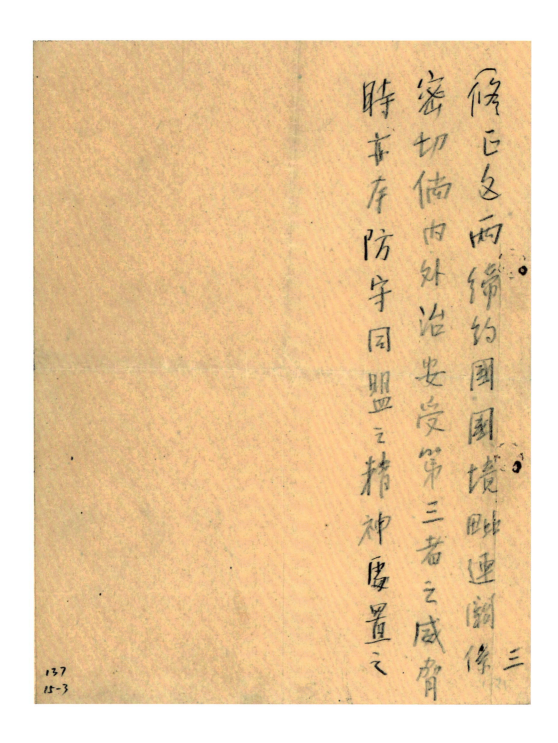

朱益藩为有报章披露与日人密约十七条及两太妃日常经费问题致胡嗣瑗的信（一九三二年）

晴仲仁兄年大人閣下 日前由 彊師轉寄兩函計塵
青睞 雪齋回都備述壹是不勝憂憤 復見月之廿二
報章披露與倭密約十七條似非盡捏造果爾則吾
事不受箝制殆待三韓尤為苦酷此約不廢直無一事
可為不知
尊處曾見否刻下亦曾討論及此否夫己氏狂醜然盬授郎
濬樓師終得此優典可以瞑目其子孫亮感弟亦與感
大君子之贊助也
兩太妃出宮時曾借 大公主府小住

當時修理及購置家具經　爵君等再三核減約計二千元左右近接爵君謂給八千元以内可以了結

太妃為此事常在懷抱擬請

陳明酌給（爵君赴長請面白撥給大約七八百元之數）節间應給楊崇祺一項及各處人役工食並望早日撥匯　令愛近體何似未能來京換方已否全愈良用惦念此間局面混沌未易窺測論者頗憂北方將有亂事也匆匆肅此即請

台安

弟名心印　廿七日

執公同將回津已首途啓

陈宝琛关于平津热一带局势问题致胡嗣瑗的信（一九三三年一月十七日）

琴公足下：侗兄带呈一函，当蒙
詧及。日来热边各军云集，而战讯反见沉寂，闻因榆关之役舆论弗善，故沮
彼方略。然京津游从纷纷，犹未有已，盖虑当局一去，所部肆掠，且前敌败溃
益难制驭。先有安福北出乘机树帜之说，近又谓刘峙一军不日移来，从以
手措陡云且久驻，是欲俾青胥北徙。不者，年因渠与邻人久已默契，当为所弃
指终不悟。此时似不能不去矣，果尔又是一局面。西省诚能合併，暂且画疆自守，
生聚教训，以待时机。王道固无近功，不知秉钧者近又作何计画也。违久未
晤，足下何留滞新都？三九严寒，嘉病之躯，蛰伏一楼，勤所闻见，昨电新

寄日内當往就它園一談午後以精病未來亦欲聞其今昨所云也聞
拼凡病痊矣昨親訪相晤對謂各方俱無慮宜善養近見虚方是否
節服西藥泰札閱已就識有的行為輔之實無為而治惟才不副所以當世用人之際
豈能久在下僚耶請便來晤附筆奉布即頌
善祺不宣
樹頓首 十月廿六
聞公兩暮病甚劇已愈否甚念

229
31-25

陈宝琛关于国内局势问题致胡嗣瑗的信（一九三三年一月二十七日）

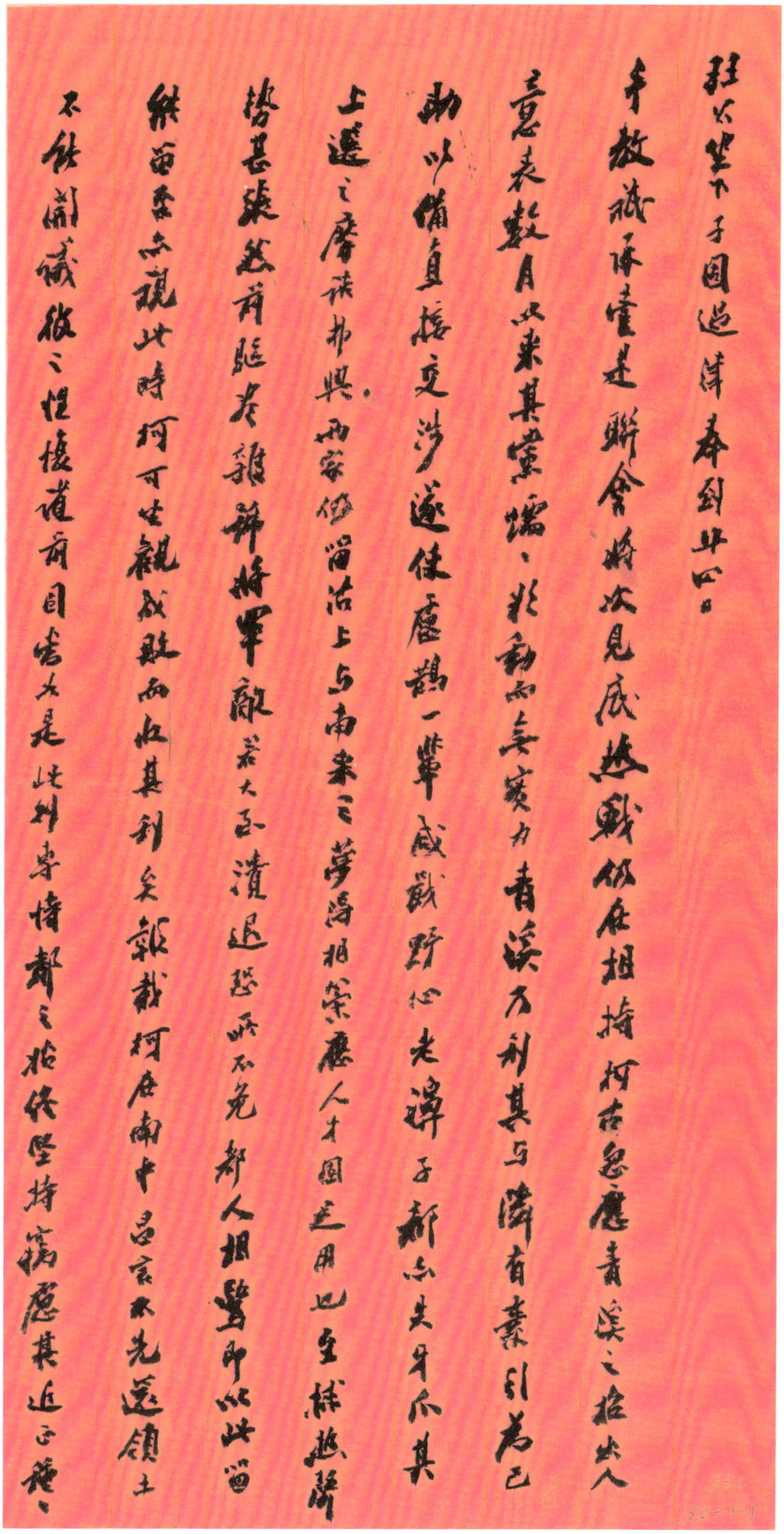
琴公坐下：子固返津，奉到廿四日
手教，祗承壹是。联俄将次见底，热战仍在相持，顾亦急应青溪之招，出人
意表。数月以来，其党端端，非动而无实力，青溪乃利其与满有素，引为己
助，以备自标交涉，遂使虚鹄一辈，咸戢野心，光谦子郁亦失其所，其
上还之席。谈都与两宫仍留沽上，与南来之萍济相策应，人才固足用也。至赫然声
势甚张，然前路若难，将军敌若大队溃退，恐亦不免。都人相惊，即以此留
然而吾亦视此时何可轻视，我败而收其利矣。虽然何在，南中邑言亦先还领土
不能别识，彼之但怀遗前目，虽如是，此外学待都之伦，终坚持镐，虑其近正耗、

機望國論亦甚如能萬一勢消退就縱不至如何所言但現同蒙藏已非我所甘受
則追述兩難太可不應此固非需容所能主彼果能使成我之實現將立使我
可洗傀儡之耻彼亦允肯統監之權不亦服人心而息衆議乎是在秉鈞者之
酌減挽辭也前此民元清朝既經祖舒創以有安繼起我之私產售價存於
請問民有留否清算日不暮月已近去留均不能不豫為備絜綱領自人喽
以常暗之否非自民心消阻和民意并之新造誠信未孚兵革之後樹循尤急有人才
而後有建治者生只能為常談開國以來惟中央銀幣一事最愜輿情問近隨派
食難否殊念之也揚當未來承

嶲當默識之訛誤少止復作孟蘋爭古怕未穩是以斐衆聽不集其計不出解
四肆四月泉茶甚寒一樓嬌卧不能入部度歲集子統皆開英三閣正印
行方綫數日以多半日車程錙羽較不便矣侗光齋海寫識切爲任子章
頫愛時加利迪良可歎
公歷年感何可言猶辰深念幸布縷縷敬頌
新禧并請
盡安
嫡樓首　四月六日

陈宝琛为通报平津消息及筹备复国等情况致胡嗣瑗的信（一九三三年二月一日）

愔公足下：兹三至，今未得前函所託仲業帶呈。數日来聞見不無少異，刈英之祖日敝寓
日識已踐一段，或謂將去以避，據談昌高調，公有他言，惟恭邸嘉其風影，而下令通緝並
非自避室氣，此皆見於報章者。古物之從否，為市民阻止起運，尚須觀其究竟也。而急之
者一年之期已近，不能不預籌表示，夜起有無計畫？
公言如何？前月板垣來此，數人皆言新國之人才並不滿於
公，並蒙薦之不同，黨番於其黨國無足之怪，惡於其黨亦不為青眼也。今日報登一則，謂走
新國通信，有其事否？
足下試進當知之。然兩才氣參差，往可惜不求就以一職，元未忘於醉臺，勝八載，但必接觸

牢愁借蔡園燈塔之句離開避山河語雖兀淺却頗切實旁人寥寥應與

公同此情也自去絕少不堪齊處足弱衰態日增明春大都就醫并遊它國

若公或肯來津仲棻彼時乃歸乎讀

前晉來午橋婦病致倉告從其行多事之秋惟心情可待者便非體察耳

公患胃甚燈下目昏草草一兩行即頌

蓋祺　　楠頓首　初七夕

頃仲棻電話來云接長春電止令勿行適後藤領事明晨東渡託其帶呈

後信如無便人則寄領事館轉致當不誤達

234
32-2-2

陈宝琛为主张尽早立宪事致胡嗣瑗的信（一九三三年二月十六日）

附：日内瓦会议旁听者来信摘抄（一九三三年一月六日）

自玉仁兄足下：昨日書後步鴻來至詳眼實矣新正西南計去入覽意於剏都目覩
督桑瑞箱平而痛快何啻日內仍回津以直都同見而於有所徵證也約期晤面而西風
急轉際之勞成務爲維持之門面據曰持久終必有兩窮之見之日則取實而舍
名矣蒙藏之自治而內屬早聞青海有此說盡爲調解之地華之憲亦蘭於合大郎
其例也然亦必求其有獨立之精神自治之權力始有以解於吾人之指摘新新守
一月廿日日內瓦旁聽者來書頗爲翔實相去不及五旬不應遽有變化無亦有見於
我之實不足以言獨立與自治且以彼時之勝使易於就範耶轉較爲切圖甚時矣
帝中縣府蒙藏事要見克心膽自世宗之北來蓋以相商愛立來錢鴻之海其究相也耶

鄙三萬人將以代備其不即散去於侯濟先生自處於抵抗據所聞蓋立心未定云
昨錢黃聽泉來與之談且曾說之（候補道趙子翮外情形但所聞不能舉述）伯材（陳樂）副長先後赴鄂告一切亦未見可詳詢之鄂人之
諸革命黨固不免躁見卿來時夜但有機可乘無不使其過去前事亦均在進行
答案謂梅村詩被邀當今然寫一紙與人看看但知卿踏實地正在徵取旁證至其所
舉外人接云為文類所誤（此書甚難分接云夜起未知之）又在長曾一晤風在報館曾薦某對多次君如若所云直一奇
類為所謀亦太疏矣馬生角不知何人書不能不來　佳什必當次和吾黨先命之要行某此先
復印頌
春祺
培頓首　正月廿二日
蔡紀兄均此

日前國聯行政院及特別大會開會時[redacted]均在場旁聽頗能明瞭此間情况大約歐洲各大國如英法之類均抱得過且過之宗旨任此事之自行解决即等於任日人自由處置故表面上不作左右袒祇向中日兩方進行調解而中日兩方已均趋極端調解恐難成事實只得任其延宕而已至於報告書中所揭出重要數點當日雖喧動一時現則大家均不注意縱有小國如捷克西班牙愛爾蘭諸代表極力提議按報告書所云認日人去年在東北行動非自衛爭奈英法等國態度模稜卒無定議其實最關痛癢者係美俄二國俄國實力未充不敢啓釁不能不與日敷衍以求息事而美國亦無與日决裂之可能雖時唱高調終不敢有所舉動[redacted]在此常與代表處人員往来酬應聽各方面消息似可斷定東北事件在三五年内事實上已告結束将来有何變化恐将視世界有否第二次戰爭决之也

一月六日瑞士發 二月九日到 摘鈔如右

237
32-3-3
32-10

为筹划帝制奉溥仪派赴日本各员由东京发回的电报二十三件

一、为奏请讨伐热河事致胡嗣瑗的电报（一九三三年二月二十五日）

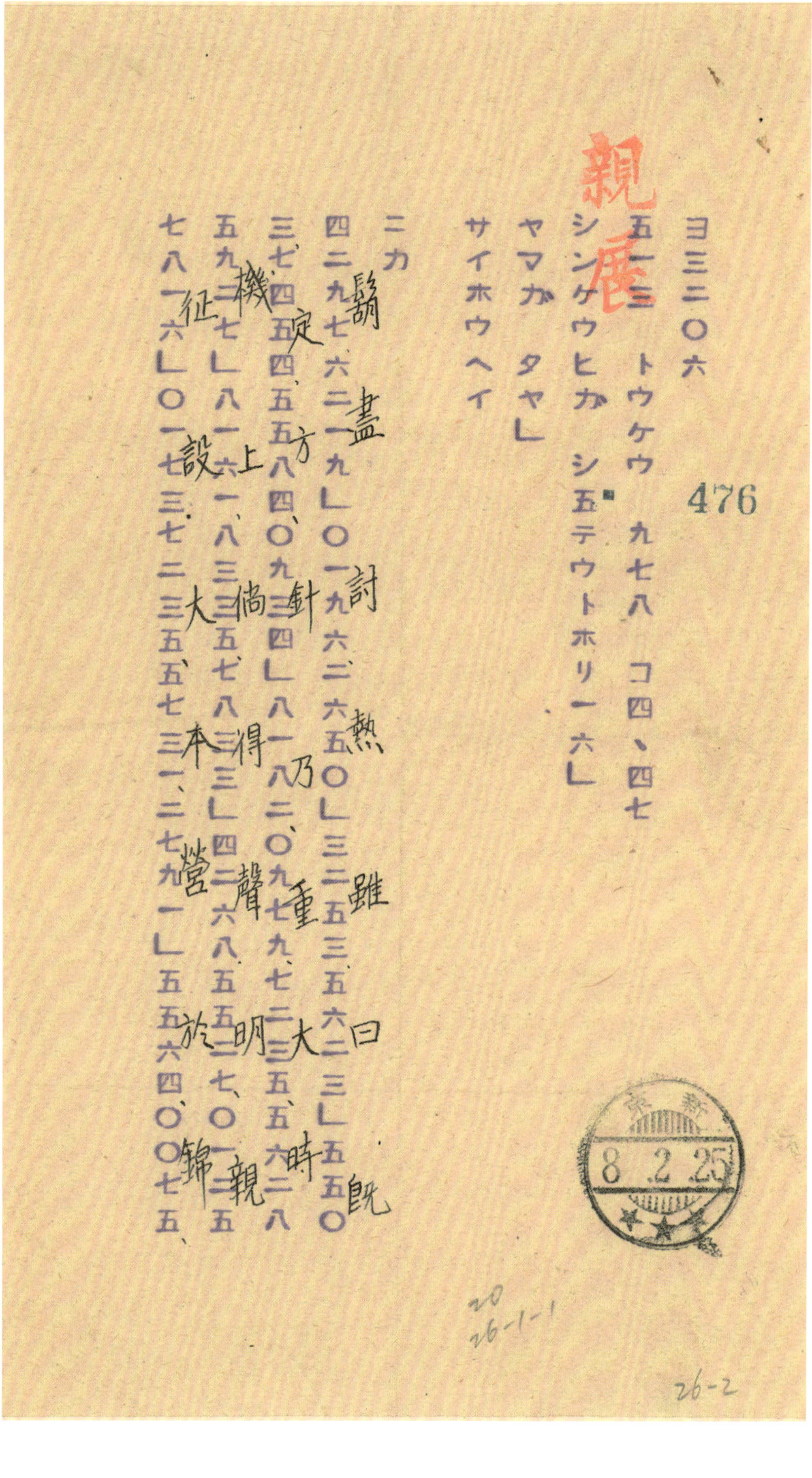

ヨ三二〇六

476

親展

五一三 トウケウ 九七八 コ四、四七

シンケウヒガ シ五テウトホリ一六し

ヤマガ タヤし

サイホウヘイ

二カ

四二九七六二一九し〇一九六二六五〇し三二五三五六二三し五五〇

三七四五四五五八四〇九三四し八一八二〇九七九七二三五五六二八

五九二七し八一六一八三五七八三三し四二六八五五二七〇一五

七八一六し〇一七三七二三五五七三一二七九一し五五六四〇〇七五

謁盡討熱雖曰既定方針乃重大時機上倘得聲明親征設大本營於錦

二

六〇八一∟五一一四八一七七∟〇七九一二六五〇八〇六六七七四一
縣或他近熱地帶

∟八三七五五三一八七七一五∟九八六二六二一七九∟八四八三四九一
候掃平匪氣再行

〇七六三四二八二一∟五〇四〇八七五八七六五七八二五九∟八五五六
巡狩歸郎帝位則

八四八四七二七八六七九〇三五六四七∟五五〇一七七二九二六四四三
內外悅服昔太祖

∟五六八四八五四九四二七一∟五二六三八二七一七四五四七二四二
暨列聖所以定天

八一一一∟八七五八五五七三五七三一∟六九七九五五七九∟五五二
下郎日本維新明

七二二九八七六五七∟五七三二七八一六八一一二八四二四二一〇六
治帝東征之入江

五一五三∟五五七三三三六八五一三六七八五六∟八一一二七七七五
户日露戰役之幸

21
26-1-2

26-3

三
七七二〇七五一七乚八七一四八一五七八三四四五九二八乚八七七六
〇五三八二六四五二六二九乚〇八六六〇一八八乚〇一六四五五六四
六五七二八四四六乚五四八九五三九五六五〇六八九七一乚五四九六
八七六〇乚六二八三八四四六〇七四四〇一六四乚七二九三八四四六
〇四五六八七四〇乚八二六五八一一九七二六九〇二五四乚〇一三三
乚

廣島古今偉業史
跡炳然鄙見言於
秦公擊掌搉善擬
向昧公進言如公
贊同伏乞奏請許

コ四、三九　三二

22
26-1-3

26-4

二、关于日本方面的动态问题致胡嗣瑗的电报（一九三三年五月三十一日）

ト六五九

一四五 トウケウ 一二六七 コ七、五九

親展

シンケウハゴ ロモテウ三ノ一二L

サイホウヘイ

809

新京 8.5.31

ニカ

来月初真公内宋

八二四三五六〇〇八五五九L六二六三、八四四六、八四八四、七四五四、五

九一二、五六五三、七二三五七五九八L五〇八九、三一〇九五、五六一三、〇七

業昇大將次長更迭

五八L七八八三八、二一八、五八二〇、二〇二九、八一九五、七五九八L八一八

後任植田中將爲

二、六二六三、八四四六、五一六三、四五五二L七五一八、二四四九五、五八

真公所着對滿方

23
2913-1

三

對當不宜更

四，〇九三四乚〇二六四，八一〇一，〇三三二，五六一三乚

コ九、三七　二〇

京新 8.5.31

24
29-13-2

三、关于真崎甚三郎的态度问题致胡嗣瑗的电报（一九三三年六月十五日）

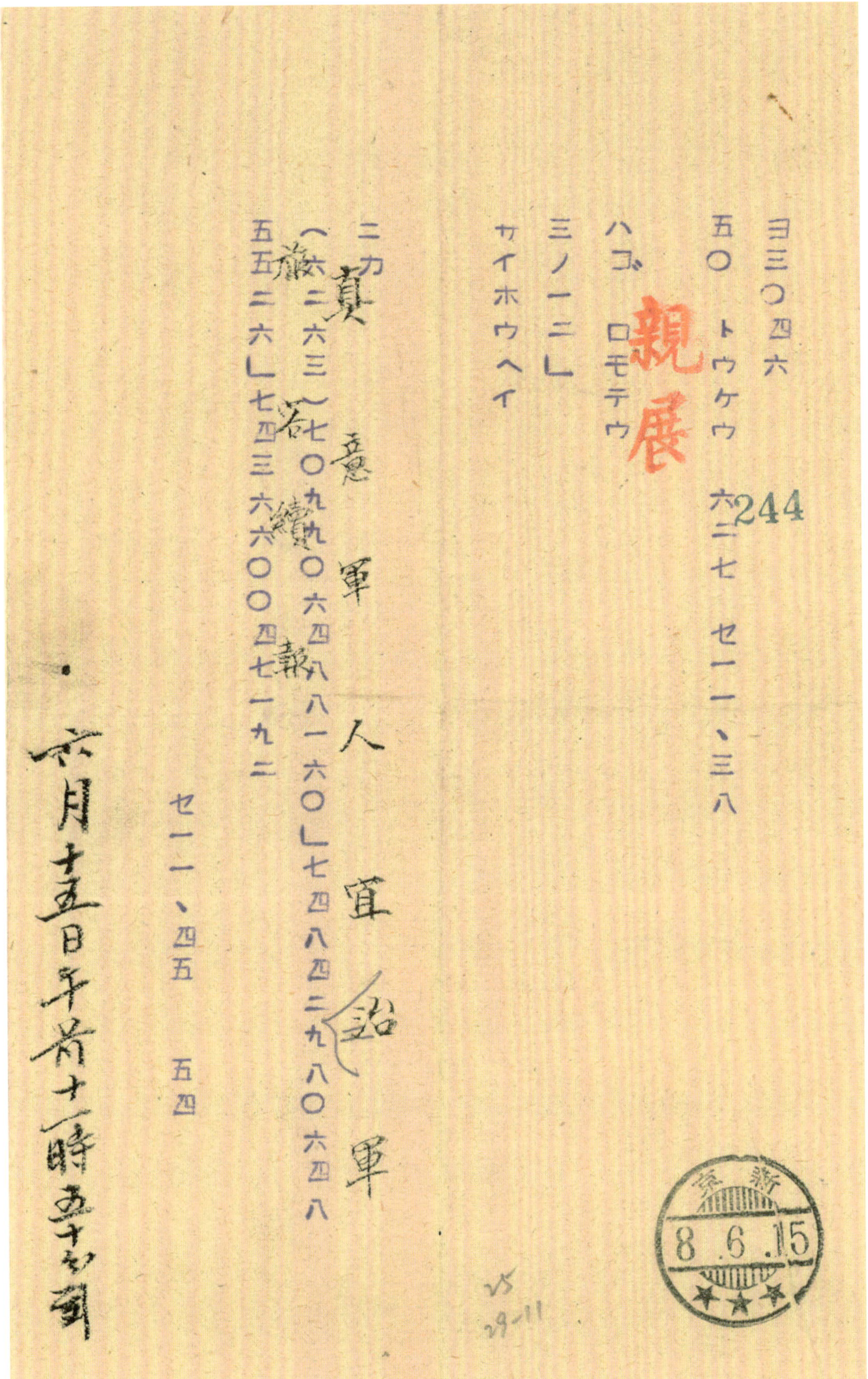
親展

244

ヨ三〇四六

五〇 トウケウ 六二七 七一一、三八

ハゴ ロモテウ

三ノ一二」

サイホウヘイ

二カ 真 意 軍 人 宜 鉛 軍

（六二六三）七〇九九〇六四八八一六〇」七四八四二九八〇六四八

五五二六」七四三六六〇〇四七一九二

厳 容 續 報

七一一、四五 五四

六月十五日午前十一時五十分到

新京 8.6.15

四、关于日本方面的动态问题致胡嗣瑗的电报（一九三三年六月十五日）

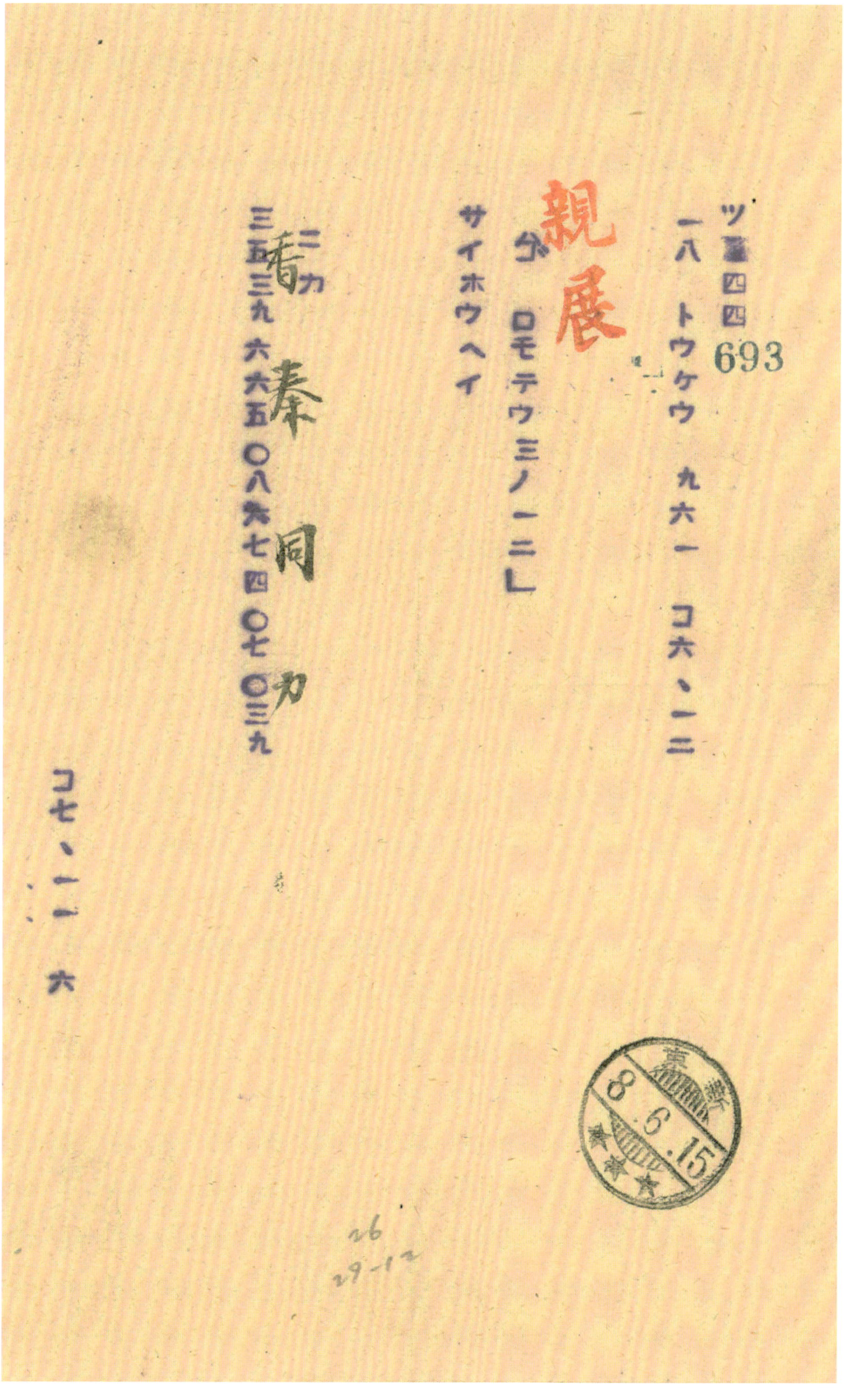
ツ臺四四 693
一八 トウケウ 九六一 コ六、一二
親展
ゴ ロモテウ三ノ一二L
サイホウヘイ
二カ
三五三九 六六五 〇八六七四 〇七 〇三九
香 秦 同 勿
コ七、一一 六
東京 8.6.15
26
29-12

五、关于日本方面的动态问题致胡嗣瑗的电报（一九三三年六月十五日）

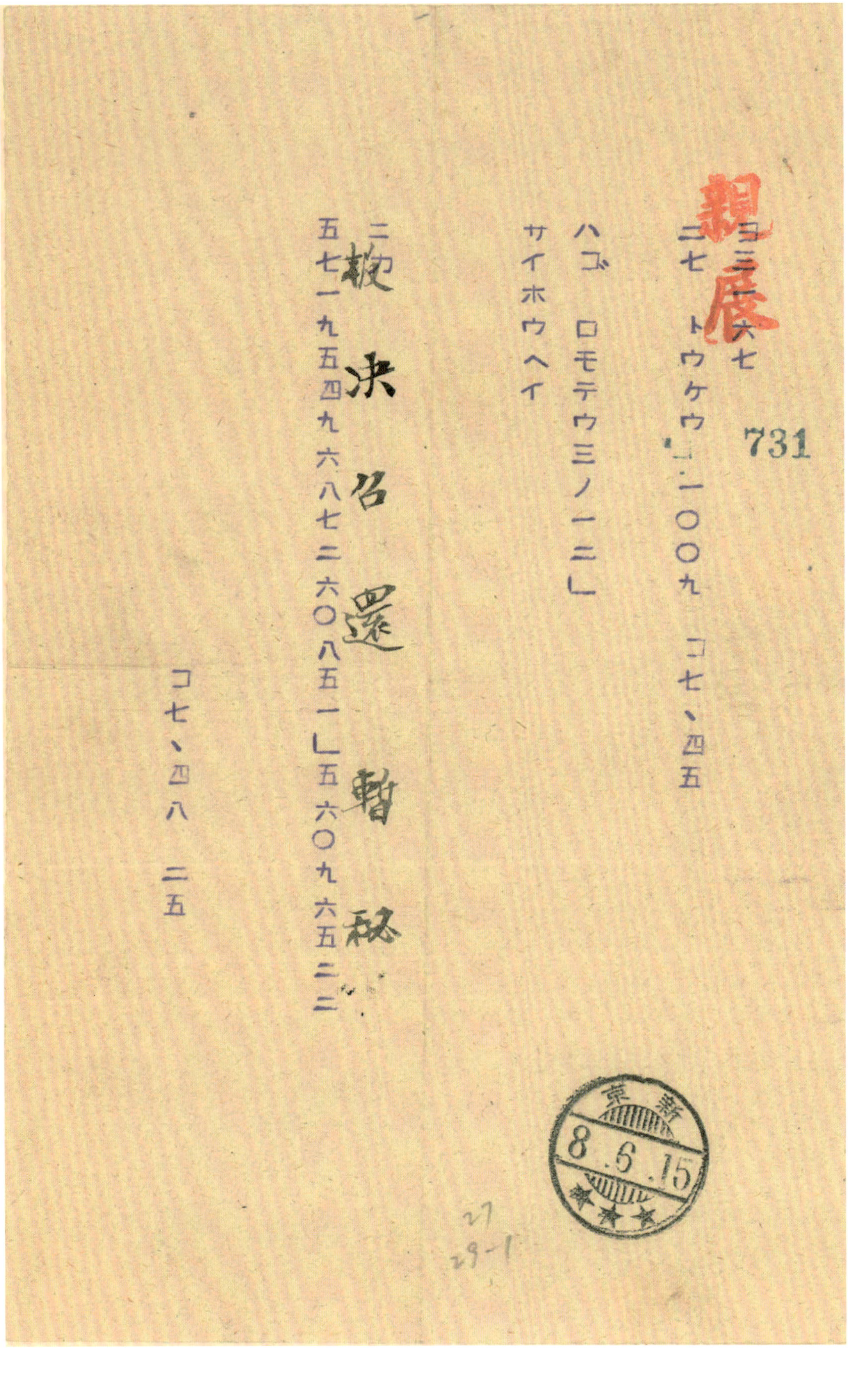
親展
731
ヨ三一六七
二七 トウケウ」一〇〇九 コ七、四五
ハゴ ロモテウ三ノ一二」
サイホウヘイ
二五七一九五四九六八七二六〇八五一」五六〇九六五二二
被决召還暫秘
コ七、四八 二五

27
29-1

六、关于日本方面的动态问题致胡嗣瑗的电报（一九三三年七月八日）

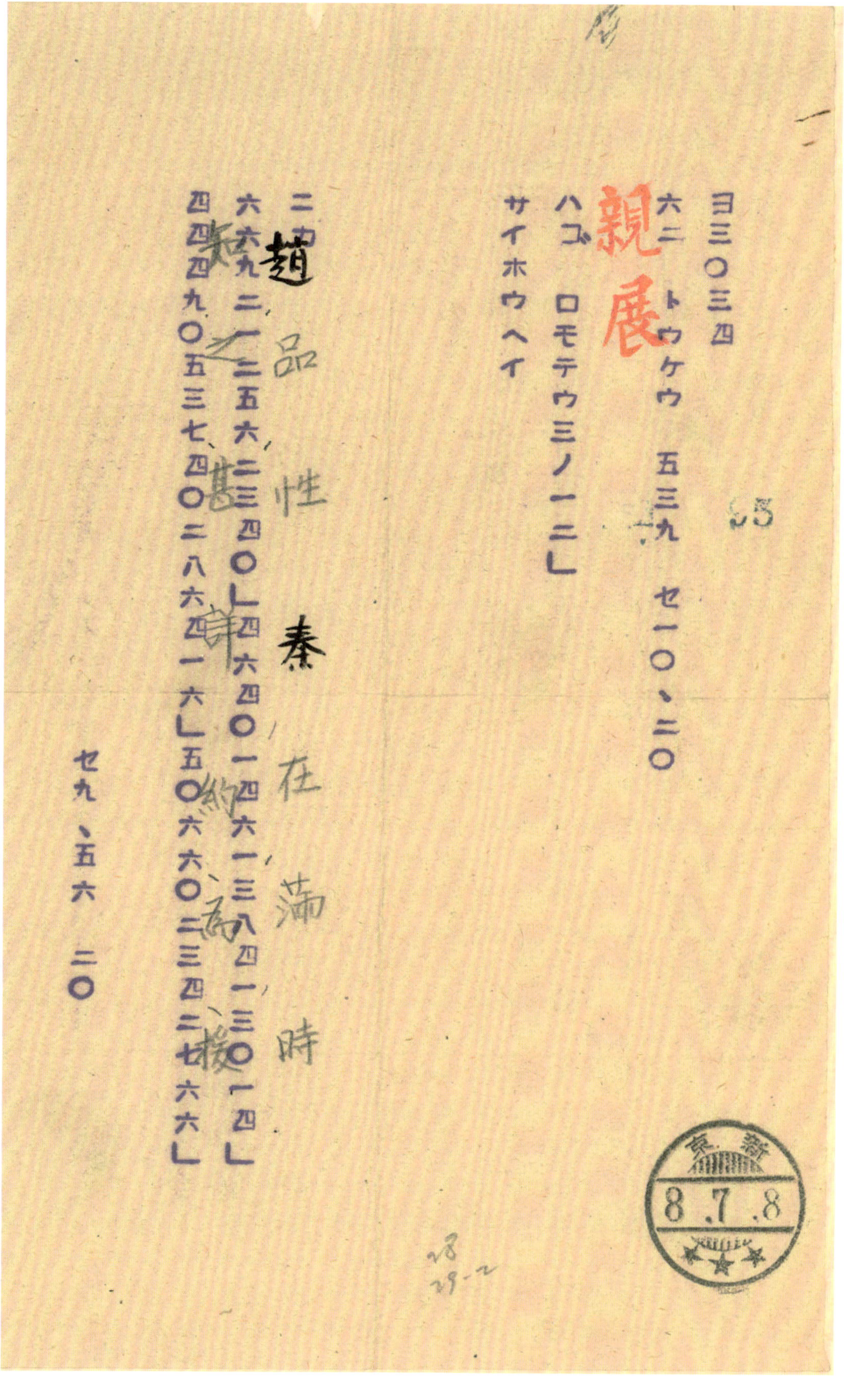

ヨ三〇三四
六二 トウケウ 五三九 七一〇、二〇
親展
ハゴ ロモテウ三ノ一二乚
サイホウヘイ
二カ 趙品性秦在滿時
六六九二一二五六二三四〇乚四六四〇一四六一三八四一三〇一四乚
四四四九〇五三七四〇二八六四一六乚五〇六六〇二三四二七六六乚
七九、五六 二〇

七、关于日本方面的动态问题致胡嗣瑗的电报（一九三三年七月十三日）

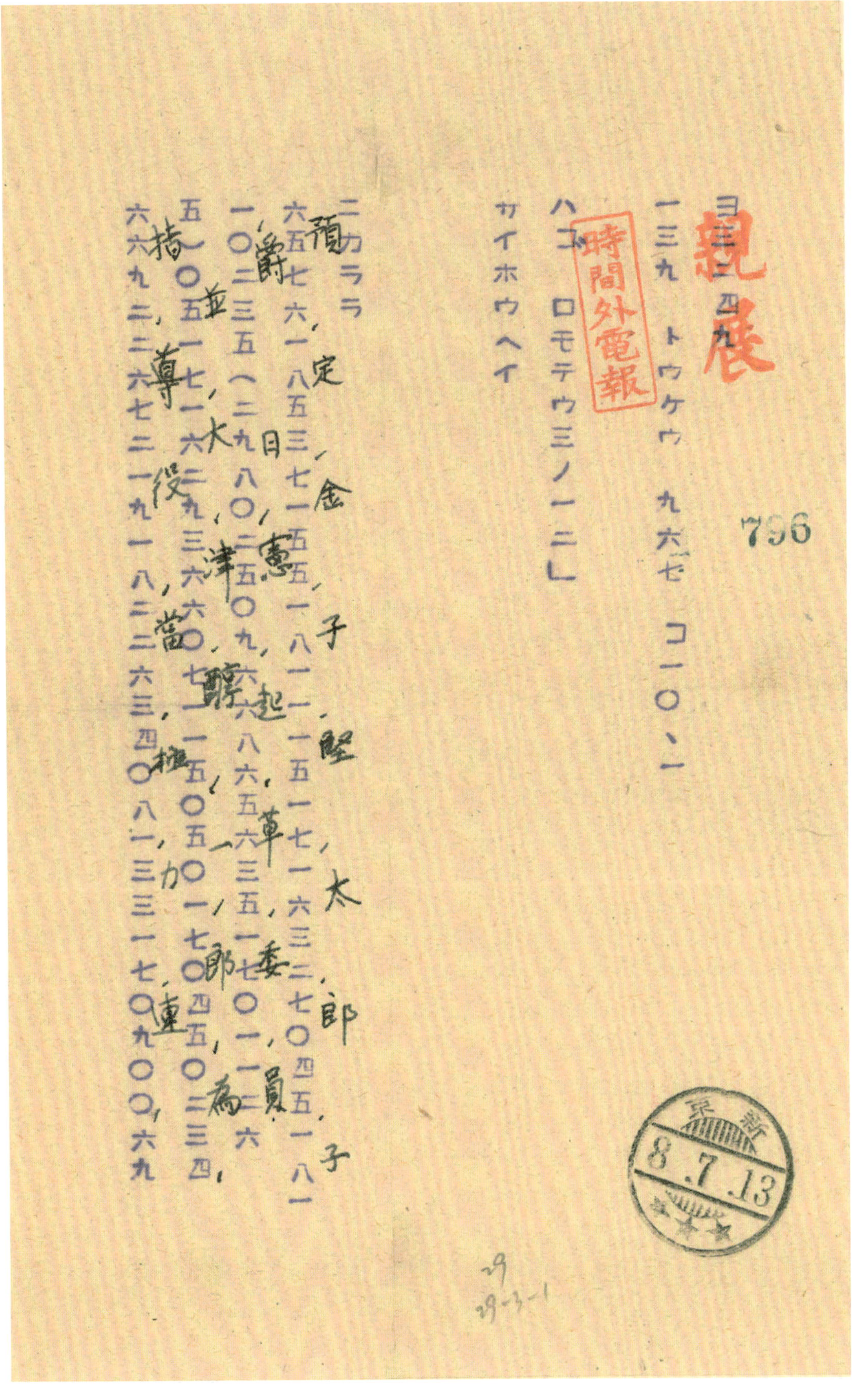

親展

ヨ三二四一九

796

一三九 トウケウ 九六七 コ一〇、一

時間外電報

ハゴ ロモテウ三ノ一二し

サイホウヘイ

ニカララ

六五七六、一八五三、七一五五、一八一一、一五一七、一六三二、七〇四五、一八一

一〇二三五（二九八〇、二五〇九、六六八六五六三五、一七〇一、一二六

五一〇五一七、一六二九、三六六〇七一一五、〇五〇一七四五、〇二三四、

六六九二、二六七二一九一八、二二六三、四〇八一、三三一七〇九〇〇、六九

頒 定 金 子 堅 太 郎 子

爵 日 憲 起 革 委 員

並 大 津 醇 一 郎 爲

揩 導 役 當 樞 加 連

東京 新 8.7.13

29

29-3-1

二

四七、五一二〇L〇七〇七、六四一六.

給 信 詳

コ九、四五 三四.

30
29-3-2

八、关于日本方面的动态问题致胡嗣瑗的电报（一九三三年七月十三日）

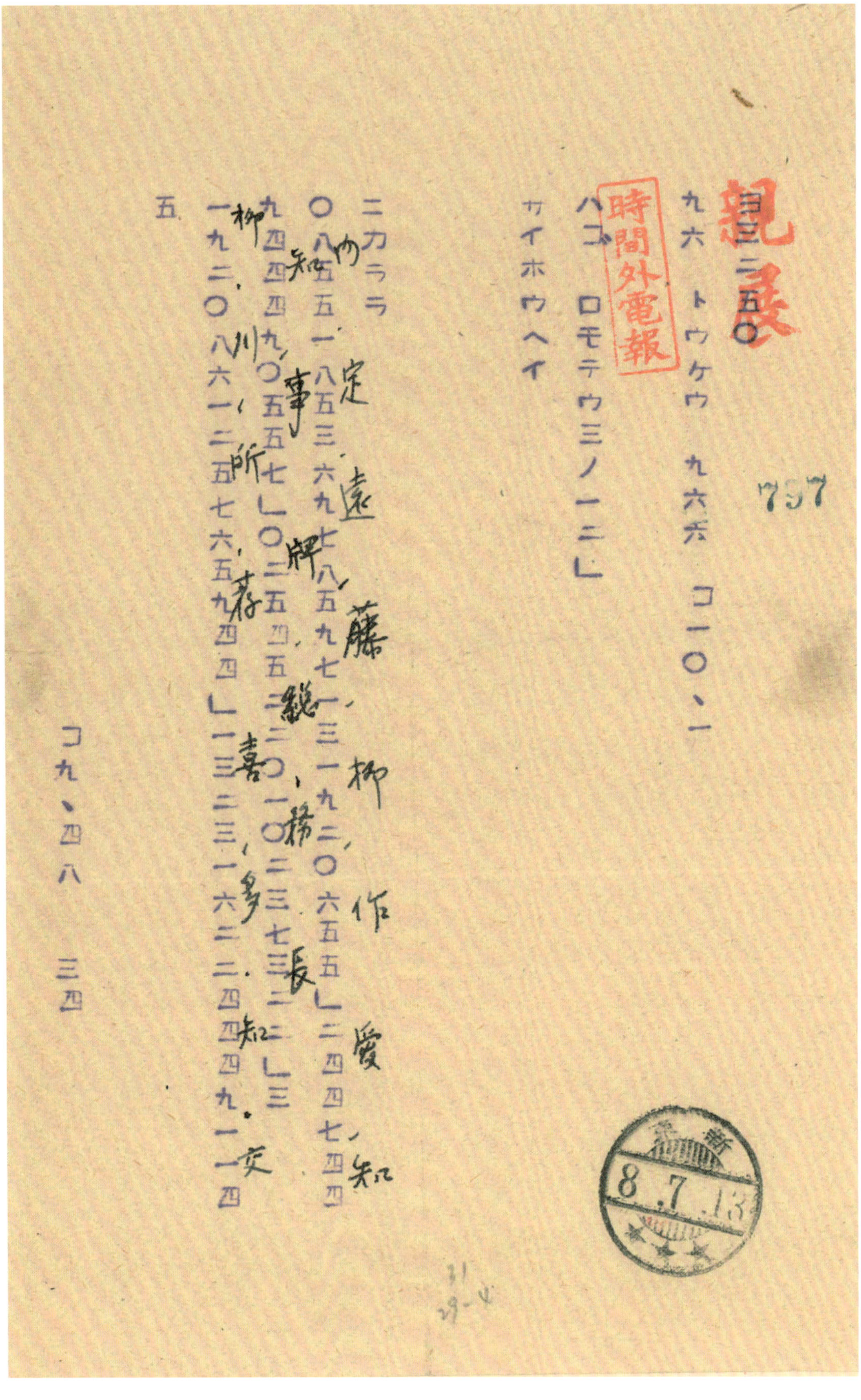

九、关于真崎甚三郎欲求御笔事致胡嗣瑗的电报（一九三三年七月三十日）

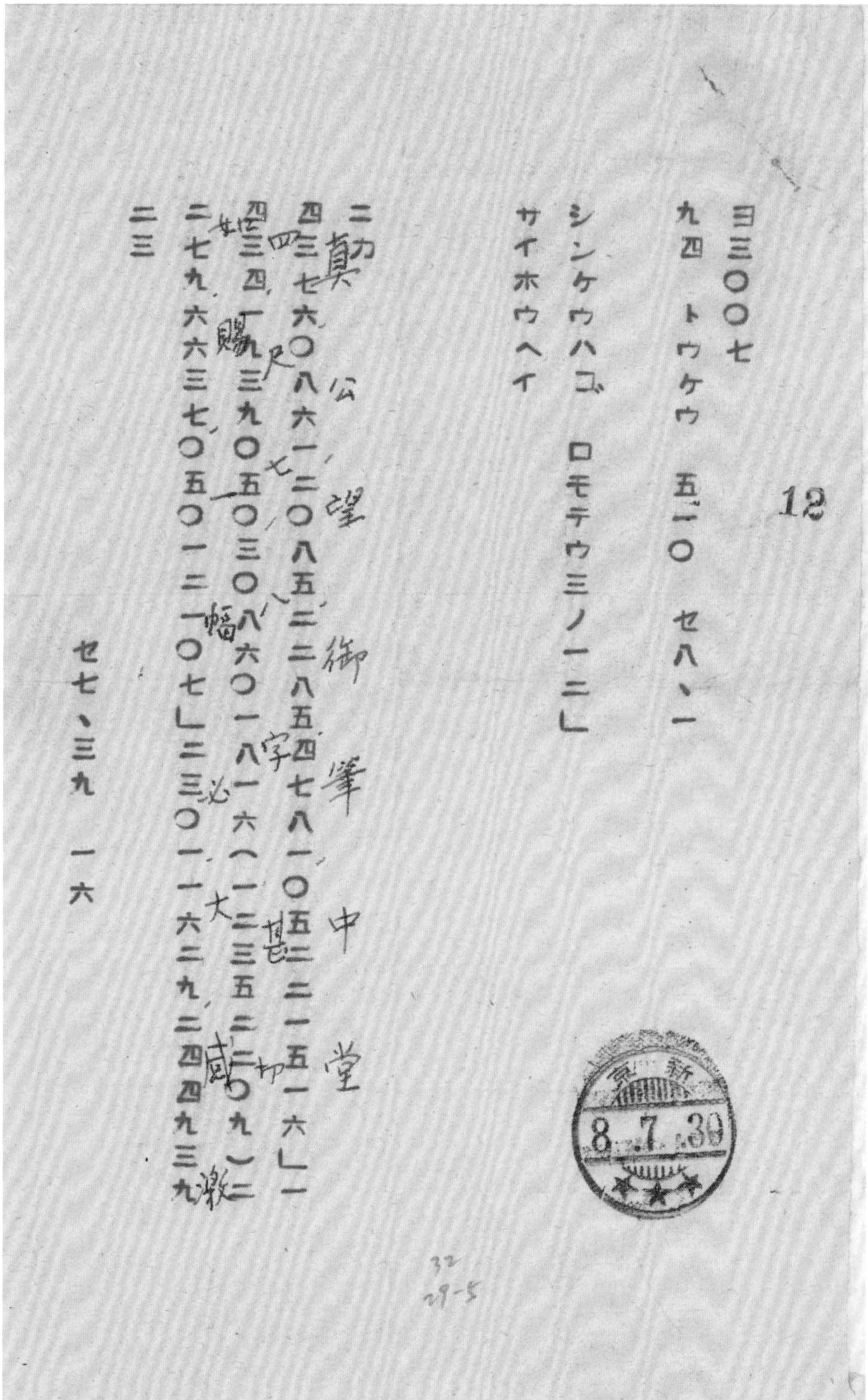
ヨ三〇〇七
九四　トウケウ　五二〇　七八、一
シンケウハゴ　ロモテウ三ノ一二」
サイホウヘイ
二
四三七六〇八六一、二〇八五、二二八五四七八一、〇五二二五一六」一
四三四、一九三九〇五〇三〇八六〇一八一六（一二三五二二〇九）二
二七九、六六三七、〇五〇一二一〇七」二三〇一一六二九、二四四九三九
二三
七七、三九　一六
12
新京 8.7.30

十、关于在日本活动情况致胡嗣瑗的电报（一九三三年七月三十日）

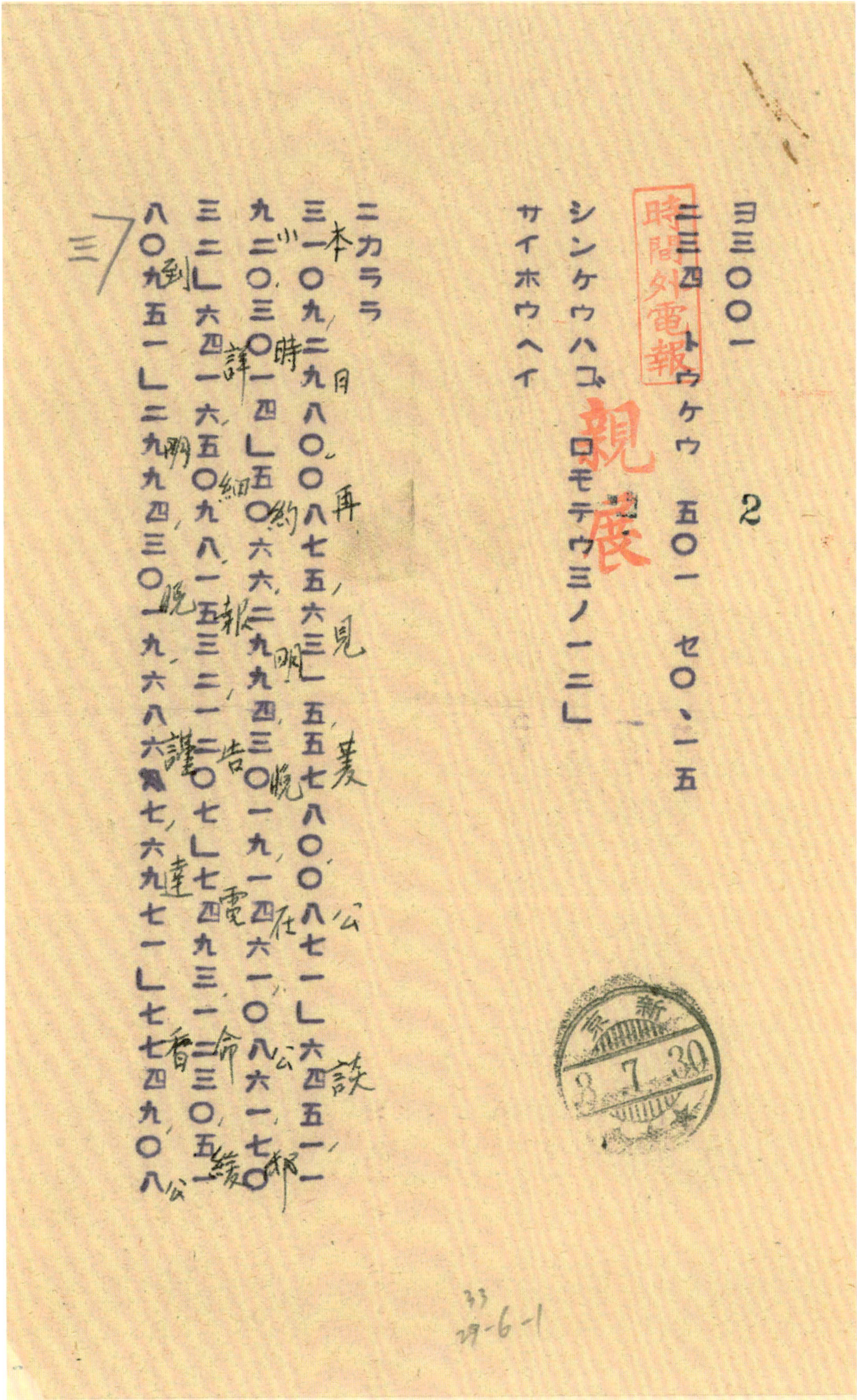

ヨ三〇〇一
2
二三四 トウケウ 五〇一 七〇、一五

シンケウハゴロモテウ三ノ一二乚
サイホウヘイ

二カララ
三一〇九二九八〇〇八七五六三乚五五七八〇〇八七一乚六四五一一
九二〇三〇一四乚五〇六六二九九四三〇一九一四六一〇八六一七〇
三二乚六四一六五〇九八一五三二一二〇七乚七四九三一三〇五一
八〇九五一乚二九九四三〇一九六八六七六九七一乚七七四九〇八

二

六一〇六一〇〇五一四五〇九〇一一四九七六五七二九五五五七八〇乚
以 丙 素 受 顧 於 蔑

四〇二八一三二三二四八三乚二二一七一一四九四四四九二九五五
甚 熹 慰 弟 受 知 於

七七四九乚四三四六四〇四五五七八〇〇五九四五一〇一乚六四七五
香 蓋 由 蔑 介 給 請

〇六四三四三七二〇八三八〇六七一〇九三四
位 助 見 来 切

[illegible]コ一一、三八 四九

34
29-6-2

十一、关于在日本活动情况致胡嗣瑗的电报（一九三三年七月三十一日）

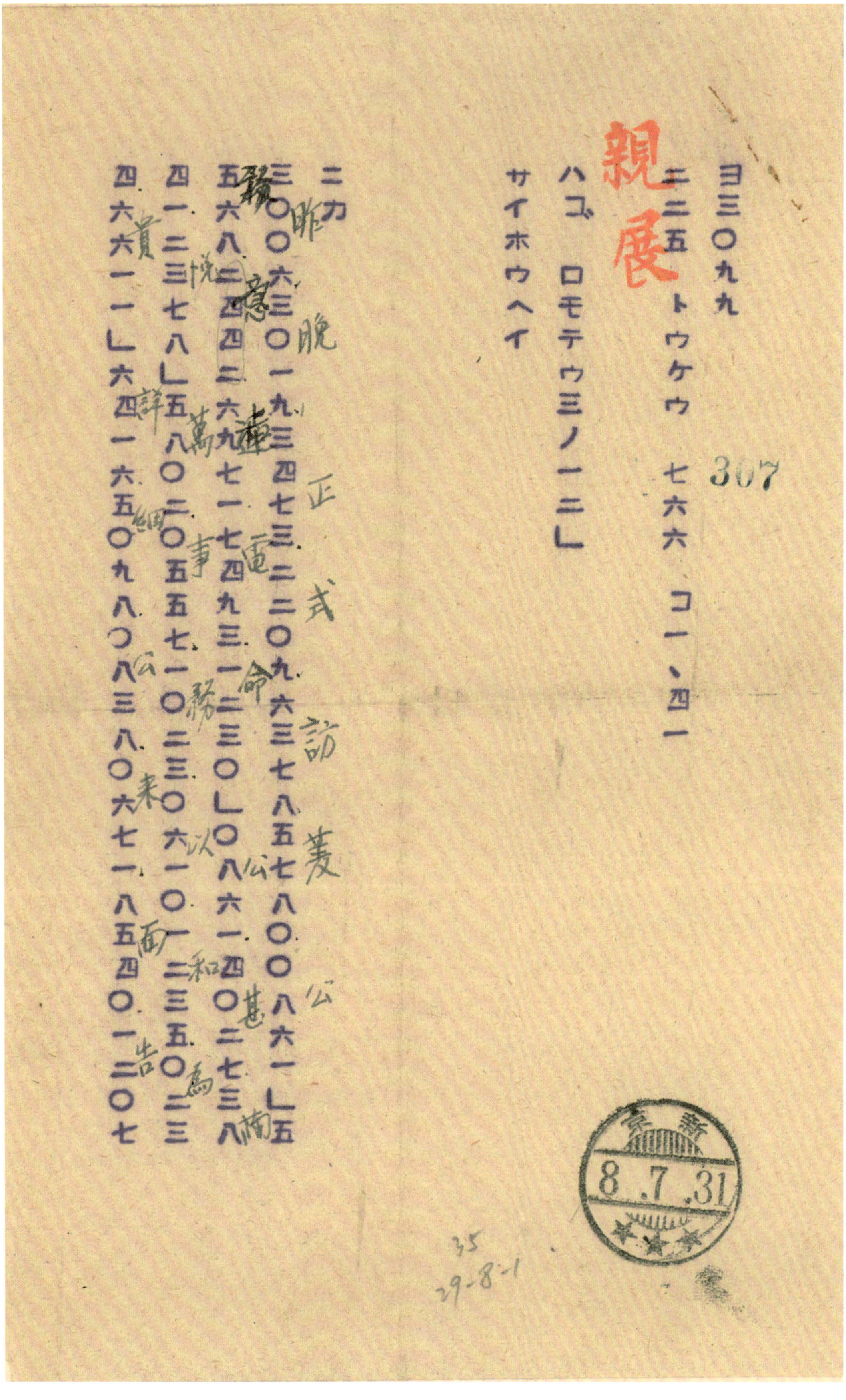

親展

307

ヨ三〇九九
二二五 トウケウ 七六六 コ一、四一
ハゴ ロモテウ三ノ一二レ
サイホウヘイ

二カ
三〇〇六三〇一九三 四七三二二〇九六三七八五七八〇〇八六一レ五
五六八二四四二六九七一七四九三一二三〇レ〇八六一四〇二七三八
四一二三七八レ五八〇二〇五五七一〇二三〇六一〇一二三五〇二三
四六六一一レ六四一六五〇九八つ八三八〇六七一八五四〇一二〇七

8.7.31

二
L七六〇八六三七八四三七六六九七一〇八三八〇六七一二四四二四
〇二七三四七〇L三四七六五八二〇二二〇九六五七六〇八六二〇五
〇三〇八五七二九八〇〇五二二L〇八三八七六一二〇九四三〇五六三
〇九六七四三九二三一三九

頃訪真告公来意
甚歡 武葬 式 預 定 六
日中 行 之 公 酒 御 五
前着東

コ一、七三

新京 8.7.31

36
29-8-2

十二、关于参加武藤葬礼会晤日军长官事致胡嗣瑗的电报（一九三三年八月七日）

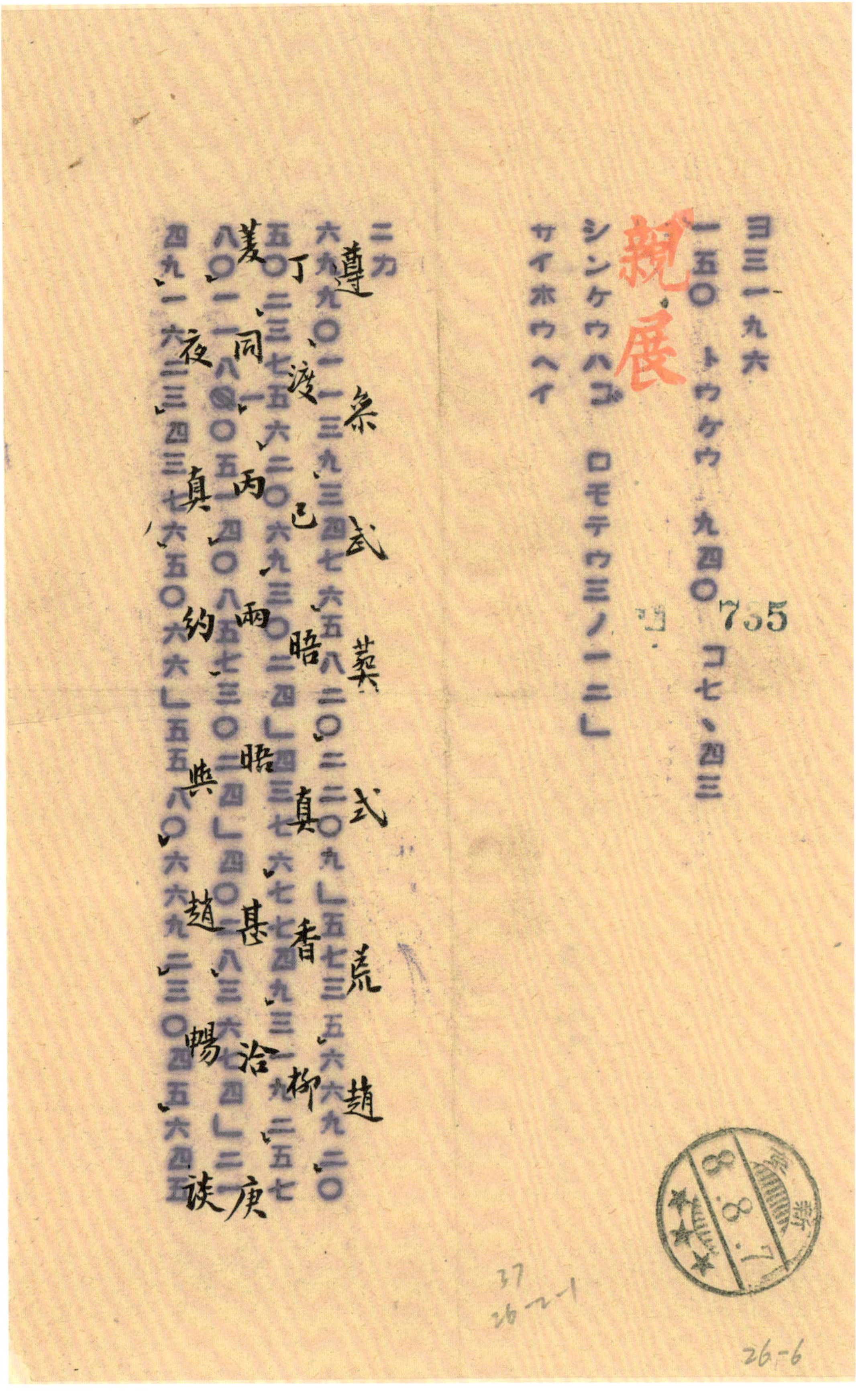

ヨ三一九六

一五〇 トウケウ 九四〇 コ七、四三

親展

シンケウハゴ ロモテウ三ノ一二レ

サイホウヘイ

735

遵条武葬武荒趙

丁、渡已晤真香柳

菱同丙雨晤甚洽庚

夜真约典趙暢谈

8.8.7

37
26-2-1

26-6

二

一乚二五一七〇六〇八一六四六乚三六二七二〇六四一一六一乚

懇代奏法巧叩

コ七、四〇　三二

38
26-2-2

26-7

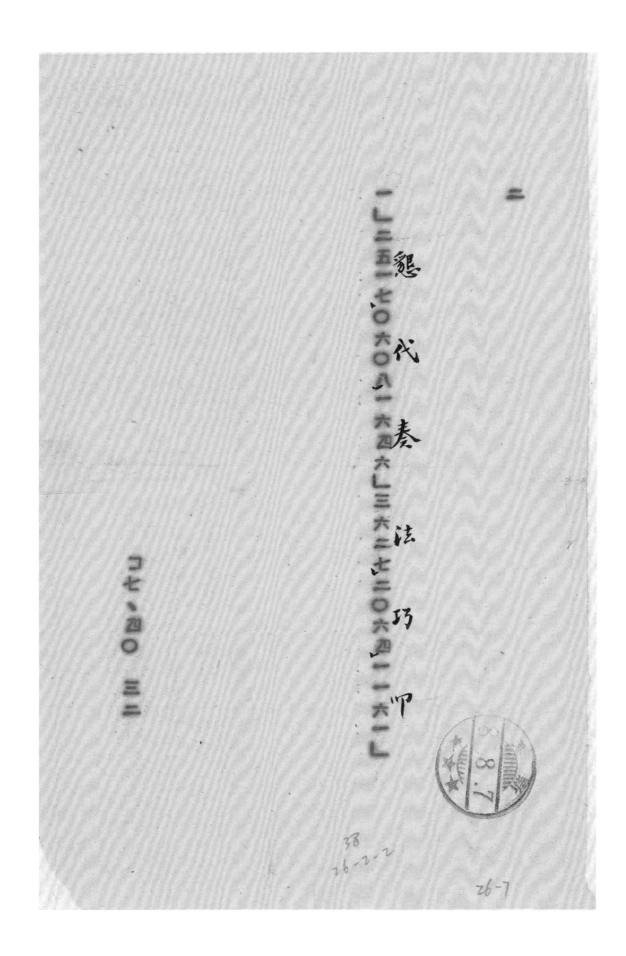

十三、关于日本方面的动态问题致胡嗣瑗的电报（一九三三年八月九日）

ヨ三〇三六

一四九 トウケウ 五一四 七八、三

ハコ ロモテウ三ノ一二

サイホウヘイ

親展

53

八月九日十時半到

二力

一三七六、七四九三、二六五七、二三八五、乚二一四九、一八六五、四三七六、六

四五八、乚二九八〇、二二三〇、一四三六、五八〇二、〇五一三、〇五〇一、五〇

六二、乚三八四一、四〇三八、七一五五、〇六四三、乚〇六三八、〇五〇八、一八五五、乚

一四三六、三六二七、三四四八、一四三二、乚二七五一、〇九六七、三〇

肅電拜悉康宴真

論日強同萬世一系

滿用金位似不宜

曰法欲回提前

新京 8.8.9

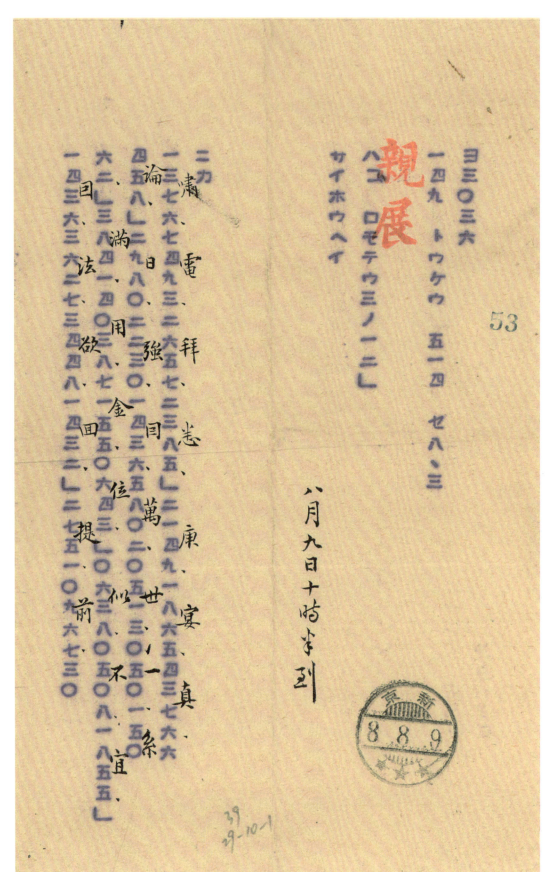

二

晤、會、续。陳、法、佳、叩。

二四三〇八五乚五二五八七四一五三六二七〇六六三一一六一

新京
8.8.9

七八、三七・四八

40
29-10-2

十四、关于武藤遗书等事致胡嗣瑗的电报（一九三三年八月十一日）

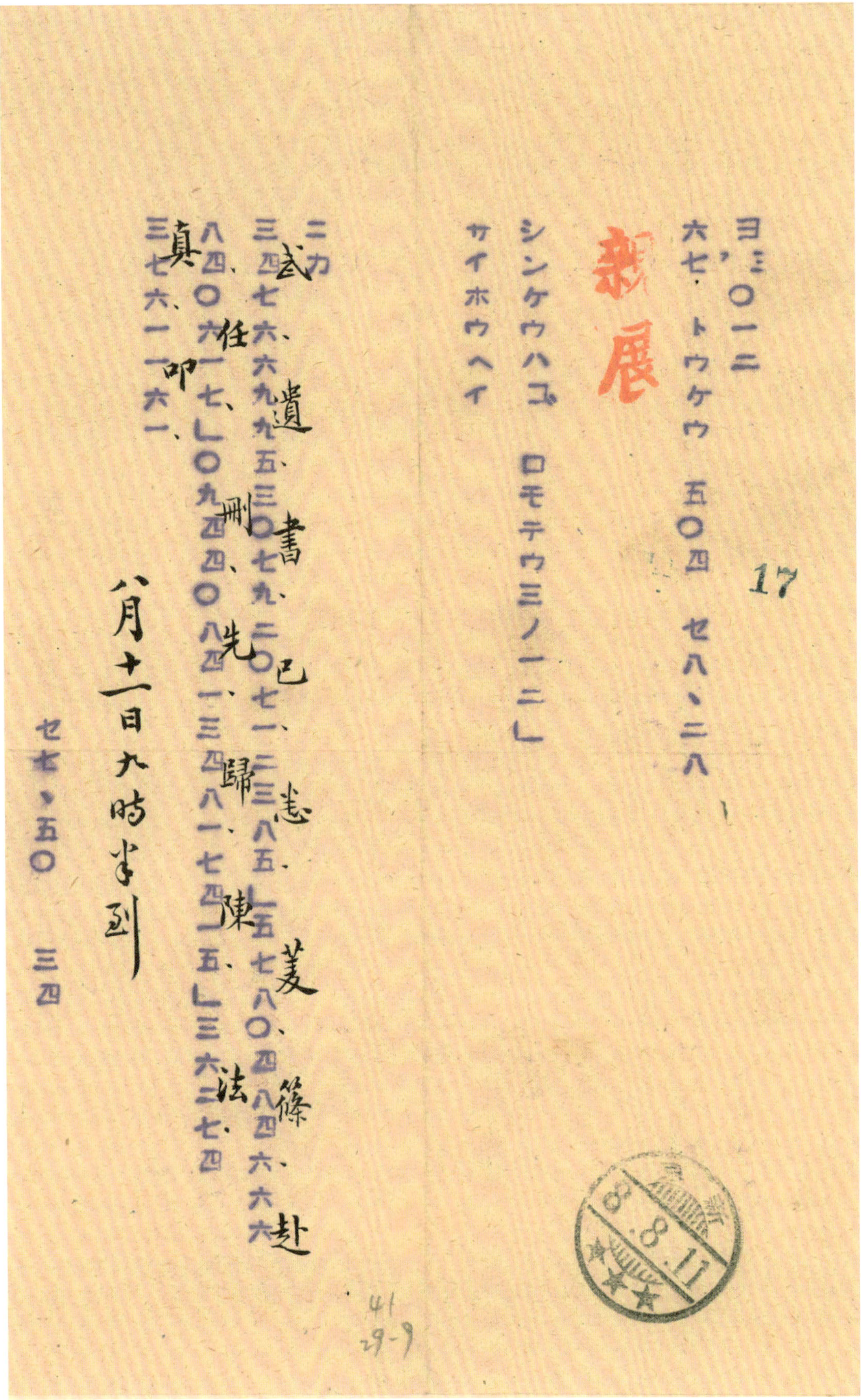
ヨ三〇一二
六七 トウケウ 五〇四 七八、二八
親展
17
シンケウハゴロモテウ三ノ一二レ
サイホウヘイ
二カ
三四七六、六九九五、三〇七九、二〇七一、二三八五、レ五七八〇、四八四六、六六六
武 遺 書 已 恙 菱 篠 赴
八四、〇六一七、レ〇九四四、〇八四、一三四八一、七四一五、レ三六二七、四
任 刪 先 歸 陳 法
三七六、一一六一、
真 叩
八月十一日九時半到
七七、五〇 三四
8.8.11
41
29-9

十五、关于真崎甚三郎的态度问题致胡嗣瑗的电报（一九三三年九月四日）

ツ七一三
一三六　トウケウ　四九　コ七、四四
シンケウエイラクテウ三ノ九レ
サイホウヘイ

親展

366

二カ
四三七六二五〇レ六六九二七四四五二三四三レ〇五六一三一八七二
四二一六三九七三八六二六六八六レ〇五〇八二八九五レ五一〇七二
五五七三〇八九四五四四一六二九一九四四レ二三〇一六四五三三〇
八三レ五六九一二九九四一四六一〇五〇六レ一四二八一一八九一〇

真憤趙險怪云東
岳評漸一擬起不故終
或有大局必請替
英明在上囑君加

42
29-7-1

二

〇二二四四二一〇〇〇五〇九〇〇

意 努 カ

コ一〇、二

三九

滿洲電信電話株式會社
新京中央電
8.9.4
HSINKING
M.T.T.CO

43
29-7-2

十六、为疏通日方事致胡嗣瑗的电报（一九三三年九月十八日）

尤兩電均悉」東諸公」深佩胡公忠誠」雖宣傳」幸勿掛意」菱公處勿慮」小事可藉石丸氏疏通」胡公感情」誼當棉力奉報」有所命乞電示

ヨ二二八

二一一 トウケウ 三五 コ六、五五

親展

ヱイラクテウ三ノ九乚

サイホウヘイ

二カ

七四二八一六九三七九七一七〇八五乚六二三九二六七五八五六一乚

五六三四八七六〇三六七〇八五六一七〇一三二六三四乚一六七三七

五五七八六七八乚七二三〇八三四三六六二九六九四二乚三三八〇八五

六一三〇一〇八三四三六九八二乚七四二〇八八五七八二六八三一

449

满洲電信電話株式會社 新京 8.9.18 HSINKING M.T.T.CO

45 26-3-2

26-10

計

五九、四五五八、八八二九、五八四四、四八九〇、二一三九乚三六七〇八、五六一、

四六四一、六九〇六乚二六四六、四八八一、六一五八、八四〇〇、七七四四、

七八三二乚六三八九、六八七六、八一三〇、八八四七、一六九三、四四五五

コ七、一五　四八

48
20-3-3

26-11

十七、关于真、香、秦诸公对立宪的态度问题致胡嗣瑗的电报（一九三三年十二月十四日）

十二月十四號晚四時到

真香秦諸公力」先踐位而後立憲」

論甚有力」期在速成」預定明春可

實現」南京雖有種種妨害」(宗主權)

然無甚効力」時機重大晝夜兼忙」

致積函報」容再詳

祕書廳用箋

47
26-4-1

26-12

ツ三九二
二五〇　トウケウ　一八　コ二、三四

親展

241

エイラクテウ三ノ九レ
サイホウヘイ
ニカ
二四五一四三四〇一三四九二六七五八五六一八四〇〇レ八五四一二
三三二八七四三三七七九七一七五四二三九六八〇九レ二六五八四八
二八六三八九八四〇〇レ六二〇一七九六一二一四三六八五二レ七七
二九四〇六六六四九四六三〇四八二六八七五九五五〇〇七レ八三八

新京中電
8.12.14
HSINKING

26-4-2

26-13

二
九、八八七九一六七三六三八九四三六七四三六七一七九一七五六四」
（七五〇〇八八三一五九三八）五三四四五三四一四八二八八四〇九
八四〇〇」六三一四六〇九四一九五〇七七二九」六三二一七七二三
八五六九七〇一一」三五六八四三七二八四二八七八三二」[illegible]
七五六九八五七五二六一六

〔二、五五　六

十八、为报告在日活动情况致胡嗣瑗的电报（一九三三年十二月十七日）

十二月十七號晚九時二十分到

疊承「指」導教向各方面遊說幸

皆了解」須暗柳公談時餘」先定

國體」立憲再慎重研究」公亦贊同」

並云立憲即緩數載亦無妨」各方

空氣甚佳

ヨ九二
二二八 トウケウイウビン 一一九三 コ九、一〇
時間外電報
親展
シンケ々フエイラクテウ三ノ九」
サイホウヘイ
246
ニカララ
四八八六八、四二八、六六三四」二一九〇六四〇三八二八六八二七七六
四五五一五四〇二一六二二六四一」七二三〇四六〇五八八五五二七
四三」一四〇八六三二四六二九二八五六一二六五一六三一四一三一
一」八五四一七五五三七九四八一二五五」四二三九六八〇九八五七

二

五六九五七一九五〇四五八二四三九六乚八五六一八八七六二四六三

八二八一乚八八一七八八六一四二三九六八〇九八二一三三九八三六

四二二二二二八八八七六五三四一七七八六乚八二七七六四五五四三

〇〇五八五一四八二七八七六三

コ八、五五 二〇

5-2
26-5-3

十九、为报告在日活动情况致胡嗣瑗的电报（一九三三年十二月二十日）

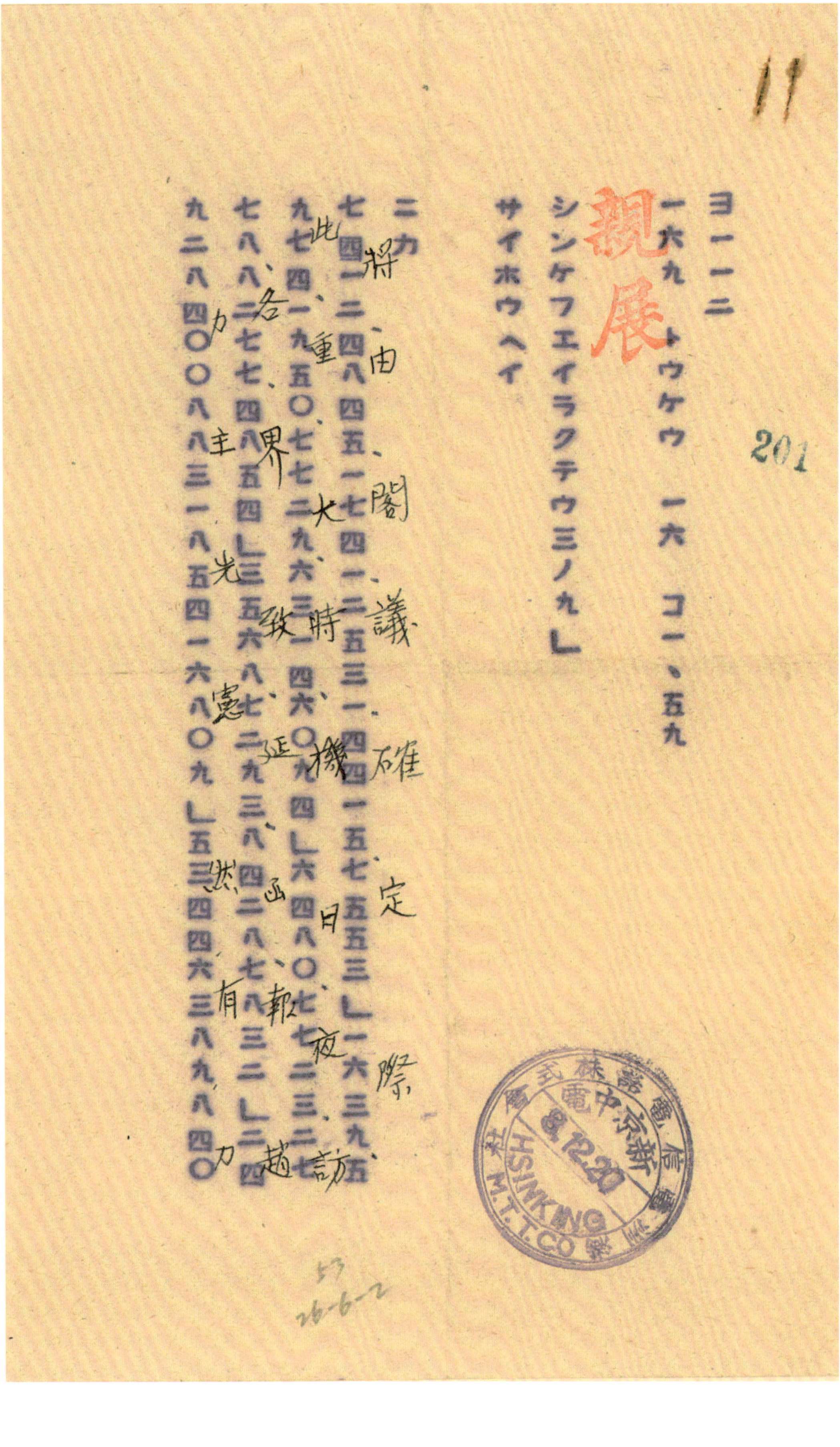

ヨ一一二
一六九トウケウ 一六 コ一、五九
親展
シンケフエイラクテウ三ノ九レ
サイホウヘイ

二カ

二

方面意見已定諒

〇六四五五一五四〇㇗六九四二二七一五七三六九七五五三㇗二六五

不為所惑

六八八〇八五二三四六八七六六九一〇

コ一、四五　五三

54
26-6-2

二十、赵欣伯为与日方策划立宪称帝事致胡嗣瑗的电报（一九三三年十二月二十日）

十二月二十日午后三时卅八分到

王連興鑒本電速譯密呈胡秘書長親閲執政府胡秘書長鑒弟連日與各方交換意見日本朝野一致贊成帝制已提出本日閣議養日可決定實現之期在明年三月一日弟異常欣慶惟憲法明春三月以前能未制定尚屬疑问現正在奔走中若無憲而改革於手續上最低限度亦須召集臨時立法院與參議府合定根本法或改正政府組織法新京方面與弟慶擔接洽其所說弟實不能無慮日昨田邊參議受遠藤總務廳長命來商時弟即否(候)無論如何帝制必於明春實現此時最好以正式公文催促憲案或準備召集臨時立法院否則將来问題正多也萬不得已時亦應先制暫行憲法以改正政府組織法第一章限不過憲法隨時史成若

55
27-1

討論制定則非一兩月内所著成功者蓋内容於法理俱有爭議故也
望彼此注及之為幸弟趙欣伯二十日

立 0001

56

27-2

11

セ二一九

五五三 シバ タカナワ 一八 セ一〇、三四

シンケフリツボ ウインクワイケイシヨ」

オウシヨチヨウ

立法院

ギニワスヌナ、ヰヌレネクコスウクネゴセ、ラウワネゴ 三ゴ セ、ワ

スソワレフナエヤングエド六アニテユチヌヨハナエヌナヌタロモ

アア、ヤロルシツウセリオヰ、セヘテ、オフヌ、ナエワヌリザヲトナエ、

キ六九〇九九、シワズソホツ、アト、ヌチゲヲナセナト九ア八オソワホ六

M.T.T.CO HSINKING

二

セン、ノテチヨ、チスチヰ、ヒモ、ナセ、ナト、九ア、イチオ五、ヤナ、ヌテオヰ、シワヌ

常欽、慶、惟、宗法、明春、三月以前、能未劃定

スユ、スス五ヌ、アケイホツノモケヲ、サヌ、ルツ六〇八二ユタ、ヘサチヰモロ、

尚、属、疑、問、現、正在、奔走、中、若、無、適當、而

トタヰユトセヤツモコア、カヌカイロワミゾホ四コア四ヰ二キ五ヰワヤ

改、筆、旅、手、續、上、最、低、限、度、亦、須、召集、臨

ラヤヌナブカ

〇ヤンゴアクオシフネクヌナヒモツカトタノモホテ、

時、三屆、選舉、參議、名、合、法定、根本、法、或、改正、改

ソケ

存

メモ、モカヒモト四アセ、ト六ヰヤヤンソワセ四五九ノシ、テフヒ三エ四、

組織法、新京、方面、南部、属、擬、接洽、其

ツタ、ラヰソワスソアクヤナヘサチヤナエナヌホリレセキミリザキラ、

所、謂、修、正、案、能、無、上、慶、日、暇、田、息、遇、參議、設

ゴコクライ九ケア、ナフソワ、キトクデイ五ヘサラ五ザヨイ〇セリオ、

遠、藤、係、推、介、會、商、辦、法、制

ヰ、タホトセ、ナセナトスソホツノヤナフヌカサユイチノモソユエント

必、推、明、春、實、現、此、時、最、好、以、正、式、公、文

58
27-4

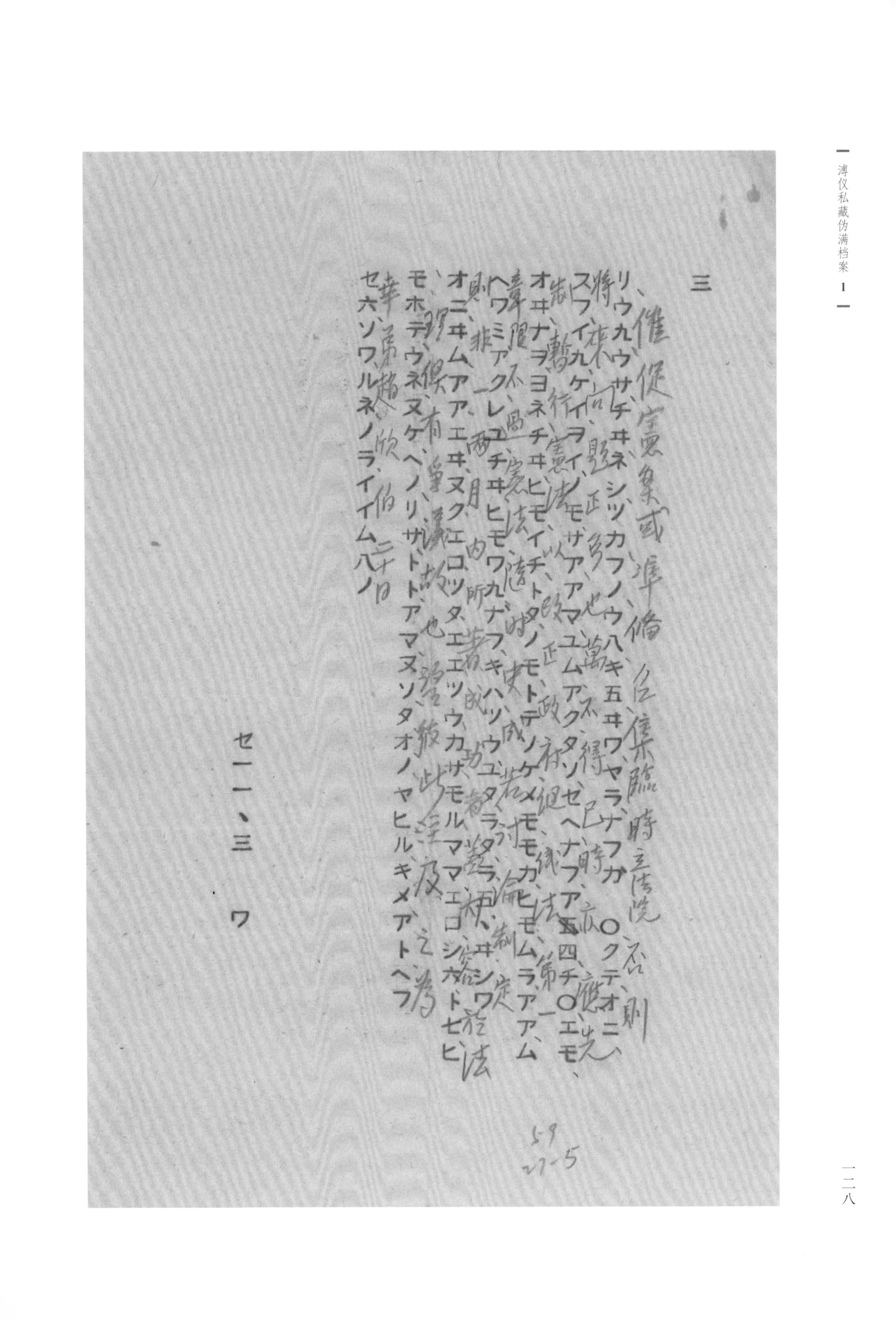

三

リ、ウ九ウサチ井ネシ、ツカ、フノ、ウ八キ、五井、ワヤラ、ナフカ〇、クテ、オニ

スフイ九ケ、イヲイ、モサアアマ、ユムアク、タソセヘナフ、ア五四チ〇エモ、

オ井、ナヲヨネ、チ井、ヒモ、イチ、トタ、ノモ、トテノケ、メモ、モカ、ヒモ、ムラ、アア、ム

ヘワミアクレ、ユチ井ヒモ、ワ九ナフ、キハ、ツウユ、タラ、タラ、五、井シワ

オニ、井ムア、アエ井、ヌクエロ、ツタ、エエツウ、カサ、モル、ママ、エロ、シ六ドセ、ヒ

、モホ、テ、ウネ、ヌケ、ヘノ、リサドト、アマ、ヌソ、タオノ、ヤヒル、キメア、トヘフ

セ六、ソワ、ルネノラ、イイム八ノ

七一一、三　ワ

5-9
27-5

二十一、为报告臧派在日活动情况致胡嗣瑗的电报（一九三四年二月四日）

趙。七日歸滿」本日晤柳查臧派動作」據云小林直接會藕」談對政客先此方面運動陸軍當局斷不為所惑」乞寬懷云

二月四日夜十鐘到

303

~~302~~

時間外電報

親展

ヨ九九

一九三　シンジ　クエキ　三五三　コ九、一七

シン　ケウエイラクテウ三ノ九」

サイウヘウヘイ

ララ　ニカ

二四九二七五三五八八〇三六四八〇五九八一五五四一」六二〇九六

四八〇六三二四六二九二六二八六三五五八五七七五八三二〇八七五

五」六五五四八八六一七四二〇六二〇七四六六〇六六三四六三八五

三一六五」二七八〇七四一七六五九八七五五六八五三六八八〇〇六

満洲電信電話株式会社 新京中央電話局 9.2.4 HSINKING M.T.T.CO.

61
26-7-2

二

四五五一五四〇二一六三八三二〇乚一六二〇二二一一四八八一七四四四六

四五一八八〇八五二三四六八七六六九一〇乚八八四七七四〇

一六八三七八八六一

コ八丶五九　四一

62
26-7-3

二十二、为报告臧派在日活动情况致胡嗣瑗的电报（一九三四年二月六日）

趙定七日歸滿」本日晤柳查臧派動作」據云尚無直接會過」設對政客其他方面運動陸軍當局斷不為所惑」云再詳

二月六日下午四時到

ヨ一一一
一八七　トウケウイウビン　一八九二　コ四、二六
シンケフエイラクテウ三井ノ九レ
サイホウヘイ

親展

258

ニカ
二四九二七五五三八八〇三六四八〇五九八一五五四一レ六二〇九六
四八〇六三二四六二九二六二八六三五五八五七七五八三二〇八七五
五レ六五五四八八六一七四二四五三四一四六六〇六六三四六三八五
二一六五レ二七八〇七四一七六五九八七五五六八五六六八八〇〇六

64
26-8-2

二

四五五一五四〇二一六三八三二〇乚一六二〇二二一一四八八一七四四

四六四五一八八〇八五二三四六八七六六九一〇乚八八六一八五七

五四七九九

コ三丶五〇　三

65
26-8-3

二十三、为报告柳宗熙对称帝大典的意见事致胡嗣瑗的电报（一九三四年二月六日）

二月六日夜二鐘十五分到

柳公對三月一日大典極主張是日只合發表改元即位而大禮諸典俟籌備完全然後再舉此於滿洲開國歷史大有關繫故不可草爾屆期務見友邦各派代表來覲日本亦有親貴觀賀若草草舉行恐

雖獲此至於觀艦觀兵兩式亦須待整備威嚴
舉行又云
上受命於天神聖不可侵犯故推戴二字不宜
用其意前函已詳蓋排斥民本主義現矣
匪未靖猶在鄰雖締造時期雖緩緩舉
行無妨深慨在滿日系臣僚不能以此大義

進言云柳對
上抽懷忠誠此番藉渠力甚大詳陳之萬幸

陈宝琛为求自治及用人等事致胡嗣瑗的信（一九三三年二月二十五日）

惜什二元之工英三劍長有電寄函計已入
覽。蓬瀛恐不在當於事情與戰已開或須稍定始能議及武人各懷勢將
益張大局變化更難預料報中有戴英夫之論議者蓋出以備
參觀目前不能為將伯之助若真至擴大蔓延則不免於其害年來之所冀者
鳴於國聯國已開其端緒矣要宜勉求自治成為獨立使人有可承認時
為我所自為也區區之愚從以人才之不足為慮聞去歲
上曾欲用潤田而陣不同者今春谷出果與合列宜有可商五月來曾再三西
覽甚敬遠實出流輩之上近有擬會車繕夫袁尉有恭品三者親自

238
32-4-1

徐東長尊兄有成鑒

公見之否？此為何如？板垣是否仍在奉天？者條語甚去冬來津者

從之多疏疾視合沙財最不可不防大寒特重胥所處處悍於

下懷青睞

佳卉魁少甚多，殊不自愜，姑為寫去，不值

一哂。匱園昨日來楚，卒卒奉復，即頌

勛祺

樹極首　二月初二日

239
32-4-2

陈宝琛为表明心境及物色人才等事致胡嗣瑗的信（一九三三年三月十六日）

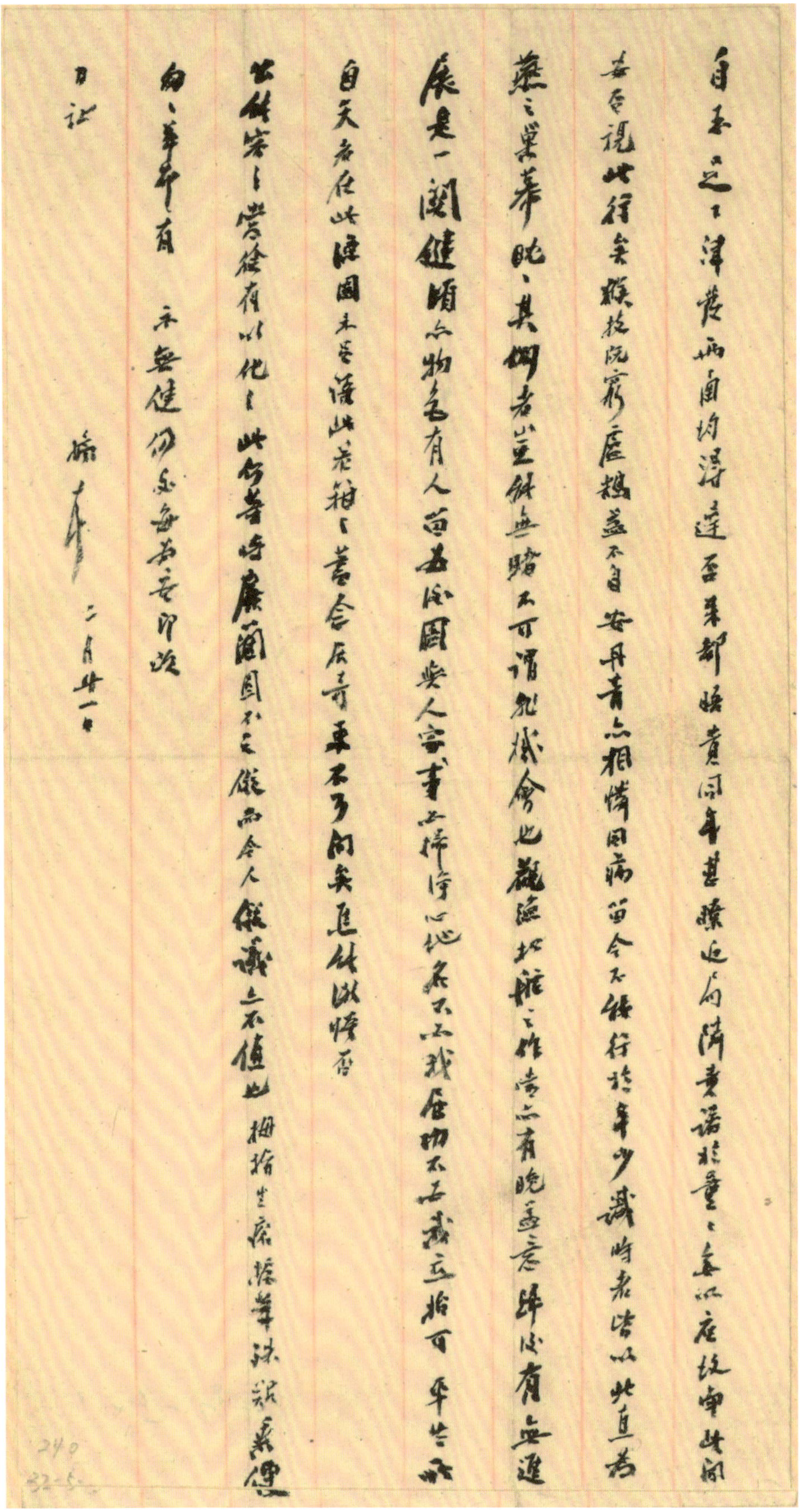

自丕之之津，费两旬始得达，吾兄都好，贵同年甚赖近向清贵诺于董董，冬以庭坟审其间
委吾视此行，余獭校阅穷屋，抛益不自安，丹青亦相怜，因病留今不能行于年少识时者，皆以此直为
燕燕巢幕，眈眈其侧者，岂能无睹，不可谓非机会也。巍然北辕之作，当亦有晚节忘归心，有无进
展，是一关键。谓亦物色有人，尚无适国要人宰宰事，无论守心地，亦不忘我，且功不居，处立始可，平生所
自笑吾侪此证国未尽，误此老耜耜，善会辰青，来不可问矣，且然激愤否？
出其容容，尝徒有以化化，此次晋时康兰，固不足称，而今人能识之，亦不值也。拇指生疮，搽药抹，就伸
向向华轩轩有，禾安健，仍乞每每安印证
日祉
琛
二月廿一日

陈宝琛为分析局势事致胡嗣瑗的信（一九三三年三月二十日）

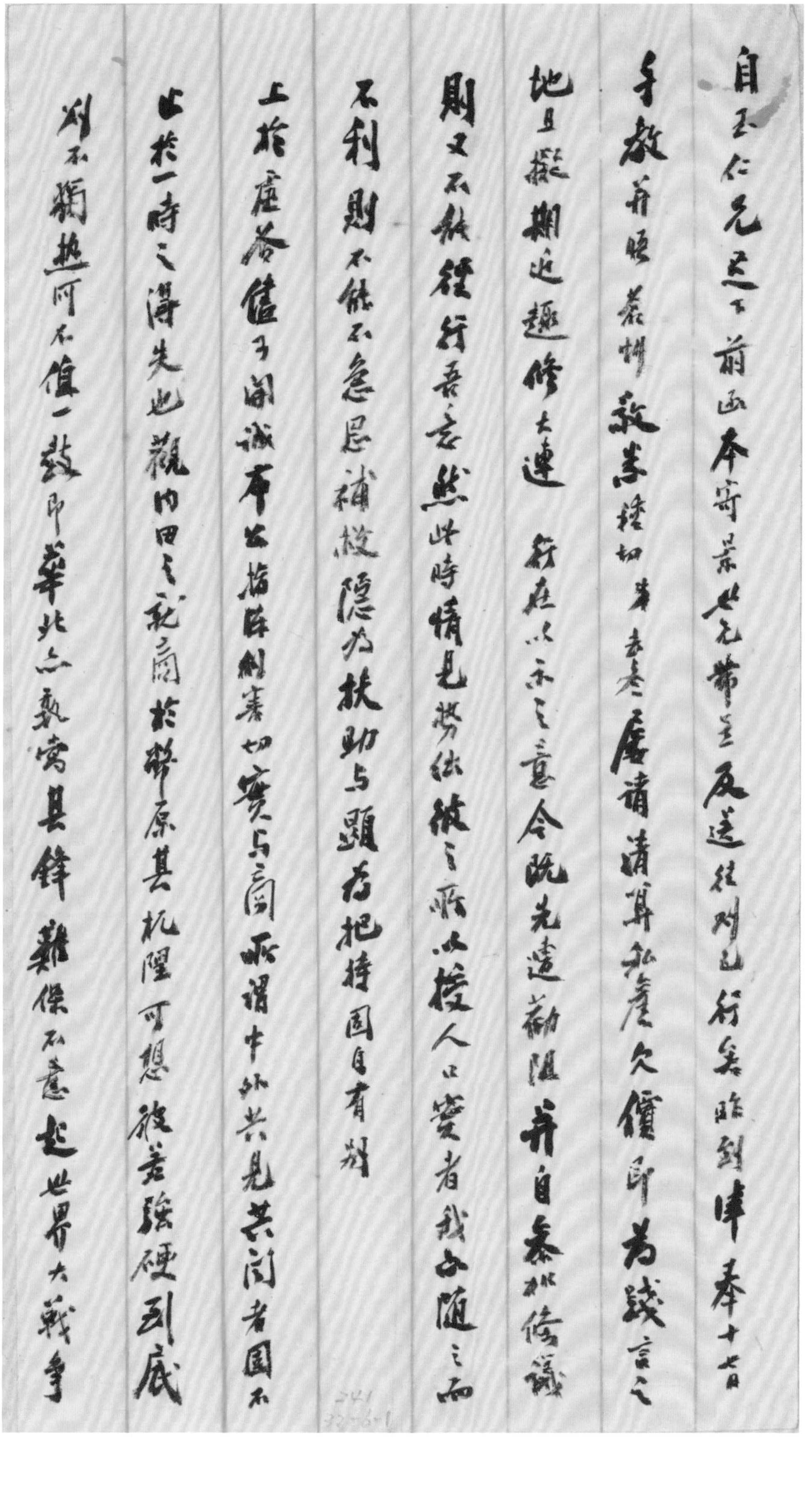

自玉仁兄足下：前函本寄呈，世兄帶呈，及送往劉山行矣。昨到津奉十七日
手教，并晤蔡琳，敬悉種切。弟來奉庸請，清算私產欠債，即為踐言之
地，且擬期近趨修大連。舒在以示之意，今既先遣勸阻，並自參外條議，
則又不能徑行吾意。然此時情見勢絀，彼之所以援人以實者，我亦隨之而
不利，則不能不急思補救。隱為扶助與顯為把持，固自有別。
上於虛譽，僅予閑識，本出指陳利害，切實與商，所謂中外共見共聞者，固不
止於一時之得失也。觀內田之記商於幣原，其機隉可想。彼若強硬到底，
則不獨熱河不值一擊，即華北亦孰當其鋒，難保不惹起世界大戰爭

彼素餒虛及此勝從調解則我實先受之而考其實際僅目睹於憲示前
坎拿大身夜讀新有西河之感且暮氣已深豈能責以遠謀
主上英明輔以
以尊瑞誠就贊 庭答亦明近情同舟遇風當無疑貳
然乘此時機我苟有立腳之餘地否則亦甚恥銷於他日不若此時森森落落之
表示不知此亦當君商之否迂遠之見未必有當餘詳前函貢摘列已 察
鑒聞邀奉 英王今日首途 紫氣之小摘記寄乞為進呈 聖裁寸心再請
聖安 構真門 二月廿五日
季老弟侯

242
32-6-2

陈宝琛为引荐神田正雄等事致胡嗣瑗的信（一九三三年三月二十二日）

愔公坐下：蒼虬士行回，再柬邀奉書，計已入
覽。聽編未悉，來中然業國之滋益，然緣讓閣之德將變化，甚於旦暮遇之。
頃神田正雄見訪，謂其國論亦多指摘軍閥，并聞彼之政見有異同，頻繳為走見書
列遊詢之，因出示其所為論說，屬以一分寄呈
御覽。此君久在都中，都中二十年云，即與相識，在津似曾入
覲。蓋錢大之政策，此到數京華寄者。
見其書未說定，分滿洲國當及應否取消數語，皆無有分寸，可注意也。都下近又
盛嚴故宮古物仍在南徙，鐘山智計，省深餘子皆恐其藏徒營營，擾亂再春

寔深感而衰憊之軀膺背胖痛出門且憚更不能遠涉就醫為憾、也清

舍弟年前自東歸詢以近況皆不能言之、、遠道極深系念

公等有欲示來遇便人則寄至京轉致當不誤也諸希衛健年、專布

即頌

著祉　　　　橋頓首　二月廿七夕

李岳生交來太乙課一紙另一紙則去年曾帶至此甚劇本也需悲致福易

望核示

陈宝琛为占卦象力主独立及欲网罗东北军等事致胡嗣瑗的信（一九三三年四月三日）

晴初仁兄執事：先生袖來

惠牋，已在修霞和留

手教適至，敬悉一一。壹是李君演數，先令壽焰

上年去秋曾以揲蓍之三述之八卦為京房之卦，故推及於變方。房應天象，蒙不疑之

天降實祥，在懋根乾陽，自光昭矣。當遑發前途，遏健必復，戰事傷亡無算，無敢

言妥協者。此實出武人豫計之外。歐國東顧不遑矣，已從事修備，未猶以現

閱張硬為未定之對，非適成大戰爭不止。觀於蘆之質問，有吉之意見書，彼邦

心理殊無斷轉。況商務之絕交如何可久，窮衷更進至此，而不在彼我之供否實

現獨立亦於此卜之也神田本舊知頗不直其嘗洛所爲自往狀進言於吾人元

老爵但語以係保護國之元首不如爲退位之帝王　瀕行猶舞之微草一書寄與

爵垂於耆華

公有珍言幸聞之由爵處之報章所載兩段剪呈以備參觀　愛立自本蘭歸即

鑾伏意冒耿辰不見留面亦不赴青格亦不作答東北軍隊留此猶逾十萬衆將

集一呼必立應留既去可發斂也但須由我出面俾免顧慮新京有所親昵者爲通

殷勤在前由材剴東臣爲此現尚亮人探其真意也聞集去歲曾訪道子甚敘洽河北

以龍垂俯加淚現望治誠得此公幹其類當能先成一新局面州縣懸漸進冀可免

受制於一隅而陷入於互相制用之正軌

公言謂何蔭不日可到吾校有作用即貴精森以周知彼邦之實情而講務其

輿論必不專恃此二三人且非親之於目前盡此份義無處化育進修之雖圖然

固不利哉亦何劉下達觀也 臨光凡下童府

聖慈并承

推挽何以為吝番臺日增滌革哉不成字敍頌

臺祉 泰心下 三月初九夜

閱竟乞付丙丁

陈宝琛为国内局势动荡有可乘之机及举荐张季高等事致胡嗣瑗的信（一九三三年四月六日）

情公足下：初九夕托陈小酉带呈一缄，与君适同舟，计当先到，拉杂凑草，不知有当否。
日来西江亦骚浸张，岭南台又自裂，寻闻其陈连阎冯以抗外为辞，蒋踞锺山先有
通电，步外参首为沪商所格，今竟昌言反对大会，真正国民正太息痛恨于党治，起臭大自
銮通之以速其览，冀有乘而起者，不亦援降以为幸乎？乐耶？我能及此閒暇修明政
治，以固民心，作士气，早晚必有机会可乘，然恐而后有济，是在
公等之厥替达衰耳。熟省既觉大鹏外，别有主治大负名奇，政自不廓清，报弟戴权姻令
滋半其除弊以渐耶？府中近亦剖平津各报否？似亦可以参观。日来大公报论调渐
变为截水数段，适有张季高东行之便，寄上。季高名遵煜，文达从曾孙，曾应史

曩者中英書資送來滬學成商業，其中文日語英文等亦皆其所長，前為閩實業廳科長，與落光習嗣在滬上營商，弟常與往來，總其識見尚向上而無嗜好。燕卿近屬指之猶豫未行，弟勸其往就，並且顧慮中多一二正經之人，況其所學正中時用，若倉卒求吾人不勝於尋常不知底裏者耶。故先介於公，加以藻鑑，儲之夾袋何如。頃接楊振瑞來信，知其眷室東來，且已久，見其信中語言，四顧似尚無著，如天之仁，憫其窮無所歸，又將何以處之。耑此奉布，敬頌

籌祺

弟孫頓首　二月十二日

陈宝琛为通报内地消息及揣测时局等事致胡嗣瑗的信（一九三三年四月八日）

附：社评《速筹保全内蒙》

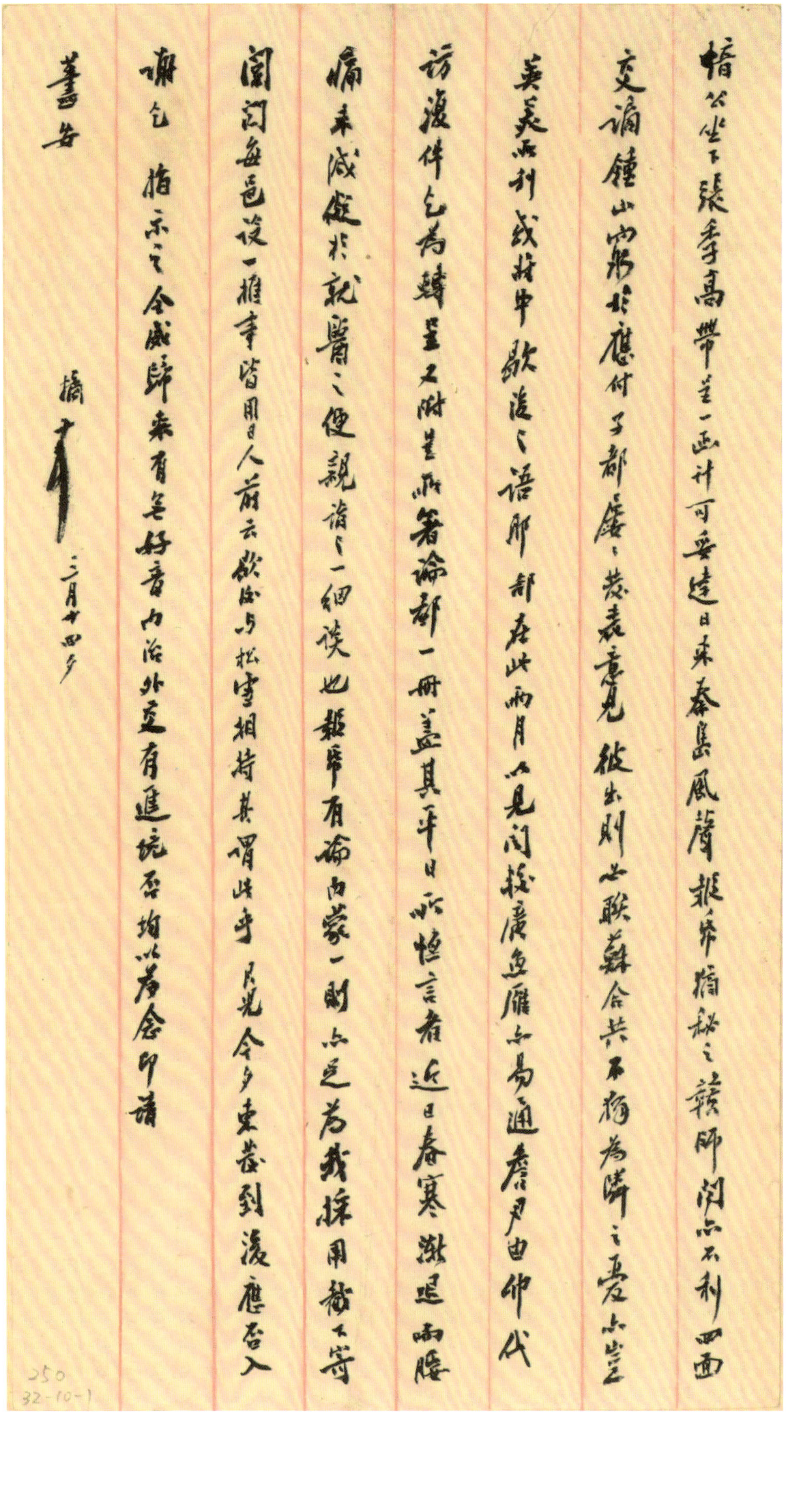
晴公坐下：張季高帶呈一函，計可垂達。日來秦晉風聲，報紙稍秘之。贛師聞亦不利，西面交謫，鍾山窮於應付，子部屢屢發表意見，彼出則必聯蘇，合共不稱為講之處，亦豈異矣。正刊成時，中欲復之語，那部存此兩月，以見閩桂廣魚雁亦易通，唐月由仲代訪，復件已為轉呈。又附呈所著論部一冊，蓋其平日所慨言者。近日春寒，激退兩腰痛，未成從於就醫之便，親詣一細談也。報載有論內蒙一則，亦足為我採用，錄以寄閱。聞每邑設一推事，皆用日人。前云欲與松雪相持，其謂此乎？兄今夕東巷到瀋，應否入謁，乞指示。令威歸來，有無好音？內治外交，有進境否？均以為念。即請
善安
[illegible]
二月十四夕

250
32-10-1

社評

速籌保全內蒙！

自熱河陷落後，吾人迭次著論，申述察哈爾防務之重要，而於日本人煽動內蒙，陰謀割裂之種種情形，又再三紀叙，喚起國人之注意。近聞南京蒙藏委員會已在討議此項問題，惟該會辦事，大抵承襲北方蒙藏院之舊習，殊鮮成績，甚且有並非蒙人而包辦蒙古事務者。歷年攻訐之聲，時有所聞，蒙人方面，對之不甚信仰，乃爲顯著之事實。如果依賴該會，解决當前迫切待治之蒙古問題，殊少希望，此實國人所應明瞭者也。查前清統制蒙疆，煞費心思，雍正乾隆兩代，尤多創舉，其大要爲提倡宗教，以羈縻蒙民，優待王公，以綏撫反側；如在蒙古各地，勅封活佛，廣建寺院，又令王公，年班朝貢，隆其禮遇，以通內外之情，是其例也。清末以來，蒙情漸疏，自入民國，尤少注意；於是俄國運動外蒙獨立，日本則覬覦內蒙權利，地方龐木，中央茫昧，蒙藏院終年欠薪，成爲冷曹閒署，蒙事之壞，由來久矣。今外蒙問題，尚無辦法，內蒙情勢，日緊一日。日本既得吉黑，已進行經營呼倫，嗣得熱河，更努力構煽內蒙，惟其所用方法，仍是利用宗教，勾串王公，如擬以五十萬金，建喇嘛廟於呼倫貝爾，以圖號召蒙衆，復以飛機送巴林王等至長春，使溥儀加以優禮，此皆前清之成法，用之今日，固不必盡有效也。吾國如欲保全內蒙，宜與蒙古實行接近，開導王公，促進民治，以政府之力，喚起民衆，助其組織，導使自治，指令自衛；一面嚴禁從來敲詐蒙民，作僞欺人之內地奸商，恢復蒙民對內地商民之信仰，使知中國之可親，政府之可恃。憶民國十七年八月呼倫貝爾蒙旗青年會有獨立之舉，主之者爲郭道甫氏，是年十月記者曾與晤談於瀋陽旅次，時已通電取消自治。郭之言曰：『現在世界進化方亟，蒙古脫離中國，仍不免受他國之宰割，故其意祇欲在蒙古未完全同化於漢人之前，劃一相當時期，使其自治而已。』又曰：『大凡大小民族，同在一國，小民族無不願與大民族同化，且毋甯爲自然之勢，不可逆抗；然而同化云者，須文化相去不遠，而其同化率由自然，否則直大民族消滅小民族耳，何同化之有？吾人所爲努力於內蒙古自治運動者，意實在此。欲於中國眞正平等的五族共和政治成立之先，劃出數十年蒙古自治之餘地，冀得平流並進之機會，初非欲脫離中國範圍也。』又曰：『吾人决不反對王公，亦不遽主廢除王公制度，且切望與彼等合作；更望彼等自動的承認民治主義，予人民以參政之權，將教育實業次第規畫，爲促進文化發達經濟之計』云云。郭氏當時更爲記者邏陳蘇俄待遇弱小民族政策之成功，謂愈寬大，愈接近，今日思之，實可爲應付日本圖侵蒙古問題之重要參考。蓋日本雖聲言『蒙古人之蒙古』，號爲放任其自治，實則日人雅量，决不如是，恐不久當使蒙人感受壓迫剝削之苦痛。中國今日如欲保全內蒙，既不必如俄國對外蒙之廢王公，絀宗教，亦不必如日本之用舊法，施詐術，但當開誠布公，對蒙古各界，動以利害，結以情感，介居於王公與民衆之間，爲之規劃自治，指揮國防，使甘與我立於共同戰線，抵禦日本之侵略。其法(一)宜改造中央之蒙藏機關，使有蒙古眞正代表，參預其間，疏通內外情愫。(二)宜由中央派德望兼備，熟習蒙情之人員，分赴各盟旗，宣達政府意旨，揭破日本奸謀。(三)宜物色蒙古有志青年，介紹於各盟旗，使與王公以下各官吏合作，辦理自治自衛事宜，以制日本於機先，免致滿洲僞國，爲虎作倀。此等事如果急起直追，猶有可爲；蓋日本對於察綏各盟旗，正在用政治手段，勾結煽誘，勢不能全施武力；故中國如能收拾蒙古之人心，其效力遠在派兵設防之上，此誠今日察防要務也，願當局急起圖之！

马廷福为拟进逼津沽发动叛乱事致胡嗣瑗的密信（一九三三年四月十二日）

晴初先生勛鑒敬肅者近據該方報稱非戰區
特警隊張慶餘張硯田等部准於本月十五日開
入非戰區 福與伊等於民十川鄂之役即隸 福領
導十載同舟相知最深且該部中下級幹部均由
福昔所統率之兩師挑選而來與 福均有悠久之歷
史號雖特警實即變相之軍隊近雖信使往返寄
語意實難周 福擬赴津秘約該等及十四十八等師
重要人員作進一步澈底之商討近日西南似已一

致反蔣而華北各部意見又在紛歧若不有人為之
首倡則似永無成功之日福擬躬率特警進廹津沽同
時邀約十四十八兩師就地響應京津素為政變之重
心畿輔動搖則黃河以北之風雲立即變色新國家我
皇上向內進展光復舊壤此其時也昔承
概允俯賜援助茲特謹抒下懷尚祈不遺在遠賜
以指導援助其未盡之處統煩戈先生面達不
勝屛營待命之至謹肅敬請

鈞安

馬廷福謹肅

四月十二日

陈宝琛为抗日局势等事致胡嗣瑗的信（一九三三年四月十四日）

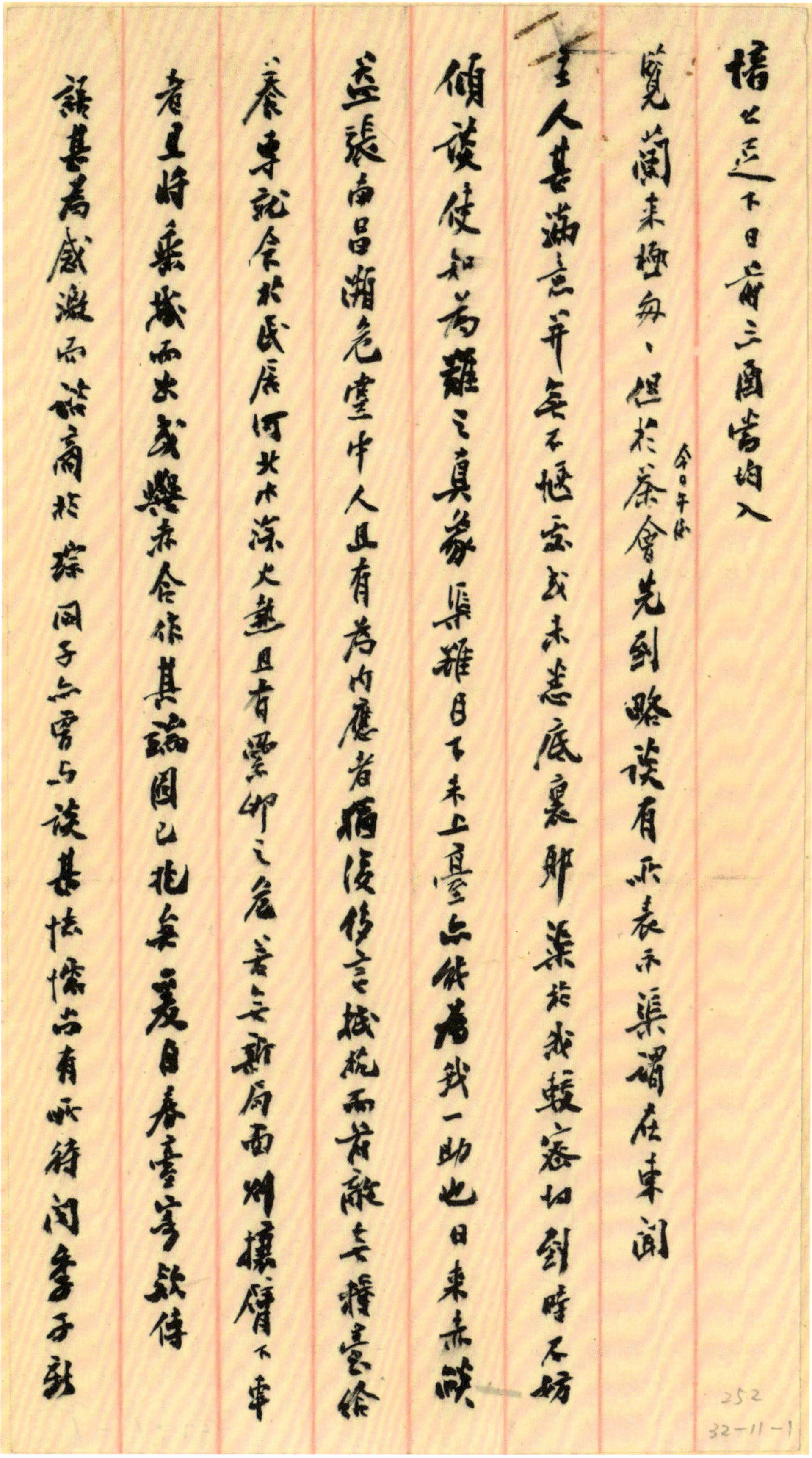
愔廿三、廿五日前三函皆均入覽。蘭來極舟、但於今日午後茶會先到，略談有所表示，渠謂在東聞主人甚滿意，并無不愜處，我未悉底裏耶。渠若我較密切，到時不妨傾談，使知為難之真象。渠雖月下未上直，當亦能為我一助也。日來赤峽並張、南昌潮危，黨中人且有為內應者，猶復倡言抵抗，而昔敵之又權宜給養，專就令北民居河北水深火熱，且有累卵之危，苦無新局面以接續，下乖者且將乘機而出，我與赤合作，其端固已兆矣。蔓自春臺寄款，倚謀甚為感激，而苦商於琮、同子亦嘗與談，其情亦有所待，聞季子就

遠使見歆仍不知有成說否

比會聞之日來長城血戰似猶在

東陵一帶必為之危衛亮生非來謂此公欲避危難辭脫差使想已

瀝達

心知聞如古之人栗以世臣願效勞勤并請免給薪水

不能為代陳否舟行急草草先本上闌到達出有兩日留方詣新京莪頌

臺祺

摘拔首 三月二十日

陈宝琛为分析局势表述政见事致胡嗣瑗的信（一九三三年四月二十二日）

愔公足下：月間連寄數函，度可入
覽。此鴻不至，延致益勞。自來緣邊齋亂，崩潰村郭，益壞難民，還至都人，誰傳
翠華終日可回國。知讖之來，必有此心，或乘機而別樹一幟，以爲利耶？此時惟有借
內政以人心以繫維會，或謂近比恐難，期內益攜手。不得信否？然有人有士謀道之助
以俟終有能伸之日。南方仍以劉翁次駐燕，似若吾協之備，愈擴大，愈難斡旋，不能無賴
於國人纂組。所謂有殺之政府，固在於人民承認也。不能取銷之，某國在此而不在彼
然。前見於係以吏治人才民心爲急。去年索隱謂是過渡時代，須待彼自能覺
悟，始有新局面。夙利不得泊，至不知前諭何如，不能不盡其在我。參議者袁若增固已

謝之風節是非之有仁賢寔士民之望冀之請頗塗删不先与聞自是一疏嗣後
諸弟 留意 鮑戴萊報議論与美國政策消極可玩味摘出備
覽陳志揚病見痊否已銷假未 俟兄閱竣後歸於青
復亦可交其帶來近日關津檢查極嚴但須
備其加審加慎耳文書便人寄無妥亦要害也 敬頌
蓋祺

橋頓首 三月廿八日

255
32-12-2

陈宝琛为引见周召棠及传闻拟设中外维持治安委员会等事致胡嗣瑗的信（一九三三年四月二十四日）

附：周沆代呈沈鸿英措资觐见事

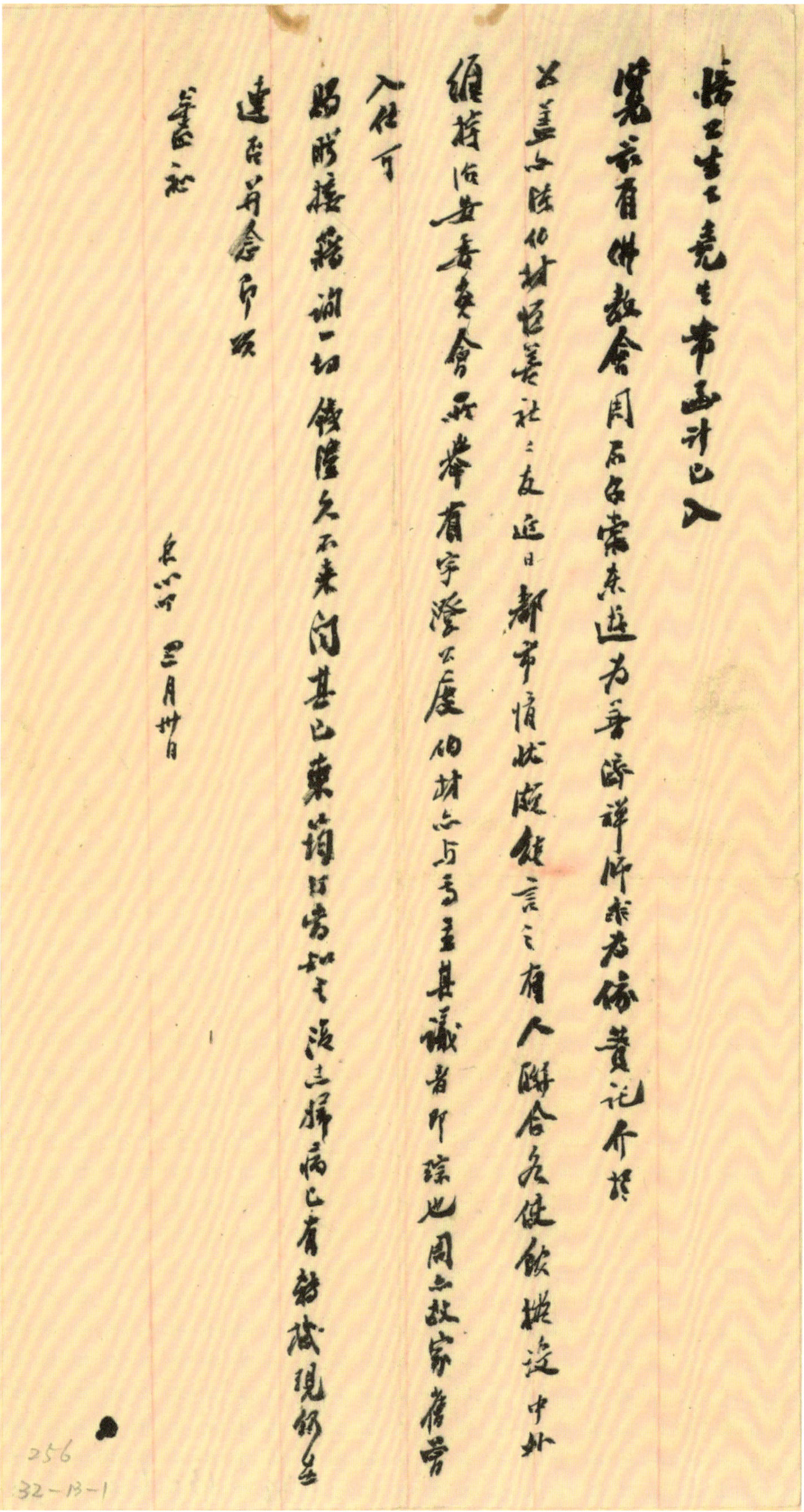

抵港晤沈鴻英稱述上命慰勞有加沈以僻處海[一]隅遠荷宸眷存問所及感激
尤深誓効馳驅亟圖報國[二]沆以沈為西南名將粵桂當局半皆舊部現雖解甲歸
田[三]而潛勢力固在舉足左右實繫重輕即北方將領夙[四]多結納可資號召六飛入
闕仗鉞先驅亟樹一幟力[五]促其北上入覲沈以種種計畫尚須遣縢密陳毅[六]然允行
毫無顧慮但以鄉居日久經濟不充萬里[七]長途從行者眾舟車需費一俟籌措就緒
即灞首[八]途謹請代呈周沆叩四月巧日

陈宝琛为分析局势事致胡嗣瑗的信（一九三三年五月一日）

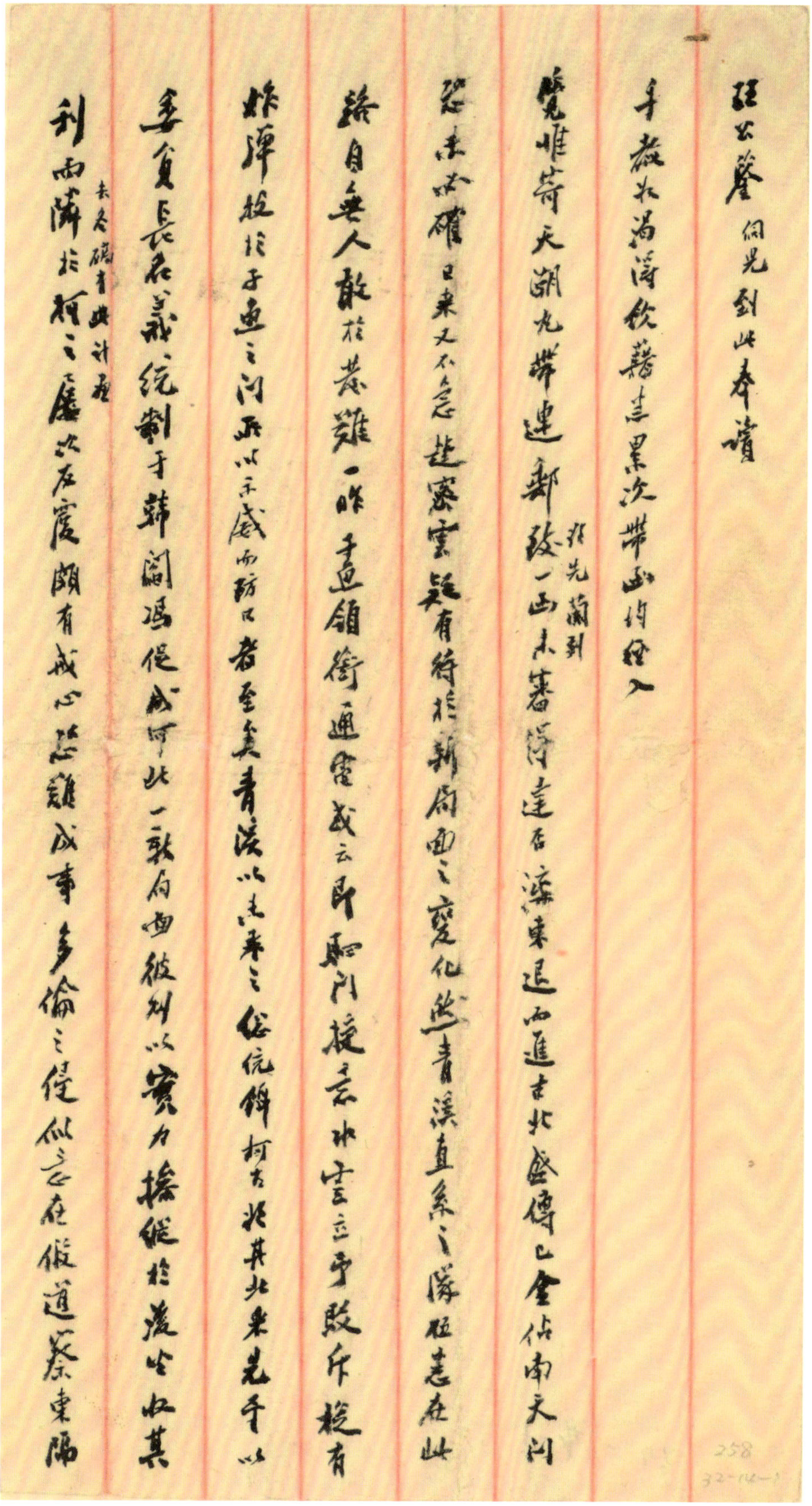

琴公鉴：侗光到此奉讀
手教，承渴得欽藉悉。累次帶函均經入
覽。惟前天潮丸帶連鄴陵一函（北先蘭到）未審得達否。滦東退而進古北，盛傳已全佔南天門
殊未必確，日來又不急；詭密靈疑，有待於新局面之變化。然青溪直系之隊，極志在此
路，自無人敢於蔑離。一昨重領銜通電，或云即駒門授意，水雲立予駁斥，授有
姊諢投於乎魚之間，所以示威而防口者，至矣。青溪以先発之，從統輯於古北，其北来先予以
委員長名義，統制平韓閻馮，促成可此一致，而彼則以實力操縱於後，坐收其
利。而溝於柯之應（去冬碻有此計畫），次在震頗有戒心，恐難成事。多倫之役似意在假道察東臨

新疆庫交通使摶扇者不满據解下車而合於赤化耶彼之久蛰思動東路若遇據之戲對蘇且畏之而飛不遠可制意將有見及此矣未聞政權是否由張某所左右者不自求質自救則無寧聽人指導此庭起所以有心有事而不惜為太阿之倒持也某天下人所日入闕此其機子何以解之北滿之外是否有馭与盧鶴直接耶抑諸將坂垣近之密來不知与有關連否聞北仍係閻議太聰明眾所不附可否有人与暗接頃值妥便先此瑣布有問當再續陳敬頌

蓋祉

橘叟肯　四月初七夕

尊先并候

華世奎等請政府下決心

皓日柏生、河北公民華世奎等頃電國府行政院及蔣委員長等、大意榆熱喪失、兵民交困、現敵節節進逼、平津危如纍卵、惟有請政府諸公速下最大決心、勿任長此不死不活之局、同歸於盡、懇迅飭華北各當局、設法立救數千萬生靈云云、該電領銜者除華世奎外有齊振林、高凌霨、陳寶泉、嚴智怡、鄧慶瀾、姚翼唐、何恩溥、張志潭、胡源匯、陳之驥、劉孟揚、張蓋臣、何基鴻、張厚琬、井守文、姚金紳、張樹桐、王墨林、徐翰臣、王士林、蔣志林、蘇竹湘、劉鴻績、李紹棠等

附（二）关于华北局势的分析

此數日來戰雲瀰漫漸近畿輔青溪暗通子久送隣秋波醞釀已久一面復利用抗日之名驅雜牌各色之進步退以至自歸消滅柯明知為人利用但已無路可走甘居下風且自告勇為隣援衛獎曾商六然其派別龐雜本人未必要知會稽近訪之人頗改口調以今日之愛蘭與坎拿大相持並論意欲以此作為將來調解方案或係之人授意自之人莫能贊一詞遠道來者皆冒牌投機不可輕信柯出与我無益而反之害此層想早在洞鑒中矣

皈一甘山之流挾巨貲出沒滬上多方策動以
為通神手段一招即來計及錙銖錙及
感且其徒黨多屬流氓此輩唯利是圖敗
事之餘成事不足因其財源出自逆產大
部分為留所之故雖不願與聞而棄之亦不
肯十分過問也然全局則事過境遷此點
不無可慮縱使能紮而此輩驕蹊何堪設
想默察此局變化決非彼輩初意所及於作踐
衡轄成果僵於此受一頓挫或為亦福
眷慮曾接澂貲參與其間為籍所懸惠

藉〻貪功惟恐後更可嗤也漁過重視隣東
不以寄籬〻為恥積威所劫日久漸成麻木
近如電政路政皆委諸人層〻剝削面目不存
言之可羞比來東方實情暴露棄〻漸生
反動武庫中亦〻反對武斷政策行之過
度〻逆現代潮流其覓髮如妝如西始終不
以現在蒴法為然禁其直達宸聽而彼等
乃繞道親王秩上達秩年尚幼妝憒甚如
此次退盟下詔不惜以去就爭嗣為西所
勸阻彼方武斷一派決不能得意到底而國

際孤立財力困匱足制死命此時急務卻

在京方持重保威不可稍示意只 珍重

以待則事大有可為也

朱益藩为表诉替「国家」耽忧之痛苦心情致胡嗣瑗的信（一九三三年五月四日）

愔仲仁兄年大人閣下入春以後苦無妥便其有東遊者往往諱莫如深先事不以相聞遂致久缺音敬然五中馳係未嘗暫釋東事未得確耗惟蛛絲馬迹似亦可窺測一二大概竊意已僥得隴未嘗望蜀久欲覓一台階無奈主人既漠不經心偏唱高調有不能拐灣之勢請使生靈塗炭於且前且郤之際遂成無法收拾之局可嘅亦可笑也春初周君有經進文字（為延陵所出題目）想已寓目當時作意與弟前此所圖大致相同近月情勢一變又不適用矣有此好題目而大

家不會作文字可勝慨嘆三月九日周年之局開已屆期
條件若何議定之作條件若何皆未窺內容尤為懸系
大內古物南運無遺學校舊籍亦以次搬去向也無所藉口
今則有機可乘肆盜之心於是大快若澤此來必有宗旨
到長後曾稍露端倪否主權放棄恢復良難此為第一苦
痛龍旂未覩今茲疆場之役以華攻華亦是為人作苦力
於我無與弟對於此局啼笑皆非默念將來則更懼多
於事也煒火達與隆且於翁數有書來甚為悚惶力薄

無助固宜。邇日內似稍緩和。
獻哲太妃奉安一事，目下無從舉辦。
榮惠太妃去歲春秋臘三次不豫，而以春間為最重，皆經弟
調理就痊，現在起居甚適，貌亦加豐，足慰
宸廑。即墨張君著有中西學說通辨一書，持論甚為純
正，曾以一部呈
陳師，亦極推許，茲以一部上呈
乙覽，希
代遞進。令愛數至舍間，所患漸減，神色亦較舒適

診其脉肝脾發虧，弟擬方以補血扶脾為主，佐以理氣之品。正氣一旺，痞積自散。若一味攻伐，如解結然，愈拉愈緊，徒傷正氣，尤屬懸為厲禁也。弟數月以來，屢患痰咳，雖動作如常，而心中嘈雜不安，夜眠亦不穩，皆由去冬今雪天氣過煖，燥氣伏於肺胃之間，往日不服藥，則痰又生，幸隨時注意，得不成大病耳。風便尚希惠我好音，以慰饑渴之荒。因令愛東行，附此敬請

籌安，不盡依馳。

頗愿兄來滬暢談為快

弟慶心叩

四月初十日

再公雨溘逝不勝惋悼其旅櫬已回津否未見外聞不知將來開弔否渠辦理私產時曾調去此間舊牘六件如其少君在彼請囑其檢出寄還如未在行篋中亦囑其於回津後檢還昨聞各公使（法使所談甚詳）對於近局擬出頭調停亦只能到停戰為止餘則聽兩方面自為談判云云不知日來進行何若特以奉

聞再請

臺安 弟又及

再 令愛遣人來告行期於燈下疏陳數行祇度進書
事佗未遑及可否將此函呈
覽一過幸
酌之張君敦行力學今日良不易得推獎
須費齋額一方如蒙
俞允尺寸不必過大有安便方好託常懷漢書有正學匡時之
語似為合用聊舉之以備
采酌

383
36-3-6

外报对日本侵略中国的评论《东亚纷争日趋复杂可能性请注意之》译文及原文（一九三三年五月四日）

东亚纷争日趋複雜可能性

请注意之

近日东亚消息不能使人无所顧慮而今又增加新争辯於东铁事件吾可回憶一九二九年流血争鬥之慘事东铁雖屬於蘇联以其協定之存在其管理權則由中蘇兩國分掌之自從满洲國「獨立」以来所有中國掌管者則由满洲國職員管理之矣

满洲掌管东铁者張言西比利亞铁路違法扣留东路機車及客貨車事蘇联當局最先答之此項財產係屬蘇联並且东铁尚有不少車輛屬於西比利亞路而今扣用於东铁此種争辯之無義意也以其所處環境及大勢之所趨受中日戰争之影響此項争辯轉

62-1

向險惡局勢。滿洲當局曾斷絕東鐵與西伯利亞聯絡，不令萬國之車通過，並令憲兵摘留蘇聯貨車於邊境，亦不使通過。抗議雖經彼此往還提出，而無結果。莫斯克曾經質向於日本，日本則引云蘇聯於滿洲政府前，並使其明瞭滿日同盟之存在，無論如何不得有損其「聯盟」之利益也。

由通訊社電傳，南京陸軍總長聲言：日本輸送一師團於滿蘇交界處，蘇聯則移動其隊伍於海參崴、小巴黎、莫斯克。通訊云：蘇日兩方形勢日漸緊張。又訊：日方即欲與中國諒解，俾得用全付精神以對蘇聯。火線業已佈妥，祇待一燃，當即爆發。

法國政治曾有不適當者，對於此事其不適者有二層觀點。其一錯誤者引火於遠方於歐洲形勢上毫無影響至於世界和平上亦不能因東亞之變而即發生動搖之勢再者此時與蘇聯接近則法國政治愈顯慎重主旨其亦不能使我等於軍事紛爭上有何補救也因蘇聯既牽入亞洲漩渦則其在歐洲地位不免稍行見拙也法國有此指南在東京方面應表示其友誼於日本即有化險為夷之概並無忘懷現下之和平祇表示於世界神經作用其收利益其獲反應均盡於此矣請注意焉

Le conflit possible en Extrême-Orient

Attention !

Les nouvelles qui parviennent ces jours-ci de l'Extrême-Orient ne laissent pas d'être inquiétantes. Une nouvelle dispute s'est engagée au sujet du chemin de fer de l'Est-Chinois. On sait par expérience que ces querelles ne font pas couler que de l'encre. Beaucoup de sang s'y mêle parfois. Qu'on se rappelle seulement les incidents de 1929.

Le chemin de fer de l'Est Chinois appartient aux Soviets. Mais son administration est partagée, en vertu des accords existants, entre les Soviets et la Chine. Depuis la création d'un Etat Mandchourien « indépendant », ce sont les fonctionnaires du Mandchou-Kouo qui ont remplacé l'administration chinoise.

Les administrateurs mandchous prétendent que les voies ferrées soviétiques ont indûment retenu en Sibérie quelques locomotives et quelques milliers de wagons appartenant à l'Est Chinois. Les Soviets répondent que d'abord ce matériel constitue leur propriété et que d'autre part, un nombre plus grand encore de wagons appartenant aux voies sibériennes se trouvent actuellement retenus sur l'Est-Chinois. Comme on voit, le sujet de dispute est mince. *Il n'y a pas de quoi fouetter un chat.*

Et pourtant l'état de nervosité créé par l'ambiance, par le conflit armé sino-japonais, par tout le concours de circonstances est tel que cette querelle prend une tournure au plus haut point dangereux.

Les Mandchous ont interrompu le trafic sur l'Est-Chinois et ne laissent passer que des trains de voyageurs internationaux. Leurs gendarmes arrêtent des convois de marchandises et détachent les wagons appartenant aux Soviets. Des notes de protestation sont échangées entre la direction soviétique et le gouvernement mandchou. Le Japon interpellé par Moscou se lave les mains en renvoyant les Soviets au gouvernement Mandchou-Kouo, tout en laissant comprendre que, en vertu du traité d'alliance existant entre la Mandchourie « indépendante » et l'empire du Mikado, il ne tolérera aucune atteinte portée à son « alliée ».

D'après les dépêches d'agences, le ministre de guerre de Nankin aurait déclaré que le Japon vient d'envoyer une division complète à la frontière soviéto-mandchourienne et que les Soviets massent leurs troupes à Vladivostok. Le correspondant du *Petit Parisien* à Moscou informe de son côté que la tension entre l'U. R. S. S. et le Japon augmente. D'autre part, on signale que le Japon désire s'entendre au plus vite avec la Chine pour pouvoir plus librement se tourner contre les Soviets. Les tonneaux de poudre sont en place. Il suffit d'une étincelle pour que l'explosion éclate.

La France aurait tort de se désintéreser de cet état de choses. Elle aurait tort au double point de vue. Il serait faux d'alléguer qu'un feu allumé à cette distance ne peut présenter aucun danger pour l'Europe. La paix mondiale n'est pas assise à l'heure actuelle sur des bases assez solides pour que le coup qui lui serait porté en Extrême-Orient n'ébranle pas son fragile édifice. D'autre part, au moment où le rapprochement avec les Soviets devient un des facteurs sérieux de la politique française, il ne peut nous être indifférent qu'un conflit armé dans lequel l'U. R. S. S. serait entraînée en Asie, affaiblisse sa position en Europe. Il serait tout indiqué que la France, si bien en cour à Tokio, fît des représentations amicales au Japon à seule fin d'apaiser la querelle qui menace de changer en conflit. Qu'on n'oublie pas que le Pacifique constitue à l'heure présente un des points névralgiques du globe ; trop d'intérêts s'y croisent et s'y heurtent.

Attention !

R. L.

62-4

一七七

陈宝琛为徐宝贤到京等事致胡嗣瑗的信（一九三三年五月五日）

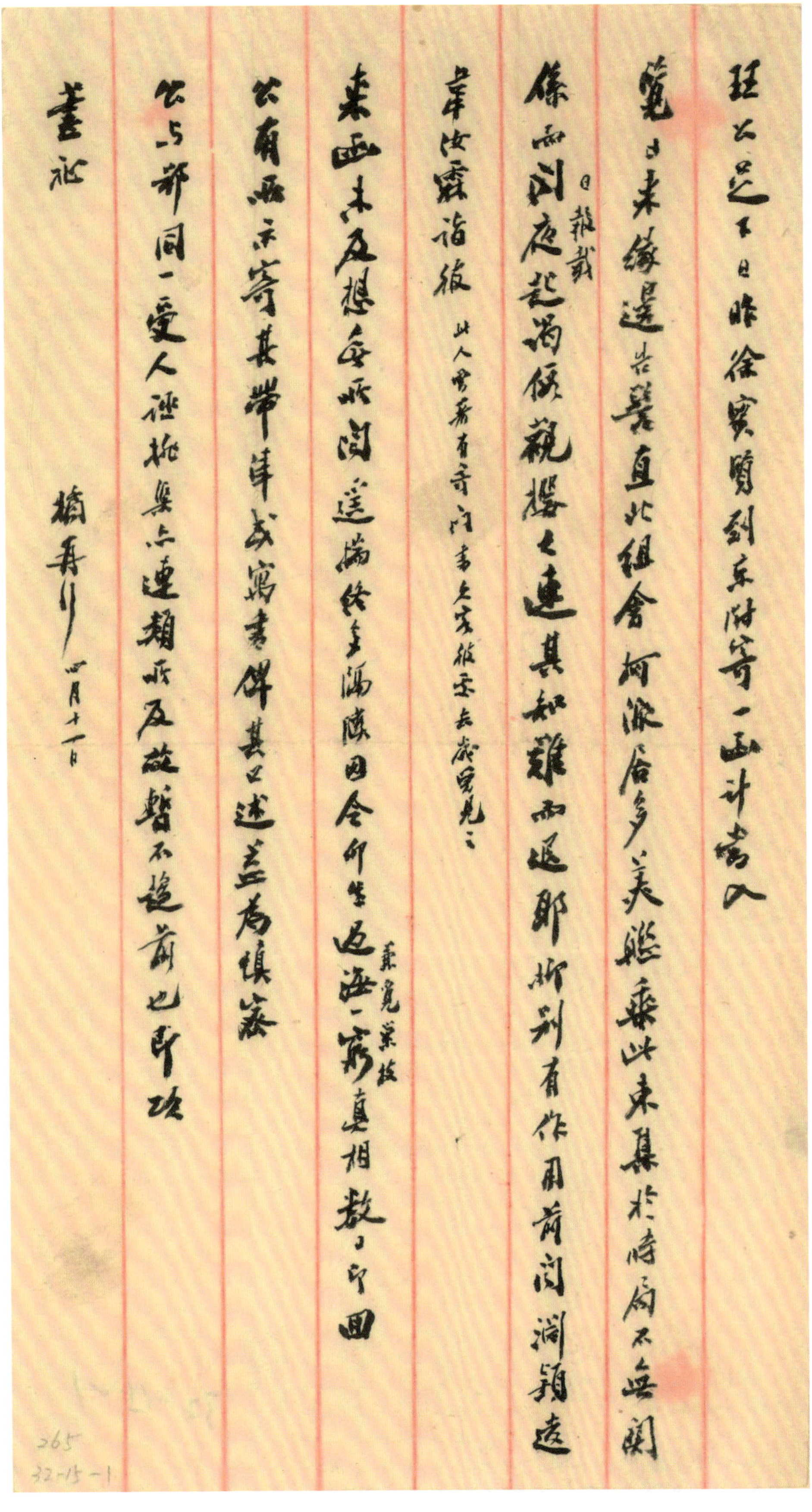

琴公足下：日昨徐宝贤到京，附寄一函，计当入
览。渠来缘遂[illegible]意直北组合，何派合多人，美总乘此来集，于时局不无关
系。而闻日报载庶起渴候觐樱之速，其知难而退耶？抑别有作用？前阅润颖远
章汝霖谙彼（此人曾为有奇内书之宠，张平去岁曾见之）
来函未及，想无所闻。遂满后复满，陈因令郎所生返沪，一窥真相，数日即回（兼觅某故）。
公有函示，寄其带[illegible]或写书，俾其口述，益为慎密。
公与郑同一爱人，[illegible][illegible]集亦连类所及，故暂不避嫌也。即颂
台祉
橘[illegible] 四月十一日

265
32-15-1

陈宝琛为荐员及通报长城一带局势等事致胡嗣瑗的信（一九三三年五月十日）

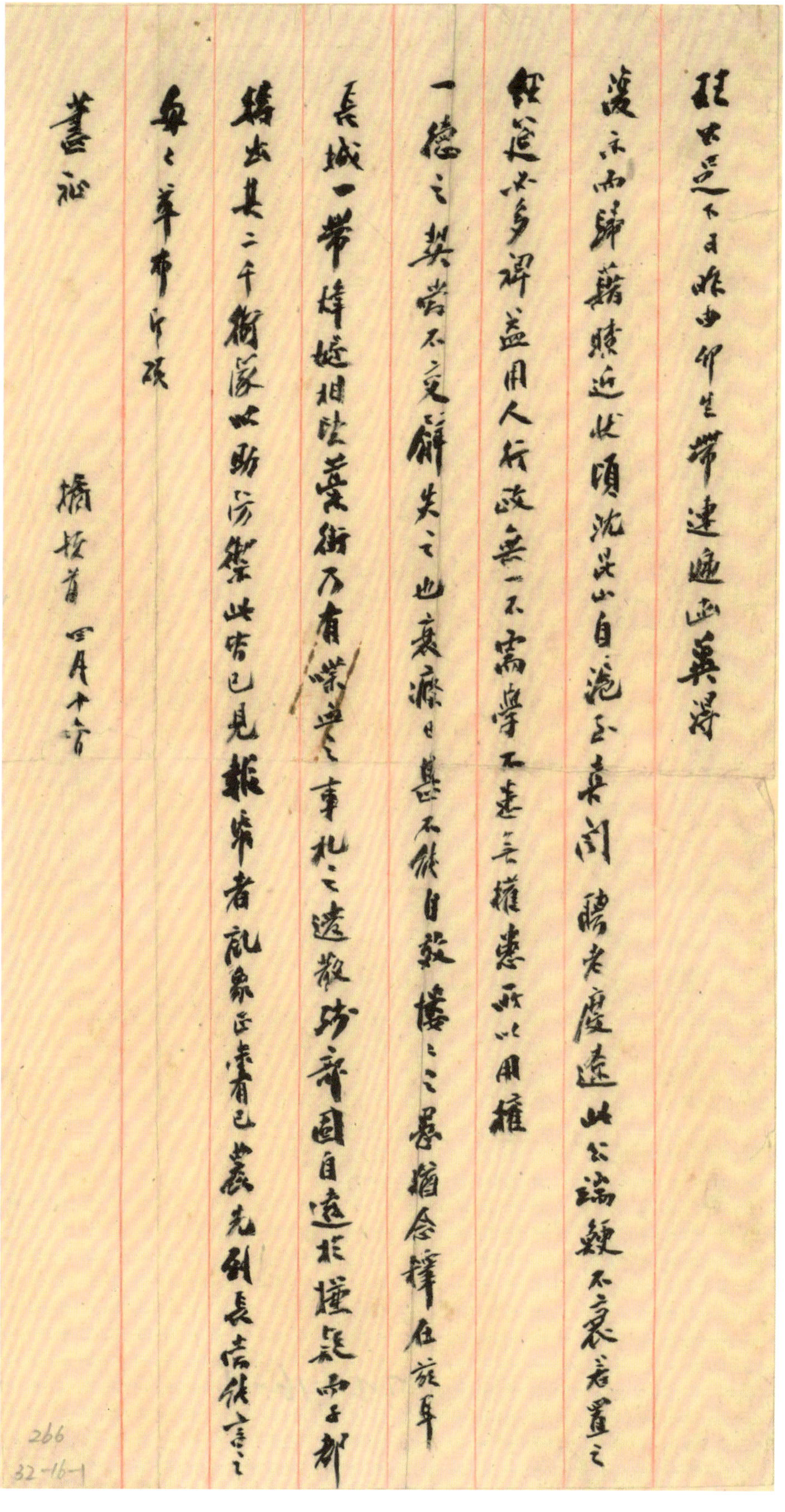

琴初足下：日昨由邵生帶達遞函，具得
復示，而歸藉聽近狀，頗沈吳山自逸至喜。聞
聽老處遠此公論，輒不能忘，若置之
鈞座，必多得益。用人行政無一不需學，不患無權，患所以用權。
一德之契，若不交解，失之也。衷源日甚，不能自發，援之之暴，猶念擇在旋耳。
長城一帶烽燧相望，藩衛乃有紛無之事，北之遂散，防齊固自遠於權能，而子都
猶出其二千衛隊以助防禦，此皆已見報紙者，亂象已有已甚，光則長言之。
匆匆奉布，祗頌
薑祉

橘叟頓首　四月十六日

266
32-16-1

陈宝琛为荐员及请求赏赐清朝遗老等事致胡嗣瑗的信（一九三三年五月十四日）

琴公足下：日來紛擾滋甚，江夏易為來，宜可以休，惟不奪不饜者方有藉以翻異
正式，猶有波折亦未可知。聽老北來，當甚清健，聞子賢亦遂予全其展
觀衡湘後起之英，惟子賢僅存碩果，鄙定交於三十年前，其性行器局素所
心折，如尚聽從，似可羅置
左右，與聽老朝夕納誨，以裕用人行政之本。二公者皆數居中外，富於經驗，
不獨以忠鯁見稱也。嘗見已為
代陳，頃者陳、秦二公鄉舉重逢，是否並
賞寫御扁額，用何字，小石有詩徵和，尚在

恩賚之前，故未敘及。犖辭臣今年七十，聞係五月十二日，其時津為星璧所拾

或其常朝請

行園便中幸為提及。犖曾直艱內六十也。日光四拾，附此奉布，即頌

蓋祉

榆頓首　四月廿

千數十一冊〔辨〕歸乃為選者所稱頌，然知之亦在吾家，恐有

尊處被捨有未妥語，忘忘之極

268
32-17-2

外报对日本侵略中国的评论《政治谈——幻影之战事》译文及原文（一九三三年五月十五日）

政治談

幻影之戰事

於東亞吾見一種戰而不宣之局勢於南美則又見宣而不戰之現象」此種怪象英報記者不欲提綱要領此離奇不好情景於今日國聯所處地位若也

以中國近來軍事之進展日內瓦機關則言軍縮以其每逢不見不聞之態竟聽日本之攻擊趨向於北京以東京傳來消息則云係一警察工作「驅逐」其用意而為肅清長城地界以備設立緩衝地帶而作滿洲國及熱河之屏藩俾免受中國軍隊之擾攘但此時適為炮聲隆隆南京政府傳達其微弱抗議及其苦衷之際此慘澹情形殊為

62-5

題並於精密細賦亞洲政治中心之觀点所有此事將來結局仍當不
免接近於中日直接交涉庶時日幸則可再行加入國聯若去其事
以應英國之預言最好方法祇「拭目以觀之」而已矣
在南美之巴拉圭武裝之動作已有數月矣祇供獻一種好似戰爭
之假面具但玻利維亞曾自行棄絶其簽字禁止作戰之開洛條約
「其適用於國際政治之中心点」其曾署名於此國際條約最末之並
聲明其不負責之語爲「萬國公法存有一種國際權利高於一切條
約者即爲正當防衛也」於是欲求確定不妄第一侵犯者則將讓歸
國聯之平判斷之工作
巴拉圭處心積慮不欲干預其事但認爲必要保護其敵對近鄰之

和平为何根底與巴西智利與秘鲁並其中立之委員美國則處于華盛頓甚亦不顧傷及感情於其聯邦祇籠絡之以夢羅壹之大旨阿美利加美國者但巴拉圭之宣戰在其支配下雖云兩方交戰國似乎無何險惡實有以自侵犯條約之錯誤其預兆將有動搖之勢則調停接近兩鄰邦已歸失敗美國深為容忍不欲損其軍力以備待其本身之事而應用之

國聯理事会業經招集特別会研究取締辦法深知其本身無何能力以東亞滕淡之困果日内瓦已失其効力其對歐洲者則與事實相去甚遠亦難有其力焉今以軍縮問題而論又開一新局面以應法國之提論其大旨仍不外「不以兵戎相見」而又何人應有補足黑海方條約及巴黎

82-7

條約其無確實互相保証安寧之要旨之力爭其祇限於一地而已矣

La Politique

Le fantôme de la guerre

« En Extrême-Orient, nous avons une guerre sans déclaration de guerre et en Amérique du Sud nous avons une déclaration de guerre sans la guerre ! » Cette boutade d'un journaliste anglais ne résume pas mal la situation paradoxale devant laquelle se trouve aujourd'hui la Société des Nations.

En ce qui concerne le développement de la situation ,militaire en Chine, l'organisation de Genève est désarmée. Elle assiste les bras croisés à la nouvelle offensive que les forces nipponnes ont déclenchée dans la direction de Pékin. D'après les communiqués de Tokio, il s'agit simplement d'opérations de police et de « nettoyage » ayant pour but de dégager les abords de la Grande Muraille et de préparer la création d'une zone neutre qui mettrait le territoire du Mandchoukouo et la province du Jéhol à l'abri des entreprises des généraux célestes. Mais pendant ce temps, le canon tonne. Il est à remarquer néanmoins que le gouvernement de Nankin a mis une sourdine à ses protestations et à ses doléances. L'impression toujours plus nette, dans les milieux initiés aux subtilités de la politique asiatique, est que tout cela finira dans un avenir plus ou moins prochain par un arrangement direct entre la Chine et le Japon, et, dans ce cas, ce dernier reprendrait ensuite sa place à la Société des Nations comme si de rien n'était. Selon la vieille maxime britannique, le parti le plus sage est donc « d'attendre et de voir »...

303

En ce qui concerne l'Amérique du Sud, le geste belliqueux du Paraguay n'est que la consécration d'un état de guerre larvée qui dure depuis des mois. Mais alors que la Bolivie s'était abstenue de signer le pacte Briand-Kellogg qui interdit le recours à la guerre « comme instrument de la politique nationale », il avait apposé sa signature au bas de cet acte international. A sa décharge, il déclare qu'il existe « un principe de droit international supérieur à tout pacte et qui est le droit de légitime défense ». Il s'agirait donc de préciser d'abord quel est le véritable agresseur et ce serait-là, justement, la tâche de la Société des Nations.

Jusqu'ici, celle-ci s'était déchargée du soin d'intervenir et d'assurer le maintien de la paix sur les voisins des deux belligérents, l'Argentine, le Brésil, le Chili et le Pérou, et sur la commission des neutres américains qui a son siège à Washington. Elle ne voulait pas non plus blesser les susceptibilités des Etats-Unis en ayant l'air de passer outre à la doctrine de Monroe : l'Amérique aux Américains. Mais la déclaration de guerre du Paraguay l'oblige maintenant à se départir de sa réserve. Bien que les deux armées en présence ne semblent pas se faire beaucoup de mal, elle ne saurait tolérer cette flagrante violation du Pacte. Il y va de son prestige déjà bien ébranlé. La médiation des pays limitrophes ayant échoué et les Etats-Unis s'étant prudemment récusés, force lui sera de se saisir elle-même de toute l'affaire.

Déjà, le Conseil est convoqué en session extraordinaire afin d'examiner les mesures à prendre. Cependant, il est clair que, par lui-même, il ne peut pas grand'chose. Venant après les tristes événements d'Extrême-Orient ce conflit prouve une fois de plus l'insuffisance des moyens d'action dont dispose l'institution genevoise, insuffisance qui s'aggrave à mesure qu'on s'éloigne de l'Europe. A ce point de vue, il constitue une nouvelle leçon à l'adresse de la conférence du désarmement et un nouvel argument à l'appui de la thèse française, thèse selon laquelle le fameux pacte consultatif de « non-recours à la force » qui devrait compléter le pacte de la Ligue et le pacte de Paris n'apportera aucune garantie réelle de sécurité s'il ne comporte pas des engagements précis d'assistance mutuelle, ne serait-ce que dans le cadre régional et continental...

Paul Du Bochet.

62-9

停戰之中日兩方

因各關係國政府殊為顧慮及至日軍進展於北京附近兩方始允定休戰之約此次軍事似乎日本參謀長祇以三師團兵力奪取熱河後即移其兵力歸進長城灤河左岸中國此時則集其兵於北京一帶約十五萬人是否照其電報確認予以日方猛烈之抗禦耶或者有一部之軍隊盡其天職有此作想但不能一律也

中國未曾防止敵人之侵入因其內部未能取一致行動自少年將軍張學良去後各大將領之趨勢及意見分歧致對防範日本亦難劃一緣為勿使東三省舊統係之軍隊獨霸北方而設其最上機關於北京於是南京政府即蔣介石之意急速輸其二師精銳於北方並

令使其陸軍総長何應欽為北京政治委員長兼前敵総司令以
備監視第二者山东省韓復榘不甚忠於南京政府山西閻錫山及其
他三四数年軍閥少霞形際者揄其少數軍隊于前線陣地於此時激
昂之廣东亦送其一部之軍隊參加前線之工作實計係使蔣介石實
行其抵抗日本之工作及至其失敗後而可共同攻擊之使其讓出中央
政權自從滿日兩軍攻取热河以来中國防守疆界者为此之情形蔣
介石當然明瞭伊等狡猾行徑由妒嫉而欲打倒其權勢故始終不積
極反對日本並秘密屢次使人與其暗中說合其始也蔣即有直接交
涉之傾向

由此以後不須驚駭表面之形勢所以日本與以便利於蔣俾使其軍

695

64-2

隊有後退之地步不然實有包圍北京其軍隊之力乃數月前熱河經過之情形亦如之於是吾可自問日本所欲求者何也可云其欲者自行佈置產生一華北大帝國以北京為京城並以滿洲國執政御名為皇帝此亦係可能事也但似乎日本有此秘密希望將要用一種正確劃一挑動運動因此大創造其原力主於中國人也此亦非不可能也因全華北尚有滿洲帝國之思想並有不少秘密加入帝制派以待時機自行團結效倣滿洲宣佈獨立脫離南京民黨而其與華北永無水亂之融也此項時機是引用失敗之軍人勿存報復現在北京與天津日本軍隊之心其所駐之軍隊祇為保護其當事日本人之生命並不反對無差別之民衆與伊受同樣之慘劇者祇反對

逃亡之兵士屬於之不正當態望之將領也

697

64-4

64-2

REVUE DE L'ÉTRANGER

La trêve sino-japonaise

Un armistice sur la portée duquel les gouvernements intéressés sont fort discrets, a été conclu au moment où les Japonais allaient atteindre les murs de Pékin. Il ne semble pas que l'état-major nippon ait mis en ligne d'autres unités que les trois divisions qui, après s'être emparées du Jehol, s'étaient déployées entre la Grande Muraille et la rive gauche de la rivière Luan. Les Chinois auraient eu, à un moment donné, quinze divisions dans la région de Pékin ; ont-ils, comme l'affirmait une dépêche de source céleste, offert à l'ennemi une opiniâtre résistance ? Sur certains points, peut-être, mais si certains régiments ont fait leur devoir, leur exemple n'a sûrement pas été général.

Les Chinois n'ont pas empêché l'avance de l'ennemi parce qu'ils étaient trop divisés entre eux. La succession du jeune maréchal Tchang-Hsue-Liang, ex-gouverneur de Mandchourie et maître de tout le nord de la Chine, a provoqué, en effet, parmi les grands chefs militaires chinois des compétitions autrement vives que le désir de défendre la patrie contre les Japonais. Afin de ne pas laisser les troupes qui avaient appartenu à l'ancien dictateur mandchou passer à l'un des toukiouns du Nord qui, pouvant les payer, s'en serait servi pour établir sa suprématie à Pékin, le gouvernement de Nankin, ou plus exactement Chang-Kai-Chek, se hâta d'envoyer six de ses meilleures divisions dans le Nord, après le départ de Tchang, en mars dernier. Son ministre de la guerre, le général Ho-Yin-Ching, fut nommé gouverneur de Pékin et chef de la défense nationale. Mais, non loin de lui, et plutôt pour le surveiller que pour le seconder, le gouverneur du Chantoung, Han-Fu-Chu, peu dévoué à Nankin, le gouverneur du Chansi, Yen-Chi-Chan, et trois ou quatre autres seigneurs de moindre envergure, firent mine d'apporter quelques divisions à la défense du territoire.

Pendant ce temps, les fougueux patriotes de Canton envoyaient aussi du fond de la Chine quelques troupes pour collaborer à l'œuvre commune. En réalité, leur but était de pousser Chang-Kai-Chek à s'engager à fond contre les Japonais, de lui ménager quelque défaite retentissante afin de ruiner son autorité toute puissante dans le pouvoir central.

C'est dans ces conditions que s'est opérée la défense du territoire chinois depuis la prise du Jéhol par les armées japono-mandchoues. Il va sans dire que Chang-Kai-Chek, fort au courant des intrigues et des jalousies qui avaient pour but de le perdre, ne s'engagea jamais à fond dans la lutte contre le Japon. Bien plus, par des truchements secrets, il a plusieurs fois engagé des pourparlers avec eux, et, pour les initiés, il ne fait aucun doute que Chang était partisan d'un accord direct avec le Japon.

Après cela, il ne faut pas être surpris si, tout en sauvant les apparences, les Japonais ont donné toutes les facilités à Chang pour ramener ses troupes à l'arrière, alors qu'ils auraient pu vraisemblablement les encercler. Ce qui s'est passé autour de Pékin, ne fait que continuer ce qui se passa dans le Jehol, il y a quelques mois.

Dès lors, on est amené à se demander ce que cherche le Japon. On a dit qu'il se disposait à créer un vaste empire du Nord de la Chine, avec pour capitale Pékin et pour souverain Pou-Yi, régent actuel du Mandchukuo et ancien empereur de Chine sous le nom de Hsuan-Toung. La chose n'est pas impossible. Mais il semble bien que si tel est le secret désir des Nippons, ils voudraient que le mouvement qui provoquerait et justifierait en un sens cette entreprise colossale fût d'origine chinoise. La chose n'est pas impossible car, en bloc, la Chine du Nord garde encore très forte l'empreinte et le souvenir de la dynastie mandchoue. Les partisans secrets de cette dernière y sont nombreux ; ils n'attendent vraisemblablement qu'une occasion pour se grouper et pour imiter les Mandchous en se déclarant indépendants du gouvernement nationaliste de Nankin, qui n'a jamais été populaire dans le Nord. Cette occasion, ce pourrait être la déconfiture de tous les chefs militaires qui brandissent, sans conviction, le sabre de la revanche et la présence des troupes japonaises à Pékin et à Tientsin. C'est à dessein que l'on emploie le mot de présence et non d'occupation militaire ; juste assez de troupes pour protéger la vie des ressortissants japonais, non point contre les excès d'une population fort indifférente à la comédie qui se joue autour d'elle, mais contre les soldats en déroute des divers généraux trompés dans leurs ambitions.

№ 64 №. 64-5

Extrait du Journal : La Revue de Lausanne

Adresse : 26 MAI 1933 Lausanne

Date :

外报对日本侵略中国的评论《东亚问题——巴黎消息》译文及原文（一九三三年五月二十七日）

東亞問題 巴黎消息

傳來消息中日業已簽訂停戰協定由此協定可想及戰事工作停止將不致再行重起矣於是中日問題又打開一種新局面不似前此之險惡日本放棄其繼續軍事之工作非慮及中國之抵抗力因其再為前進於北京與天津則遇他種障碍因以上兩城各國均有駐軍在為鐵路線則受各國之保護日本遂在滿布荊棘之地帶工作豈不難乎哉

再者東京政府其所定之方畧進行至現在止均按其嚴密之步調似乎應停止其軍隊於中國舊京附近不允其進城也想係倣照大無畏畢斯馬克之動作停止其普魯斯將領於殺兜凡其所欲無侵進維埃那城由此「而獲與之友誼」以從其所欲也予爵一斯宜聲明於羅佛蘇總統前「吾

等軍隊決不進至北京與天津城内」為何仍照畢斯馬克所為答之「政治手腕不能因戰勝而要求其所有祇可獲得其必要之結果以應其所欲行之政治」

此次日本行動殊為明顯其結果祇欲與中國或與南京政府和平妥協從其所獲得之勝利——如建設滿洲國之獨立與熱河全境附與為承允其他於勝利者再造長城迤南之秩序所謂確認其特權也以何達此目的係再使滿洲後裔（執政御名）繼其先祖之業而登基或以他種形勢第二不重要之方策祇要日方認可維持或以法律可能勝組織其相當帝國之一部——何以中國反對日本之創造耶於是中國迫不及待即欲與俄國聯盟——則其對歐洲美洲不存何所仰仗之希望

必破裂意見紛歧共產之縱橫無何方法收拾之祇好托庇於勝利者而已矣

蓋日本所求者甚多總可有所獲以其最大者「不平等條約」一切權利一切特權與英美法共享之者其放棄一切權利一切特權與伊亦無多損因其以後有法保証獲得其他最堅固最廣者以其特創先例中國可能自行利用將引導中國與之親善以不平等條約等而反對多大外國實計即為中日同盟對向歐洲與美洲即為東亞之敵也於是設法使其為保護者由是而變為第一自由黃種獨立之魂魄也

日本亞洲主腦也確有實效有方法可乘改組中國其由歐美兩洲人士開闢甚久由此認識其排外思想之力量及其同種民衆進

化之步驟自從大戰以來國際運之其大勢之变遷日本之審時度勢料其行程非妄想也

日本以其五十年工作之精神於其自由謙讓之中而擴大其帝國並每次獲得其所犧牲之因果如一八九五年曾挫中國之威勢一九〇五年曾戰敗俄帝國目視歐洲之强制放棄其勝利所獲一部之結果於一九二一年華盛頓之會日本又傾向其大戰聯軍各大强國之意旨日本用其堅忍之心以待最好時期以期報復也如今日欲行再建一九二一年之聯合其能加入耶尚待猜考也

En Extrême-Orient

On annonce qu'un armistice a été signé entre les Chinois et les Japonais, et il y a lieu de penser que les opérations militaires suspendues en vertu de cet accord ne seront pas reprises. Le problème sino-japonais entre ainsi dans une phase nouvelle, qui n'est peut-être pas moins dangereuse que la précédente. Si les armées nippones ont renoncé à poursuivre leur avantage, ce n'est point qu'elles eussent à craindre, de la part de l'adversaire, une résistance efficace. Mais la marche sur Pékin et sur Tientsin se heurtait à d'autres obstacles : ces deux villes sont partiellement occupées par des forces internationales ; la voie ferrée qui les relie l'une à l'autre est soumise au contrôle des puissances d'Occident ; c'est donc sur un terrain plein d'embûches que les Japonais auraient dû manœuvrer.

En outre, le dessein politique conçu par le gouvernement de Tokio et poursuivi jusqu'à présent selon la méthode la plus rigoureuse lui faisait, semble-t-il, un devoir d'arrêter ses troupes au seuil de l'ancienne capitale chinoise, sans leur permettre d'y entrer. On pense invinciblement au geste de Bismarck, arrêtant après Sadowa les généraux prussiens qui voulaient marcher sur Vienne et songeant, sur le champ de bataille, aux moyens de « regagner l'amitié de l'Autriche », à laquelle il pouvait désormais imposer sa volonté. « Nos troupes n'entreront ni à Pékin, ni à Tientsin », a déclaré le vicomte Ishii au président Roosevelt. Pourquoi ? C'est encore Bismarck qui va répondre : « La politique commandait non pas de se demander après une victoire ce que l'on pourrait bien arracher à l'adversaire, mais de poursuivre uniquement les résultats qu'exigeaient les nécessités politiques. »

Dans le cas du Japon, les résultats à poursuivre sont assez clairs. Il s'agit de conclure avec la Chine, ou du moins avec le gouvernement de Nankin, une paix qui, en sanctionnant les résultats acquis, — constitution du Mandchukuo, y compris le Jéhol, en Etat indépendant, — permette en outre, aux vainqueurs, de rétablir l'ordre au sud de la Grande Muraille, c'est-à-dire d'y faire régner un ordre conforme à leurs intérêts. Que, pour atteindre ce but, on remette Pu-yi, l'héritier mandchou, sur le trône de ses ancêtres, ou qu'on mette en œuvre d'autres moyens, la question est d'importance secondaire. Il suffit que le Japon se soit assuré, sinon le droit du moins la possibilité d'organiser à sa convenance une notable partie de l'ancien empire chinois. Comment la Chine s'opposerait-elle à l'entreprise nippone ? De la Russie, qu'elle tenait pour son alliée, elle n'a plus rien à attendre ; de l'Europe ou de l'Amérique, elle n'espère plus rien ; divisée, ruinée par les factions, travaillée par le communisme, il ne lui reste d'autre ressource que de se placer sous la protection du vainqueur.

Cependant le Japon, qui demandera beaucoup, peut offrir quelque chose. Il tient des fameux « traités inégaux » certains droits, certains privilèges, qu'il exerce en commun avec la Grande-Bretagne, avec la France, avec les Etats-Unis. En abandonnant ces droits et ces privilèges, il ne fera pas un grand sacrifice, ayant désormais les moyens de s'en assurer d'autres plus solides et plus étendus ; mais il créera un précédent dont la Chine pourra se prévaloir ; il armera la Chine contre les puissances étrangères installées chez elle en vertu de ces mêmes traités. Les frais de l'alliance sino-japonaise, c'est l'Europe et l'Amérique qui les paieront. Il n'y a pour lui qu'un moyen de faire accepter sa tutelle, c'est de se présenter en champion de l'indépendance des Jaunes, en libérateur contre l'Occident.

Il n'y a, en effet, pour le Japon qu'un moyen d'organiser la Chine : c'est de la libérer de l'Asie, trop longtemps exploitée par l'Europe et par l'Amérique. Pour qui connaît la force du sentiment xénophobe chez les Asiatiques, pour qui a mesuré les progrès réalisés chez ces mêmes peuples, depuis la grande guerre, par les divers mouvements nationalistes, le calcul japonais ne paraîtra pas une chimère. Voilà cinquante ans que le Japon travaille à son émancipation, à sa modernisation, à l'extension de son empire : et chaque fois que, victorieux il a voulu recueillir le fruit de ses efforts et de ses sacrifices, il s'est heurté au *veto* de l'Occident. En 1895, il avait réduit la Chine à merci ; en 1905, il avait battu la Russie : et il s'était vu contraint par l'Europe, contraint par l'Amérique, d'abandonner une partie des résultats de sa victoire. La paix de Portsmouth, c'est le président Roosevelt, l'oncle de celui avec qui confère aujourd'hui le comte Ishii, qui l'avait dictée. Et c'est encore à Washington qu'en 1921 le Japon avait dû s'incliner devant les volontés unies des puissances occidentales, ses alliées de la grande guerre.

Les Japonais ont patiemment attendu et soigneusement choisi l'heure de la revanche. Si l'on voulait aujourd'hui reconstituer l'union de 1921, y parviendrait-on ? Il est permis d'en douter

ARNAUD.

— Aujourd'hui ont commencé, devant la Cour d'assises les débats de l'affaire Oustric-Benoist, qui dureront vraisemblablement quatre jours.

— M. Edouard Daladier, président du Conseil, a reçu ce matin M. de Chlapowski, ambassadeur de Pologne en France.

— M. Paul-Boncour, ministre des Affaires étrangères, arrivera à Paris demain soir, venant de Genève.

— M. Georges Leygues, ministre de la Marine, assistera aux obsèques de l'amiral britannique lord Wester Wemyss.

62-14

陈宝琛为报告平津局势等事致胡嗣瑗的信（一九三三年五月二十八日）

琴公惟十月前得
電屬查
兩太妃尊謚和件業已先電發時卯生猶在病中故未另電奉廿七日
來教始悉其事竟入
天聽厘及褒篤惶感無似日昨出院業經電禀轉
公計當早達午因登岸時有同舟日武官昇以通信任地遷者見而欽疑或指其於
行園關係至深報紙益復探詢以至因紫涉自諷長左迨罷始得白夜起詩函先由原船寄回部与
此無關也日來京津山在圍中主戰者先自退此亦我之人心稍定然無人敢作路臨停戰協定
而難實現馮已聯方通電討蔣何遂在宣化亦收集之敗軍復起為馮方所奪濟南決守中立太原
聞已默契此皆報界所不載者益以西南之攻擊內亂方滋宣傳外海打銀陽亦欲退其黨仍在播發
前遠何人諸商顧顧問之貴同年久許久不晤矣境外警之何時有定惟有求其在我備已安人自近而遠賤
老跋涉重瀛定于辰告遠家聞其矍鑠勝常能留侍
左右否實所致禱近以感蔽東右者輒止不恭惠善同時隨扈王道長春此國本所在其幸至頃聞少緩託人
郵遞致延滯
惠書如不遇便即寄無庸裁復也手肅敬頌
著釐
聽頓首 五日

朱益藩为战情紧张外交问题及荣惠太妃患病去世等事致胡嗣瑗的信（一九三三年六月二日）

情仲仁兄年大人閣下前由　令愛袖呈一函計應
青睞此間自前月望後情形緊張居民紛紛遷避飛
機接續而至駐軍用高射礮機關槍仰擊
榮惠太妃極為恐惶即日移居西什庫初尚安適旋
歷十八日因該堂餘地寬敞樹木陰森出至各處散步為
時太久偶有感受回房後食江米糕及水果羹湯未免
過量是晚發熱胸腹阻塞睡卧不安十九日食麵一碗午
間稍安來囑為疏方弟以未經診視不便冒昧正擬偕赴

行邸有太監來言此時神色與晨起頗異因即驅車前
往見其狀極委頓唇舌深紫滿舌黑苔脈數將及七至
津液乾涸數日未更衣蓋蘊熱已久又經外感風熱內傷
飲食證頗危急當進以表裏兩解之劑稍覺胸腹寬
舒晚間神昏譫語睡亦不穩次日再診則津液愈枯引
水自救因念此陽明府證非撤熱救陰則油盡燈乾變證
蜂起矣遂進以育陰通利之劑仍命並人參湯以待
服藥後夜間得大便胸腹舒暢神采甚佳遍體若無

痛苦因未進參湯次早往診則脈靜身涼熱退神清
幾復原狀是日各宅男女眷往問者甚夥一一接見頗為
高興進以滋陰化痰之劑加人參以扶正氣服之甚安下
午命各宜早歸且言我病已愈不必惦記廿二早起啜
粥一器橘子羹一碗神色如昨巳刻下牀小遺忽冷汗出
體力甚弱弟趕至診其脈則兩尺已不應指因函商遷回
舊邸不復能進藥遂於未刻薨逝此蓋由高年陰分素
虧內有積熱又經驚恐感冒停滯一時並集以至於

此事可如何曰日前

諭及用特細陳衷私一切已見另函日來正在次第料理

期臻妥善仰慰

宸廑停戰已經協定雖幸戰禍之暫紓未免來蘇之失望

嘗閱宣言將來談判不許第三者加入所謂第三者何人

可以意會彼蓋以未經承認故云尔若鄰邦則已承認緣

認矣倘有應交涉之件可否硬行插入否則遇有交涉

須由鄰邦出面是我於外交將來恐成慣例 得毋爲

屢我平友人言閲鄰邦條件中有宮中物品仍應運回北平之條不知確否有所聞始一及之午原無羅无妄之災殊出意外想 橋叟早有知告矣平市尚未解嚴人心稍定然城中戰壕沙包尚塵塵在目也每念即請

崇安

弟名心印

夏正初十

陈宝琛为揣测日本态度等事致胡嗣瑗的信（一九三三年六月五日）

琴初执事：日前由照园转奉一函，已入
览否？向来情况，远道当有流闻。济之临崖勒马，自以顾虑与国之故，而语李
刘辈非不顾其体用耶？抑有他意耶？季礼居然挟宿構来，片言辞绝，
倚马可待，其底里则本兰台完全遂组，借以避窥渠之名。语出个中人，似
非无据。果尔，则将前此所筹虑者且有甚焉。纵彼人格于形势以致中变，亦不能
弃信义，竟以我为壑耶？
公处所闻如何？两节自坏，治下殊已上轨矣。为众探者所编谈，恐为季卿
已三日而未归。专此奉布，即可垂察。五日琛拜

此或有寄函垂賜文字之處也。邇來個塞若此，故年錫繼出關尚猶戒
其暫勿入都，想能之，然何患無辭，當時所以羅織之者已揭諸報紙，黄
出寄呈，後來可為之嘆矣。草此即頌
台祉
瀛 五月十三日

壁辰生日已過，有
且蒙否？前函提及真儀，竟如此，某六十已過三年

日本政治與軍隊之關係

本报特别通讯

在搜瓦皇帝統制下發生不少重大事件於日本名人想象其必干與中國華北之勢結果恐有擾其本土之勢亂其大資本家眾目所視之目標其背後則為參謀長之操縱也

日本政治內幕似乎有兩關鍵並有其他各事亦為之完全抄襲東方權勢者而來照人言談上頗不贊美之但此兩種關鍵似乎可使日本至於極端悲觀甚有破隙為於是應設法覓得其造因原由於政府與軍隊之間之調解

日皇非但御統其政治社會及宗教權而亦有統制其國全軍

75-1

之權可自由處置其軍事所以陸軍總長直接屬於帝皇非屬於
內閣總理如歐洲專制政體也
「軍隊最近聲明陸軍總長阿拉基將軍堅定以本軍隊保
守國土並播揚其皇威溢於四方於其政府之下所處之地位異於其
他軍有執行國家政治之權所以日本軍隊祇有「諭旨」可參加大
小政治之機會其權大於一切——其活躍之行祇照「諭旨」其施行
手續亦應按其皇帝「諭旨」當然由其皇帝主動也
豐富統制下之結果自一九三〇年曾有三部分指導全國一
一切政治國會內分兩大派一為「殺由開」同「明賽一都」其一為右
派血統相傳至于近世拒絕讓與一切特權于外界並以其權

勢而受尊重其國土以排中國其二為左派自從一八六八年後
興後已成無敵之勢其理想則以君主而有議院皇派者甚難
加入上述兩派大旨均以國家為前提但殺一由開為保皇党係
由其主動得有一八九四年中日之戰而又造因日俄之爭因外界
之戰而復團结國内各派雖然今日全國一致贊助政府對外之
政治則「明賽一都」個人不負組織满洲行為之責
在日本參谋總長決定侵犯滔南满路一帶东三省疆界
之時「明賽一都」派瓦卡特須卡先生曾為内閣總理其財政
總長為宜納一葉先生其最反對者冒然之用財也一月後至一
一九三一年十二「殺一由開」派得掌大權宜女開一先生為政府

75-3

領袖於二月廿號曾為預定開國議會之期正適選舉之際

舊財政總長宜納一葉先生被害於右派之手

自選舉決定將政府權勢受委于「殺一由開」後不及三月

其參議首領遂亦被害身死謀殺者為一海軍軍官此種之

動作曾給予軍隊悪烈之壓迫於政府之表示

阿拉基將軍言及此種橫事係例外者吾希望大家勿

要想及軍隊而想及在狂風大作之時機也

日本人皆係和平穩見者然昔者發生種種因果全元跌落

—政潮—退出國聯—兼而有之國會恐荒等等均無特大關係

但在一剎間殊為可悲可憐即為全世界衆目睽睽而視日本之時

也在彼其自覺殊可堪虞欲行堅持於滿洲於日內瓦之地位應須自相團結所以組成國民混合內閣以繼不幸之宜納一卡也

自從新閣殺一都成立以來尚有威勢繼續種種當前之事并非其遲疑為其顧慮複雜情形種種者則參謀總長直接力行之俾得內閣順次序以繼之經過長久之計議「明誓」其承認滿洲國之存在並希望説明於日內瓦大會中其所應享之權並隱其退出之行則不能以其為「外交勇敢者」彼時人均言其將離退職不遠矣但步調非外交之錯也係因日本自覺其能力可達勝利堅持其內部種種原因仍欲殺一由閣獨掌其政之故也以致於日內

瓦所談者與滿洲所行者當必有不吻合之處也其最不可屈者為軍流人物則在國會之黨之形勢並曾宣言「論意」應為中國政治之先導以施於滿洲各問題置政府於不顧祇求能勝其所欲者而已矣如此之行其擔負豈不更加重矣

La politique et l'armée au Japon

(DE NOTRE CORRESPONDANT PARTICULIER)

Le règne de l'empereur Shova est des plus féconds en événements importants pour le Japon. Le premier auquel chacun pense est l'intervention dans le Nord chinois. Elle est la conséquence du désordre qui règne dans ces territoires ; elle est aussi l'objet de certaines visées des grands capitalistes nippons soutenus par l'état-major.

La politique japonaise semble avoir deux faces ; on a même parlé de mauvaise foi. En ceci comme en tant d'autres choses, le Japon n'a fait que copier ce qu'il a vu chez les puissances occidentales ; mais cette duplicité paraît cynique dans le cas du Japon parce qu'elle a été poussée jusqu'à ses conséquences extrêmes et tragiques. Il faut en chercher les causes dans les relations existant entre le gouvernement et l'armée.

L'empereur n'est pas seulement à la tête de la hiérarchie politique, sociale et religieuse du pays, mais il est aussi le chef de l'armée dont il dispose entièrement. Ainsi le ministre de la guerre relève directement du souverain et non du chef du gouvernement comme dans les monarchies européennes.

« L'armée, déclarait récemment le ministre de la guerre, général Araki, existe pour protéger le pays et répandre le prestige impérial. Sa position dans l'État est entièrement différente de celle des autres armées qui existent pour exécuter la politique du gouvernement au pouvoir. L'armée japonaise agira dans les petites comme dans les grandes occasions mais seulement lorsque l'autorité impériale — supérieure à toute question de partis — doit être exercée et que l'« Odo », la procédure impériale doit être appliquée. » Et c'est naturellement l'empereur qui agit par l'« Odo ».

Règne fertile en événements : depuis 1930, trois gouvernements ont dirigé le pays. La Diète est divisée en deux grands partis : le « seïyukaï » et le « minseïto ». Le premier, c'est la droite héritière de ceux qui au siècle dernier refusaient de céder des privilèges aux étrangers et firent respecter leur pays par les puissances qui grignotaient alors la Chine. Le « minseïto », c'est la gauche qui lors de la Restauration de 1868 était le champion de l'idée de la monarchie parlementaire que les cercles impériaux avaient tant de peine à admettre. Ils sont tous les deux essentiellement nationaux ; mais le « seïyukaï » est impérialiste. C'est lui qui a voulu et obtenu la guerre de Chine de 1894. Une des causes de la guerre contre la Russie fut le désir de regrouper, au moyen d'une guerre extérieure, la nation divisée par les partis. Quoique, aujourd'hui, la nation entière admette la politique étrangère du gouvernement, le « minseïto » seul n'eût pas pris la responsabilité d'organiser la campagne mandchoue.

Au moment où les états-majors japonais décidaient de franchir la frontière de la zone du chemin de fer sud-mandchourien et où leurs troupes se répandaient dans le territoire des Trois-Provinces, M. Wakatsuki, du « minseïto » était premier ministre ; son ministre des finances, M. Inouyë, était ennemi de toute aventure, financière ou autre.

Un mois plus tard, en décembre 1931, le « seïyukaï » arrivait au pouvoir et M. Inukaï devenait chef du gouvernement. Les élections de la Diète avaient été fixées au 20 février suivant ; on s'y préparait lorsque M. Inouyë, l'ancien ministre des finances, fut assassiné, au cours d'une réunion électorale, par des éléments de droite.

Les électeurs confirmèrent au pouvoir le gouvernement « seïyukaï ». Mais, moins de trois mois plus tard, le président du conseil, à son tour, mourait assassiné. Le meurtrier était un officier de la marine de guerre ; ce manquement à la discipline était une pression brutale de l'armée sur le gouvernement ; « cette vilaine affaire, disait le général Araki, ce fait exceptionnel, j'espère que vous ne l'employerez pas plus à juger l'armée que vous ne jugez le temps d'après un ouragan occasionnel ».

Le Japonais est d'une placidité déroutante. Toutefois ces événements, la chute du yen — préparée par le gouvernement — le tirèrent de sa tranquillité. Une crise parlementaire n'a rien d'extraordinaire en elle-même, surtout à notre époque. Mais, éclatant de manière tragique à un moment où le monde entier tournait les yeux sur le Japon, elle présentait un grand danger que pressentirent les dirigeants. Pour rester forts en Mandchourie et à Genève, il fallait qu'ils fussent unis chez eux. C'est pourquoi ce fut un ministère d'union nationale qui succéda à celui du malheureux Inoukaï.

Dès lors, le nouveau ministère Saïto a assez de prestige pour poursuivre l'affaire commencée. S'il hésite, s'il craint des complications, l'état-major va droit à son but, obligeant le ministère à le suivre. Après de longs préliminaires, il reconnaît « de jure » l'existence du Mandchukuo ; il espère persuader l'assemblée de Genève de ses bons droits et s'en retire fort déçu non sans accueillir son représentant de retour comme « un héros de la diplomatie ».

Sa démission probable, dont on parle beaucoup ces temps n'a pas cet échec diplomatique pour cause, le Japon se sent victorieux et puissant ; elle tient à des motifs d'ordre interne et au désir du « seïyukaï » de gouverner de nouveau à lui seul.

La différence évidente entre le langage parlé à Genève et les opérations en Mandchourie réside donc avant tout dans la situation extra-parlementaire de la classe militaire. Ayant déclaré par l'« odo », la voie impériale, quelle devait être la politique nationale en face du problème mandchou, elle l'exécute sans plus s'occuper du gouvernement que pour chercher à le convaincre à ses vues, afin de leur donner plus de poids encore.

E. M.

Votation cantonale

75-7

外报评述美国对日本侵占伪满洲国的态度《亚洲之标点》译文及原文（一九三三年七月二日）

亜洲之標點

凡以意向所判斷者究與事實不免有出入如東亜今日之過情形判斷與事実相距甚遠背道而馳之勢故此事仍在最後之籌劃工作中

其此時所獲利益大半等於歐洲一强國故所見人類同某種緣由能時時不交其旨按照亜洲政治形勢繼續其工作當然能獲協調承認某種事叢現後実為特别重要者之主見如見日本退出國聯即造成新局面内含無數可能性之事実以維今日世界無偶之現狀毫無疑義不久將可預見其令人所懷疑者及相差者之舉動

以吾觀察認為実在者其有聯合各実力之可能亜洲潛伏之勢以互相妥量之引力即可融解尤為物質按步之接近即為默許聯合之意義尤以為我民衆表示聯合之用意而以團結為基本昔日不同情之種族而將变為熱烈之同志也又何人否認此項可能性爭辯其用意未得步步按其因由而造果並於不知不覺中前者所受壓迫背向之困苦情形及種種受其指導下之臆測當所不欲其実見也但其意旨甚佳統為其保護下結果亦可得其滿意也吾儕對於此層妥何臆斷但以欲以事実可能成為事実亜洲民族將以用其政治新設施以從事吾儕遂不能銷滅吾之所見將由種種関於此層傳遞之消息而

定吾之所言非妄語也
無論何種民衆從無擴大其威名於外者為日本不可思
議之迅速自從明治變法以來為時未久雖然由其努力工作以日本
之技能愛國熱誠軍隊之好訓練為無種種之機遇皆不足而為之
輔但各民衆未能一致向其意旨時常其近隣或遠邦助成其
意外之事則完全先用其本身政治以指導而達其目的如觀
其滯行則再續其目的或終改之此為日本之行徑也中國則
不然不顧及一切行動祇以一時之憤而猛進豈不造成將來之
危機也
雖然如此日本於滿洲實施其仲裁是否錯誤耶加以此後

即可放手自由作去矣前曾與歐洲參加其政治合作之於一九二一年始見遠離之象此次更為顯然即如華盛頓會議日本放棄英日聯盟以求和平協定國聯遂使其戡定亞洲北美國參加此項運動則有所牽掣此乃似乎日内瓦過於希望也如觀日方之舉動個人皆知日本起首滿洲之行動必引起美國直接之干涉其未自行參與而假手國聯以驅日本之行為一方自從紛爭以來美國即公然運動反對東京或因種種之形勢不佳故表示其始終有敵對之意旨

自一九三二年之始美國意見分明擬用物質抵製以反對日本其政府亦不加異議但國務院會議結果與此意見相左直至今日止未曾

聞得談及日美仲裁條約類似最近日本與荷蘭所簽之約耶而最近又觀美國名宿之聲述預見有應急速承認滿國之傾向耶又南京政府美顧問為中國指導李頓報告書者袁博士於四月十五日之申述「吾現對于滿洲國意見大為變更因吾曾見友人與該國聯手辦事者均表示信仰以其將來」一方其上議院議長咸樂遜述為「美國注意維持門戶開放」但對於此點「本政府可能接受各種僑商之得地應須顧及世界各種之變遷以及特別情形之東亞」又三月七日前國家幫辦秘書咸康木卡斯特樂明白之申述「斯地蒙絲先生主義對於承認滿洲國並無若何障礙其大錯誤者印証此項主義適得其反者因其從未言及美國終

26-15

不能承認滿洲國于新時勢與新情形之下之不同當能变更各問題之現象也」又由議員芳樂失以佈其大旨於西加郭每日新聞「卡斯特樂先生標題無何項阻碍美國承認滿洲國為其唯一之政策其理由滿洲國產於日本保護下無損立國之大基本而（之大亡旨）可受人之承認雖不免擾攘而領制各種事件均井井有條如商業則抱開放主義郵政交通等均皆進行完好各法院亦均照常工作各學校亦漸漸設立矣」

吾儕無何理由言及上述各聲明即為承認滿洲國迅速之預兆耶但推測家可以此為根據所謂適合和平問題之大旨並可減少將來之紛爭實計須將籌劃於未燃也對照即可

68

76-16

預見中日兩國之親善不久即見實現之協調一方蘇聯對於日本以東鐵售與滿洲國事件可引其有自然承認滿洲國之傾向以及其他各事亞洲所產生之空氣吾儕表示一種甚大之情感也

在彼得呂地先生所著作中言及「亞洲現時確實處於雲霧中中國共產黨國民黨均皆躍躍準備革命擾亂之際是否法國甚為風平浪靜之時但中國甚受日本之盤據噫如吾儕責使中國日本之聯合則亞洲形勢更加重矣日本退出國聯即為表示一種戰勝吾等種族於亞洲也」

吾儕不談上述所謂亞洲國聯之用意但今日與吾等一種

情感亞洲之聯合並非理想之統制可以經過可能性於此新廣場之上但其所付與亞洲事件之利益應須從第二步計劃並可詢及吾儕是否與世永存或以天定人類之變遷而成就他種人之起源也

DIMANCHE 2 JUILLET 1933

DE L'ABONNEMENT

ON[illegible] FRANÇ[illegible]	Trois mois 30 fr.	Six mois 58 fr.	Un an 110 fr.
…ne réduction de tarifs postaux.	— 52 fr.	— 102 fr.	— 200 fr.
…………	— 75 fr.	— 147 fr.	— 290 fr.

…ENTS DATENT DES 1er ET 16 DE CHAQUE MOIS

(PARIS et DÉPARTEMENTS) : 40 centimes

…BUREAUX DU Temps, 5, rue des Italiens,
…CE HAVAS et dans ses succursales
…s toutes les Agences de Publicité
…ne toute responsabilité quant à leur teneur

…E POSTAL : Paris, Numéro 60

tant que toutes les monnaies n'auront pas trouvé leur niveau d'équilibre.

En outre, M. Roosevelt ne considère pas les fluctuations du dollar sur les marchés internationaux comme affectant en quoi que ce soit les problèmes économiques intérieurs.

En ce qui concerne plus particulièrement le dollar, le président pense que ses fluctuations ont révélé nettement une tendance à la baisse. On interprète les déclarations indirectes de M. Roosevelt comme mettant fin définitivement aux controverses sur la stabilisation du point de vue des Etats-Unis jusqu'à ce que la conférence économique parvienne à d'autres résultats. M. Roosevelt attendrait qu'on y abatte réellement les cartes en ce qui concerne les problèmes soulevés par les écarts des changes.

Commentaires de la presse américaine

On mande de New-York, 1er juillet:

« Le président Roosevelt ne s'est pas laissé prendre au bluff français. » C'est ainsi que, selon le correspondant à Washington du *New York Herald Tribune*, le public américain interprète la déclaration par laquelle le président s'est prononcé contre la stabilisation temporaire du dollar.

Le « Brain Trust », en effet, est persuadé que la menace de la France et de ses alliés monétaires de se retirer de la conférence économique si elles n'obtenaient pas la stabilisation immédiate des devises n'était pas sérieuse. Il ne reste donc plus à la France qu'à exécuter sa menace ou à avouer sa manœuvre, dit-on.

D'autre part, le « Bain Trust » considérerait que l'abandon de l'étalon or par toutes les nations ne pourrait qu'augmenter les chances d'une stabilisation ultérieure des devises dans des conditions favorables.

Cette opinion aurait prévalu dans l'esprit de M. Roosevelt plutôt que celle de la trésorerie qui s'inquiète sérieusement des difficultés auxquelles ont à faire face les « puissances or » et qui estime que l'abandon par ces puissances de l'étalon or plongerait le monde dans le chaos monétaire et rendrait vain tout espoir d'accords économiques internationaux.

On estime aux Etats-Unis que si une stabilisation rapide ne s'effectue pas, la Hollande abandonnerait l'étalon or dans les huit jours et que la Suisse, la Belgique et la France suivraient ce mouvement à bref délai (?).

La nouvelle que le président Roosevelt se serait embarqué dans le courant de l'après-midi d'hier à Campo-Bello, sur le croiseur *Indianapolis*, pour se rendre rapidement à Washington, a provoqué une certaine émotion. En réalité, le président allait tout simplement visiter le croiseur, et l'amirauté, qui a annoncé son arrivée à bord, avait négligé d'annoncer qu'il était redescendu peu de temps après. M. Roosevelt ne partira que demain à midi. Le croiseur *Indianapolis* n'est pas attendu à Washington avant mardi après-midi.

On admettait, dans les milieux qui touchent de près le président, que M. Roosevelt a reçu de Londres, outre les propositions concernant la stabilisation, émanant de la délégation des Etats-Unis, des messages de plusieurs délégations étrangères le pressant de proposer une solution ou d'accepter une de celles qui ont été proposées de différentes sources.

En tout cas, le président qui, dit le *New York Herald Tribune*, « soit à dessein, soit par hasard, s'est tenu éloigné pendant près de deux semaines de ses proches conseillers », trouvera à son retour une documentation complète sur la question de la stabilisation, préparée par les soins de son administration. « Le gouvernement de Washington, ajoute ce journal, a manœuvré ou a été manœuvré de telle façon qu'il occupe actuellement à Londres une position décisive, car toutes les nations admettent ouvertement qu'il dépend maintenant exclusivement des Etats-Unis que la conférence évite un échec complet. Si M. Roosevelt se prononce irrévocablement contre la stabilisation immédiate, il prendrait là l'initiative de l'acte le plus dramatique accompli depuis le moratoire Hoover. »

Questions extérieures

L'ASIE QUI POINT

L'opinion ne juge certainement pas à leur valeur les événements qui ont lieu de nos jours en Extrême-Orient, toujours pour la même raison qu'autrefois : ils se passent trop loin d'elle et de ce fait restent à l'arrière-plan de ses préoccupations. Les intérêts cependant qui y sont engagés touchent de près plus d'une puissance européenne. Les rares personnes qui pour une raison quelconque suivent d'une façon constante le cours de la politique d'Extrême-Orient sont généralement d'accord pour reconnaître que quelque chose d'une importance exceptionnelle apparaît là-bas depuis que le Japon n'est plus membre de la Société des nations. Un horizon tout nouveau s'est ouvert, qui embrasse des possibilités incalculables dont la réalisation, à s'en tenir aux contingences mondiales d'aujourd'hui, n'est pas douteuse et ne saurait tarder à se laisser percevoir, même par les plus sceptiques ou les plus indifférents.

Ce que pour notre part nous entrevoyons comme évident, c'est la cohésion possible des forces asiatiques, des puissances latentes de l'Asie jusqu'ici dissociées; c'est l'attraction réciproque des impondérables autant que les contacts méthodiques des réserves matérielles; c'est l'acceptation de l'union tacite, plus forte entre les peuples que l'union exprimée lorsqu'elle a pour fondement une pensée collective qui fait table rase des dissentiments du passé pour concentrer sur l'avenir une ardeur fraîche et décidée. Quiconque nie cette possibilité ou ergote sur sa signification n'a pas suivi pas à pas les événements, n'a pas senti passer le souffle qui force les destinées d'un peuple, et n'a pas observé l'abandon qui caractérise la conduite des autres. Il y a aussi ceux qui ne veulent pas voir parce que leurs principes à eux sont sauvegardés et qu'ils doivent par conséquent se tenir pour satisfaits. Pour nous qui voulons, sans idée préconçue, nous représenter aussi clairement que possible le nouvel état d'âme, pour ainsi parler, des peuples de l'Asie, d'où procéderont des politiques nouvelles, nous ne saurions déduire notre opinion que des informations de plus en plus nombreuses qui nous parviennent à ce sujet.

Jamais le prestige d'aucun peuple n'a grandi au dehors avec l'inconcevable rapidité de celui du Japon. L'ouverture de l'ère du Meiji n'est pas loin, et pourtant que de chemin parcouru depuis lors! Malgré tout, le talent des hommes d'État japonais, le patriotisme de la nation et la discipline de l'armée n'y eussent point suffi, si les circonstances les plus diverses n'y eussent pas aidé. Les peuples ne font pas toujours à eux seuls leur destin. Leurs voisins ou des nations plus éloignées y contribuent, le plus souvent sans préméditation et par le simple jeu de leur propre politique. Tel d'entre eux qui se fût orienté d'une certaine manière vers le but qu'il visait se voit obligé de changer de but ou de modifier — c'est le cas du Japon — la manière dont il voulait l'atteindre. Tel autre, comme la Chine, qui ne songeait point à l'action, poussé soudain par les événements, se jette dans une aventure d'où dépendra sans doute son plus lointain avenir.

Quoi qu'il en soit, voici le Japon en Mandchourie, par personne interposée il est vrai, mais qui cela trompe-t-il? De plus, il a désormais les mains libres. Ceux qui l'avaient européanisé d'une certaine manière, en l'associant à leur politique, l'ont, en 1921, une première fois écarté en y mettant quelques formes. Cette fois-ci, sans les formes qu'y avait mises la conférence de Washington lorsqu'elle déguisait la dénonciation de l'alliance anglaise par l'accord du Pacifique, la Société des nations le renvoie à ses destinées asiatiques. Si les Etats-Unis ont joué un rôle dans les deux cas, il semble que dans le dernier Genève ait dépassé

76-19

中國與日本

往往以一字之出語於外交通牒或電報之上即可解決糾紛又一句標點之錯誤即可變更著作者全書之用意所以彼得呂地先生標其最後之著作關於東亞之事蹟——為中國或日本——究寫中國或日本耶其用意非他內含「中國或日本之問題何者欲行接近於西方耶亞洲以上兩國彼此互相傾軋吾儕正可表其同情增吾等勇敢與維持之力而與之接近既然有此互相交遷之勢所以彼得先生在其亞洲著作不下顯然之判語故標其書名為中國或日本加以問號以待西方歸結遠東之東亞

或為中國耶或為日本耶

彼得先生定其書之意旨按照安南老人之傳述「假設竟令中國日本聯合則將來形勢更加嚴重即確係歐洲之錯点再以日本退出國聯即為表示戰勝吾白種於東亞但是中國於氣忿之下日本於氣忿之下法國應如何避免國際紛紜之干涉而接受兩種氣憤化於一爐「中國或日本」而使吾與滿洲之關係合而為一而融洽也」

此項明哲之理不易實現於西方因其一意以判與秘密结合之私見而欲仲裁各種爭辯豈不難乎即以亞洲之事與美國也不敢信仰實際之道德即為政治之斷施

649

76-2

也所謂實際之智慧者即為理由所謂情感者即為公
正故於國際四周共衆之下甚難認確兩方之各有是非最
好以争執者之得失而論之此種奥妙吾儕祗得以寬大之
意旨而干涉之所謂寬大者吾不待考其深遠争執之
原因故也於是彼得先生自信為之由太平洋深入亞洲
並滲透美國之思想而糾正法國偏斜之判斷
彼得先生旅行東亞各處為時甚久自日本至廣ゝ
東自上海至奉天自香港至哈尔濱由日本至中國至滿
洲各處按照李頓報告而自行參加其參考所離奇者
此項報告書即為國聯活躍之表示而減輕東亞過度之憤氣

於中國但未曾響應於西方並而彼得先生認定西方有好感於中國但勝利实計在日本也自廣東發生內閧後引成全中國自相敵對性質日本則表示冷静態度故歐洲認為報告書未曾明了滿洲實在情形祇以各方口頭之播揚於國際會場之上屆時彼得先生適在東亜欲觀中日兩方抗議措辭之何所根據也料用數年之功夫即可探明甚准之向題但想及直接與各指導當局晤談而可印証書面上之事实以此而行甚有效果並無若何大反向也茲再將各方大畧情形分晰言之於下

日本

日本者為一强國也能敏捷自行改其過處而免受慘苦之行日本自從效法泰西以來漸漸組織强有力之工業改良錢法即與英美稱衡抱其甚大之希望發展其商業於西方不幸又遇歐美工業之恐慌影及金價波及金元於是即轉向亞洲而作捷足先登之舉非但於中國市場於印度埃及以及地中海一帶亦受其商業之威脅欲維持其商業最後之勝利須求手工之價廉不增售價之過昂所以日本轉向東方以中國為基本遂伸手於滿洲按其熱中方法而漸漸組織之彼得先生觀其計劃甚動於中以經濟而論不能觀其外表須以其國內經濟財政之構造

估量日本之組織者約有十五人執掌廣大之政權及社會事業並有專門銀行界專長各大銀行及錢法之流通所以彼得先生以日本改善華北並無若何障碍以條約信約之信守自奪取滿洲後所得結果尚佳故使其對於所餘中國各部有所感懷也

滿洲

彼得先生曾往謁滿洲國執政御名前清皇室後裔在會晤之下表示中國有傾向滿洲有如以御名為中國皇帝之趨勢彼得先生注意聽之而謹記其言談但未曾言及其獨立時日本祇認其為執政想當然滿洲國之

執政與日本之間有最親密好感之關係係不能否認也彼得先生遂有一種不正確之感想滿洲國或者將來可能統治中國但須滿洲自身一切政治均須完善盡美確有可使中國人欽仰來投之傾向也偶然成為事實日本保護者又當如何耶彼得先生不敢公然詢之但可料及保護者將來甚易與之接近也

中國

中國政局狀況征服者頗為注意焉其所令人堪注目者即缺少一中央政府而掌執管理之權其所謂中央政府者而實在為中央宣傳總部也彼得先生命其

名曰「外界宣揚之機関也」政界當局及四周環境祇注視各専门人員及外交家及各商賈其用意実計甚鮮創設事業於其國内祇為顕揚其聲名於國外而利用時機也諛謟國聯按其意旨而作樂観之報告並作種々報告謂中國政治如何進展等情形但其實計其國内情形並未上正軌祇羈絆於歐洲各强國及美國勢力下一旦此項勢力薄弱或鬆懈中國即可変為無政府之状態所以彼渇先生建議法國亦應参加此項勢力於中國但須随時應変處置渇宜不渇按固定之方針也

彼渇先生所著者須以兩層観点其一以政治経濟為

一部其二以地方狀况及風景爲一部也

76-9

LIVRES A RELIRE

Chine ou Japon

par Pierre AUDIAT

Un mot écorché, sur un télégramme ou une note diplomatique, a quelquefois déclenché des conflits. Un signe de ponctuation inexact peut fausser le sens de tout un livre et faire dire à l'auteur exactement le contraire de ce qu'il voulait dire. C'est ainsi que M. Pierre Lyautey vient d'intituler son dernier livre — résultat d'une vaste enquête en Extrême-Orient — *Chine ou Japon* (1). S'il avait écrit : *Chine ou Japon?* son intention serait tout autre. Il poserait la question : « De la Chine ou du Japon, qui l'Occident doit-il préférer? Entre ces deux nations asiatiques, dressées l'une contre l'autre, laquelle mérite notre sympathie, nos encouragements, notre appui? » Alors, puisqu'il aurait lui-même présenté cette alternative, on ne comprendrait point que M. Pierre Lyautey se tînt sur la réserve, et qu'à la fin de son exploration asiatique il ne déclarât pas qu'elle devait être, à son avis, la nation élue.

Mais M. Pierre Lyautey — peut-être est-ce pour éviter, justement, de donner une réponse tranchante — n'a pas intitulé son livre *Chine ou Japon?* mais bien *Chine ou Japon.* Ce « point » substitué au « point d'interrogation » qu'on pouvait attendre, est le symbole de la prudente expectative que l'Occident doit observer à l'égard de l'Extrême-Orient. Chine ou Japon, peut-être l'un, peut-être l'autre. Chine? Pourquoi non? Japon? Pourquoi pas?

D'ailleurs, M. Pierre Lyautey donne lui-même l'explication du titre et le sens de tout son livre dans une page où il rapporte les conseils d'un vieux mandarin annamite :

« Ah! si vous laissiez unir la Chine et le Japon, dit ce vieillard, la situation deviendrait grave. Il est vrai que l'Europe vient de faire une erreur. Le retrait du Japon de la Ligue signifierait une victoire de nos races sur l'Occident. Mais la Chine est en colère, le Japon est en colère. Que la France évite, en se mêlant à des interventions internationales, de recueillir les deux colères à la fois. Tant que l'Occident pourra dire « Chine ou Japon », nos relations d'Asie connaîtront la souveraine concorde ».

Mais cette sagesse mandarine est très difficile à garder pour un Occidental qui a le goût de la justice et le secret désir d'être l'arbitre de tous les litiges. C'est, sans doute, en Extrême-Orient, et peut-être aux Etats-Unis, une faiblesse que de croire qu'il y a une vérité, en Morale comme en Politique; que le côté intellectuel de cette vérité se nomme raison, et que le côté affectif se nomme justice. Quand deux disputeurs se querellent, que ce soit sur la place publique ou au carrefour des nations, nous admettons très difficilement que tous les deux aient également tort, ou également raison, et que le meilleur parti à prendre soit de tirer profit de la dispute. A cette habileté nous préférons l'intervention généreuse; nous voulons dire notre mot, et nous n'attendons pas toujours pour le dire d'avoir examiné à fond les causes profondes ou lointaines de la querelle. Nous sommes ainsi faits et M. Pierre Lyautey lui-même a dû pénétrer en Asie par la porte de l'océan Pacifique qui se nomme San-Francisco, et s'imprégner de l'esprit positif américain, pour lutter contre le penchant français qui nous porte à juger et à conclure.

***

M. Pierre Lyautey a parcouru l'Extrême-Orient il y a peu de mois : de Tokio à Canton, de Shanghaï à Moukden, de Hong-Kong à Kharbine, le Japon, la Chine et la Mandchourie étaient encore sous le coup du rapport Lytton. Il est curieux de noter que ce rapport, qui n'a fait que peu de bruit en Occident où il a été considéré comme une démonstration platonique de l'activité de la S. D. N., a soulevé en Extrême-Orient des espoirs et des colères démesurés. En Chine, tous les notables qu'interroge M. Pierre Lyautey sont persuadés que l'Occident est *pour* la Chine, et que, désormais la victoire sur le Japon est certaine. A Canton, un parti de la guerre à outrance se crée, prêt à entraîner la Chine dans des hostilités sans fin. Au Japon, on se montre, naturellement, froissé, blessé, des conclusions du rapport et on affirme que l'Europe n'a pas compris la situation en Mandchourie et qu'elle a pris pour des vérités les plaidoyers que d'astucieux avocats chinois avaient prononcés devant le grand tribunal international. M. Pierre Lyautey était précisément en Extrême-Orient pour essayer d'apercevoir ce qu'il y avait de fondé dans les protestations japonaises, comme dans les protestations chinoises. Certes, il n'a pas la naïveté de croire qu'un séjour de quelques mois suffit à élucider ces difficiles problèmes, mais il pense qu'une impression directe, résultant d'un contact avec les hommes qui conduisent les peuples, est plus instructive que la confrontation des dossiers.

Ces impressions, bien qu'il les enveloppe dans des paroles courtoises à l'égard de nations dont il a reçu un accueil aimable, sont cependant assez nettes pour qu'on puisse les formuler, sans crainte de commettre de trop graves contresens.

Le Japon. — Une nation forte, intelligente, capable de réparer ses erreurs assez vite pour ne pas avoir à en souffrir cruellement. Après une période « d'imitation » de l'Occident, où le Japon tendait à avoir une organisation industrielle aussi solide et une monnaie aussi prisée que la Grande-Bretagne et les Etats-Unis, après avoir mis toutes ses espérances dans le développement de ses relations commerciales avec l'Occident, il a tiré la leçon que comportaient la crise industrielle qui sévit en Europe et aux Etats-Unis, aussi bien que l'abandon de l'étalon-or. Il a fait retour à l'asiatisme; grâce à la politique du laisser-faire monétaire, et aux fluctuations du yen, il est en train de reconquérir ou de conquérir, non seulement les marchés chinois, où la contrebande triomphe aisément du boycottage, mais encore les Indes, l'Egypte, menaçant même les marchés méditerranéens qui sont obligés de se défendre contre l'invasion de produits que le prix très bas de la main-d'œuvre permet d'offrir à des taux extrêmement faibles. Se rejetant vers l'Asie, le Japon a donc voulu prendre un point d'appui solide en Chine; de là sa main-mise sur la Mandchourie à laquelle il est en train d'infuser ses vertus d'organisation, de méthode et d'ordre. Car M. Pierre Lyautey est vivement impressionné par l'ordre japonais. Economiste habitué à mesurer cet ordre, non pas d'après l'aspect extérieur des cités, mais d'après la structure économique et financière d'un Etat, il apprécie l'organisation « pyramidale » du Japon qui met entre les mains de quinze personnes environ, l'immense machine politique et sociale; ainsi que la spécialisation bancaire qui fait que chaque grande banque s'occupe exclusivement d'une catégorie d'opérations. Parce qu'il aime l'ordre, M. Pierre Lyautey ne voit donc pas d'un œil trop défavorable l'assainissement de la Chine du Nord par le Japon. Plus que la lettre des conventions et des traités, il considère les résultats obtenus, et quand il compare la Mandchourie actuelle au reste de la Chine, il ne peut s'empêcher de laisser voir que ses sympathies vont à la Mandchourie japonisée.

La Mandchourie. — M. Pierre Lyautey est allé voir le Régent du Mandchu Kuo, le fils du Ciel, descendant de la dynastie mandchoue, Pu-Yi. Et le Régent, avec la finesse d'un Asiatique a essayé de démontrer à son interlocuteur que la Chine véritable était maintenant en Mandchourie, comme lui-même était toujours empereur de Chine. M. Pierre Lyautey l'a écouté avec attention et a transcrit fidèlement ses propos, mais il est clair qu'il n'a pas ajouté une foi entière aux protestations qu'a faites le Régent de son indépendance vis-à-vis du Japon. Qu'il y ait plus que des liens de sympathie et de reconnaissance entre le régent du Mandchu-Kuo et l'empire du Soleil Levant c'est, d'ailleurs, ce qu'il est bien difficile de nier. Mais M. Pierre Lyautey a été impressionné par l'affirmation que le Mandchu-Kuo ferait peut-être tache d'huile en Chine, et que si le Régent réussissait en Mandchourie, il verrait venir à lui une bonne partie des Chinois, assez empressés à se rallier aux gens habiles ou aux gens heureux. Si cette éventualité se produisait qu'adviendrait-il de la tutelle japonaise? M. Pierre Lyautey ne se le demande pas formellement, mais il indique discrètement que le tuteur pourrait bien avoir du fil à retordre avec son pupille.

La Chine. — C'est sur l'aspect politique de la Chine que l'enquêteur a surtout porté son attention. Ce qui le frappe ici, c'est l'absence d'un gouvernement central ayant pour tâche de gouverner. Le gouvernement central qui existe est en réalité un ministère de la propagande, M. Pierre Lyautey dit plus durement : « un organe chargé de sa publicité à l'étranger ». Les gouvernants et leur entourage sont donc à ses yeux des agents spécialisés dans la diplomatie, ou pour mieux dire, dans le commerce des grands de ce monde. Leur but est moins de rétablir les affaires de leur pays que de présenter à l'étranger leur pays sous le jour qui lui est le plus profitable. Aussi flattent-ils la Société des Nations dans son goût des rapports optimistes, en traçant souvent le tableau du progrès des institutions internationales en Chine. Mais le peu de régularité qui subsiste encore dans l'Etat chinois est due au rôle qu'y jouent les puissances européennes et les Etats-Unis. Si cette armature, devenue déjà plus faible, disparaissait, il est probable que la Chine tomberait dans une anarchie complète. Pour cette raison, M. Pierre Lyautey conseille à la France de veiller au jeu que jouent les autres puissances auprès de la Chine. Jeu qui n'est pas absolument régulier et où l'on glisse peut-être des cartes maquillées. Bref, M. Pierre Lyautey souhaiterait que notre politique à l'égard de la Chine fût moins sentimentale et plus réaliste.

***

J'aurais donné une idée bien inexacte du livre, si je laissais croire qu'il contient uniquement des vues politiques ou économiques. Il y a au contraire un équilibre fort heureux entre la partie documentaire et la partie descriptive. Quand il trace le tableau des temples de Pékin, ou bien celui d'une soirée avec les geishas, M. Pierre Lyautey se montre un excellent écrivain, pouvant rivaliser avec les maîtres du reportage littéraire. Et, vous pouvez m'en croire, il y a bien peu d'hommes capables à la fois de lire un bilan et d'écrire une page brillante sur Moukden ou la baie d'Along.

PIERRE AUDIAT.

(1) Plon.

76-10

陈宝琛为分析日中可用之人事致胡嗣瑗的两封信（一九三三年七月十日至七月十一日）

羽公足下：日昨在都由津遞到朔日
惠書，敬聆種切。襄庵遂荷
宸眷，無任感涕。又聞病山、潔珊同侍
講筵，額手欣賀。派替如此，惟恃以德服人。
列聖一日萬幾，猶不廢學，斯正
恭己無爲之際，覘國者固於此集觀聽也。叔之駐津，賈禍謀逆，一成固宜受責，
實則遺毒新邦，其昭著者即援一韓而失一蘇，此外墨吏充斥，皆所薦用，十年
有臭，誰當廓清？新裁登舟送別者，猶亦與焉，誠各從其類也。叔西前臘西

照於崇路所發不愜近益窺視國府意中鄒夙與之習以其居所鄰敵地
望亦陰勸勝為高等顧問已商之而中止今乃為人所用聞其與宇垣稔密
從成休戰最為有力閻西亦其耳目不能收為我用將來所失實多隣之陸
軍分宇垣荒木兩系宇垣屢任陸長現官鮮皆為荒木先輩此次能歸
與語與退而想諸西園寺尚未回任以荒木之極端武斷所推明年勢莫
業現今歲用兵數且有加國中亦有怨聲國際能無疵視現閣屢危復安此
次恐無可幸我不能不豫為計桑島領事已向樞府長無談及遷渭瞭然聞
待曉道新京展覲

273
22-20-2

主人不妨略有表示彼擬為內田所親也與蔣要始此時正有一筏新機日
致諸之華北停戰西南亦有違言而滕葛尚在斜析于都尤恩疫延蔣
急需者速據張欲行觴酉陽來編雜組余不日歸大不知究何局面矣蓋吾
黃皆與蔣週密列強歐美也黃昕泉玉昨以章嘉言見晤試見示謂本娘
伊甘代表伊主匯源銀行經理刑不能離滬人為代章嘉於我
朝本無毅順其所言能否辦到亦可藉伸正義黃則鐵然有智所與袁立
發交庸進患告者而投身商界不能遠涉為用每為惜之然在此帶多計畫
雖年逾六十健如少壯也其代表不日來遞奉

延禧之辭臣

賜〻府貴建愛

寵叠驚縱嘗具摺恭謝而以年譜月日為疑茲查近日光例部告以照舊送呈

示遵叔夫紙百多一摺人多年有書就行急不及印發包先

賜慈寬園一函謹呈閱

惠陵年來寫遠蕭懸敬頌

崇祉　　滿洲頓首　閏五月十八日

頃以足下前論適有便人赴瀋帶函付郵寄遞覽

台覽章嘉以日人之推舉人與會黃忻泉去本其願聞自不能行將

託陳伯林梁偕同宮子蕭等爲代表到京當請

覲見面陳一切陳爲恒[illegible]

會中人以樸厚爲社會所重年來

會建於札薩克諸旗王公自懷疑睽睽識黃者不以爲他人而委爲代者固亦信之有

素昨晤薩克亦有數言託其代陳[illegible]同爲村野人意

公近指書不失之予附也南審

指示一切得免失機匆匆附布即頌

著祉　　樵　閏月十九日

再啓李岳生廣文青以月前隨蘇龕自長春來約其為 樹屏看病以向
不懸壺謝弗往既又疑曾演河洛太乙二數進呈我
上否之有所諮詢以看病為辭果於財款當進前託為代取
進止并將河洛數今明兩年按月開列以備參觀大抵臣庭梁命之望
皆在我歲今非其時前已屢言之 河洛數以奉命推之太乙則推算升遷
會並推以合參蓋重之也特為掛陳再請
道安 [illegible]叩

满洲國之國體憲法起草調查委員會首腦部間大體取立憲君主制將來憲法起草完成後在適當時期以現在御名執政為君主使即帝位自現在满洲國對內外情勢並國民總意之趨向觀之亦為適切略見意見之一致此可得期待其實現也之形勢也 但与國體確立最有密切關係之調查憲法制度派遣於日本之趙欣伯博士十四日發新京豫定廿九日至東京趙氏至東京後曾满洲國政府曾對帝國政府委屬人選大體選任已終豫定一年之間就日本憲法學者詳密調查研究之後著手起草憲法 再就調查歐美各國之憲法制度满洲國政府已電託松本前法制局長代理十分研究之

（明治廿五年三月廿五日第三種郵便物認可） 昭和八年七月十三日 大阪

滿洲國の國體は立憲君主制に一致

溥儀執政を帝位に

趙博士憲法起草に當る

新京本社特電【十一日發】

滿洲國の國體は憲法起草調査委員會首腦部間において大體立憲君主制をとり取將來憲法の起草が完了したる後適當な時期において現在の溥儀執政を君主として帝位につかしめることを現滿洲國の對內外情勢ならびに國民總意の趨向より見ても適切とするにほゞ意見の一致を見、これが實現を期待し得る形勢となつた、しかして國體の確立と最も密接な關係を有する憲法制度調査のため日本に派遣される立法院長趙欣伯博士は十四日新京發大連を經て廿日朝東京着の豫定で渡日するが、趙氏は着京後かねて滿洲國政府より帝國政府に對し人選を委囑し大體の選任を終へたわが憲法學者について約一ケ年にわたりまづわが憲法制度の詳密なる調査研究を行ひたる後、憲法草案の起草に着手することとなるはずである、なほ歐米各國の憲法制度調査については滿洲國政府より目下歐米視察の途にある松木前法制局長代理に對し調査を電訓し十分なる研究をとげしむることゝなつた（寫眞は溥儀執政）

陈宝琛为报各方动态事致胡嗣瑗的信（一九三三年七月十九日）

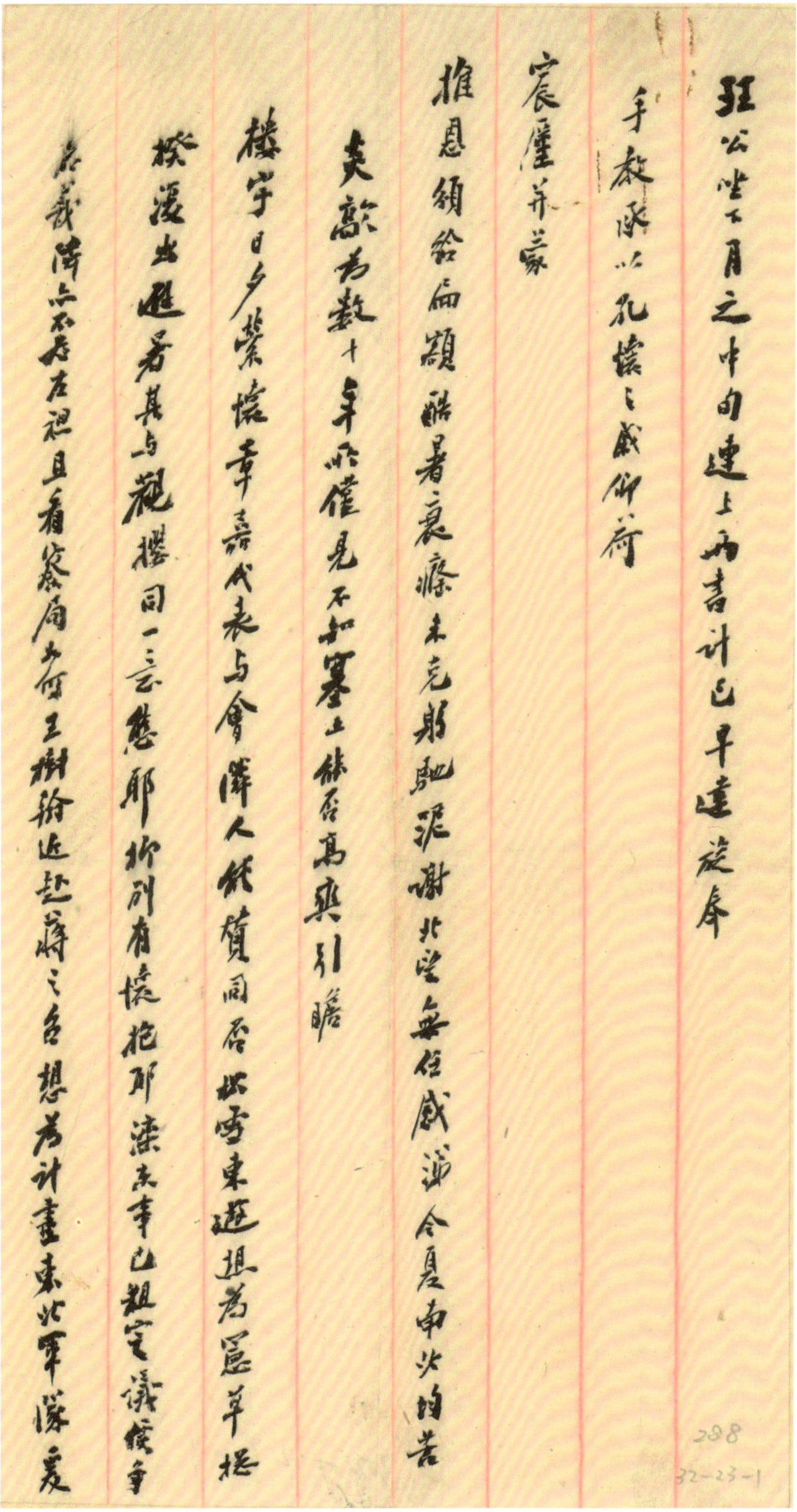
琴公坐下：月之中旬連上兩書，計已早達。旋奉
手教，承以孔懷之戚仰荷
宸廑，並蒙
推恩頒給匾額，酷暑衰癃，未克躬馳泥謝，北望無任感涕。今夏南北均苦
炎歊，爲數十年所僅見，不知塞上能否高爽？引瞻
樓宇，日夕縈懷。章嘉代表與會僧人能贊同否？此番東遊，退爲罷草擬
揆渡出避，爲其與龍樓同一言態耶？抑別有懷抱耶？灤東事已粗定，議俟會
春議，濤亦不去，左袒且看。宋秦局如何？王樹翰近赴蔣之召，想爲計畫東北軍隊爰

之躬之以累承應留之後歸其鄉否宗不知之將設法以及此也畢長

者人謂以貪敗而受其患者已半年許新造之邦何以堪之熱河湯

復副閣之後來蘇龍總不逞之慎選用收一誤再誤民心一失不可收矣

滿自為謀能否重為我謀板去自身視宏谷之所向而其關搖仍在本國

存亦正亦騰騰此半年中不知者何變化也沼宸甫竟作古未竟其用為

可惜副羅世光近又來津其有所受耶殘軀何以青蠅近弱為甚目睹且

加甚作字極艱甚恐再誤前席而不敢自安矣臨楮神馳敬頌

善祉

期安臣瑗頓首　閏月廿六日

再追自東北來者言府衙隊尋畔，兹虎殺斃數命，聞之駭愁，備查報
誠新來載及寫意
上次寒怒立予嚴懲，以明法紀，并以嚴立之防而杜其後禍。憶去冬募練
之初，有所諫，謂兵不可多招，蓋有見於晉帶之雄其人也，逮乃諸無賴以
此等縈繞，不能成保其之故惟
公知之。前月津市喧傳，謂於雪飛發殺人，以東亦在見於非中國派往留學以
毋委候歸還往者可歎也。英
公處有所聞否？廿七夕十二又

290
32-23-3

法国报纸对日本侵略中国及中日双方伤亡情况的评述译文及原文（一九三三年七月二十一日）

政治実事

親王御名為滿洲國王

巴黎（議院消息）上海最近電称親王御名滿洲國執政以日本之輿援不久將為滿洲王加以廣大之中國終於風雨飄搖無政府之状態兼南京一部共產黨之擾攘其勢漸漸趋入日本掌握中之步調吾曾略示日本此項默默之侵略於千年間夢想中或可能達其目的作成全部黃種之政治軍事經濟及文化等於六萬萬之住户之上以此力量勿須堅信即可推翻世界之均勢也

親王御名正為日本夢想以此為統治之人物現為滿洲執政業經伸長其統治權於熱河省即受日本軍隊之所惠也御名

為滿洲之後裔於五歲即登基大寶兩年後於一九〇五年廣東革命蜂起遂將三世統制中國之大權轉讓於中國共和國由此中國即成無政府之趨勢矣

日本之侵入中國已非易事中國文化開通最早甚為輕視日本之未開化也日本實計受中國文化之開導如舊羅馬之開發克來特如是羅馬應統治全世界也

日本維護其支配中國者以其軍力以其工業以其技術以滿洲為其間接繼續其努力之工作雖經中國種種排除之舉並不稍懈因利用各軍閥爭權攘位之時機以行其侵略之策

日本侵略中國之舉曾於一八九八年由各強國之眈視而稍

行歛跡但何為現下之各國耶法國以歐洲阿非利加之事以足其工作不願再加入北京漩渦英國亦自顧不暇地位蘇聯自知力量薄弱不足以闖此險夷美國以其經濟之恐慌亦有遲遲懷疑之感日本正利用時機自由處置喜耶禍耶開和平之中國為其商業之市場前進之日本正為蘇聯之障碍物但日本之前進有無止境耶英之印度吾之安南是否將為其渴望耶

人類大犧牲

佔據滿洲所受之損失

以「嘔殺卡美泥西山本」東京軍事當局之報告云自從九月十

八一九三一年「不宣而戰」起至四月三十一日一九三三年停戰止於奉天之役其所死者官兵為二千八百九十七名傷者為八千四百八十三名共為一萬一千三百八十名喪失戰鬥力

於滿洲與上海之役日本軍隊死亡者二四三〇人受傷者六五三六人共八九六六人熱河之役死亡三〇九名傷者一一四名共一四三三名最後長城線死亡一五八名傷七三三名共八九一名上海事變日本陸戰隊死亡尚不計外日本之担負亦為不輕矣

一方由天津日本軍事機關報告此項事變起至協定簽字止中國軍民死傷共二十二萬人內含一七五〇八〇軍人四五〇〇〇人民有死於戰役者有死於空軍攻擊者於滿洲之役其傷亡者約五萬

人於上海之役二萬二千人山海關之防守其代價為三萬人於熱河之戰又喪失七萬人又於長城之役及迤南各戰事其傷亡者約又有五萬人

中國一方因缺少槍械子彈所以每次遇戰非以槍械鬪即為屠宰場也故長城以南之役中國死傷約五萬人日方則兵與官死傷祇八九一人而已矣

LE FAIT POLITIQUE

Le prince Pou-Yi roi de Mandchourie

PARIS (de notre correspondant parlementaire). — *Un bref télégramme de Shanghaï apprend que le prince Pou-Yi, régent de l'Etat mandchou, va être couronné avec l'appui du Japon, roi de Mandchourie. C'est un pas de plus vers la main-mise du Japon, sur l'immense empire chinois tombé en pleine anarchie et livré en partie aux agitateurs bolchevistes de Nankin.*

J'ai déjà signalé cette conquête presque silencieuse de l'Empire Céleste par Tokio. C'est le rêve millénaire du Japon qui peut aboutir, d'ici quelques années, à la formation d'un bloc jaune civilisé, armé, prolifique et économe, de près de 600 millions d'habitants. Il est inutile d'insister sur le bouleversement apporté à l'équilibre mondial par une telle force.

Le prince Pou-Yi est l'instrument rêvé de la domination nippone. L'actuel régent de la Mandchourie, qui étend déjà sa domination, grâce à l'armée japonaise, sur une partie de la Chine proprement dite, la province du Jéhol, est le dernier descendant de la dynastie tartaro-mandchoue qui gouverna durant 3 siècles la Chine. Il était âgé de 5 ans et empereur de Chine depuis deux ans, quand éclata, en 1905, l'insurrection républicaine de Canton, qui le détrôna et ouvrit pour la Chine une ère de véritable anarchie.

La tante du régent Pou-Yi, l'impératrice Tsen-Hi avait, par contre, assuré cinquante ans de prospérité et de calme à l'immense nation, après avoir fait empoisonner son mari, auquel elle succéda comme la grande Catherine de Russie au pauvre Tzar Pierre III, puis son fils et son neveu.

La pénétration japonaise en Chine ne serait pas facile, le Chinois, de civilisation bien plus ancienne méprisant beaucoup ses cousins des îles de l'empire du Soleil-Levant, qu'il considère comme des barbares. Le Japon fut, en effet, civilisé par la Chine, comme la Rome antique l'avait été par la Grèce : ce fut pourtant Rome qui devait dominer le monde.

Le Japon, en assurant la domination sur la Chine de son armée, de son industrie et de ses ingénieurs par l'intermédiaire de la vieille dynastie tartaro-mandchoue, agit sagement. Il ne heurte pas l'orgueil et la xénophobie de la Chine, généralement lasse de l'anarchie et du vrai brigandage des généraux, chefs de bande, qui se disputent le pouvoir, au grand dam de la prospérité des classes laborieuses.

La main-mise du Japon sur la Chine fut empêchée, en 1898, par les grandes puissances. Mais que reste-t-il des grandes puissances? La France a assez à faire en Europe et en Afrique, sans s'occuper de Pékin : l'Angleterre est en position aussi délicate ; la Russie des Soviets est incapable de se lancer dans une aventure ; les Etats-Unis, à leur tour, accablés par leur crise économique, ne sont plus à redouter. Le Japon a les mains libres ; il n'a pas perdu de temps. Faut-il s'en réjouir, ou bien s'inquiéter? La pacification de la Chine, l'ouverture de ses marchés au commerce sont une bonne chose, et l'avance du Japon est un échec pour les Soviets. Mais le Japon saura-t-il s'arrêter ? L'Inde anglaise et notre Indochine seront-elles plus tard convoitées ?

Que d'inconnues pour cette contrée, cette rentrée en scène du prince Pou-Yi !

Jacques DEBU-BRIDEL.

65-6

外报对伪满洲国成立的评论译文及原文（一九三三年七月二十二日）

滿洲成立國家議論紛〻

傳來滿洲國成立後之消息遂挑動一般人之議論紛〻而該項紛紜直至今日始漸緩和因其產生伊始所繫於今日幸也然以其利益及其善處而言之現下理想國家將成為最大「滿洲國」也

應須承認現下之制度其大部人民均有安寧快愉之感者者為農去所感之困苦今則除去矣刻約有八萬人可覓其生活於鄉間矣至必要時日軍隊活動甚力於各方其特別注意者為熱河及高麗沿邊一帶

經濟方面有兩層意旨發動於同時其一希望自由發展

本地一切財產不計出品過勝與當地競爭者其二限制當地必要品之製造俾免與日本市場之衝突於是在未完局之國家欲使其成為有價值之地土須集中財力方可有為也於是遂成立國家銀行並有銀錢為其保証金日本遂於去歲借與三千萬金元以應其所需表面似乎將有厚望焉並擬有招集外界財力之議

官式消息拟集合一億金元分五年或十年用之以實行其固定議程其第一步即欲速行發展者各鉄路通車（衢）大路河流濟渠海口礦產煤金煤油森林電氣事業及農（漁）等以為其遷民之大舉

於未定之國家苟而用此鉅欵發展其經濟更使滿洲國
家前途雖見曙光矣

* *

La formation de l'Etat mandchou a provoqué des controverses qui vont s'atténuant. On en est, aujourd'hui, dans des milieux qui étaient au début fort sceptiques à l'égard de cette création japonaise, à étudier avec intérêt, sinon avec bienveillance, l'état présent et à imaginer l'avenir du fameux « Mandchoukouo ».

Il faut reconnaître que, sous le régime actuel, la population jouit d'un maximum de sécurité tant pour les personnes que pour les biens. Toutefois, la belle saison facilite l'activité de quelque 80,000 irréguliers, en raison de la possibilité qu'elle leur donne de trouver un abri dans les campagnes. D'où la nécessité d'une recrudescence d'action vigilante de l'armée japonaise d'occupation, particulièrement dans le Jéhol et à la frontière de la Corée.

Au point de vue économique, deux tendances se manifestent. Quelques-uns souhaitent le développement libre de l'exploitation des richesses locales sans tenir compte des débouchés ou de la concurrence du pays protecteur. D'autres entendent limiter la production aux besoins locaux, évitant toute compétition avec les marchés japonais. Il en résulte un état d'incertitude qui fait que le programme de mise en valeur n'est pas encore appliqué. Et, si la concentration des ressources des établissements bancaires, la création d'une banque d'Etat, la nouvelle monnaie locale gagée par une encaisse métallique en argent, si le prêt de 30 millions de yens accordé par le Japon l'année dernière, indiquent une prospérité apparente, toutefois les années prochaines exigeront un appel aux concours financiers extérieurs.

Les milieux officiels sont d'avis de consacrer un milliard de yens, à dépenser en cinq ou dix ans, pour réaliser le programme de première urgence qui comprend le développement des chemins de fer, des routes, des rivières, des canaux, des ports, des mines de charbon, d'or, de pétrole, des forêts, de l'électrification, de l'agriculture et pour l'immigration.

Ce besoin d'argent est, avec l'état d'incertitude au point de vue économique, une des difficultés qui assombrissent encore l'avenir de l'Etat mandchou.

*

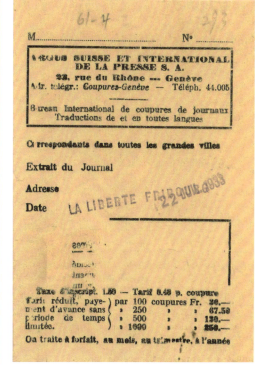

外报对日本侵略中国的评论《日本主宰中国华北》译文及原文（一九三三年七月二十八日）

日本主宰中國華北

人所共知日本現擬征服内蒙－教徒馮玉祥將軍遇此勁敵亦當退避三舍－此為大那納計劃中事滿日軍隊遂沿蘇維埃那外蒙邊境而前進

一方日本帝國主義者既已降伏可羞之蔣介石遂為中國華北之主宰由長城起至黄河止所謂黄河迴北山陝西及山東等省是也东京帝國主義者擬欲使此廣大地土作為其本身「有價值者」

並聞日本參謀部意見擬欲獲得沿黄河北岸延長山東膠濟鐵路至陝西西安府之舉

青島海口處於黃海之間將有擴大之必要以成華北重要之口岸也

澳大利亞與黃禍

澳大利亞以日人民之驟增而無已日漸威脅至何止境遂即自問世界第五大陸將可長久屬於白色者耶以澳大利亞社會學者論調滿洲土地終難久屬於日本而澳大利亞有吸收日本過賸人民之向嚮以此危機基督教長不里斯巴納意外之建言云吾儕仍當趨向德國但須使德國作種種防禦外界之工作為何栢林大曬不拉特報反駁之「德國非無生存之必要於大陸而為保証英有人民之生存也」

Le Japon maître de la Chine du Nord

On sait que le Japon entreprend maintenant la conquête de la Mongolie intérieure. Le général chrétien Feng-Yu-Siang recule — c'est dans le plan — de Dalaïnor et les forces japonaises et mandchoues s'avancent le long des frontières de la Mongolie extérieure soviétisée.

D'autre part, l'impérialisme japonais, après la capitulation honteuse de Tchang-Kaï-Shek, est le maître de fait de la Chine du Nord, de la Grande-Muraille au fleuve Jaune, c'est-à-dire dans les provinces de Hopeï, du Chansi et du Chensi situées au nord du fleuve Jaune et même du Chantoung. Aussi les impérialistes de Tokio veulent « mettre en valeur » ces immenses territoires.

On apprend que, sous la direction de l'état-major de l'armée nippone, serait entreprise l'extension du Chemin de fer du Chantoung (Tsin-Tao-Tsinan) jusqu'à la capitale du Chensi, Sian-Fou, la nouvelle ligne longeant le fleuve Jaune.

Le port de Tsin-Tao, sur la mer Jaune, serait considérablement agrandi et deviendrait le débouché principal de ces provinces.

M. .... N° ....

Extrait du Journal: TRAVAIL GENÈVE

Adresse:

Date: 28 JUIL. 1933

L'Australie et le péril jaune. — L'Australie est de plus en plus menacée par la formidable expansion japonaise, à tel point que la cinquième partie du monde se demande si elle restera longtemps blanche. D'après les sociologues australiens, la Mandchourie ne pourra jamais être pour les Japanais une terre de colonisation et c'est l'Australie qui est destinée à absorber les excédents de la population japonaise. En présence de ce péril, l'évêque catholique de Brisbane a fait une proposition inattendue : Remettons à l'Allemagne, dit-il, la Nouvelle-Guinée, qui est actuellement sous mandat australien, mais à la condition que les Allemands la défendent contre les atteintes du dehors. A quoi le *Berliner Tageblatt* riposte : « Les Allemands n'existent pas sur la terre pour garantir l'existence des possessions anglo-saxonnes... »

M. .... N° ....

Extrait du Journal Le Temps

Adresse Paris

Date 19. 7. 1933

62-18

外报评论《略述日本之政治》译文及原文（一九三三年七月二十九日）

畧述日本之政治

日本維新在吾儕文化開展時代以後五十年前吾之白髮蒼蒼者已成過去時代在吾等十歲之間尚讀拉丁已成甚遠之舊跡回憶吾等在民家游藝會前曾觀得中日戰爭圖畫大廣告於一八九四一八九五年之間甚遠時期也觀此情感圖型想及吾等近傍大陸上人民之慘爭深印於吾父兄七十年前之舊影並使吾等不得不注意焉並有舊軍官述及此次中日之戰日本大顯身手於歐洲人之前由是德之維廉恐懼黃禍之倡言各報反對東亞獨自之進取也遂又發生意外之法俄德之聯盟而障碍「小日本」所想之勝利此乃德普魯斯外交之手段也

及至日本獲得中國允許租借旅順後即爲侵畧滿洲之路途各强國驕大自負未曾重視日本加以中國之薄弱遂告成其志願在日本獲得中國特允勢力範圍之地帶與歐洲者有並駕齊驅之概但俄國屆時亦曾經營之於其所獲之地帶日本屢次聲明俄則置若罔聞至一九〇四年業經養成俄國獨長滿洲之勢大有侵入高麗之舉日本遂大胆作破釜沈舟之行以保其國土也屆時一致爲其憂慮必爲莫斯克壓迫而粉碎矣及至數次大戰數十萬人類大犧牲後認俄國爲敗北但法國對於俄國甚表情感然亦贊美日本之勝利由此各國不言而喻於無聲明中而認其爲一等大强國矣

英國為保其全世所屬之利益由此戰事而佔小日本之實力
遂與之定盟焉俾其不得因戰勝而行其獨自倡所欲為也並
有第一總統羅佛蘇唱其高調遂引導至于和平日本遂簽
旅順條約遂獲得不少利益及將來之利益但未得滿洲之讓與
尚未干心可見日本存無限之慾望「吾儕降自上天吾等應統治
全世」並於一九三二年八月陸軍總長殺大嘔阿拉基將軍表示
日本亞東邊界條應在白卡湖东南日本人應當創立其基礎
於滿洲與蒙古「確實以為永久之業」
自一九〇五年日本政治表現新興氣象聯合國聯工作但勿
要作欺人之舉

74-3

於一九一四年日本參加大戰所為奪取青島於德國（報復一八九五年事）而立其根基於中國一九〇五年之事其欲使中國為其保護者為中國避免日本之貪多無厭之心而亦加入參戰由是日本雖曾參加大戰終無所獲也

又於英法反對蘇聯之際施以包圍政治之時日本以為時機可乘而取西比利亞遂輸送其七萬軍隊於該土耗費軍費約一億金元結果英法放棄其政治日本因之亦應撤其軍而無所酬也

日本將必有取滿之策其內閣總理巴那卡畧言計劃甚善但不能實行而擾乱日本財源由此日本政治則以「文治政

治」以和平為主體但其軍閥派在前各閣員被其暗殺甚夥阿拉基繼續掌權軍派又為活躍於一九三一年九月遂决定佔據滿洲殺都阿拉基將軍遂申言由此產生新日本「日本成為最强妄侵之國遺流其民族風韻與事業於全世界四角之上」

由此日本軍閥執掌其國之政治其設想與情感與事實相離甚遠不能與國联所認基礎公正與和平主旨相吻合日本國民惟一慾望「志願强國」恐將引起不可思議之結果也

74-5

Pour comprendre un peu la politique japonaise

par Léon LESAINT

Le Japon moderne ne s'est révélé que lentement aux hommes de ma génération, à ceux dont la cinquantaine vient de sonner, dont les cheveux grisonnent et s'éclaircissent et qui déjà — aux yeux des jeunes, impatients — représentent le passé.

Quand nous avions dix ou douze ans, l'âge du certificat d'études et des rudiments du latin, à cette époque lointaine — et pour nous si proche — où le cinéma était encore confiné dans les laboratoires, nous nous arrêtions, dans les foires et frairies populaires, devant des baraques inédites où d'immenses tableaux-affiches représentaient des combats entre Chinois et Japonais. Il y a bien longtemps de cela ; c'était en 1894-1895, à la fin du siècle dernier.

Nous regardions pensifs ces grandes images où s'entre-égorgeaient d'étranges individus, habitants de pays situés de l'autre côté de la terre. Nos parents, tout pénétrés encore des souvenirs de 70, l'année terrible, et pour qui la guerre se présentait non comme un jeu, mais comme de la misère et du sang, ne manquaient pas d'attirer notre attention sur les atrocités qui se commettaient là-bas. Parfois, un ancien soldat colonial, qui avait fait campagne au Tonkin, nous contait des histoires de « Pavillons noirs ».

Cette guerre sino-japonaise fut pour l'opinion européenne la première révélation de la puissance nippone ; mais, parce que la plupart des hommes, même instruits, sont naturellement sourds et aveugles pour ce qui dérange leurs habitudes d'esprit et contredit leurs conceptions, l'Europe n'en comprit pas toute la grandeur.

Le kaiser Guillaume II agita bien le spectre du péril jaune ; quelques journalistes lui firent écho ; on parla d'une croisade contre l'Extrême-Asie, sans trop y croire.

On vit pourtant l'Allemagne, la Russie et la France, — alliance assez imprévue —, empêcher le « petit Japon » de tirer de sa victoire tout le fruit qu'il en avait espéré.

Ce fut pour la diplomatie prussienne un assez joli succès : la Russie était détournée vers l'Orient et la France semblait avoir oublié sa défaite ; on pouvait même voir là une victoire de l'esprit de paix.

Les Nippons, installés à Port-Arthur avec le consentement de la Chine, en route pour la conquête de la Mandchourie, durent se contenter d'un plus maigre butin. Les plus ulcérés firent *harakiri* ; les autres dissimulèrent leur fureur sous un sourire courtois, pendant que les puissances européennes, qui n'avaient guère retenu de la victoire japonaise que la certitude de l'impuissance chinoise, en cueillaient largement les fruits.

Ce fut la période des concessions à bail et des zones d'influence en Chine. Les efforts du Japon aboutissaient à la satisfaction de l'Europe et notamment de la Russie qui s'installait à son tour dans les lieux mêmes que les Nippons avaient conquis. Des sages criaient casse-cou, mais on n'écoute pas les sages.

Le résultat fut le coup de tonnerre de 1904 : quand les Russes, déjà maîtres de la Mandchourie, parurent vouloir pénétrer en Corée, les Japonais leur sautèrent à la gorge.

Nous avions grandi, nous lisions les journaux, nous faisions de la politique et nous pensions que ce « petit Japon » était bien audacieux.

Nous n'étions pas seuls à penser ainsi. L' « homme de la rue » et le « Français moyen » n'étaient pas encore nés, mais les « habitués du Café du Commerce », alors dans tout leur éclat, estimaient à l'unanimité que d'un seul coup de sa large patte, l'Ours moscovite allait plaquer à terre ce méchant roquet.

Bien rares étaient les esprits réfléchis et les hommes renseignés qui croyaient à la victoire nippone. Cependant la défaite russe n'aurait dû faire aucun doute ; il y avait à cela des raisons claires et décisives qui sont inscrites aujourd'hui dans les livres d'histoire. Or elles étaient claires et décisives dès ce moment-là, mais les yeux de la plupart des hommes ne les voyaient pas, du moins en France et en Russie. Il ne fallut pour les faire apparaître que deux ou trois grandes batailles et quelque cent mille cadavres.

Même après ces hécatombes, après ces sombres défaites, les Français gardèrent à l'égard du colosse russe leur confiance sentimentale. Mais ils se prirent aussi à admirer le Japon héroïque et vainqueur, à l'admirer et à le craindre. Dans l'opinion universelle, l'Empire du Soleil levant prit enfin, sans conteste, figure de grande puissance.

L'Angleterre, qui a des intérêts dans tous les lieux du monde, n'avait pas attendu cette guerre pour mesurer la force du petit Nippon et conclure alliance avec lui. Elle se trouva là tout-à-fait à point pour l'empêcher de profiter pleinement de sa victoire. Elle appuya donc l'Oncle Sam — en l'espèce le premier Président Roosevelt, le fameux Teddy — dans ses efforts pour amener une paix de conciliation. Et le Japon signa le Traité de Portsmouth qui lui concédait des avantages précieux, avec de brillantes perspectives d'avenir, mais qui ne lui donnait pas encore la Mandchourie. Et ce fut pour l'armée japonaise une nouvelle et cruelle déception et il y eut de nombreux *harakiri*.

C'est que l'ambition nippone est sans limite.

« Nous sommes les descendants des dieux, nous devons régner sur le monde. » Ainsi s'exprimait, au mois d'Août 1932, le général Sadao Araki, ministre de la guerre, l'idole de la jeune armée japonaise. Pour ce général, les frontières Occidentales du Japon sont au Sud-Est du Baïkal. Les Nippons doivent donc s'établir en Mandchourie et en Mongolie, « fermement et pour l'éternité ».

L'apparente modération de la politique japonaise depuis 1905, sa collaboration à l'œuvre de la Société des Nations, ne doivent tromper personne.

En 1914, le Japon entre en guerre aux côtés des alliées, mais c'est pour enlever Tsing-Tao à l'Allemagne (revanche de 1895) et s'établir solidement en Chine. De fait, en 1915, ils mettent les Chinois en tutelle. Pour échapper à leur étreinte, ceux-c entrent dans la grande alliance. Dès lors, les Japonais, pris dans l'engrenage de la guerre du droit, sont obligés de se modérer : de leur intervention dans la Grande Guerre, il leur reste finalement peu de chose.

Mais voici que la France et l'Angleterre pratiquent contre les Soviets une politique d'encerclement. Le Japon croit l'occasion venue de se tailler un vaste empire en Sibérie. Il y envoie 70.000 hommes, dépense à cet effet plus d'un milliard or. C'est en vain : la France et l'Angleterre renoncent ; il lui faut tout abandonner.

Il prendra du moins la Mandchourie. Le premier ministre banaka ébauche dans ce but un plan magnifique. La détresse financière ne permet pas de l'exécuter.

Dès lors l'Empire nippon pratique une « politique de civils », une politique de paix, de concessions, de compromis, qui met aux officiers le rouge au front. Les *harakiri* se succèdent, des ministres sont assassinés.

L'armée enfin réagit. En septembre 1931, elle décide d'occuper la Mandchourie. Alors, dit le général Sadao Araki, alors naît un nouveau Japon, « un Japon aussi puissant et inviolable que le Mont Fugi lui-même, convaincu de son héritage national et de sa mission, celle de répandre aux quatre coins du monde la culture de Yamato ».

L'armée japonaise a pris en main la direction politique du pays. L'idée, le sentiment qui l'inspirent sont aussi éloignés que possible de l'esprit de paix et de justice internationales qui est à la base de la Société des Nations. La nation japonaise est soulevée par une « volonté de puissance » qui peut conduire à des événements formidables.

№ ....

Argus International de la Presse S. A.
23, rue du Rhône — GENÈVE

Extrait du Journal : ORAN-MATIN ORAN
Adresse :
Date : 29 JUIL. 1933

陈宝琛为武藤暴病而亡及日方动态等事致胡嗣瑗的信（一九三三年七月三十日）

琴公坐下：頃見貴函，計早登
覽。庚赴避暑未逮，正以為歉。菱來語音甚洽，其有去志耶？乃武藤暴病遽殂，或因
此工不能研究，竟成之病。由有無子疑代者，能否規隨其參謀以下，是否全換新手，此時又一
轉捩之關鍵也。常自維念隣之過於壯亢，實為之危，無論挑釁於英美，大為失策，即其
反對吾國之技術助華，不但犯眾怒，亦徒託空言，可見其當軸之智力不足以箝束
其下。而離華中國之互相猜忌，可遂其挑撥愚弄，然亦有時而窮，其已事歷歷可數，而猶未
有已也。近有風傳華東共和國，為吾國人混合組織，則日人不滿於軍閥政治者亦
有加入，疑其為恨言之宣傳。然純用武力壓制，斷不足以固國基

291
32-24-1

睿慮籌謀之所及，應亟於吏治民生再三加意，盡其在我，而後可借助於人。近

日閱外來者，猶於王道樂土執政不滿，或未能為求全之毀。即活佛代表入

覲之報，先已喧傳各報，亦復轉載，恐不免為人注意，即處處欲致人指摘，不得札將

日用常出軌道，須有為用兩針者，但責其聲譽，對外亦難為用矣。遼東京北均已敉

綏安帖，惟察事尚混沌，恐不能終於和平，西南且視之為動靜也。聞連日霪雨，未

氣未稍降，又防河患，都以膂腳宕延，日內當入都就醫，乘便面罄，一一再肅，即頌

籌安

橋頓首 十月十八日

292

32-24-2

陈宝琛为武藤之死等事致胡嗣瑗的信（一九三三年八月四日）

附：《东京朝日新闻》报道《溥仪执政谈——痛失慈父》及日报报道《武藤致陆相的遗书》

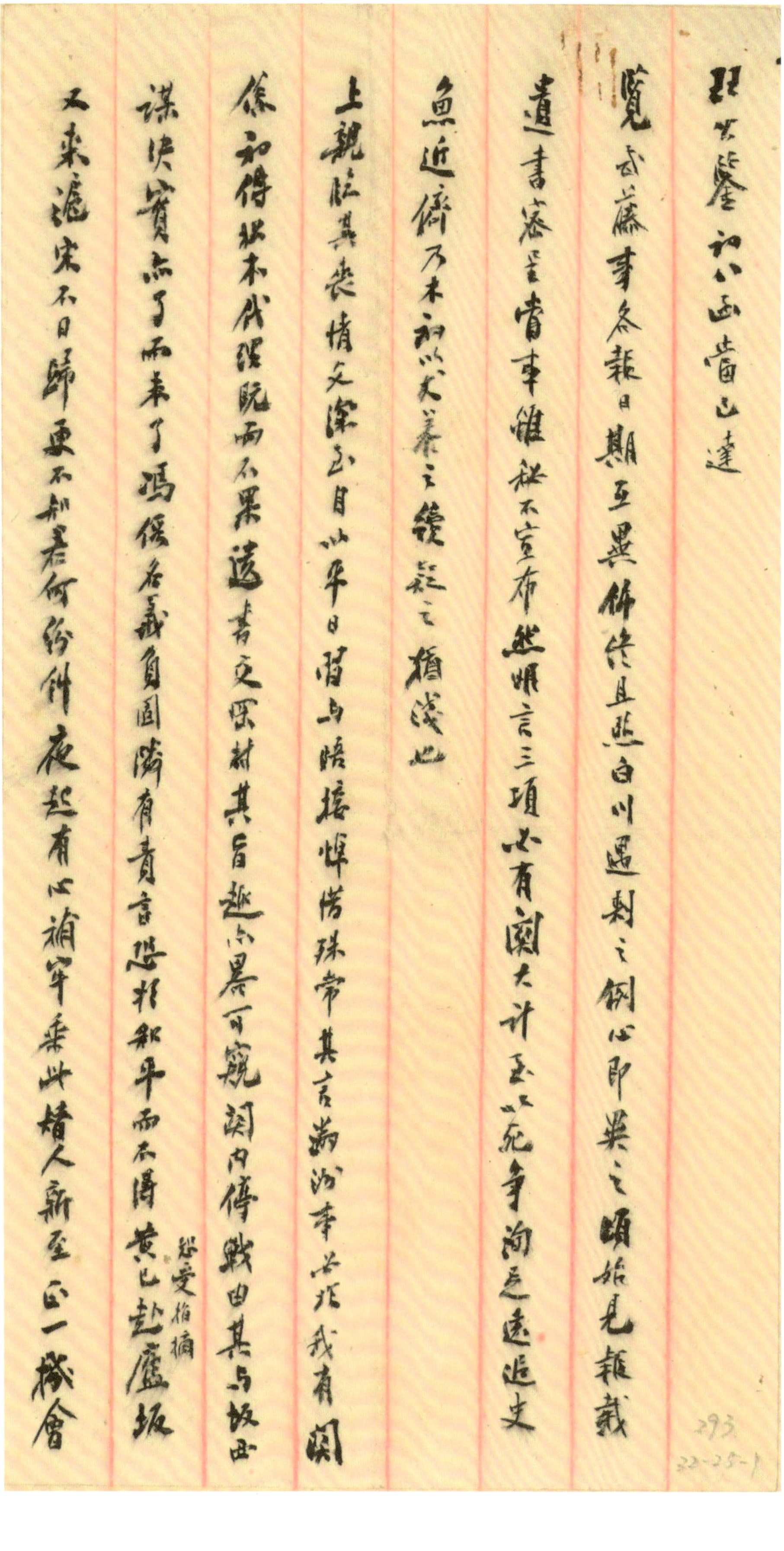
琴西鑒：初八函當已達覽。武藤事各報日期互異，飾傳且照白川遇刺之例，必即興之，頃始見雜載遺書，密呈青事，雖秘不宣布，然明言三項，必有關大計，至以死爭，尚是遠追史魚，近倣乃木，初以大義之鐘疑之，猶淺也。上親臨其喪，情文深至，自以平日留與晤接，悼惜殊常。其言滿洲事，必於我有關係，和傳將來代張，既而不果。遠者交惡，其旨趣亦略可窺。閣內傳戰，由其與坂西謀決，實亦了而未了。馮假名義負固，滿有責言（恐受指摘），恐於和平而不講。黃已赴廬坂又來滬，宋不日歸，更不知若何紛擾。夜起有心補牢，乘此婿人新至，正一機會

293
22-25-1

其在星浦港時與太田局長談當能言而得聽且要求對於所屬有無

良之易聞其性素倔直不似武之能容忍言亦不知退以相觸即陸長亦不能安席

也聞吾報於

主人之悼處答有如此惡劣語以誣謗視之頃見東京朝日新聞竟載爲中

良備譯之語記者及彼嘗求爲秘書而不之許今乃以自解且造言不倫淆惑衆

聽小人信不可與爲緣哉不可不以上

聞也刻當入都小住數日如有便人寄書與君書可穩達即頌

著安

嶠頓首 六月廿三日

东京朝日新闻

慈父を失ふ　溥儀執政談

【新京廿七日發電通】武藤元帥薨去の訃報に溥儀執政は暗然として一言も發せずたゞ元帥の在りし日をしのびつゝ感慨深き模様で中島秘書官を通じて左の如く語る

常に師傅と仰いだ武藤元帥を失つたことは自分は全く慈父を失つたと同樣に感じられる、元帥は人格高潔にして三千萬民衆の最大理解者であつた、元帥の急逝は日滿兩國にとり何ものにも換へ難き損失である

293-1

（木曜日）

武藤元帥が死の床に認めた陸相宛の遺書

三項目に亘る長文の大文章

靈柩隨員岡村少將語る

【門司一日發【聯合】】巡洋艦平戸は既報の通り昨日正午武藤元帥の遺骸を乗せて當地に入港したが靈柩隨員の岡村關東軍參謀副長の談に據れば故元帥が死の直前認めた陸軍大臣宛の遺書がある事判明した

右遺書の内容は發表されないが臨終の直前鉛筆で普通の紙に後事を托する大方針を示されたもので皇室に關する點部下に對する點並に滿洲問題の三項目から成つて居る相當長文のものの如くであるが自分の家庭の私事に及んだものは一言半句も無く文體文面共に死に面して聊かも亂れず絕世の大文章だと謂はれて居る

右に就き岡村少將は語る

中でも部下に對する遺書が發表さればゝ關東軍將兵は等しく男泣きに泣かされるだらうと

元帥の遺骸　明日着京

【東京二日發【聯合】】故武藤元帥の遺骸は三日東京着七日正午日比谷公園に於て葬儀執行される

294-2

陈宝琛为劝溥仪静修以待时机分析军阀动态主张网罗人才等事致胡嗣瑗的信（一九三三年八月二十七日）

琨公足下六月廿五奉讀十六日 十三日尚有一函由劍丞
惠書今又兼旬矣北望旅況定念新使已到所見能遂所聞否既表示不干涉宗旨或
不至要食其言而患我自無人而授人以柄也迪惟任用故名駒倚鉗推薦亮故成橋專
主人果有知人安民之本領使人見而誠服旁落之權何患不可收回要以廣才能恐而後
有濟現惟静鎮以待時耳向猶慮張脉僨興者或怵於國際之執言或重違國人之
公衆難係不曲徇青溪内屬之說以希兩全以避勢觭之嫌可無慮倫意欲合華田荔
素兩省為一氣而過況不入內外先自異向其驕恣何翅桃蜂歸晨得志協堂之命
若裂裳濡消煩蘇青溪勢無依賴則袁言逐至且挾西南而樹之幟又何至全大會之

295
32-26-1

可言青溪恃有實力尤以劉張為之背昨晉西突蔡方懇劉之弄兵決水以
隣為壑以民命為戲電請懲治北方民情大略可見鄂張冀于久有斡調消
息意在合散東北勢力收取河北地盤並可媚隣久而寢起似中止矣當求
歸辛所部屯西北而青柳之請以私財購械自為航空長亦未之許蕭頗有慧言
者達亦不可知逞謀我斯半年來往返京津博諮默察時勢人心殆已漸轉
然不樹胡護攻於政界言論界中人足論舊識新知但實見為有用必予容納研
商所謂彼輔空氣較此為佳刻也探遊說之才亦豈可少不知已有選甚否竹山水雲且
於黨外多所羅致遂壤遠伯村魯芊皆應其招亦以得人為急急也適在大連

寄示二绝句意氣衰矣蓋已耄及
來教謂其曾代乞外抑何情々
睿照所及李長源陸敬輿無此遇合矣宋真宗論相謂寇準剛褊
上知 公非讒謗交集中且十年而倚畀彌重此豈中主所能况此時仍在
宸翰之中上下交儆々不違些譴於
公必不以衆女謠諑介胄也衰懶追賦十章隨致秋涼如能遠涉仍當走候
臺覲月前累晤李岳生來函一紙請代呈 敬頌
蕃祉
橋上 七月七日

297
32-26-3

朱益藩为听闻郑孝胥离位及目前局势并长孙去世等事致胡嗣瑗的信（一九三三年八月三十日）

愔仲仁兄年大人閣下日前聞
台從東行私衷竊慰造膝敷陳必有忠言至計仰副
上心臣之懸懸者數函已隱括言之根本處若不思變計其
他千言萬語祇是空費唇舌耳聞頗有亂雅去位以江
東繼任者此則期期以為不可亂雅雖李雖深尚未若是
人之又貪又很也
以等亦決不以為然也汪張引退軒然大波逐臭之夫正
在狂奔盡氣如何收局殊難逆料日來傳說至多莫

衆一是聽不勝聽唯有坐黄鶴樓上俯首注視耳以
理勢論自是一好機會惜無力乘此以圖發展然有心
人郎自不少大都尚存觀望若東方局面能煥然改
觀則翻然改圖一意皈依者大有人在也倘蒙教來詢
以到東後有無來信
上意自若何弟謂總須此間探礪各方情態預定切實辦
法公舉一二人到東接洽一次然後次第進行論辦事
次序自應如此彼亦以爲然盛由

36-14

尊處酌量答復數語以慰其意現當收拾人心之際
彼既以善意來唯有多方鼓舞之耳弟前函所言
立法院關係頗大宜預招集才賢一節不審有合否
尚祈
注意連日報載義勇軍克復多處並為得手固知其
不盡可靠竊欣一聞其究竟潛樓身後
郵包尚未接奉聞其家恐郵遞不便致有躭閣曾專
差前往祇領果爾乞

361-15

分神照料。秋節轉瞬即至，將來楊〔崇〕齋祺一款及
各役工食，及時匯寄，並希
留意及之。雪齋論近事頗透澈，昨夕與談，至丑正始
歸。到東後，必與
公暢叙。莊不觀，緣前月底長孫以直中陰證，半日工
夫百計救治不效，竟至殤逝，今十五歲矣，心緒甚惡。
此言不盡。即請
台安。
季薌 帆公 公兩 均此李候
弟名心印叩

溥仪关于改组内阁的训示（一九三三年九月七日）

自新邦建立、余受人民付托、又荷友邦援助、草創之局、粗具規模、推及今已一載有餘、详察國内政治狀况、返之於余心、实覺種種不安、蓋滿洲舊壤、經軍閥盤踞朘削者垂二十年、人民疾苦已甚、又兼廣土未闢、蘊藏未發、文化低落、教育幼稚、各民族雜居此土者多未能和協融洽、有識者對此無不懇切憂懼、以為苟長此不加改善、非但將釀成亞細亞禍患之源、即世界和平、亦終當受其脅迫也、因此當滿洲建國之初、余即以平定匪禍、開發蘊藏、調濟各民族生活資料、為先決之問題、一面勵行國民教育、振高文化、脩明法制、便利交通、以期我滿洲國、一舉而儕於近代新國家之列，此非徒余一人之私願，即生息此土之三千萬民衆，無種族國籍之別，無一人不馨香祝禱，以求實現者。即不惜因此問題而毅然退脫國際聯盟之日本，其苦心調護，實力扶助我國家之成立者，其意亦不過欲陰除東亞和平之障碍，期漸進世界於大同已耳。信如是也，主持滿洲國中樞政務者，宜如何仰體此種苦心宏願，於各種要政分別開列，詳明計畫，依次進行。乃年餘以來，除平定熱河、剿辦土匪，係得友邦軍隊之力，悉奏實效外，其餘殆可謂毫無措施。是不惟負余一人殷殷求治之初心，亦何以對友邦援助之厚誼。今欲翻然改圖，非實行改組內閣不為功。繼任人選，余已熟加考慮、必能仰体余懷、組成强有力之中樞政府、除實行法要政外、且必能使滿日兩國前途、益加親密、完成建國開始時、余對世界之宣言也、至於各種行政計畫、前已命富有學識經驗者、莪（草）（而）擬方案、呈覽、余認為尚屬穩妥、應再加詳密討論、俾推行無弊焉、

陈宝琛为分析时局等事致胡嗣瑗的信（一九三三年九月十日）

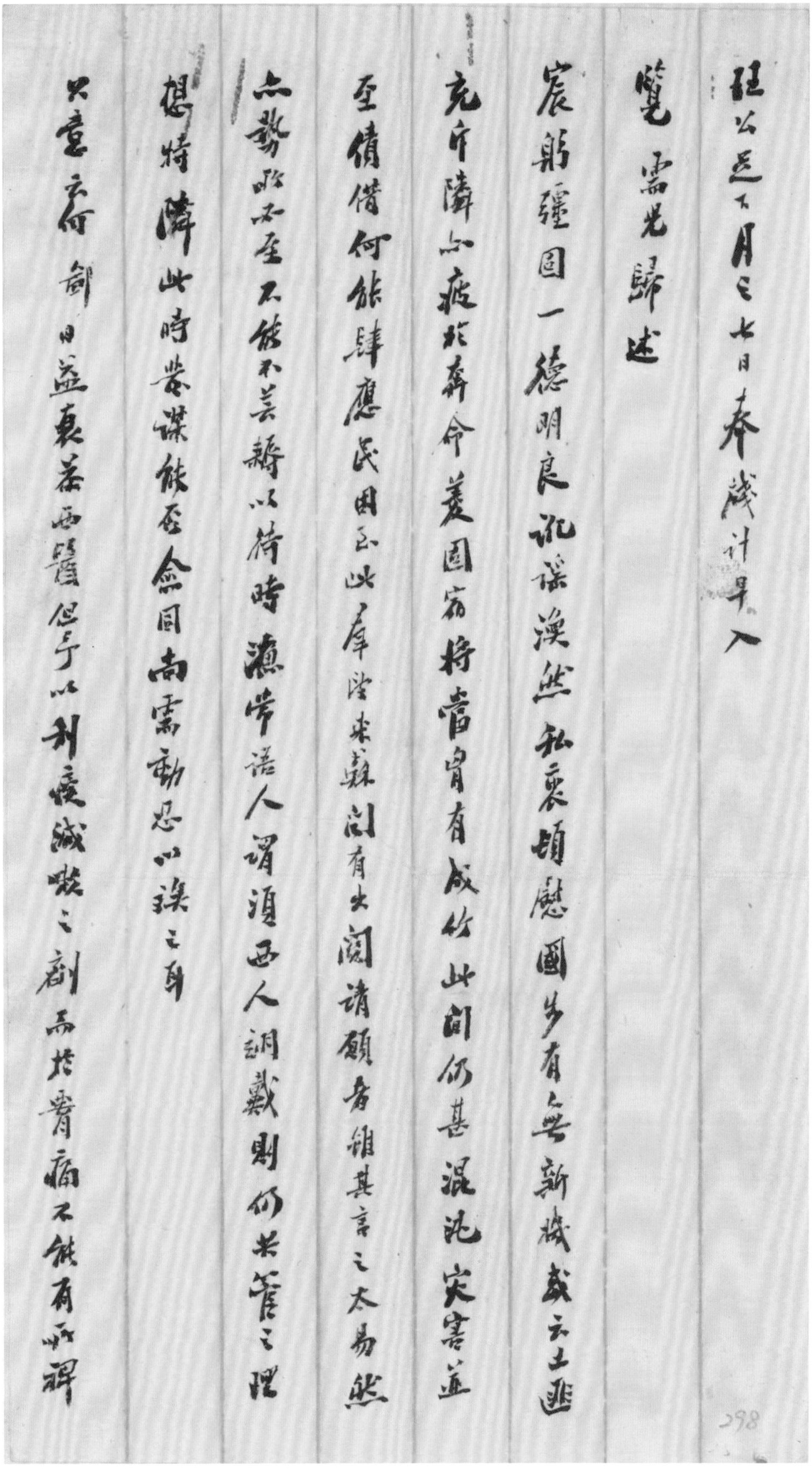
琴公足下月之七日奉牋計早入
覽需光歸述
宸躬彊固一德明良訛謠渙然私衷頓慰國步有無新機或云土匪
充斥隣亦疲於奔命蔓圖宿將當胄有成竹此間仍甚混沌災害並
至債借何能肆應民困已此庫空求蘇聞有大閱請願者組其言之太易然
亦勢所必至不能不甚籌以待時機常語人謂須西人詡戴則仍共管之理
想特隣此時妥謀能否合同尚需動忍以俟之耳
只意云何劍日益衰恭西醫但予以利瘀滅毒之劑而於胃病不能有所裨

助近服中药略效但使未即残废尚胜于针灸后仍循前辙中其瞻
就之遥遥需儿蒙
恩以为可造欣今豫备留学感出望外此乎心时关了之近年躯干颀
若成人而学殖尚薄要与文学日进
公以童子视之时与提撕俾自刻厉勿堕入俗流而负
殊眷则所望也 手此敬颂
尽祉
榕瑄首 七月廿一日

299

陈宝琛为主张笼络陇及为其子留学谢恩等事致胡嗣瑗的信（一九三三年九月十五日）

琴公足下廿一日肅光賫呈一書當已登

覽朝棻各奏亦能陽不背馳陰則乖異隴自南來與期相候棻反翩翩聞頗

消極諸論待遇亦不能垂橐而入也日來傾市為日隸舉幡實則東北飢軍

覲錢須更鍊藥化金以濟目前旁觀能無齒冷隴且能言其詳隴應棻招

咸疑將不利於我睽與藍垣良久叩以曾睨新國雖亦談其浪人之無賴薄吾

閣員之甘受播弄然深見南風之不競謂其不足以有為祗以助我則亦無難色

以為此時最要在完成面目發揮權能使近悅遠來自無難於發展恢復亟

已身近雖用力於南北而初心不因以改此則可以心照也此君為中國通之宗

且素重氣誼仍當有以結其心使為我用毋以資人本日仍當繞道長春哉
以去歲成約中止之故未必上謁
公能與之一見傳宣
主人倚畀殷拳之意優予辭色餘由前途與之聯絡
上意皆以為然望即
賜示能及其未行以前尤有幸禱也昨答拜新領袖面即傾談移晷極言外
交端需習熟自謂在長一年始蒙
主人青眼並言國人皆破遣此主客必有分明之日即亦略持所見對謂兩三年內經

一大風潮，後不可解。君云幸珠衛以談之，隨云今夕談極洽，嘗往工藤上
聞，可見彼人言向向斷轉，故聊述之。廣田去歲視察新邦，曾代芳澤致慰
懇懇云。
上嘗曾見之。此君諳俄通俄，俄患方殷，康乃讓與自代，彼方對俄交涉之亟可
知。美使新猷已否表見一二，瀧謂其政治非乘綱，豈其然乎？段世兄未去東
行，拙難草布，即頌
藎祉

楠拜首　七月廿六日

穀夫雖久留君部中，政治方針參也

302
32-27-3

廷臣再鑒：月來以未得
環雲君合頭絮先交來張君所攜
惠函，孟月朔連日所發，逾二十四日始得捧讀
主上推恩，任乎曲意玉成，猶復體貼入微之渥，感荷此子拾願赴歐學業
飛揚，既感於其好在英年，餘思家之苦，幡然中止，月初歸籍
上許，遂日肄武，先令諸備合其體質，兼壯立志，頗望亦望其能副
恩培，藉補衷殘之闕憾，且遠遊有方，僅衣帶水，故聽其治裝即行，計已到
東數日，可造与否

上次已函謝之矣。新使品評此間亦聞，略同。所得為補助者，能如人意，則幸也。

文學政事分不同科，諺曰知理不掩人，語茂而精，云云。固早聞之，實亦參

文一節否？

君之勤勤感佩至矣。

不必同此增益哉。段君行意亦附數行，因其曾承

濫拂，仍有譽也。弗請

著安

樹達 廿六夕

教日內以鳳孫之處尚須入都，有信仍寄援君為要。

陈宝琛为引见蒋彬侯事致胡嗣瑗的信（一九三三年九月二十三日）

附：蒋彬侯履历

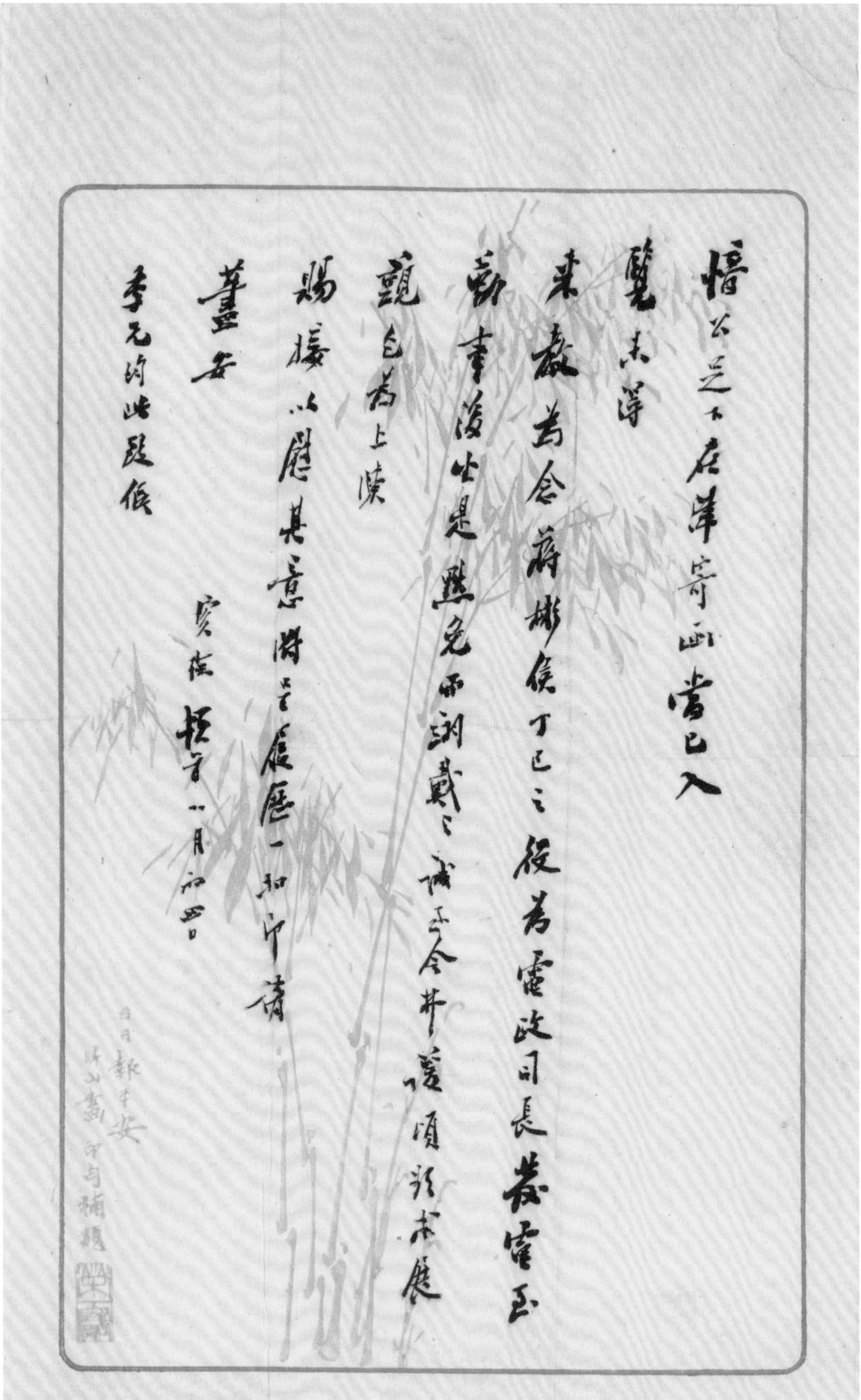

愔公足下：在津寄函，當已入覽，未得來教。前令蔣彬侯丁巳之役為電政司長，恭電勸事，後世是照免而渊戴之，誠不令其湮没，頃彭來展覲，已為上陳，賜擢以慰其意。附呈履歷一紙，即請蓋安。

寳琛頓首 八月初四日

季元均此致候

蔣尊禕浙江海寧縣人年五十六歲
甲辰恩科貢士殿試二甲授户部主
事奏調郵傳部補授員外郎任電政
司司長掌印民國改郵傳為交通部
仍任電政司司長丁巳年因　停
職今辦救世新教賑濟等事

陈宝琛为给陇饯行及希望溥仪笼络陇及章嘉等事致胡嗣瑗的信（一九三三年十月四日）

琴公足下：初八日四律，茲奉到。初三日
惠函敬悉。種切隴明晨束装，須為作餞，并致
主人借重之意。則以為彼閱之未盡，覺悟即我之發展，亦尚有待。須
主人洞徹治術，修己安人，由近及遠。際此南方自顧不暇，且諱言東北問題，正
與我以好機會。云云於營事，竊視多所許可
公能與一見，并可傳宣
上意，如其願入覲，無所避，則更可多致殷勤。倍思儲之為我用也。章嘉節后可到
彼方種種籠絡，假以宣慰使銜，許以内蒙自治。彼自不能不與之周旋，究於我

輸誠有素降以其關係六盟五十一旗欲柔致之以為己用我不先有以
羈縻之勢必聽命於人不知有我聞其不日赴蒙當由黃忻泉予介與一見
并曉以
睿意所在免為任何方所利用也能
速示數語否需先重疑過蒙
殊眷並承
大將護感何以報下旬到部如有應辦之事北上須入季秋矣肅復即頌
鈞釐
燏頓首 中秋
門人羅樹德新擬憲法大綱頗有用處先以奉
覽

308
32-30-2

閣柯鳳孫遺揭託使館寄遞計此呈到有鉅緒否
便中示之

詠華[illegible]

309
32-36-3

陈宝琛为主张网罗人才以备后用事致胡嗣瑗的信（一九三三年十月十六日）

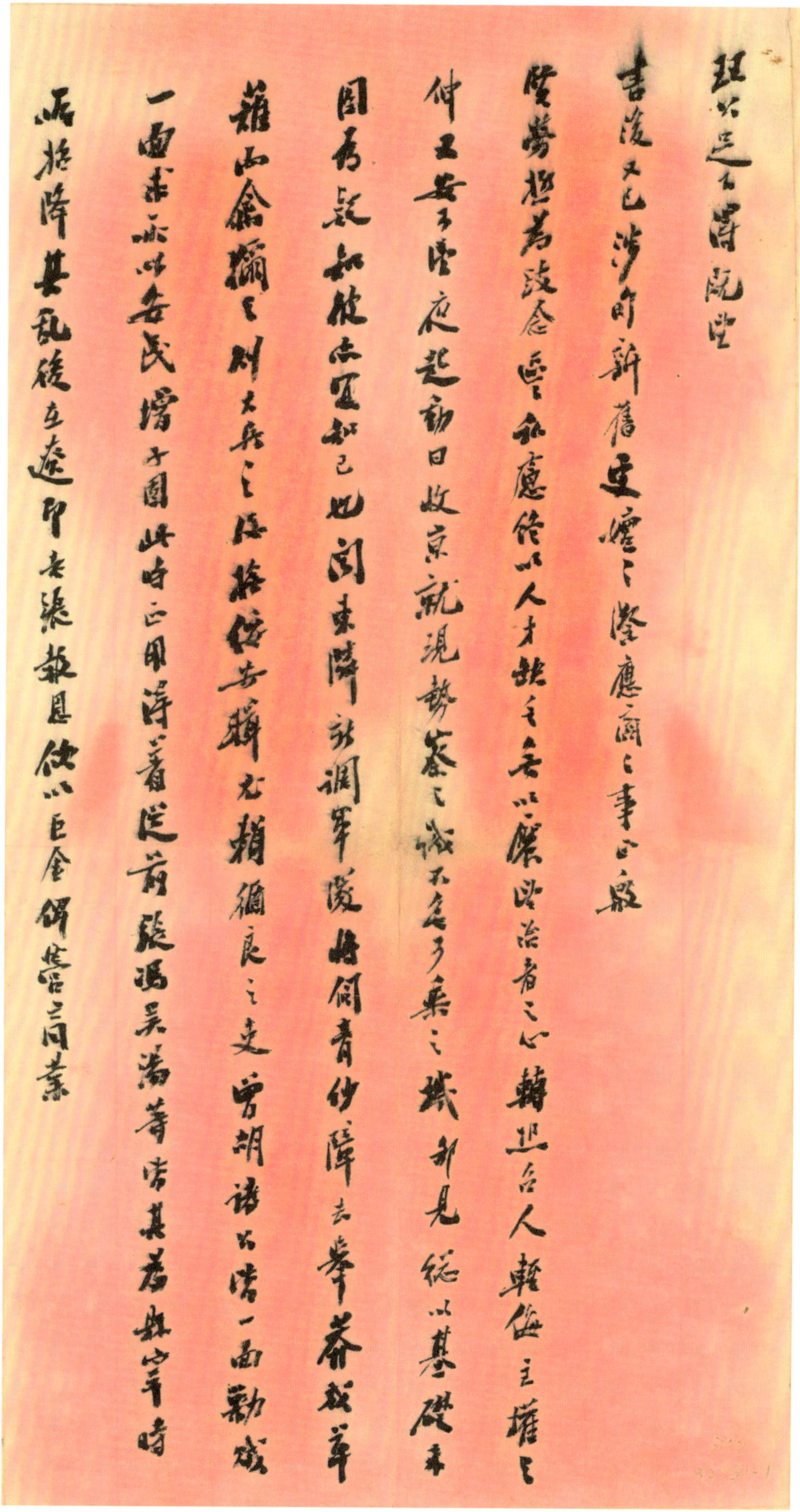

公正如袁金鎧等亦可咨詢

上能台台使前令多舉廉勤有經驗者分布三省以司民牧不但可收實效亦足
以樹風聲漢光武之徵辟卓茂為中興之盛軌也我誠登作選其德諳地方彼何
無非越俎代庖即使受此監察地位亦他此之政錯固無所傷老生常談於
上意我亦有會對請早日施行以收衆心而謀治理京居寡聞亦周諮默察不敢
報有所陳秋來衰病漸蘇復見已自南來頗少須能有筆達以遂瞻就之忱惟素
顧畏長途日甚不能有所裨贊為恨且朝風漸厲亦不能久淹耳手復敬頌
臺安

[illegible]頓首　一月廿六日

季兄閣候

311
32-31-2

美国人巴达格亚利约瑟为国际金库集资事致溥仪的信译文及原文（一九三三年十一月十一日）

美國巴達格亞利約瑟原函譯文　樊植譯

逕啓者創立世界國際金庫得以提增各國間之相互了解支持穩固之金融避免征服國家之窮困為進增吾人現代文明之至要問題希有關諸國起而討論之茲隨函附上大綱一小冊該組織雖似奇然為國際間第一次忠實公正之奠基石謹此函陳

陛下對該問題如何願有以聞之也此上

滿洲國執政

皇上陛下

公法家巴達格利亞約瑟啓　十一月十一日

Dunellen, N. J.
November 11, 1933

His Majesty Emperor
Ching Cheng
Hsinching, Manchukuo

Majesty:

The establishment of the International Treasury of the World as outlined in the enclosed pamphlet is of a vital importance for the progress of our modern civilization. It would promote a mutual understanding among all nations, maintain stable currency and prevent the impoverishment of vanquished nations.

The foundation of said Institution, strange as it may seem, will be the first international corner-stone layed with sincerity and justice.

The generous participation of the nations will solve the problem.

May I have the honor to hear from Your Majesty on the subject?

Very sincerely yours,

Joseph Battaglia

Publicist.

575
19-2

澳大利亚童子军独立队长为索要签名照片事致溥仪的信译文及原文（一九三三年十一月十七日）

澳大利亞童子軍獨立隊長威廉原函譯文　樊植

逕啓者童子軍之廣大組織遠及文明世界其重大目的爲何即增進世界各國人民間之友愛也威廉收集世界名人墨蹟及玉照於茲有年而所收集者已超過七百件之多此中有今日英國比利時丹麥之皇帝及皇后暹羅國王法之總統勃英克杜美美之威尔遜丁克利結與哈佛捷克斯拉夫之馬薩雷克澳大利亞之米卡司瑞士之烏西克葡萄牙之卡莫那等名人均珍藏於名人集上茲不揣冒昧俯乞賞賜

御筆簽字（乞書於代銜公事箋上）及

御容各一幅以便珍藏常為童子軍所贊仰茲謹以新（明信片式）
南威尔斯童子軍獨立隊長之資格致吾人對
閣下之誠意祈福並祝偉業成功長樂永康他日甚希
望率領敝隊童子軍一朝奇異之國家想當能受熱烈
之歡迎也謹此敬呈
滿洲國總統閣下

童子軍獨立隊長戚康謹上 十一月十七日

THE BOY SCOUTS' ASSOCIATION
New South Wales Branch
'LONE SCOUT' SECTION.

S. B. WILLIAMS, J.P
'Lone Scout' Leader.

693 New Canterbury Road,
Dulwich Hill, N.S.W.
Australia.

17th November, 1933.

Mr. Henry Pu Yi,
President of Manchukuo,

Your Excellency,

As Leader of the Lone Scouts of New South Wales I have the honor and delightful pleasure of extending to you our sincerest felicitations, and trust that you may long be spared with the best of health, happiness and success to continue your great work.

As this great Scout Organisation has spread throughout the civilised world, its great object being the promotion of love and affection amongst people of all nations, I have been compiling an album of autographs and autographed photos of "Distinguished Persons of All Nations", which are placed in a beautiful album. To date I have over 700 signatures and photos, including those of the present King andQueen of England, Belgium, and Denmark; King of Siam; Presidents Poincare and Doumer (France), Wilson, Harding, Collidge, and Hoover (United States), Masaryk (Czecho-Slovakia), Mikias (Austria), Wocicki (Switzerland), Carmona (Portugal) etc.

I would be very grateful if you would kindly condescend to favour me with your autograph on a small piece of official (Crested) paper with a small post card photo, to include in my fine collection, which will be always much admired by the Scouts.

I am hoping one day to lead a contingent of Scouts to your wonderful country, where I know we would receive a very warm welcome.

With kindest regards,

Yours very sincerely,

Sydney B. Williams J.P.

Sydney B.Williams.
LONE SCOUT LEADER.

578
19-4

3

溥仪接见满洲电信电话株式会社总裁山内静夫等九员的训词（一九三三年十一月）

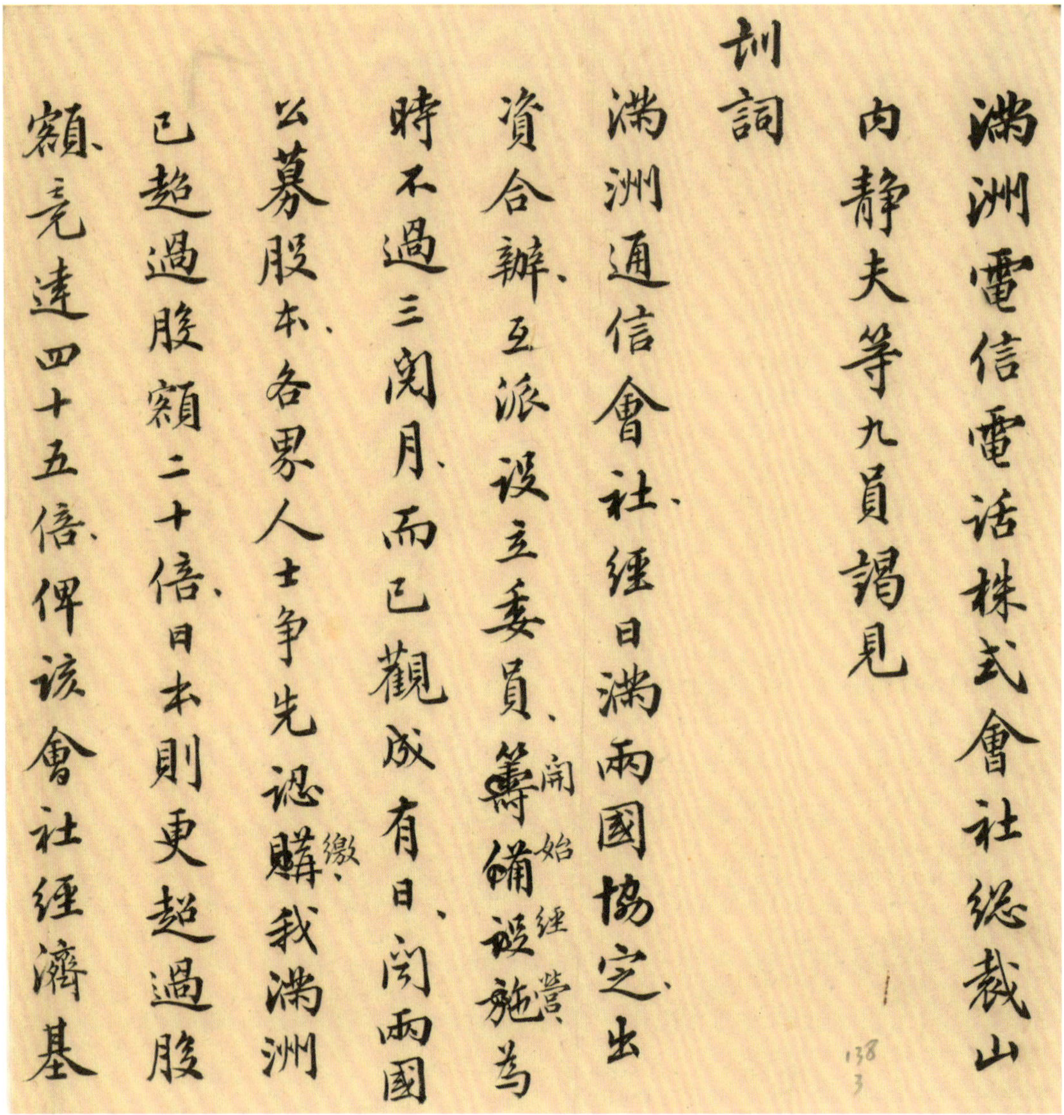

满洲電信電話株式會社總裁山
内静夫等九員謁見
訓詞
滿洲通信會社、經日滿兩國協定、出
資合辦、互派設立委員、籌備設施〔開始經營〕為
時不過三閱月、而已觀成有日、閲兩國
公募股本、各界人士爭先認購〔繳〕、我滿洲
已超過股額二十倍、日本則更超過股
額、竟達四十五倍、俾該會社經濟基

礎、完全確定、乃得剋期創設總
會、足徵兩國朝野上下、對於通信事
業、認識之真切、贊助之摯（忱熱）誠、而各
設立委員、實尤積極進行、不遺餘
力、現在該會社推定總裁、以（及）次及
重要各職員、類皆學術（精研、）經驗宏
富、從此持之以堅強（毅）之力、運之以縝
密之謀、其已辦者、應如何為之改

良、其未辦者、應如何為之推廣、不
獨該會社本身利益日見繁榮、
如便利國防、宣達文化、安良除暴、通
商惠工、實與全國公私事業息息相
關、必無一處不脈絡貫通、無一事不精
神團聚、而後通信會社之裨益我
國群眾者、甯有涯涘、此固予所殷
殷期望、尚亦在事諸君子夙已互相
策勵者也、

郭宗熙沈瑞麟为变更国体改称帝制提方案致胡嗣瑗的信（一九三三年十二月十二日）

附：改制称帝方案

情伊老兄大人惠鑒：揖别兼旬，不勝引企。即維

秉時贊化，益閎

遠謨，祈頌無極。近日友邦要人時有自東來者，談

及國是，咸謂今之政體實行君主爲宜。最近有田

大使，麟又接晤，與之密談。渠云：彼都人士對於我國

國體主張顯分兩派，刻以主張君主者爲數最多，

不久必能實現。至變更國體手續，由憲法産出固屬

正當，但憲法規定其他法律亦必聯帶及之，立法

益繁則需時益久不若先定國體而後制憲與
今時局較為相宜他若關內情形解之自稿建獨
立南京實為狼狽彼若顛覆則蘇聯何其北共黨
拯其南不獨關內不可收拾即我兩國亦感不安但宜
速籌對策勿使政權為共黨所操渠謂共禍有如
洪水水退而沙猶存為害實大但須俟彼局勢敗壞
已極在我地位方可急起以圖所謂氣節想入者時必
早與

公等道及矣默察情勢國體變更為時不能稍緩
未識臺端諸公有何碩畫弟等私心揣測刻嘗計及
約有數端因別紙呈以為土壤細流之一助幸
賜采擇毋任依遲餘容面罄專此敬頌
台安統維
朗照不宣

年愚弟郭宗熙
愚弟沈瑞麟 拜啓 十二月十二日

一國体問題應由各省人民代表投票决定以表三千萬人民之真意其辦法或由各省選舉代表来京集合投票或在各省城分别投票將票匭送京開拆

38-4

一改定官制現行制度与國民黨之組
織大致相同不適用于 帝政應請
參照世界君主立國如日英義等之制
及早籌定以備于 登極之日公布
施行

一登極後下命制憲應先預備對于法律掌故政治外交具有經驗之人材以便組織起草委員會

一御極慶典應先參照中外議定朝章整齊禮式以免沿襲舊制不

合時宜
一五等之封是否照舊應先籌議以備
登極後論功行賞及各盟旗王公酌
予晉封同邀榮典

溥仪为接洽日本军界实力人物事致胡嗣瑗的谕（一九三三年）

東渡後陳與武接洽外似于小磯岡村之人亦加〇〇
〇〇周旋方妥蓋將來軍部內一切主張武未必
一一主持陳實為中心人物故當格外與之結合
以備異日之助着即傳諭蔡等知之
此諭秘書長胡嗣瑗

溥仪为见日本人远藤时言及内设组织事致胡嗣瑗的谕（一九三三年）

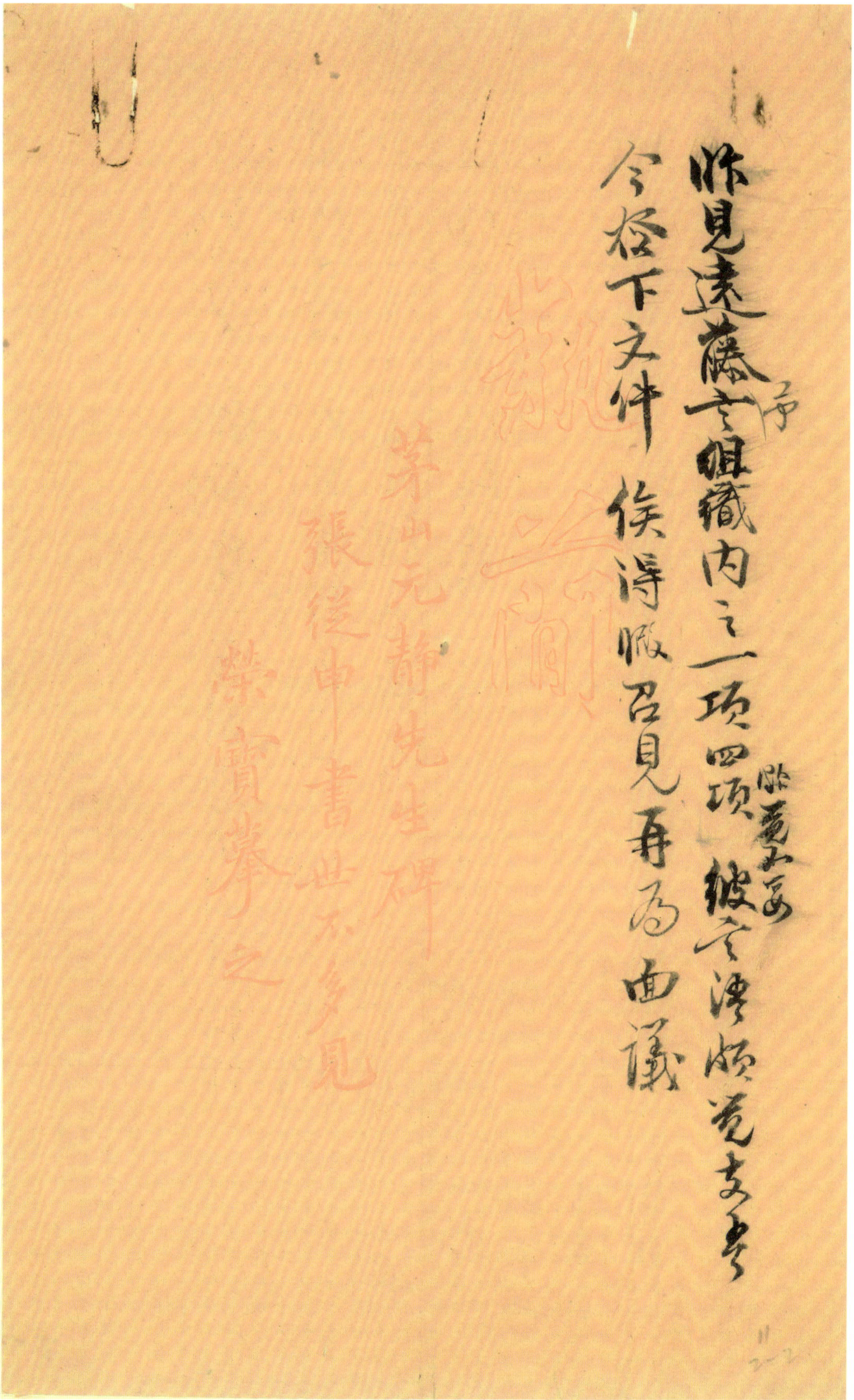

昨見遠藤，言所組織內之一項、四項，（朕覺不妥）彼言須煩覺生考

今發下之文件，俟得暇召見再爲面議

茅山元静先生碑

張從申書世不多見

榮寶齋之

溥仪为日本人中岛等密拟府内官制我方宜及早应对事致胡嗣瑗的密谕（一九三三年）

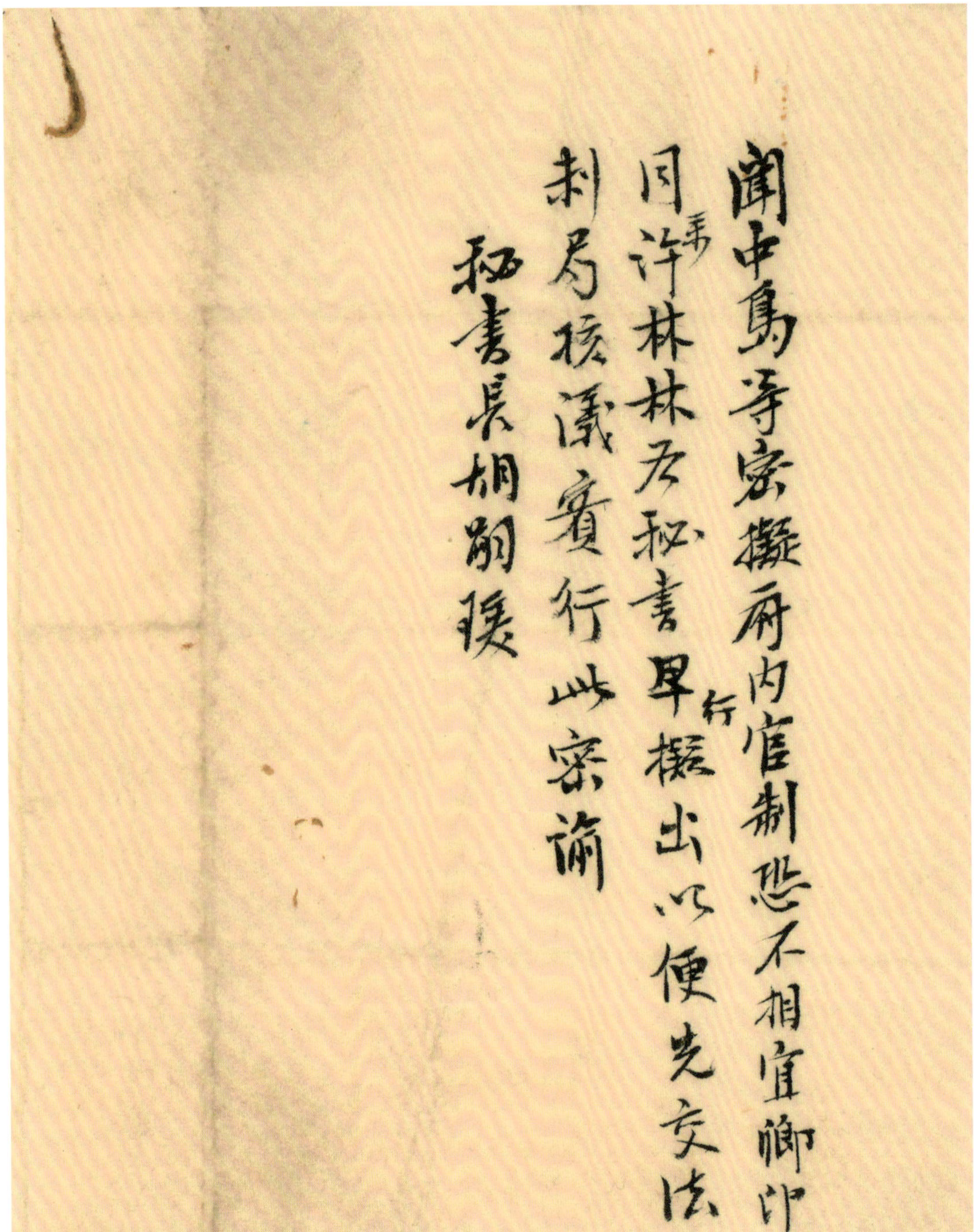

聞中島等密擬府內官制恐不相宜卿即
同許寿林林各秘書早行擬出以便先交法
制局核議實行此密諭
秘書長胡嗣瑗

溥仪为与荣厚商讨要事致胡嗣瑗的谕（一九三三年）

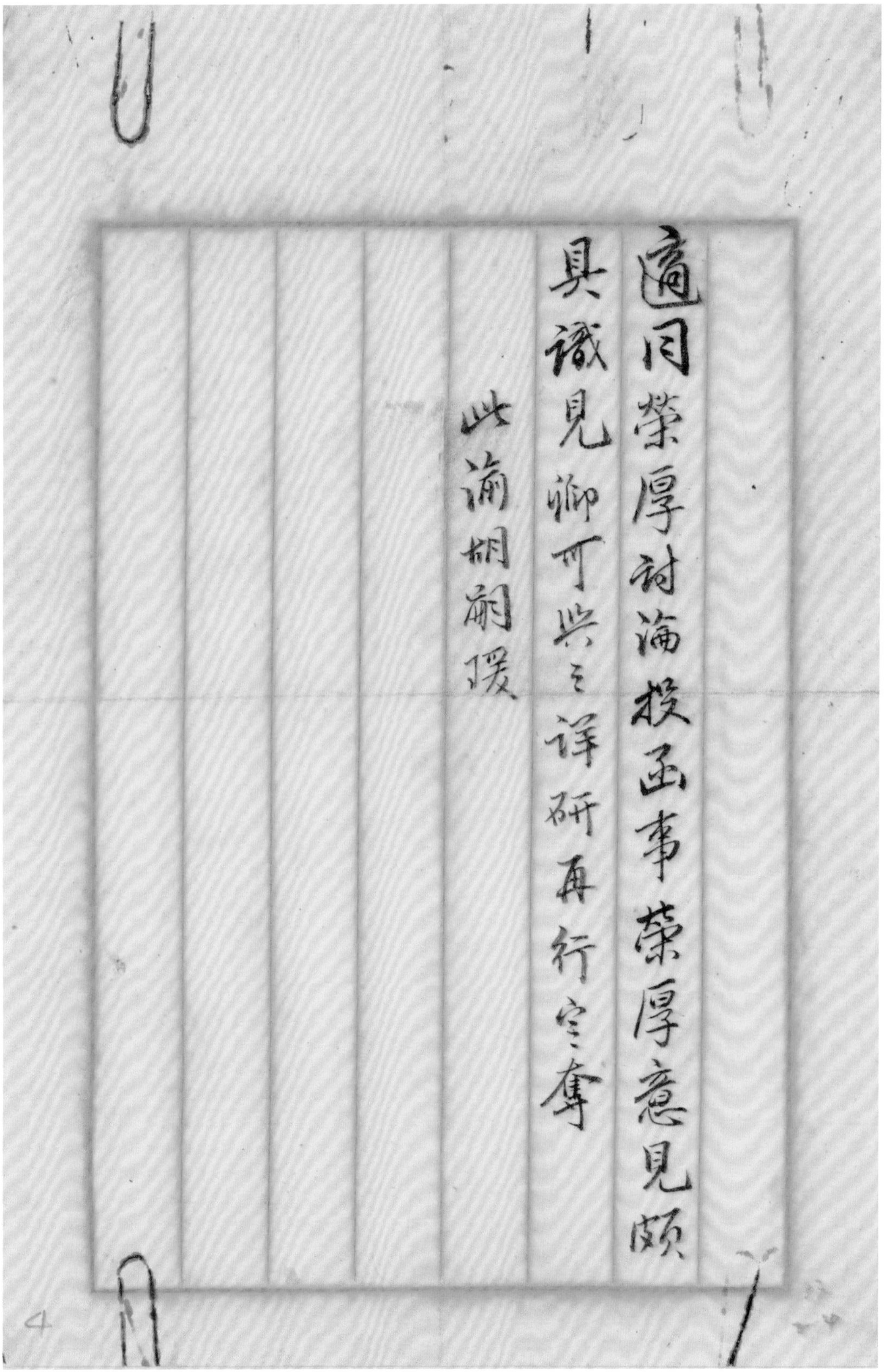

適同榮厚討論援函事榮厚意見頗
具識見卿可與之詳研再行定奪
此諭胡嗣瑗

4

伪执政府秘书厅为菱刈隆到任事致溥仪的呈及溥仪的批（一九三三年）

119

東京丸ノ内丸ノ内旅館許丙聞菱刈大將新拜特
命當即奏陳極為欣慰即望執事詣賀致意歡迎
執政府秘書廳

覽悉照發

蔡勳東需款若干速陳明

胡嗣瑗为告知沈瑞麟行程事致溥仪的呈及溥仪的批（一九三三年）

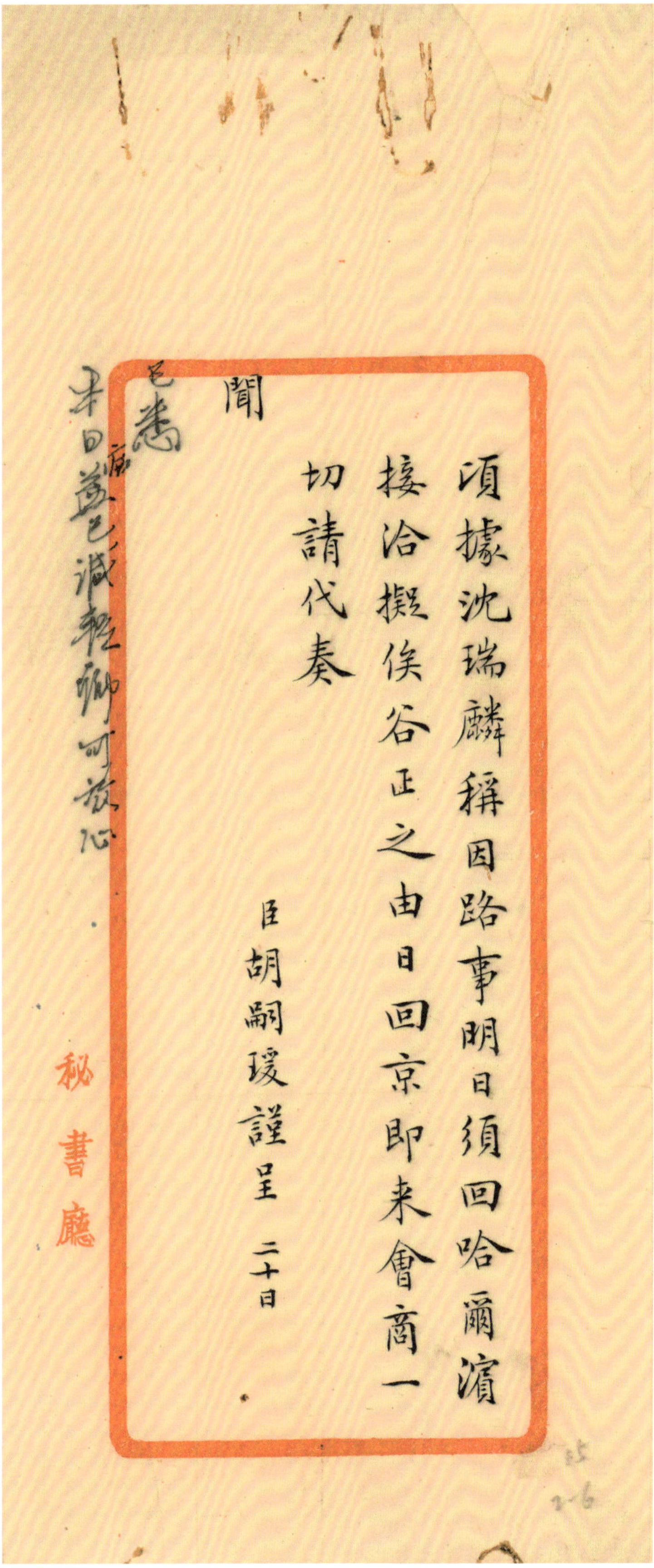

頃據沈瑞麟稱因路事明日須回哈爾濱
接洽擬俟谷正之由日回京即來會商一
切請代奏
聞
臣胡嗣瑗謹呈 二十日

已悉
來日廟並已識輕卿可放心

秘書廳

溥仪为近日病况及宝熙与日本人秘密结会并府内官制等事致胡嗣瑗的密谕（一九三三年）

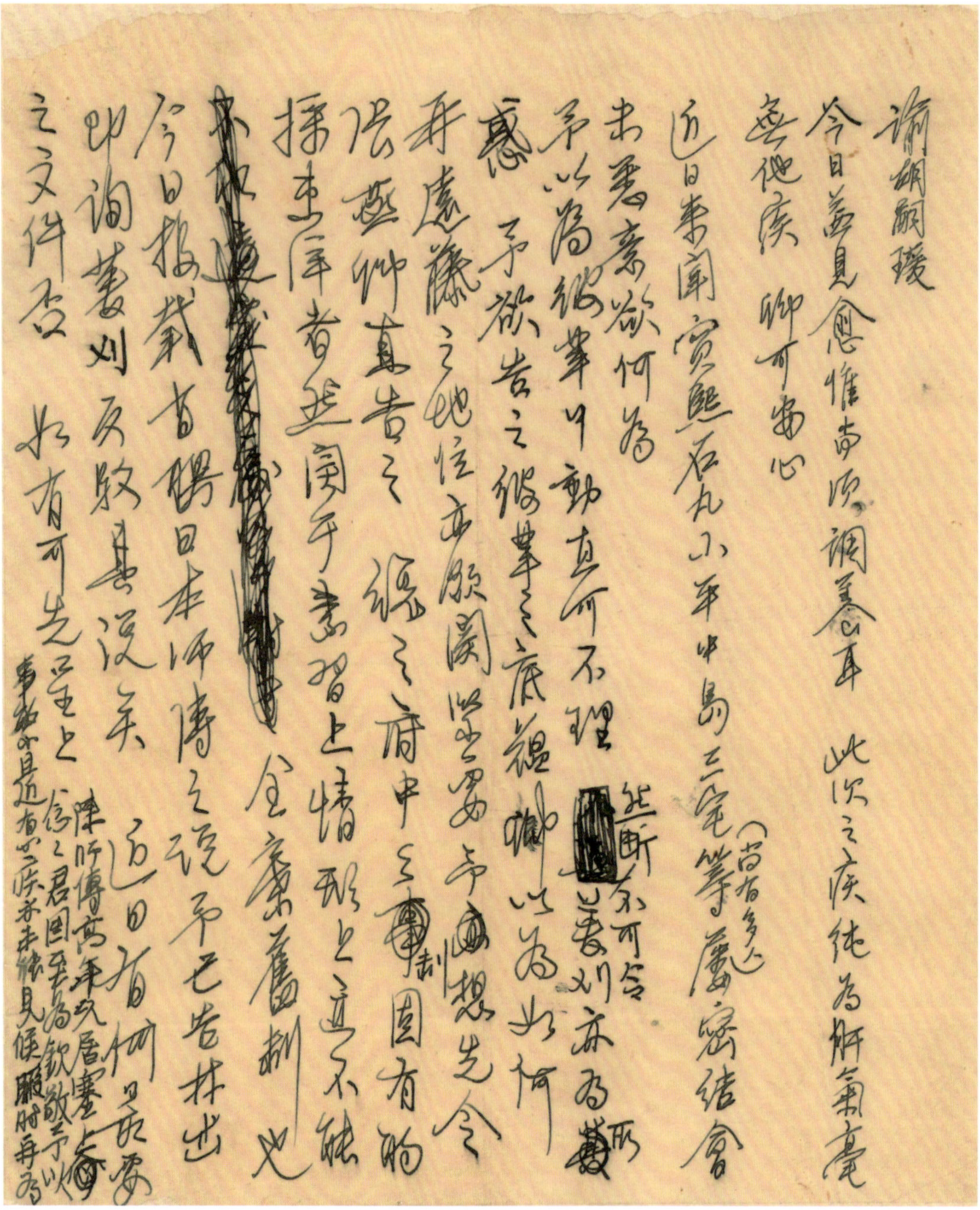

諭胡嗣瑗

今日益見愈，惟尚須調養二日。此次之疾純為肝氣，毫無他疾，卿可安心。

近日聞寶熙與丸山、小平、中島、三宅等（尚有多人）屢密結會，未悉意欲何為。予以為繼業中動直何不理，然斷不可令萎刘亦為所惑。予欲告之繼業之底蘊，卿以為如何？

再，遠藤之地位並駁關學要，予頗想先令陳藝卿直告之。總之府中之制固有陋，探來岸者，並用于素習上情形上，適不能全案舊制也。

[illegible]

今日報載昔賜日本師傳之說，予已告林出，即詢萎刘，反致甚沒矣。近日有何只要之文件否？如有可先呈上。

[illegible]

詳读此纸方可知之令陆师傅一番

惟覺宗追悔莫亦

伪执政府开支预算（一九三三年）

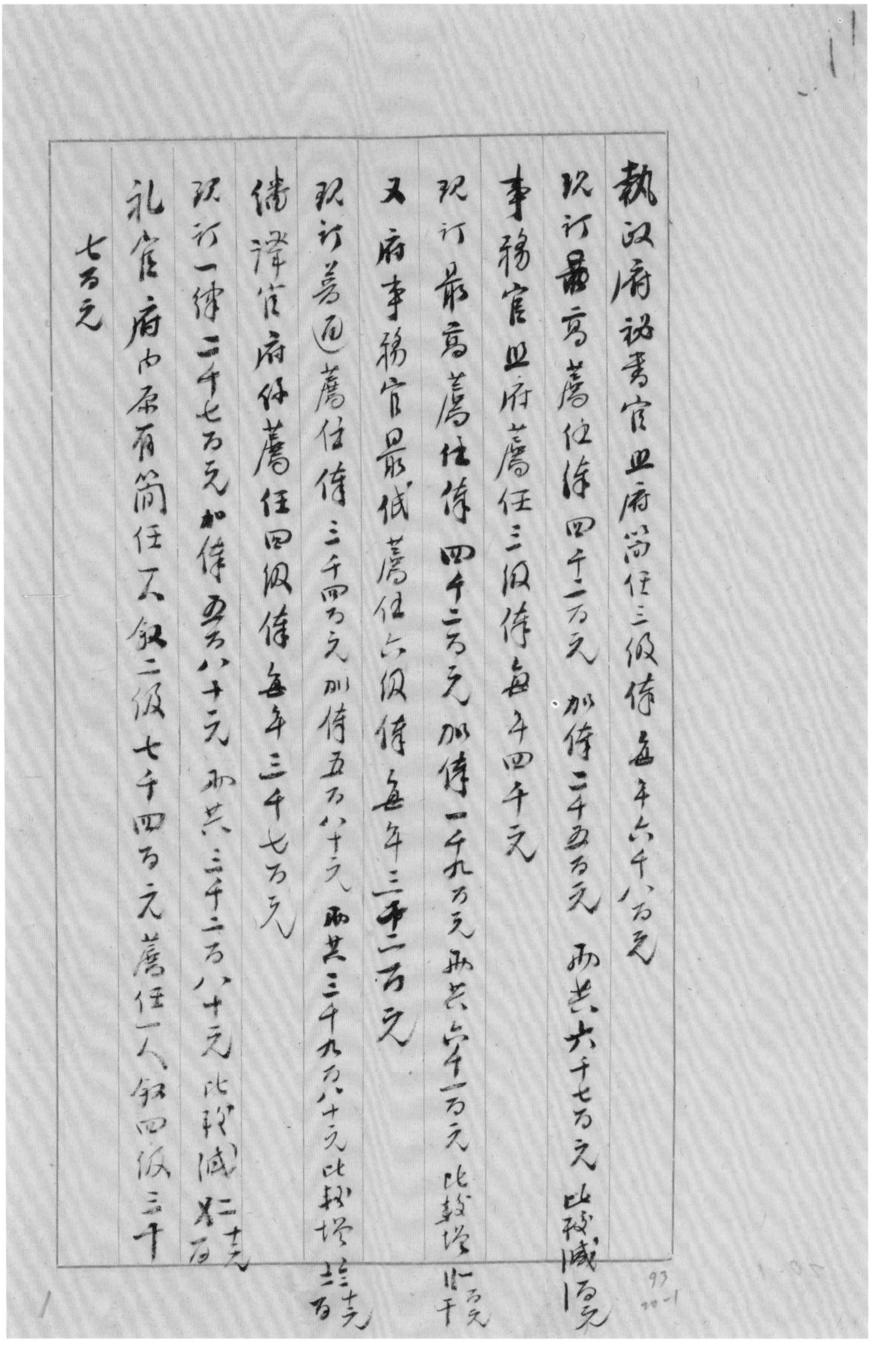

執政府秘書官四府簡任三級俸每年六千八百元
現行最高薦任俸四千二百元 加俸二千五百元 兩共六千七百元 比較減一百元
事務官四府薦任三級俸每年四千元
現行最高薦任俸四千二百元加俸一千九百元兩共六千一百元比較增二千一百元
又府事務官最低薦任六級俸每年三千二百元
現行薦尾薦任俸三千四百元加俸五百八十元兩共三千九百八十元比較增七百八十元
備譯官府係薦任四級俸每年三千七百元
現行一律二千七百元加俸五百八十元兩共三千二百八十元比較減四百二十元
禮官府內原有簡任不叙二級七千四百元薦任一人叙四級三千
七百元

現行薦任最高每年四千二百元加俸一千九百元比原有簡任減一千三百元

現行普通薦任每年三千四百元加俸五百八十元共三千九百八十元

比府原有薦任禮官增二百八十元

審查官 府原有簡任一人敘四級年俸六千二百元

現行高級薦任每年四千二百元加俸一千九百元兩共六千一百元比較減一百元

普通薦任每年三千四百元加俸五百八十元兩共三千九百八十元

警衛官 府原有簡任二人敘二級者一人七千四百元 敘四級者一人六千二百元

現行高級薦任每年二千五百元加俸一千二百元兩共三千七百元比較原有簡任二級者減三千七百元 簡任四級者減二千五百元

94

2

警衛官府原有薦任者，叙四級，每年三千七百元
現行普通薦任每年二千三百元，加俸三百六十元，共二千六百六十元，比
較減一千零四十元
技士府原有委任七級，每月一百六十元
現行月俸壹百二十元，每月加俸二十七元五角，共一百四十七元五角，比較減二十元
技正府原有簡任一人，叙三級，俸六千八百元
現行為薦任，年俸三千四百元，加俸一千零八十元，共四千四百八十元，比
較減二千三百二十元

3

95
20-2 5-115

現在全府全年事務費共洋二十八萬二千一百五十六元

現行事務費共洋二十三萬五千三百二十元

比較減少四萬六千八百三十六元

現在全府年俸三十二萬一千九百七十四元

現行全俸四十一萬三千四百九十元

比較增加九萬一千五百十六元

4

96
20-3

宫内府大臣 年俸弍万四千元

尚书府大臣 年俸弍万五千元

宫内府次长一人 年俸一万一千五百元〔每月九百五十八元三角三分〕

秘书官长 一人 年俸七千元

处长 五人 共计年俸三万五千元 每人七千元

局长 一人 年俸七千元

秘書官四人　共計年俸一萬四千四百元　四千二百元一人　三千四百元三人

禮官四人　共計年俸一萬四千四百元　四千二百元一人　三千四百元三人

侍望四人　共計年俸一萬三千六百元　每人每年三千四百元

事務官十六人　共計年俸五萬七千六百元　四千二百元四人　三千四百元十二人

備譯官七人　共計年俸一萬八千九百元　每人每年二千七百元

按正一人　年俸三千四百元

警衛官五人　共年俸一萬一千九百元　二千五百元二人　二千三百元三人

審查官二人　共年俸七千六百元　四千二百元一人　三千四百元一人

屬官四十九（六）人　共月俸六萬六千二百四十元　每人每月一百四十四元

業判官二人　共月俸二千八百八十元　每人每月一百四十四元

奏事官四人　共月俸四千八百元　每人每月一百二十元

技士　五人　共月俸七千二百元　每人每月一百四十四元

警衛士　十人　共月俸一千三百二十元　每人每月一百三十二元

四十一萬三千四百九十元

職務加俸

簡任官八人　宫内府次長一人每年六千元　秘書官長一人處長

秘書官長　五人　局長一人　每人每年二千四百元　共加二萬二千八百元

薦任官九人　秘書官　礼官　事務官　審查官　各科長　共七人　每人每年加一千九百元　警衛官科長二人　每人每年加一千二百元　共一萬五千七百元

99　7

事務加俸

薦任官四人（改三十三人）特望四人 每人加一千〇八十元共〤〣〢千

秘書官 祀官 六人 每人加七百七十元共〤〦〢千

事務官 總律官 審查官 二十人 每人加五百八十元共〡〡〦万

警衛官三人 每人加三百六十元 共〡〇〨千

委任官五十八人 書記官二人 每人三百三十元 共〦〦百元

屬官 警衛士 五十六人 每人加六十元 共〣〣〦千

技術加俸

薦任官一人 每年加一千〇八十元

委任官五人 每人加三百三十元 共〡〦〥千

四十一萬三千四百九十元

雇员薪水 三十人 每月共计八百四十元 共〢〤〢万

差役工资 侍达四人 每人每年四百八十元 共〡〩〢千

杂役十人 每人每年二百四十元 共〢〤千

文秘津贴

侍卫官长 每年四千五百元

简任待遇侍卫官二人 每人三千六百元 共〧〢千

荐任待遇侍卫官十二人 每人二千四百元 共〢〨〨百万

旅费

赴任旅费五千元

普通旅费 我方五千四百元 行幸旅费一万元 临士慰问使旅费六千元 实宾慰问使

派遣旅费四千元

共〣〇〤百元万

101

9

購置物品費

器具 二萬三千五百元 內 御用器具一萬元 機械壹萬元

機械 乙萬元 內 醫療器具購入費九千元

雜品 五百元

以上共計三萬四千元

圖書及印刷費

購置圖書 三千五百元

印刷費 六百元

以上共計 四千一百元

華俄文具費

用纸 贰千元
笔墨文具 二千一百元
以上共计 四千一百元
消耗品费
煤 每日三吨以六个月计 每吨价值十二元 共六千四百八十元
紫炭油 三百元
瓦斯电汽自来水 壹万七千元
汽车油 四千三百元
杂用 杂用品 五百元
以上共计 二万八千五百八十元

103 11

通信搬運費

郵信電報費 三四千元

電話費 三千四五百元

搬運費 一千四元

以上共計七千四五百元

修繕費 二萬五千元 修改建築在內

招待費

新年招宴 四千五百元

萬壽招宴 四千五百元

其他 一萬一千八百元

12

104
10-8

以上共存 二万〇八百元

报效 壹万一千元 内 下端品

二十三万五千三百二十元

105

13

退職金 五千元

卹金 五千元

喪費金 一千一百九千元

收支十万

失業下賜金 五萬元

窮民救卹金 五萬元

慈善團體下賜金 一萬元

將士慰勞下賜金 二萬七千元

傷病兵慰問下賜金 三千元

以十万

預備金 弍拾萬元

以上三項由執政府舊預算所余

14

106
20-9

伪满官方对东北各地抗日武装力量的分析（一九三三年）

判定

由於熱河之平定張學良下野自去年陸續討伐因之滿洲匪賊勢力銳減今之討伐未徹底者尚有吉林東部與東北部及奉天吉省境之东部區域與熱河西南境等大半为东北及西南之邊境耳以上各地與其他各地雖於每年由跳梁期中從事蠢動然以近來停戰交涉成立后已知日本軍隊之真本領故頗與彼等以威脅本年雖已達最盛時期然可推定不致如去年之猖獗本年初最衰期约为五萬人現在约为六七萬人以現在情形推測則最盛期亦不過十五六萬是已去年之最盛期为三十六萬與此情形是甲原地帶之治安日趨平定是可判斷矣

關於匪數之觀測

匪賊中由兵匪警察民人而者甚多良民之匪類其由軍隊逃亡者亦流入而為匪或現在雖已編入警察隊及自衛團者何時變化為匪不可預測 故如現況其匪數究有若干甚難判斷 微諸往年最衰期乃冬春兩季最盛期乃高粱茂盛期之比例約成為一對三 查本冬春之最衰期為五萬左右則今年最大期或不過十五六萬耳

滿洲事變以来年年素雖無十分之統計其最盛期李此三者合計約二萬以至五六萬人 昨去年以馬占山李杜丁超張占海李海青等類大批土匪跳梁其數曾達三十五六萬之衆 本年此等大數匪類或經潰滅或被逐於國境之外 以上各匪所有之兵力比之去年如此銳減

殆已無具大勢力是圈内治安已漸次恢復可為左證也

匪賊策源之考察

據累年之經驗統計全滿之匪賊策源概如要圖所判定即如對於討伐上困難之地點及行政並警備區域之邊境或由他方易於補給武器彈藥之方面等發生之

現在活動狀態概已一致但現在匪賊之未活動地點當撲行期亦務在之潛伏故於此等根據地宜積極加以撲滅關於圈内之治安最為緊要也

但此一時可以全部撲滅者宜暫犧牲遠方次第進行俾達於徹底撲滅而後已

二

79-10

各省匪贼之情况及治安判断

一、兴安北分省

省内已殆无匪影，该地不稳高累，除对于苏俄之阴谋工作须加以注意外，治安上殆无可忧虑。

二、兴安东分省

在札兰屯附近有由黑龙江省侵入之匪，最近曾有袭击火车事件，又布西附近亦有小匪，今后亦须加以警戒。

三、兴安西分省

恒有小匪散在各处，常常胁迫开鲁、林西、经棚道等处，将来亦须同样警戒。

119/55

79-11

四、興安南分省

於其他各分省如向通称者內恆有小匪散在又在其南境康平彰武臨接地域有由熱河出入之團匪蹂躪者亦不少今後雖尚有此廣然已將向北林西方面之興安省南警備軍之主力調回錦家店更將加以日本軍力應可將跳梁之匪乃以壓制矣

五、黑龍江省

由於去年徹底討伐之结果現在尚為平穩中部平原及黑河道方面已無多少匪影祇有呼海路及下流松花江之中間山地有若干之蠢動而已但此山地為從來匪賊盤踞之地討伐上甚為困難地域之關係上乃省之禍根也

三

79-12

六、吉林省

本省現在之匪數約為二萬，因山多林富，較黑龍江尤多，圖達其交通與沿線村落之設施未如奉天之完備，有以上緣因，不但匪賊橫行，且與蘇俄及朝鮮接比鄰，受蘇俄之操縱及其援助，或鮮人不良份子頗加活動，亦為重要之原因也。匪賊盤據之最多處為密山、虎林、勃利、寶清之四縣，與北滿東部係吉會線之中間區域。又在吉會線之南側，奉吉兩省境地域，與南滿線吉會線之中間，即新京之東南方之區域。又北滿東部係吉敦線及吉海線，今春以來時被擊破壞，乃於五月中由第十師團對于以上三線痛加討伐，匪勢乃以大減。又新京東南方省境地區，從來未經勦伐，乃於五月杪由日滿奉

79-13

吉林省日滿兩軍聯合痛勦匪賊四散已無衆大集團矣
以上因討伐之故鐵道沿線殆歸平穩惟新鐵道線尚有潛
伏盤據者尚不少尤以虎林密山方面匪勢最盛及吉會線
南側密林地帶等處尚未加以討伐者尚有多數之匪團
不過欲求勦除甚為困難今後尤有匪窺吉會吉海東部線
之患將來永久為滿洲國之贅瘤焉

七、奉天省

省內最近之匪數據稱約二萬五千然目下之活動者
亦不過一万內外耳其最大巢窟為東邊道奉吉省境與
吉省東南境之匪相連絡而廣及南滿安奉兩線之中間區

四

域所謂三角地帯又遼河流域及遼西一帯熱河省境等之奉天省為満洲國之大門其治安之能否維持對于内外影響甚大因由去年起施以討伐之東邊道及三角地帯之匪賊概已四散南満治安可期無患矣但鴨緑江上流如本年吉省境方面為山嶽森林地帯交通不便討伐上極感困難將來或尚為匪賊潜伏盤據之地遼河流域如法庫康平方面屢有匪患此次由獨立守備隊嚴飭已漸平穩今仍有蠢動之勢遇機仍需加以討伐其他如四洮沿線亦有散匪不過程度甚小耳在遼西之熱河省境由東西匪賊盤據之窟此次將由關内引

退之日本軍，於以配置外，其匪勢當可銳減。對於本省不僅陸上，即海岸之監視警戒亦不可少。

八、熱河省

本省近於今春概為反滿抗日之策源地，因日本軍之突進，使以滿洲國軍四等團体已大致驅於國境之外。但草賊所在均有潛伏，軍隊通過之後肆虐橫行，現在遼西境內依然反滿義勇軍之標榜者亦不少。又承德附近及以西方面退走途中匪次殘留潛伏之匪賊，亦受此支那反滿勢力所操縱，或與之通聲氣，漸為跋扈。

五

29-16

本省充為山地除鴉片外無生產物一向均由北支方面運入應用各物此次在國境與日滿兩軍對峙因之中斷所剩者惟有東方可以輸入不過又因輸送軍用品受其限制因之省內應用物品大為缺乏其價來飛貴民亦有不得不鋌險而為匪者今日寧河之水運已開由北支移入物品漸多其缺乏狀態已漸次緩和加之日本新設配置水道上對於省內治安已漸次確立矣

日本陆相与苏联大使关于「满洲问题」的谈话译文及原文（一九三三年）

蘇聯大使電述之與陸相會見内容　莊壽爾譯

駐日蘇聯大使尤雷尼也夫二十一日午後三時與林陸相會晤時談話經過向本國電告其内容如左

大使　去年十一二月左右盛傳日俄開戰之説致蘇聯人心惶惶深以為憾以蘇聯情勢不能戰爭且無與日本開戰之意貴國亦以和平主義之閣下任大臣故起不幸事件之可能性因之消失實為快事切望今後兩國之友好予以努力助成

陸相　日本自建國以來即無侵略他國之事實現在及將來無論誰任大臣亦無變化貴國固不必論

雖對任何一國亦無挑戰之意非祇余一人為和
平主義者耳然若至除武力外不能保護國
家安全時則不問對方為如何國家將以大犧牲
壓倒之而不辭相信此種精神並不違反帝國
之和平主義也
大使　對滿洲問題見解如何
陸相　以確立和平之傳統精神論滿洲問題之解決久
為日本所苦而其所以不施武力者乃以真意所
在為確立和平耳今後為滿洲國健固之發達
以盡可能之力援助為方針但一般往往誤解此

179
73-2

信念謂以侵略行動次第將由滿洲而再割據
西比利亞使其獨立此誠爲無風之波也

10.2
73-3

二ソ三ノ一

◎ソ聯大使打電の
陸相との會見談內容
帝國）平和主義の意義明白

（東京二十二日發國通）ユレニエフ大使は二十一日午后三時林陸相と會見後會談內容を本國へ打電したがその內容は左の通りである

ユレニエフ大使

昨年十一、二月頃より日ソ開戰說が傳へられたゝめソ聯人心の緊張せるは遺憾であるがソ聯の情勢は戰爭を許さず、日本と開戰の意思を有し居らず、貴國でも平和主義の閣下が大臣になられた故不幸なる事態が起る可能性はなくなつたのは欣快に堪えぬ、今後兩國の友好助成に努力を切望する

林陸相

日本は建國以來他國へ侵略した事實はなく現在及び將來も誰が大臣になつても變らな

77-4

ソノ二

い、貴國は勿論如何なる國へも挑戰する意思を有つて居ないのであつて自分のみが平和主義者と言ふ譯ではない、而して武力以外に國家安全を保證し得ぬ際は相手國の何たるを問はず如何なる犧牲を拂つても之を壓倒するの決意を有す、この精神は帝國の平和主義に反せぬと信ず、

ユレニエフ大使　滿洲問題への見解如何

林陸相　平和確立の傳統的精神より見て滿洲問題の解決は永く日本の惱みであつた、このために武力を發動することは好ましからぬ事だがその眞意は平和確立にある、今後は滿洲國の堅實な發達のため能ふ限りの援助をなす方針であるが往々にしてこの信念が内[illegible]して侵略行動で滿洲の次ぎにはシベリアを分割し獨立させる等と浮說があるがそれは無根の浮說である

了

抗日战争档案汇编

溥仪私藏伪满档案

2

辽宁省档案馆 编

中華書局

現時進行方法

藉赴日調查憲法之機會使趙○○到東時与友邦朝野有力方面進行遊說入關之利益如有眉目張總長可以赴日考察實業為名再作進一步之接洽如承友邦贊成再由 執政正式密派專使与其政府訂立密約依照我方計畫進行一切

如照上列辦法則於憲法調查開會前決定方針并派員与趙同行（此項人員亦以調查憲法名義其資格官階須与趙相同者）暗中指導方略以防流弊對趙只可由

於華密告相當情形作為大家不知其至
於幹部詳細計畫則不可使其與聞
以上兩項如可照辦則趙之適當中應加入我方
人才方能助理一切并且接洽使兩方消息
得以相通幹部始能討論對症下藥之策
津滬應急速派員坐鎮以便與各方接洽天津
如各派聚集之區更須密簡封重大員俾便
與各派直接連絡宣達真意蓋僅恃不重要
之代表往返不但不能相機措置且恐各方以
不重視之故轉能以實況相告也

2

186

入閩方案

一宗旨 完全以伐暴救民為主

一方法 分五項進行 一、總務 二、外交 三、財政 四、聯絡 五、宣傳

一設置 在本京設總幹部在閩内平津滬漢各地及日本東京各設專員總幹部各置主幹員一人各地各置專員一人辦理五項事務分負責任并在本京設集合處所置主任一人

一分項進行

甲、總務 (子)研究政見 (丑)掌理事務 (寅)設立集合處所

乙、外交 (子)由總幹部派員赴日遊說佐助入闗事宜 (丑)由各地專員選派三數人赴日代表闗内民衆向其朝野說明歡迎入闗之意 (寅)以上兩項預有成效後特派資望卓著大員赴日訂約要點如下 (A)佐助入闗 (B)協助財政 (C)接濟軍需 (D)解决日滿一切問題 (E)另与訂商由我在滿擇地練兵籌集款項專

188 4

充入閩發動之用　(卯)与前項同时由各處
專員向駐華各國使領遊説
丙、財政　共分三種　第一種約十万元充暫
时各項費用或借某項事業籌集或
由各人捐集　第二種約五百萬元充發
動时一切費用由政府創立或種税收
充之　第三種約五千萬元充入閩时及
入閩後費用向鄰邦借入之
丁、聯絡　共分兩部　(子)先向閩内各派接
洽入閩事宜並規定各省掌政人員　(丑)

延攬各方人才供其費用

戊宣傳 共分三種 (子)報館 (丑)通信社

(寅)印刷品 (子)(丑)兩種除在新京津滬

自己設立外並須將日本及關內津滬兩

地中外報紙加以收買

一、須布宣言 凡進行一切均須遵照宣言而行

不能逾越亦不自食

一、軍事 倘能得友邦諒解在滿練兵以五万人為

率即作為主幹軍隊否則在國內軍隊中

精加選擇儘可攏絡收用或攏絡魯韓之

軍供用其餘各派軍事首領令其自招自練至鄰國方面只有軍官可以共同入閩軍隊則概行謝绝

一、實行大亞細亞主義維持東亞永久之和平
現在關內共匪蔓延數省黨國已無撲滅之
能力如果任其猖獗則日滿界居兩大蘇維
埃之間危險萬狀似應從速聯合亞細亞各
民族推一強有力之國為領導驅除一黨專
制掃蕩共產主義以維東亞和平
二、日滿兩國根本共存共榮之實施辦法
茲暫定初步辦法如下
甲、由兩國各派大員密組特別委員會共
商重要方案呈請 元首採擇施行

乙、兩國交互供給發展國力之需要

三、益求滿洲國政治運用之適當

國家政治非運用適當不能良好現在政況較前雖有進步而運用未能敏活尚欠適當應力除隔閡散漫之弊以收指臂相助之效

策划华北叛乱迎日「满」入关密信（一九三三年）

節略

民國因党派意氣之紛爭形成各謀私利之偏見南北之畛域未泯上下之交争已亟國事如斯民何以堪況此伐之役等華北于附庸視人民如寇讐橫征暴斂任意敲扑天災兵患坐視饑溺貧壯者鋌而走險富厚者防盜不遑咨嗟浩嘆積怨已深人民之望治也久矣當九一八事變之際華北民衆皆存雲霓來蘇之望逮滿洲帝國成立之後華北民衆私相慶慰僉以為二十年前寬宏之氣象復目觀于今生矣故鄙人等順天應時聲起而謀華北人民之治安然茲事体大非藉外力不可以華北地勢論所可恃者雖有日俄兩國然以種族言語風俗宗教則以日為

194
12-1

罷相近故數年以來有以下之醖釀當滿洲國成立之時鄙人等即商之延陵聯絡山東各方嗣乃面謁孫殿英氏向西推進以為肇端又共推惲寶惠赴滿陳述詳情並商促動之法因係祕密工作聯絡參差所託匪人接濟未到以致兩載計劃竟尔一旦失敗殊為憾惜比者日俄事急將來兩國之成敗皆與滿洲存亡有莫大關係滿洲現處一隅之地不於此時作進一步之發展恐將來決不足以圖生存於其間則華北之困苦永無脫離之日矣故鄙人等近更聯絡公安鄉團如灤東察西天河等處約有五萬餘眾槍械齊備只有餉彈之接濟即可編為勁旅發動起事一面聯合華北僑民暫時共舉延陵主其事則北部其

他各省皆有獨迎之成說華北數省有共同合作之可能屆時滿洲帝都南還以避兩大之間而建統一之基業莫善焉此間部人等已有相當之聯絡惟希滿方派員到津聯合華北紳民以觀其大勢之趨向再籌付相當接濟則此事之實現指顧間耳總之以上所述如有後援力助其成前途必有極大收穫否則任其自動滿洲坐享其成恐人心失望永無發動之機會矣

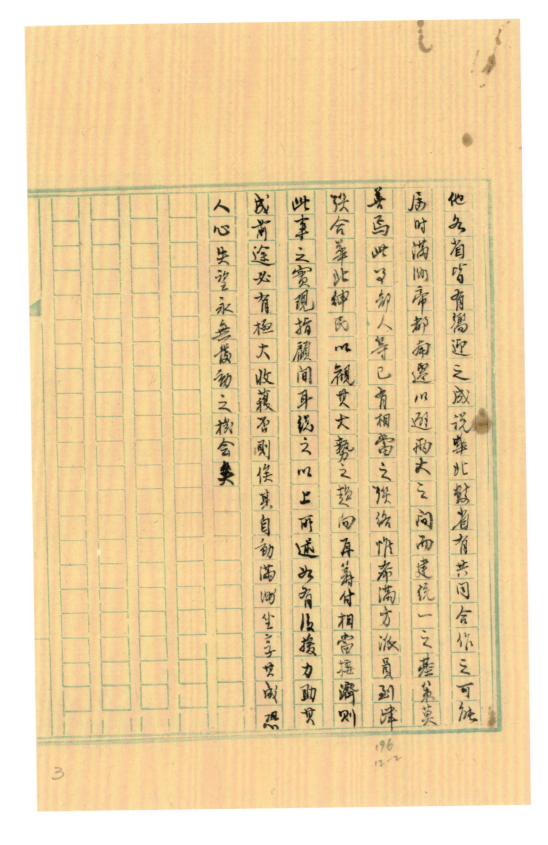

伪执政府秘书处整理的关于中国军队各派力量分析（一九三三年）

此次失敗原因
日軍政府的參謀部派失大城戶中佐到津遣派
板垣大佐又使僮派影佐少佐佐先與日駐津司
令中村少將不甚聯中村以其為政府
特務員(送)事論讓板垣實權實以板垣

為中心而又有上角大迫兩人從旁襄助該
兩人未曾與大城戶同時出動互定各分各事
這坂垣到來擔保一上角大迫不過為歸
助他侵而已此日奴組織之大略也而日人
對于中國各方而為駐役軍人與長野兩款

四

現得军人有本派約十四萬人西北派即宋韩約五六萬人張家口之馮派總約兩萬派表面聯絡精神不一致有直派即仍在派中之于學忠部僅萬餘人此即吳佩孚舊部而自堅武与孫派仍情尚中心者

也此派中下级官员心理实有离开政府跳出本派范围之思想而于等忠孝人对于请拥护中共故此次主张在野诸人能逢用此等军队得须归失败此外靳降高台商会割离以后为之转之唯一出路其法

4

203
5-81

如此煽動列為萬國民第三等作最共為
人極猶猶可說以西美人之視我尤甚於武備
有眾三四千人精神不憑合故相通到院與
歷會作玉翔鼓英列猶獵蒸分共事任復
不可挺擇只能目前利害每所謂鐵信

吾所謂道德者矣王田勳正安也之萬萬年
實力薄弱軍械不齊一豐敵時吾所設
敵節歸集子樁後歸何遂前不過有屬
吾襄而已王為山西之閻部南以石家
莊為前相以萊海為界共胜有待作
萬一部突出戰線及于京綏綫之

4

宁代保案一节，黄陂断治近归，去同此各
军分驻之大略情形及此所持图皆经
度，亦可于其调动时视其去取矣。至此次
日久之，对于以上各军队所持经费及其应
付路之军饷，不能确知底蕴。到广葫芦
看有什么底案，而观其机缄，各派平一两人

206
13-4

可据知大驾请下其思及大城后到津
吉户言有大辅助欲得北派大国信实方
有所措以为措信其后多方奔走其甚多
大得日人之苦到中国北方一不到处而中
国人之自命为日本通者亦无一人不以之联络
其空气之郁蒸以当时即本政府亦为之

八

吾黨動西安失實際日人先區分北派為四

五派一王派二孫派三袁派直派中又分

齊吳四西南派中又分宗譚黃介溫

五什牌　魯日負村各派偶有聯絡而

未嘗退一人爲首領共作統及幫助

均由大城戶自行處理間有中國人

9

308
13-5

代女擇保其女所組由碎不外與之聚會 立拘
聯環穎飾付現穎不過數千到好幾列出門
實有土匪或是白馬之類久其可自發家
世故與之相歡語不知此日動擾發從
請為點目睹此何飾是而日益中所得
以歸至生即以合紀此婦為詞多年經

6

吉欣同志：他們二人今晚業已南下參軍，即
不能告他們本人。帰投偏左派，出又使動武
偏左派以于學忠擁護中央，投組自白
陳經中橋動而動也去政自知之意十分
左派對手段倒使人向中央而疏使相又不
肯出錢歸名，好手派張有多數人參走

210
13-6

11

而遂急动作，盖以张学良自国外来要挟以中立观望诸说，共党乘此纵心扰，又以挽健怀合校等派结有一二强之组织之人而中归。惜暇共保难降，更不安之矣。况中共派到南京与何门九等人，北派又有军动势。况今之一法，唯此又折派出疑之

211

12

最要關鍵也，此後日人所謂和議，然亦

危險之至，而北人腦筋簡單，志氣不振，

大有日迫一日之勢力，將以會而云動作，

非有特別計畫，是無希望也。

13

212 13-7

朱益藩为宫中物品装运及汇款注明年月等事致胡嗣瑗的信（一九三三年）

情仲仁兄年大人閣下日前交隆義廠商賫呈一函諒
晤秩蜀袖致
手教祇悉種切　橘師未來滬其手書一紙聆乃郎兩
面略知大概而已榆警傳來東江米巷又有人滿之患
雜至者亦絡繹不絕冷眼旁觀手笑可笑當務之調
遲大有作超避之意不過聊以解嘲緒耆閣筆尊
宮中物事前此南盜本擬運出以此間群起反對中止今
則有詞可藉又擬裝箱搬走雖有不同意者於未知終

能禁止否儘這些時久留亦未能有所展布已作書勸請封口轉交
其回車如發起首途請
從優賞給川資以勸來者此間應領之款前此收發皆不出
一手又未注明年月弟深懼牽混曾以為言今既規定
由内廷局專管自是正辦援據祺翁言
其處應開領款清單寄往以憑照發票得 濤邸所
開承辦處款目一紙由弟別開留京處款目一紙併呈請
轉交 凱公存照另有劃清界限辦法一紙希

細閱一遍,如照此辦理,則以後內廷應按月照單匯,定可
上發,省事矣。即盼
商定見復為荷。問
太妃日來不適,約明年往診視。天氣正暖,隆冬無雪,病者
甚多,來春尤可慮。如手此,即請
叢安
弟[illegible]頓首 十六日
蒼虬不另,因同覽不另作書。
歲無多日,各款務請 電匯
以後匯款務請 注明月分

前信已發復又追回，因張魯翁回平得悉壹是，又接佩芝函，有所報告，魯翁此行殊有稗益，此後如何因利乘便，自當隨時熟計。佩芝處已有函勸歸，觀其來書，亦復有所接洽，可以漸圖進行，如能資其奔走，或於府中令所屬酌予位置，幸公妥籌之。事機正緊，正宜廣開賢路，兼擴攬以收多助之效，一味株守，第之非策，諒高明早已見及也。一年之期已屆，前言能踐否？令人遥盼。百忙草草不盡。兆白　五夜

朱益藩为汇款支配及昌黎、滦河、唐山一带战事等致胡嗣瑗的信（一九三三年）

情仲仁兄 仁兄年大人閣下日前交隆義厰商賈去一函
附上清單二紙旋由交通行電滙到銀洋玖千柒百
元撥俟
惠書到時再行查照支發弟前函請將此間款項劃
清至年底爲止從來年正月起〻若無特別支款即照
前單所開數目無論函電但加月例兩字此間即可撥
款支配彼此均較省事眉目亦清想
兩公當以爲然都下風聲鶴唳人情惶惑遷避者

絡繹不絕，庸人自擾。每次皆給予嘆予發軍事。第一
防綫（昌黎）間係（商震、孫殿英），第二綫為（灤河）（龐炳勳、宋哲元），第三綫為（唐山）李際將領。
其中有皮衣者甚少，餘皆薄棉，甚至有夾衣者，持槍哆
嗦，見者生憐。勝負之數，奚待蓍龜矣。此時但聞（問）外人進
止宗旨如何耳。古物遷移，雖有各國觀出而反對，尚未
知竟能阻止否。　太妃連日服藥，病已減十之七八，當可
早痊，足慰
宸廑。請陳明為叨。即以
年釐並請　蓋安
和名心叩　廿日

朱益藩为妃邸物品检查及华北局面复杂等事致胡嗣瑗的信（一九三三年）

愔仲仁兄年大人閣下迭寄各函計均入
覽近費旬日之力將 妃邸物品檢查登記滿月及上
尊謚各礼次第辦畢方謂可以少休而
山陵警報迭至 潤邸又丁內艱月餘以來所辦皆此種事
悵抱之惡可以想見留堤前輩回都略聞東方近事
然亦未能詳也聞王莘珊同年亦到彼叟蹤跡甚惜
未得一晤不知近已南旋否中日交涉之局聞已有頭緒
內容究竟如何一無所知不識我亦有置喙之餘地否

攘臂下車者異軍突起旋歸泡影此種舉動可笑

亦復可慮華北局面日益複雜糾紛不能無事有後者

咸懷惴惴恐巨源當近接

台端三電頗為人所注視渠甚自危以後仍請

發交仲業轉送較妥撥冗草草即請

籌安

弟名心印

廿七

朱益藩为给伪满改制出谋划策事致胡嗣瑗的信（一九三三年）

愔仲仁兄年大人閣下仲業來捧讀
手教極慰懷思亂雜不去實無辦法自是破的之論協
訂大綱亦入手先著但恐彼方新得權利諸夫已氏所贈
送必當令其充苦力一一永久聽命決不容其退卻使
方利用而其地位不可動搖矣新到之許林孫諸子皆
愜意之作至華知之有素而近光之日卻淺欲令拔之
眼中丁以行其志恐非容易則又非
公在彼不能有濟

公固非避事者，每為之設身處地，識有許多難處。於事已至此，苦無退步，只有再進前一步，冀有柳暗花明之境耳。公意以為何如？令愛服前方已久，雖漸入佳境，或尚嘗有酌量變通之處，但苦記憶不全，便中更望鈔示，以憑斟酌。現在既有活動之機，似可趁此內外兼治，以期消釋。茲擬一外治方寄往，（藥方稍峻，外治不妨。）貼上後將前方再服二三劑，必可略見端倪也。此間連日熱極，而

雨本日尤大滿城電燈皆滅敝寓西廂房水自墻中
灌進若非多人竭力撥出幾乎踰窗鄰舍地勢稍低
者院中之水皆可及胸良由臨河道填塞地面成河倒灌
而入此誠市府成績乃有此奇觀也潛樓倘有
郵費乞
飛示其家屬望之甚切也聞
彼師不日來京諸容面罄未別作書手此即請
暑安

弟名心印 十九

再近日接見蔣議員數人，以國難方殷，亟圖挽救，來
商進行方法。弟發言頗多，一一痛切指陳，連日復來，
於弟言頗為踴躍領會，趣願照此辦理。弟大意謂諸君
入手須認定是自動而非被動，又開宗明義，擬以籌畫
救國方法為名，不可遽行點題，俟各方面接洽妥協，再
言會同議後提出通過，似較妥協。至與外人談判，全以民
意機關舉出代表（以舉鈍宗加似亦妥當），與之和平協商，尤須認定
主權為要義。日內有人（大約係張君孟芳、孫佩芝者）赴津，必趨謁。

台端尚祈

随時延接詳為指點渠等又以東遊訪松雪商洽（亂發之前囑其謹守秘密）

若能取得同意則閣内外撑鼓相應亦頗有力是又

在辦理得法否耳　夜深言之不詳　一切會意可耳

手此再請

台安　弟再及　付丙

愔仲仁兄年大人閣下日前託甌清唐袖呈一函計塵
青睞近惟
興居佳勝 令愛清恙痊復定符臆頌昨與
弢師通電閲
台從不日東行適青島人來費到潛樓遺蹟一件茲
封上代希
吉便帶往代遞飾終之典易名爲榮論其資勞當
非過優奉

公爲貫成之伯朗撰就行狀竊爲刪潤所叙潛樓歷次
封章略多遺漏情事亦謀不用坐致淪胥爲可痛耳
又其家撰莹遺命不敢訃閩戚友處但寫挽条大约
閩中在仲秋並以附
聞東事近復如何聞有擬設搖籃之説是直高戲我也
果爾自當力拒不能通融有妥復尚希
惠復數行至盼至盼匆匆敬請
行安

弟名心印 十一日

朱益藩为据目前军事布局建议迎銮入关收复政权等事致胡嗣瑗的信（一九三三年）

愔兄惠覽：日前雪行後，適有人來報告近狀，因趕往東路，欲與雪西談，西東已開行，急切亦無妥便，悵然而返。聞此間現議擁延陵爲總司令，派兵四路，張爲第一路，韓次之，閻又次之，前曾張爲第四路。外面仍以抗日爲名，積極備戰，暗中卻與對方預行商妥，略與交綏，以飾外觀。相持之下，由兩院通電，以現在惟一救國方法只有迎

鑾入關，收復政權，請即停戰，由雙方協議辦法。延陵素重民意，頗欲藉此以爲收束戰事之臺階

甚為首宵其他將領亦表明惟延陵馬首是瞻閻雖
未在此僉以為渠素觀望形勢若此間衆議僉同渠亦
不能獨異也似此由全國民意擁戴各將領出力推動自
較堂皇可雪傀儡兩字之恥惟兩院人數雖不能全行
召集然亦須有多數人在此方成局面現籌設集合
機關不無所費雖有人可以稍為籌墊然為數不多
此事急轉直下為時無多不識
行朝能設法接濟否如以此種辦法為然祈即

陳明示復以便進行全篇作意大致如此其中詳細
節目與夫情形有無變化當隨時籌商要緊在
彼此呼應靈通方於有濟唯
賢者能會此意行之連日鵝掌風大發殊以為苦忍
痛書此不及覶縷即請
著安
弟名心印 十二日午 雨
貴同事均此致念

朱益藩为恢复溥仪皇帝尊号必须经日本人通过事致胡嗣瑗的信（一九三三年）

愔仲仁兄年大人閣下 迭接六月廿七日、七月初六日
手教 恍如晤語 方以為快 細玩
書中云云 則又引為深憂 向特謂漁為夸誕無實之人
乃今知其富於傾險如此 手人固不可測 即汪黄馬阮何
代無之 不意創業方始 未聞有好消息 而已有此壞現象
每一念及 真令人寢不安席也 最者慮
公在彼氣類太孤 曾勸以引賢自輔 今日之事 蓋亦早料
及之矣 昨忽聞熱河一席 將以屬

公豈漁計果售耶今
上英明知之素深嘗係傳訛耳否
先蹇蹇匪躬不改常度無任欽服
府中諸書藏掌此間不甚明瞭前此事收送生均由
弟處上陳亦以
賢者所處乃喉舌之司無事不可過問此已在告事難
姑待令
公其誰託乎彼不念代庖之惠乃有越俎之嫌蓋亦未

之恩也蒙君已久宗旨若何諒可窺見端倪此間乃有
冊封皇帝之請逕談復等語而必由彼邦之通過在
事實上何嘗不如此此所以不敢存樂觀也總之一切主
權新而不與無論如何恭維皆虛文耳在平東人每
謂非敝邦人有意把持實因華人愛錢而不願辦事不
得不爾若使政地得人痛改舊習未嘗不願退讓此語即
洞見癥結特附及之偶泐此敬請
臺安
吏名心印

再啓者，進西來平述及在彼深蒙

推愛，感佩同深。渠調缺未就，聞熙君許予差遣，因時

機關係未即發表，近已成熟，或無窒礙，俟於

良晤時一催促之。梁文忠之嗣子以聾廢不能謀生，十

餘年來專恃賣書以供衣食，今已無盡。昨有粵友來

書，言將有凍餓之虞，竊爲代籌，昨擬歸來與之商

及。渠既不能隻身赴東當差，即使蒙

上矜念，酌予資給，迨用罄之後又將如何？殊非長久之計

再四思維實無良策此時只好暫顧目前伏希

婉轉代陳仰懇

俯念舊勞曲賜存恤無任企幸手此再請

藎安 弟又及

貴師病老同年 前 政念

執政漫畫瓢箪

莊壽爾譯

菱刈全權大使十二日午前十時三十分訪問執政會見於候見室執政善漫畫備紙筆令菱刈全權做瓢箪（葫蘆）之繪全權執筆畫瓢箪而不能稱佳作執政別用一紙畫人面與瓢箪之漫畫極佳是時滿充和氣於室内全權領賜自繪及執政所作漫畫退出候見室後喜告人曰今日被執政考試漫畫矣

《满其斯得导报》对伪满洲国政治军事经济形势的综合评论译文及原文（一九三三年）

樊植譯

滿洲國 譯自滿其斯得導報

（此爲本報北平通訊新自滿洲遞来者之記載也）

一、日本之權勢

吾人苟對滿洲國予以簡單之考察姑無論其爲現在之形勢或經過相當之改革終未見其能久存何哉獨不見乎境内之居民乎蠢蠢焉暗忽受日人之保護而生存倘時期一至叛亂必生更不見乎當政者乎泛泛焉幾均爲日人有此二端故曰滿洲國非能久且長者也審其表彼輩皆執政（御名）之顧問

與僚屬究其實則其權勢均掌握於其手中自決重要之問題以固其実力而所謂滿洲官吏不過備受咨詢以明瞭其地方社會情形而已且所謂内閣亦不過徒負虛名耳由是觀之具顧問之名者乃理政者之実也

此種情況恐非為日人之初謀而其究竟將若何似仍為繼續不定之問題滿洲國官吏之中除少數忠君份子熱望（御名）恢復帝制伸其權於北京力謀新國之光榮外其他下級官吏多為庸碌謀生之輩無怪其受日人之壟斷而操滿洲國之實權者非他

即關東軍是也

執政御名究為帝乎

當地民衆對於新國之態度苟非精密考察甚難
知悉大多數中國人民不願表示其意見對於日人惡
根相深目前反滿活動雖似停止然日本苟不機警圓
活終不免成為重大之災害近聞在最近之將來日本
將使滿洲國改變帝制以執政為帝之可能此種目
標不過欲緩和普遍之思想與掌握蒙古之供給
耳

熱烈反滿日之份子使滿洲政府自身亦感覺驚

奇當予在新京時二中國青年職員來訪語予曰「此間之一切無往而非出諸日人之手政府機關之需用雖至微之紙筆亦均購自日本君當能晤見各部當局然決不能得任何之結果蓋彼等所奉答者均為日人所授意決無誠實之語也」予復詢彼等對此之感想及滿意與否彼二青年赧然答曰「余等在此僅靜觀日本之行為而已」

司法之改革

余在新京時曾晤見滿洲國之二總長司法總長馮涵清其一也彼謂余於壯麗之新建築馮氏及其繙

譯與余默坐甚久直至一日人入告以謁見稍遲之理由余從他處得來此日人為總務廳長亦即該部之領袖也

於談話中馮氏謂本年本部預算因成立合法之薪金與免去舞弊之惡習已增為五、五〇九、〇〇〇元對於改革司法內有日人法官五人及次級日人官吏十三人輔佐之馮氏又謂「吾人甚願此種改革能於一年以內完成之吾人早已着手於新京哈尔濱奉天建設最新之監獄且將於二年之內告竣對於其他政府機關與本部之關係務力使之獨立所有本部經費直接由本部供給目前之重要工作為改進法庭訓練司法人才與設立新式監獄」詢及滿洲國之治外法權問題時馮氏答曰「滿洲國為獨立國家自然希望他日能廢除之但吾人先必努力於司法制度之改革在未實行改革之先恐不能取廢除治外法權之步驟也

承認問題

除馮氏之外所會見者僅為外長謝介石氏謙氏操日語由一日人官吏繙譯所談者偏重於列强之承認滿洲國問題謝氏謂此事無需著急其論調與普通一般於余討論此問題者相似承認問題為一表面

較諸其他自為重要而普通之傾向以恢復秩序發展
興盛為急務苟能若斯列强為實際所動自能予以
承認至目前實事沉默者其他原因乃缺乏相當人
才代表國家之一切也

「待續」

78-28

MANCHUKUO

I.—The Japanese Grip

MINISTERS' VIEWS

"No Great Hurry" About Recognition

[This is the first of a series of articles written by our Peking correspondent, who has just made a visit to Manchuria.]

(From our Special Correspondent.)

Even a brief survey of the country leaves one with the settled conviction that, either in its present or in some modified form, Manchukuo has come to stay. However much the native population may inwardly resent living under what amounts virtually to a Japanese protectorate, the chances of a successful revolt from within may be considered negligible at present. Another point upon which it is impossible to remain long in doubt is that the Japanese are the real rul... of Manchukuo. Ostensibly they a... there as advisers and assistants to Henry Pu Yi and his "phantom Cabinet," as it has come to be known, but in actual practice it is the Japanese who make the important decisions of policy and ensure their enforcement. Where the Manchukuo officials ar... consulted at all it appears to be chi... on questions where their knowledge ... local custom and native psych... happens to be of peculiar value. I... effect it is they who are the adv... and the Japanese who are the administrators.

This may or may not have been the original Japanese intention, but in any event it is a state of affairs which is likely to continue indefinitely. Except for a handful of ardent Monarchists who saw in the Manchukuo adventure a prospect of Pu Yi's eventual restoration to the Throne in Peking, few Chinese or Manchu officials of any real standing have taken service under the new regime. Most of those who have joined the new Government are mere job-hunters of distinctly inferior calibre, particularly among the lower official grades. Until an efficient Civil Service can be recruited from amongst the native population the Japanese are bound to remain in charge of the governmental machinery they have set up. And if the Manchukuo officials are mediocre, the consensus of opinion amongst those who have had dealings with Hsinking, the capital (formerly Chang-chung), is that the Japanese element, with a few outstanding exceptions, is not much better. First-class Japanese administrators, it was admitted to me by an official prominently connected with the Manchukuo Government, are reluctant to work under the direction of the Kwantung army, who are, and are likely for some time to remain, the real dictators of Manchukuo policy.

PU YI AS EMPEROR?

It is not easy to find out much at first hand about the attitude of the native population towards the new regime. Most Chinese are loath to voice their real opinions on the subject except to intimate friends in whose discretion they have complete confidence. Close observers sense, however, a profound undercurrent of resentment against the Japanese, and, though organised anti-Manchukuo activities have virtually ceased, it is considered likely that this feeling may crystallise eventually into open hostility unless the Japanese are more tactful as colonisers than most people are prepared to give them credit for. It is by no means beyond the bounds of possibility that within the near future the Japanese may find it politic to initiate a movement for the establishment of a monarchy in Manchukuo with Pu Yi as Emperor. This would serve the double purpose, among others, of making an appeal to the popular imagination and of clinching the support of the Mongols. Indeed, the attitude of the latter may well prove the deciding factor in this connection. While they would readily acknowledge, it seems, the suzerainty of Pu Yi as Emperor, the Mongols are diffident about giving their allegiance to Pu Yi as chief executive of a neighbouring puppet republic.

Within the Manchukuo Government itself, surprisingly enough, there is an element which is rabidly anti-Japanese and anti-Manchukuo. This I discovered when two young Chinese employed in one of the Government departments came to see me at my hotel and launched forth into a heated denunciation. "Everything here is run by the Japanese," they declared. "All Government supplies down to the last pencil are bought from Japan. It is possible that you may be invited to meet some of the Manchukuo Ministers. If so you will get nothing from them except what they have been told by the Japanese to tell you. And the Japanese will give you nothing but black lies!" I asked them what satisfaction it gave them in that case to be connected with the Manchukuo regime, and they admitted without a blush that they were there to watch what the Japanese were doing.

REFORMING THE JUDICIARY

During my brief visit to Hsinking I met two of the Manchukuo Ministers. The first was the **Minister of Justice, Mr. Feng Hang-ching, who received me in his office in**

78-29

滿洲國

譯自滿其斯淂導報

樊植譯

二、盜匪之鎮壓

使訪問滿洲國者感覺驚怖之事實恐必以流行之紊亂為甚而阻碍治安與强固之進行亦捨此莫屬試觀牛莊以南之綁案英領與海軍當局經五月之抗營始救出「南昌」内粟而北部之哈尔濱則盜匪蝟集日軍經過若干時之滅剿收效至微按照本年滿洲國之新預算軍費之支出幾及歲入三分之一於此可見恢復秩序之至需而此數之大部中又皆作為鎮壓盜匪之用吾人試考其教育經費尚不及此數之五十分之一也

據一九三二年八月日軍之估計滿洲國兵匪混合而成之集團約為二十五萬至二十六萬此中有「九一八」事变日軍佔領奉天後残餘之華軍散佈各地仍集團仍取軍隊之行動自經日軍之驅逐少數分散與常擾滿洲之匪帮混合而一九三二年北滿之亂人民受軍匪之蹂躪與空前之大流血田禾被毀衣不得衣食不得食迫而流為匪盜者不可勝數於是更復增加矣

再就義勇軍論之大部分之此種軍隊均受中國各地之捐助供給槍枝子彈尤以華僑所捐助者為鉅此皆為馬占山將軍與其他領袖抵抗日軍激動而起者

八

也滿洲國軍事當局鑒於義勇軍與盜匪之衆多於是定其計劃使之四散分裂再從而剿滅之據最近日軍報告此種無法律之軍隊勢力已減至五萬至六萬

武力保護下之郊遊

上述各情無往而非真實近來高粱叢生青紗帳起匪盜之盛尚二倍之其最盛者為哈尔濱近郊與松花江東沿綁案暗殺為哈尔濱日常之事居寓該地之外人均不敢不携槍外出近者彼等往松花江下游均帶槍彈結隊而行距市中心三英里之果而夫球塲每日

有武裝守衛六名常川保護當余赴某英商大豆工廠參觀時帶手機關槍一支而該地離市不過六英里之譜同行語余恐將不免於應用沿途尚無事彼示余某處曾為匪盜之盤據地某地曾出槍案而余等能相安而還者且非大幸乎該大豆工廠僱用白俄若干名全體武裝且持手機關槍此外更有沙袋障碍物探照燈之設備據云此種設施使盜匪稀少所謂大豆工廠就表面觀之儼然赫赫之砲台也

哈尔濱之紊亂

在滿洲國大城市中恐哈尔濱為其萬惡會萃之區

同時哈尔濱具中古之衛生状態不良之市政與鬆弛之警察尤較尚待建設之新京為甚全市鮮人設立之烟館林立死屍時現雖數日亦無人過問近者香港銀行之旁發現俄人女屍一具為時甚久不聞不問僅由英領提出嚴重抗議而已至関於與國家有關諸小新聞雖非關係匪盜亦不得自由刊載多數日本軍部之檢查員常川檢查同時亦嚴禁傳出消息此早由軍部(日本)予以新聞界以警告再者以前槍殺所謂囚犯之華人八十四名亦皆為日軍之主謀夫所謂日本軍部者豈非哈尔濱之最高主腦而何

鎮壓之工作

余曾以何時能肅清滿洲國之盜匪叩諸以（已）故之駐滿大使兼軍司令武藤氏之前氏答曰肅清作何解釋滿洲已無政治盜匪所存者僅常存者也余意甚希於一二年內恢復秩序現正從事交通及鐵道之建設以期制匪

對於此語少數高級日本軍官甚為反對彼等宣稱恐十年以後盜匪亦不能盡滅滿洲向為種植大豆之區而在茂盛之時流行更甚此恐秩序恢復滿洲國已成為過去之國家後亦未見能消滅一般外人謂日軍之掌

執主要交通線三年至五年後或可為之一振既注重內部進步必較速也

强健之組織

據日軍宣稱大部分之政治匪盜已將完全消滅其殘餘之數約為五萬至六萬此未免近於掩飾近查組織强健之反滿軍仍在北部及東北與鮮俄邊境活動常與日軍以打擊當余在哈時戰死之日軍五十七名在該地舉行火葬次日由三姓（松花江下游約一百五十英里）駛來之兵輪又載日本傷兵三十五名之多沿中東路線之車站時常發生盜刦日軍聞詢由哈

往劉然一經到達則已群散於高山森林之中日軍無法追踪聽其自去在初劉時期日軍飛機即甚活動而其結果收効至微蓋暴烈之行動不如機巧之為力也據一般論調謂如若肅清盜匪應圍剿之較諸逼其四散而復欲撲滅之者為善多矣

日軍之威力

日本軍事當局向例緘守沉默是以欲知駐滿日軍之總數甚為困難然據推測總在五萬左右而此外備於防匪工作之人數當較此尤多有力如此匪勢仍未稍殺近聞帮匪化裝工人混入人群修造撫順奉天間之

道路乘機殺死日人監工刼其器具而去此種事件恐必將時常發生於將来也

滿洲國軍隊向失信仰是故鎮壓盜匪全賴日軍之力不僅此也新國之一切亦莫不賴之最近之調查沿主要鐵道路線之耕種地因匪患關係已荒廢百分之四十可見其勢之甚也

（未完待續）

MANCHUKUO

II.—Suppression of Banditry

A BAFFLING TASK

Enormous Drain on Budget

[This is the second of a series of articles written by our Peking correspondent, who has just made a visit to Manchuria.]

(From our Special Correspondent.)

There is perhaps no question which brings itself more forcibly to the notice of the visitor to Manchukuo than that of the prevailing lawlessness. No factor is doing more to retard the country's progress towards peace and stability. From the southern port of Newchwang, where the British Consular and naval authorities worked with dogged perseverance for five months before they effected the release of the "Nanchang" captives, to Harbin in the north, banditry constitutes a problem which time and the efforts of the Japanese army appear so far to have done little to solve in any permanent fashion. How largely the restoration of order looms as a national issue in Manchukuo may be gauged from the fact that in this year's Budget approximately one-third of the national revenue (estimated to total about £10,000,000) has been earmarked for defence purposes. The greater part of this sum, which is more than fifty times the amount provided for education, will undoubtedly be spent on bandit suppression activities.

The Japanese army estimates that in August, 1932, Chinese soldiers, bandits, and mixed gangs of soldier-bandits in Manchukuo totalled from 250,000 to 260,000. These consisted partly of remnants of the Manchurian armies scattered after the Japanese occupation of Mukden in September, 1931. They operated in military fashion in large bodies, and were dispersed fairly quickly by intensive Japanese drives. Some of them scattered into smaller units, joining hands with the regular bandits who have always infested Manchuria, and their number was augmented by former civilians who were driven to banditry when deprived of their means of livelihood either by the ravages of the soldier-bandits or by the unprecedentedly great floods which ruined tremendous areas of agricultural land in North Manchuria in 1932.

Under the style of "volunteer" troops many of these groups were furnished with arms, ammunition, and money from China proper, this movement being financed largely by popular contributions from Chinese abroad whose patriotism had been stirred by the deeds of General Ma Chan-shan and other irregular leaders who for a time held up the Japanese advance. As the bandit and "volunteer" groups scattered, the Japanese and Manchukuo military changed their tactics by dividing the regions in which they operated into triangular sections, where systematised drives by troops operating from all sides sought to suppress the hostile gangs. It is claimed by the Japanese military that at the present time these lawless armed forces have been reduced to between 50,000 and 60,000.

PICNICKING UNDER ARMS

There is, of course, no way of confirming these figures, which some well-informed observers consider should be at least doubled now that the tall kaoliang crops are providing head-high cover, but even so the position is sufficiently acute. And nowhere more so than in the vicinity of Harbin and eastward along the Sungari River. Kidnappings and murders are matters of daily occurrence in Harbin, where foreigners dare not venture into the outlying suburbs without gun in pocket. Small armouries are carried by parties indulging in the favourite week-end pastime of picnicking a short distance down the Sungari River, and six armed guards are constantly on duty at the local golf course three miles from the centre of the town. An automatic rifle was thrust into my hand when leaving my hotel to visit a British soya bean mill six miles distant, and I was warned that I might have to use it at any moment once the outskirts of the town were reached. Actually we encountered no bandits, but my guide indicated several places where hold-ups had recently occurred. The mill itself was under the protection of a squad of Tsarist Russians armed with automatic rifles. Sandbag barricades and a searchlight, which, I was told, scared the bandits even more than the automatic rifles, gave the mill compound the appearance of a minature fortress.

DISORDERS IN HARBIN

Of all the large Manchukuo cities Harbin is probably the worst advertisement for the new regime. While Hsinking is undergoing rapid reconstruction, Harbin remains essentially a Chinese city, with mediæval sanitary conditions and lax municipal and police control. The place is full of small opium dens, run chiefly by Koreans, and out of these corpses are sometimes flung into the streets to remain there for days. The dead body of a young Russian woman left within a stone's throw of the Hong-Kong

满洲國 譯自满其斯得導報

樊植譯

三、铁道之改組

軍事上之配置雖為满洲國之要務而對於開發經濟日人對之亦未嘗稍懈也曩者華人對於一切公共設施努力奮起然自九一八事变日軍佔據奉天後日側勢力遂仍繼續澎漲此中以關於铁道為鉅而近者所有全數之铁道復又委託日資組織之满铁管理矣

一九三三年三月一日满洲國與满铁公司訂立關於管理铁道之合同組織一董事會日人伊澤為副董事長且發表下列之綱要

78-40

計開

一、依照日滿協議進增其合作以資對外

二、改組鐵道使之穩固且廢除無益之競爭

三、穩固日方借款一萬萬三千萬元日金之償還各路之借款亦在此内

旅客通車業已實行貨物運輸亦將於年内實現

據伊澤稱滿洲側董事主留原有職員其數約為三萬五千人而日人之數則為五百

新建之鐵道

奉天事變日本攫得滿洲之權利後其首先建設之新

路線為由敦化至朝鮮邊境之鐵道該線於去年四月竣工九月通車全長二百启羅米達連接朝鮮鐵路為將来日満直接交通線之準備曩者滿洲舊政府對於日本完成此線屢加反對是以日本極欲告竣於今日也此外更有新線由距敦化約五十启羅米達之拉法起点達哈尔濱與呼海線相接而呼海線之北端則又早已到達克山成為環形線而掌握中東路肥沃之財源拉哈線（拉法至哈尔濱）與松花江橋完成後今日由中東路哈尔濱轉運之貨物將直接輸於朝鮮之海岸線據日本鐵道當局称此線一成從大阪至哈尔濱（経大連路長二千八百启羅米達

倘經朝鮮路長僅二千零六十啓羅米達）之路程將減短七百四十啓羅米達中東路必因之而受影響再者日人最近擬由寧古塔建築新線至朝鮮海岸之雄基以期減少由東京至哈尔濱二日之旅程

二月以前敦化以東約五十啓羅米達之延吉已開始北伸新線通哈尔濱至松花江大豆重要中心之三姓此線將於數年內完成之倘告竣後出產將由之直輸於朝鮮而中東路之地位亦必低下近聞熱河之北票將伸長四十啓羅米達之新線且計劃將於兩年之內直達省會承德云

港灣之建築

港灣之建築早已於羅津著手羅津者朝鮮海岸之要地也據統計羅津港每年能容納三千萬噸之貨物而四年之後更將三倍之因天然地產之缺乏啓發創舉為費至鉅第一次四年之建築費為三千萬元日金而於此數中將復以之敷設雄基羅津間長十五啓羅米達之鐵道與創設長四啓羅米達遠東最大之運河羅津港一經完成每年可容納一千萬噸從清津轉来之貨物雄基亦可容納四十萬噸至荷蘭為奉天舊政府建築之葫蘆島究竟進行與否尚未決定

此項港灣鐵道之建設自有利於該國之經濟是以甚為重

78-44

視將来日俄戰爭勢所不免此日人朝夕準備與使滿洲國就緒之故也當拉哈線完成後日本可經朝鮮直達齊齊哈尔無須再通中東路而一旦軍事驟起亦可直入哈埠役諸經過安東省時不少此外更有聯結洮南索倫線以期得蒙古之立足地之計劃與伸海克（海倫至克山）線於大西河而得易達俄境之策略云

№ ....

Argus International de la Presse S. A.
23, rue du Rhône — GENÈVE

Extrait du Journal : Manchester Guardian
Adresse : Manchester
Date : 14 SEPT. 1933

MANCHUKUO

III.—Reorganising the Railways

[This is the third of a series of articles written by our Peking correspondent, who has just made a visit to Manchuria.]

(From our Special Correspondent.)

Though Manchukuo must remain a military job for the next couple of years, the Japanese are losing no time in the economic exploitation of the country. The process of taking over public utilities previously operated by the Chinese, which began immediately after the Japanese occupation of Mukden in September, 1931, has continued and is being speeded up, particularly as regards railways, the management of which has been entrusted to the Japanese-owned South Manchuria Railway Company.

A contract has been entered into between the Government of Manchukuo and the S.M.R. whereby the latter is commissioned to take over the management of the Manchurian railways, and in accordance with this arrangement a general directorate, staffed chiefly by S.M.R. experts, was established at Mukden on March 1, 1933. As outlined by Mr. Izawa, vice chief of the directorate, the main lines of policy to be followed in the management of the railways will be:

1. To promote co-operation between Japan and Manchukuo for purposes of defence under the Manchukuo-Japan protocol.
2. To reorganise the railways on an efficient basis, eliminating futile competition.
3. To ensure repayment of existing indebtedness to Japanese interests, totalling 130,000,000 yen, and of loans made in respect of railways now under construction or projected.

A through train and ticket service has already been established, and freight rates will be unified by the end of the year—at present there are no fewer than nine different freight schedules in existence. According to Mr. Izawa, the Chinese director has been retained in the case of each railway, a total of 35,000 Chinese being employed as against 500 Japanese, many of whom are said to have been already in office before the change-over occurred.

New Railways

The first new railway to be completed when the Japanese army assumed virtual control of Manchuria after the Mukden incident was a stretch of about 200 kilometres from Tunhua to the Korean border. This line, which was completed in April last and was to be opened for through traffic at the beginning of September, will connect with new ports now under construction on the Korean coast and by joining up with the Korean railways will provide a further link in direct rail communication between Japan and Manchuria. The Chinese refusal to sanction the completion of this railway line did much to quicken Japanese impatience with the former Manchurian regime. A new line, due for completion by the end of this year, is being built from Lafa, some fifty kilometres westward of Tunhua, to Harbin, connecting with the Hulan-Hailin line, the northern terminus of which has already been connected with Koshan. By this means a complete loop will be formed to tap the fertile country lying northward of the Chinese Eastern Railway. With the completion of the Lafa-Harbin line and of the new bridge which is being built simultaneously across the Sungari River, trains which now are compelled to tranship their goods on to the C.E.R. at Harbin will be enabled to carry their freight direct to the Korean coast. Japanese railway officials claim that this will have the effect of reducing the C.E.R. to the status of a branch line, while the haul from Osaka to Harbin will be reduced from 2,800 kilometres via Dairen to 2,060 via Northern Korea—a saving of 740 kilometres. Plans are now under way in Japan to establish a new steamship line from Ningiita to Yuki, on the Korean coast, making possible a saving of two days in the journey from Tokio to Harbin.

Construction was started about two months ago on another line running northward from Yenki, about sixty kilometres eastward of Tunhua, through Hailin to Sanshin, an important soya bean centre on the Sungari. Produce will be brought over this railway, which will take several years to complete, to ports on the Korean coast, further undermining the position of the C.E.R. Also under way is an extension of about forty kilometres westward from Peipiao in Jehol. It is expected that within two years this line will be carried right through to Chengtehfu, the provincial capital.

Harbour Construction

Harbour construction has already started at Rashin, which is eventually to become the main outlet on the Korean coast. It is estimated that Rashin will be able to handle 3,000,000 tons of cargo annually within four years and 9,000,000 tons within ten years. Owing to the lack of natural land facilities the development of the port is likely to prove a costly undertaking, and the expenditure of 30,000,000 yen will be required during the first four years. Part of this sum will be absorbed in the building of fifteen kilometres of railway between Yuki and Rashin, including the construction of a tunnel more than four kilometres long, which will be the biggest in the Far East. Pending the opening up of Rashin, cargo will be handled through the Korean ports of Seishin, with a capacity of 1,000,000 tons annually, and Yuki, with a capacity of 400,000 tons. It is conceded that Rashin, when completed, will compete to some extent with Dairen, but it is felt that there is room for both. The fate of Hulutao, on the Chihli Gulf, where a Dutch firm had begun the construction of a harbour for the former Mukden regime, remains undecided. Work ceased there some time ago and will be resumed, it is officially stated, "if traffic justifies the opening up of the port."

While the construction of these railways and harbours will naturally benefit the country economically by opening up fertile regions which at present remain inaccessible, it is obvious that strategic considerations have entered largely into the matter. The prospect of a conflict with Russia is undoubtedly the prime motive which is impelling the Japanese to go ahead at almost feverish pace with plans which otherwise might well have been left until the existing Manchukuo system had been put in order. When the Lafa-Harbin railway is completed the Japanese will have direct transit right through from the Korean coast to Tsitsihar without using the C.E.R., and they will be in a position to rush troops to Harbin with a considerable saving of time as compared with the present route via Antung. Other projected lines with a definite strategic purpose include one connecting Taonan with Solun in the west in order to give Japan a foothold in Mongolia, and one running northward from the Hailun-Koshan line to Taheiho with the evident purpose of giving the Japanese military access to the Russian frontier at a vulnerable point.

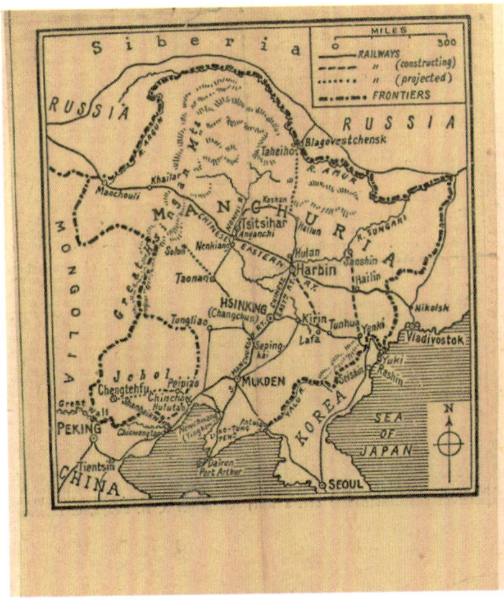

滿洲國　譯自滿其斯德導報

樊植譯

四　新工業建設

南滿鐵道株式會社繼續其向滿洲經濟之進攻最近之資本已從四億元增至八億元日金資本愈厚掌握愈較有力其大部份之財政均作為修造鐵道及港灣之用此外之副業包含鞍山之煤鐵工廠大連之製油所及化學工廠（每年能產阿莫尼亞硫酸十八萬噸）至如鉛鎂蘇打灰與水門汀之製造亦均在計劃之中

國通社滿洲國官方消息新工業建設已於本年夏季在日本滿洲合作之下開始其重要者為滿洲煤油公司

滿洲煤礦公司（除滿鐵投資之撫順煤礦而外其他之煤礦均合併在內）與滿洲電力公司等其他如酒精製造所黃麻工廠蒸溜所及天然產物之開發俱竭力謀其實現

道路與航空線

、滿洲國尚具多數極望完全之方案此中有十年道路建築計劃意於一九三四年六月完成四千啓羅米達而每年之新路建築約五千啓羅米達上下各支線早已實現而聯結奉天撫順熱河北票新京吉林洮南索倫間之幹路亦均已著手航空郵件每日按時飛行於各主要城市且已有擴究之計劃日本向對滿洲盡量投資所有一切材料需要均由該國輸入是以滿洲國對之甚為注視極力謀礦業農業牲畜飼養之發展也滿洲各部尚待開發且尤以北滿為鉅近者不竭餘力組織科學研究會以期實現各天然富源及漁林業之興盛

羊毛與棉花

增加羊毛及棉花產量之工作進行甚烈現在滿洲之羊數共約三百萬頭據計劃二十五年內將增加至二千五百萬頭滿鐵公司對飼養長毛蒙古羊與螺角羊已漸收效倘第二變種期完成後較今日之出產將三倍之足以供給日本之

需要至於棉花一項日本甚希滿洲國境及關東租界地內生產大宗棉花俾使其獨立不受美國及印度之供給目前因軋棉機與有經驗工人之缺乏關東租借地內種植之棉花為數甚少蓋恐氣候關係亦不能繁殖也

外資尚未開放

日本在奉天與新京日本區內盡量建設據統計三十主要滿洲城市區日本人口已增加四萬一千六百三十一人朝鮮人為四萬四千三百九十八人連同其他小城市及鐵道線內之人數共計增加十三萬之多以新京而論從一萬零三百二十八人增加至二萬零九百八十三人奉天之日本人總數二年以前為二萬

三千零四十五人現在之人數為三萬一千六百六十四人

滿洲政府雖高唱歡迎外資而日方極端阻撓是以高唱歡迎外資之結果不過多增日本之投資耳

№ ....

Argus International de la Presse S. A.
23, rue du Rhône — GENÈVE

Extrait du Journal : Manchester Guardian
Adresse : Manchester
Date : 15 SEPT. 1933

MANCHUKUO

IV.—New Industrial Enterprises

[This is the fourth of a series of articles written by our Peking correspondent, who has just made a visit to Manchuria.]

(From our Special Correspondent.)

The South Manchuria Railway Company continues to form the spearhead of Japan's economic offensive in Manchuria, and has recently increased its capital from Yen400,000,000 to Yen800,000,000 in order to grapple more effectively with the task. The greater part of these funds will be absorbed by railway and harbour construction projects. Subsidiary enterprises planned by the company include iron and steel works at Anshan, a chemical works at Dairen capable of producing 180,000 tons of ammonia sulphate annually, and an oil-refining plant, also at Dairen. Plants for the manufacture of aluminium, magnesium, soda ash, and cement are also under consideration.

According to an announcement made recently by the official Manchukuo News Service, additional new industrial enterprises to be launched this summer under joint Japanese-Manchukuo management include the Manchuria Petroleum Company, the Manchuria Collieries Company (which apparently is to form a merger of all Manchukuo collieries with the exception of the large open-cut mine operated by the South Manchuria Railway Company at Fushun), and the Man-

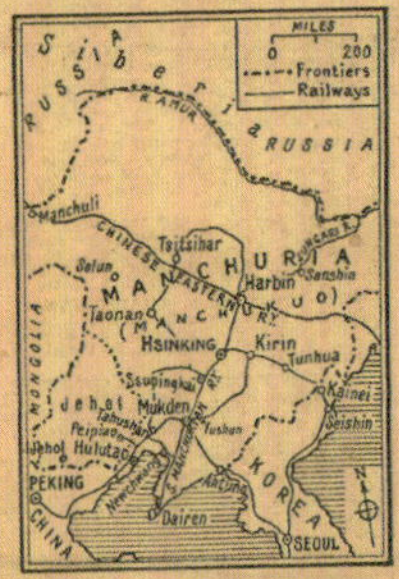

churia Electric Company, which is to undertake large-scale electrical enterprises throughout Manchukuo. Plans are also reported to be maturing for an alcohol refinery, a jute manufactory, a distillery, and a scheme for the exploitation of alluvial deposits.

Roads and Airways

The Manchukuo Government also has many ambitious schemes, including a ten-year road-building plan calling for the completion of 4,000 kilometres of road by June, 1934, progress thereafter to be at the rate of about 5,000 kilometres annually. Little headway appears to have been made so far, but highways connecting Mukden and Fushun, Jehol and Peipiao, Hsinking, Kirin, and Taonan and Solun are said to have been started. Regular daily air services are already operating between the principal Manchukuo cities and further extensions are planned. As a return for her huge investment, Japan looks to Manchukuo to supply her with the bulk of the raw materials which she is compelled at present to import from farther afield, and the Manchukuo Government will therefore pay special attention to the encouragement of mining, stock-raising, and agriculture. Large regions, especially in North Manchuria, have never been properly explored, and scientific research now being carried out is expected to disclose rich resources hitherto unknown. Plans have also been made to develop the timber and fishing industries.

Wool and Cotton

Special efforts are being made to increase the production of wool and raw cotton. At present there are about 3,000,000 sheep in Manchuria, and it is planned to increase this number to 25,000,000 within a period of twenty-five years. Experiments made by the South Manchuria Railway Company in the crossing of the long-haired Mongolian sheep with merinos have been partly successful, but the wool has a much longer staple, and it is said that the Japanese mills could not handle it without replacing their present machinery, which is adapted for the short merino variety. When the sheep are crossed the second generation, it is claimed, produces three times as much wool as the original Mongolian animal. However, there is a marked tendency to revert to type, and experts consider that it may take as long as thirty years before Manchukuo is in a position to supply more than a small part of the 200,000,000 pounds of wool required annually by Japan for her factories. Japan hopes that eventually Manchukuo and the Kwantung leased territory between them will supply her entire needs of raw cotton, enabling her to become independent of India and the United States. At present, however, owing to the lack of cotton gins and of experienced labour, there is only a relatively small acreage under cotton cultivation in the leased territory, and it is considered doubtful whether the climate will permit cotton to be grown successfully much farther north than Mukden.

No Opening for Foreign Capital

Signs of Japanese expansion are evident both at Mukden, where blocks of houses and shops are springing up in the Japanese section, and at Hsinking, where a whole new city is in course of construction. A census of the thirty principal Manchurian cities has revealed that during the past two years the Japanese population has increased by 41,631 and the Korean population by 44,398. Including the small towns in the railway zones and the interior, it is estimated that the total increase is 130,000, equalling the increase for the ten-year period preceding the Japanese occupation of Mukden in 1931. In Hsinking the Japanese population has jumped from 10,328 to 20,983, while in Mukden the Japanese to-day number 31,664 as compared with 23,045 two years ago.

Though the Manchukuo Government has issued from time to time statements asserting that foreign capital will be welcomed in connection with the economic development of Manchukuo, Japanese officials at Hsinking were manifestly embarrassed when pressed for specific information on this point. From inquiries in responsible quarters elsewhere I was led to the conclusion that, apart from risky ventures which the Japanese themselves do not care to handle, no satisfactory opportunity for the investment of foreign capital in Manchukuo exists under present conditions. The door may be open, but, as the stock jest on the subject has it, there are too many Japanese standing on the threshold for anybody else to be able to get a look in.

滿洲國譯自滿其斯德導報

樊植譯

五、商業形勢

滿洲之外國貿易除少數之汽車及貨車與日本立於競爭地位外景像不甚鮮明然追諸既往亦未常興盛也以英國在滿之貿易而論永未發達一九三〇年日本佔領奉天之前期貨物異常騰昂而其輸入滿洲之總數僅值二百四十八萬五千鎊此數之中未包含間接之貿易(即由上海與中國各地轉運而來者)而直輸貨物之中又係由香港而來非出於純粹之英商至英國到達之貨物原僅值價六十三萬九千鎊近復愈趨愈下次就美國論之在一九三〇年輸

入滿洲貨物之價值為一千五百元日金今則低落至五十八萬六千元矣

由實際觀之日本已漸掌滿洲貿易之全權關於毛織品英國雖尚佔三分之一之譜然不久將為日本所侵奪此種情形為二年以来政治變遷之結果但英商稱將仍用機妙之方法繼續進行大連為一自由港日本每瞞關避稅由之以達關東州區域近聞大批日商由郵政轉運貨物以期避繳應納之正稅云

前途尚難預測

英國在滿洲所投之資甚少而美國之車輛又為一般人

所歡迎是以汽車貿易大部份以供軍用甚為發達英美烟草公司亞細亞煤油公司及美孚煤油公司等之目前營業狀況亦有起色然將來究竟如何殊難預料烟草專利問題雖尚未成立但為可能之事各煤油商對於日本將於大連製造生油以避外貨輸入之計劃甚為注意據滿鐵當局稱此項工作僅能供滿洲五分之一之需尚與外商以繼續進行之機會然此恐為危垂繫卵不過苟延喘息耳

關於商業之討論英商稱繁盛之期雖已成過去苟能插足滿洲市場年復一年恐將逐漸復興也滿洲幣

制彚極紊亂自去年六月十五日中央銀行以三千萬資本
成立以来以前之種々悪幣已收回百分之六十聞將於一
九三四年六月完成此項工作云

（完）

638

500

MANCHUKUO

V.—The Trading Prospects

[... concludes the series of articles written by our Peking correspondent, who has just made a visit to Manchuria.]

(From a Special Correspondent.)

Except in a few lines, notably motor-cars and motor-trucks, in which there is no competition with Japan, the outlook for foreign trade in Manchukuo does not appear to be bright. But it is open to question whether in point of actual fact it ever was. British trade with Manchuria, for instance, has never been large; in 1930, the last "boom" period before the Japanese occupation of Mukden, the total imports into Manchuria from the British Empire amounted only to £2,485,000. This figure did not include indirect trade—that is, goods transhipped from Shanghai and other China ports, but on the other hand it did include many imports from Hong-Kong which were not actually of British origin. Imports from Great Britain reached the modest total of £639,000, and have declined far below that figure now. During eleven months of 1932 American imports, which had amounted to 15,000,000 yen during 1930, totalled only 586,000 yen.

Virtually the whole of the Manchurian piece goods trade has passed gradually into Japanese hands, save in the more expensive grades, and even there keen competition is developing. Britain still retains about one-third of the trade in woollens, but here again the Japanese are steadily encroaching. This is largely a natural development which the political changes of the last two years have served merely to accelerate, but British importers complain that they have had also to contend with underhand methods. Goods have been smuggled in large quantities across the border of the Kwantung leased territory from Dairen, which is a free port, and recently, it is stated, Japanese traders have imported huge stocks of piece goods and other merchandise through the Japanese parcel post, thereby evading payment of the regular duty.

Outlook Uncertain

Motor-car dealers are doing remarkably well, chiefly with motor-trucks for military use, but, either because the American type is preferred or because of lack of British interest in the Far Eastern market, this appears to have become virtually an American monopoly. Large corporations like the British-American Tobacco Company, the Asiatic Petroleum Company, and the Standard Oil Company of New York report good business at present, but admit that the future outlook is uncertain. So far the question of a tobacco monopoly has not been seriously raised, but it lurks in the background as a definite possibility, and meanwhile an increase of more than 100 per cent in the tariff on each grade of leaf tobacco has been announced. The oil companies are much concerned over the prospect of a Japanese plant being erected in the near future at Dairen to refine crude oil imported from abroad. According to officials of the S.M.R., the capacity of the plant will be limited to about one-fifth of the total requirements of Manchuria, leaving plenty of room for the foreign companies to continue their operations, but it is feared that this may prove to be merely the thin end of the wedge.

In discussing the trade outlook British importers emphasised that the day of million-dollar contracts is definitely past, and that if British goods are to find their way into Manchurian markets it will be only by slow degrees, picking up a little trade here and a little there as opportunity offers. Suit lengths were instanced as one line in which a small business might gradually be worked up. While the majority of Japanese are content with the cheaper home-manufactured product, the well-to-do prefer, it seems, an English suiting when they can get it. "But," my informant pointed out, "it would be a matter of perhaps fifty suit lengths this year, a hundred the next, and so on. You would have to work up your market little by little."

Foreign merchants appeared to be fairly unanimous in stating that the Japanese have "done marvels" in straightening out the complicated currency situation in Manchuria. A uniform silver currency at a fixed rate of exchange has been established in place of the dozen or more varieties of almost worthless paper notes which constituted one of the gravest scandals of the old regime. Through the agency of the Manchukuo Central Bank, established on June 15, 1932, with a capital of $30,000,000, the Manchukuo Government has already redeemed 60 per cent of the outstanding issues, and it expects to complete the task by the end of June, 1934.

78-57

外国报纸对国联《李顿报告书》的评论（一九三三年）

各報界對於李頓報告書後之評判

巴里斯在小報登載云李頓書中不少精細記錄但使其處于「光甜及苦」之境況

適在李頓與其團員修正改其調查錄時間日本則實行其計劃對于產生滿洲新國予以承認雖是在國聯未接收報告書前而又發生此項新枝節參加其間因此枝節李頓報告書遂又受其打擊況日本欲於其書中求一簡易解決辦法而又復生此枝節於途當更棘手難濟矣

哀米樂畢額云李頓書中之應有意義在

李頓與其團員本擬積極進行其好工作俾得協助國聯

解決最難之問題耳但力與願違雖文字上亦未與焉大凡欲調解兩國應先以其生存力而論若日本之活躍之國也中國之病夫也不能成其大志願敢之有若許中國人即有若許之中國之貪饕之軍閥對於其他祇知有自己不知有中國

照沙克馬樂西拉所述中國實在止於不佳境遇恐懼乎其所不利日內瓦和平之無視無聞僅護〔知但〕其實伊等皆係殘忍紊亂傷害分子轉向日本和平之祿兵瀆武故於李頓報告書內查有美乎屢好評判與日本報記之所述大有出入也而最稱笑談之莫過於中國政府權力尚

不能統一其國內而又請求滿洲領土權吾觀日內瓦徧於紙上談

兵之見未能踐實所以生此種種障礙此次應放棄威爾遜

之政策以達解之方

處先蘇雙指引李頓報告書不贊許國聯反向日本

之行動

用最準算術式威廉馬樂丹公佈其論調於日內瓦日報稱

攻擊所有一切於世界上蘊釀騷亂無為尊順此論調遂引

起最猛烈反向日本之國聯為是屢量李頓報告書中

之「壓制終判」雖然為此報告書內綱閣一面先贊中日

直接交涉但是此層認為無何實用況無自問是否國

63-3

睽之瞎礁曰如言人之將死猶作片刻之扎掙也

數月前軍縮會議日本代表之一澗巴牙西曾致一函於

威廉馬樂丹今日對于此函有所感也曰吾甚願對閣

下述明一切但閣下曾對於吾所聲明者吾不能勝閣下之判

語祇待以衆意見以証之也

曾回憶幾項事由各大強國皆有駐軍維護於中國領

土之上並有尊貴代表見示清朝之紊乱引証此不相信

者可在中國地上戰爭並不認為軍事行動者

並對歐洲各商会述其判証

曾有無数引証可証明中國政府之薄弱對外不能堅

持其規定將來更難保守不違反條約何能談及破
壞法律局部之損失

闊巴西牙對於國聯在会者于中日全案中之黑暗不公不自然

之見解

致馬樂丹書云何為中國政治以其弱点而邀維持者係由一種

意見錯誤判斷之力也適與閣下所見相同

以目前形勢而論放棄大多數民衆於騷擾紊亂共產活躍之

地而能維持其治安與亞洲和平者祇有一地民衆不足六千

萬簡言之日本應以何魄力維持其政治全能而使其列於

世界進化國等之地位也

再者對於事實上吾能以切實之保証非僅曾深印吾腦筋

者閣下禰意能對處於相反地位但吾等所欲致力者同出

63-6

一軌吾所立言者增援國聯之能力而無疑閣下[illegible]所立言者立於國聯與日本之間此項態度吾不能了解總之歸宗吾等完全同意者應擴大國際之組織日本以其忠實誠懇甚願參加此以正和平之舉即基於和平條約也以吾所見閣下未曾注意國際條約無限之約束與國聯指導執行者人物之區別以普通論法律與各律師不能併論律師者保証執行也故祇認律師之判解不知法律上之條文也所以閣於最有出大事件之結果[illegible]能[illegible]閣下一己之見[illegible]能達到乎吾當避免之也

切再查閣於盟約進行信守上似難更動者閣下極端意

63-7

見可能達到爭即或偶然會員之一以其種種適當條約邀其許可但該條件尚未見諸施行於其内地可能繼續運用各會員所承認之各法與各特有權於外界爭假有若許國家實不能運用其適當各條件可見其權力薄弱已越相當程度以此問題而論各會員有至重大偏見妄用其法於此國爭者以此種程序進行則恐國聯將來對於國際生存實狀漸漸相遠盟約較化而失其效用其行動更行慘淡而無益也

潤巴牙西致馬樂丹亞及蘇双之判語

曰對於此次紛爭國聯解決方法普不論之者以為李頓報告書中多有與潤巴牙西意見相似之處不似所要相遠馬樂

丹之攻擊騷擾秩序偏向日內瓦之設施壓制終判
反對日本之成見」
德未被克代驗李頓報告書於法報紙
由各報紙採得李頓報告書之前後情形預料定有障礙
於往述者國聯多代表雖曾經其專心種種之考慮後經
其議決保証勸告等等之手續而日本均未與聞為遇此
障礙不得不滞其行並咨大會不顧日本未諾贊其勸告
之趨勢祇得以法律學理而對待之
報告書中表示中國擾亂情形可及「威脅世界之和平」
無論其共產澎漲危險之可誅有允諾日本干涉之用

6

意因其所蒙受種種困苦致使國為深並曾含有滿洲

可成一種新組織之空氣

「日本行為正當否」「日否」李頓調查團言之

由其建議組織滿洲自治於「中國領土上有相似之比較」

以最後辦法而論不能再使滿洲延長於紊亂之境報告書中

曾有其高尚之建議中日兩國應互相議訂締結商約和好

友誼條約再以國聯合議定共同改造中國之方法

日本承認滿洲以有義意在國聯為極端反對之其以正式之

處罰則日本當即退出國聯在此大組織之下有此可能勝之

破隙不可不顧及也

63-10

美國未曾加入大會未信其即有何所保障也斯的木孫共非
拉特非談聲稱日本在滿洲之行為「非但美國商業權利受
其打擊和平條約亦被其威脅」紐約哀樂特報稱由哈里由
特共大泥斯共刀樂華盛頓軍縮兩代表之談話相信由此
或可得一結果其法即為法國對於滿洲事件以美國馬首是
瞻但於德國事件則以利益均沾為交換條件
由往返電報傳來反對東京帝國消息並聲言日本軍隊將
要登陸於中國吾儕無所深信但美國海軍未照每年成例
回國為經濟問題耶集中於河威一島表明形勢加大之可能
日本因佔有滿洲優勝利益決定防守之美國於此深加遠

慮以求保障於是漸有雲霧滿天之勢日內瓦能否以其方略
械能將此危機掃散之否儕應遠離此雜閙而靜觀之為
宜

魯色那報估量李頓報告書之價值

雖經李頓與其團員專心搜羅滿洲事件以求公正之意見
未料於其修正之時日本創設滿洲國遂更複雜其形勢
難於解決也

李頓報告書大有人人欲迎之概以中日利益除外莫不頌其
公正妥良之用意但可認為文學之記載缺乏能力解決問
題之能力也

以报告書理由而論承認其産危機於东亜中國處於变化擾
乱之境遇日本利益直蒙其害如是不覺自然與以日本之機
会干涉於滿洲區域
所以李頓报告書不能贊同於日本不为重視於中國誠恐其
雖有最好建議不能發生实效也

《大阪日日新闻》所载溥仪就任伪满执政前生活片断译文及原文（一九三四年一月二十五日）

樊植譯

受命於天之滿洲皇帝之生活

譯自一月二十五日大阪日日新聞英文版

滿洲國執政即將戴為新國之皇帝於一九〇六年誕生北京為醇親王之長子醇親王者光緒之弟也帝生二年後光緒無嗣於是於一九〇九年十一月十四日奉帝為天子其父醇親王攝政帝時僅三齡耳

醇親王育帝以至慎治國以至勤無賴斯時中國革命高漲至宣統三年（即一九一一年）十月十日黎元洪起義武昌全國響應烈如野火於是幼帝於一九一二年二月十七日遜位時年七歲太宗創清室凡二百七十七年遂而告終矣

中華民國於焉成立革命政府立遜位條約允帝仍居宮内稱帝由革命政府年納銀四百萬兩以為退位後之歲費

前帝宣統皇族於是乃居宮内當此之時總統府建於宮側袁世凱時為總統握大權而帝遂寂居宮中湮没無以聞

帝與皇族及教師陳寶琛等寂居宮内者凡五年苟無張勳及忠君派之復辟帝恐將續度此岑寂之生活也一九一七年七月一日張勳及其附從宣布復辟此迅急之政變引起一般之反對段祺瑞率師攻北京張勳之計劃完

全失敗爲時僅十三日耳

世人深以此爲帝恐然帝對復辟運動無以行之遂仍允居宮内度其安適之生活陳寶琛先生授經史胡適博士授新主義英人莊士敦授英文帝力致於學且富於音樂及運動之旨趣一九二二年帝年十七大婚榮源之女焉

値此之際政府允納之歲費無常有時帝復受强烈之壓迫一九二四年直奉戰爭馮玉祥敗吳佩孚達京託詞恐生第二次復辟驟起政變逼帝遷出宮内

帝出宮後與醇親王同居而仍不得安全索護於北京日本公使館芳澤謙吉任公使與帝以熱誠之保護

帝向居莊嚴之皇宮廣濶之林園今驟居公使館之房屋甚為不適某日與芳澤談話於公使館之小園內芳澤曰「屈居小園恐不甚快也」

帝后安居公使館三月與芳澤夫妻及其女甚諧一九二五年二月二十三日帝離公使館轉赴天津居日界大和旅館後復遷入張園居該處甚久直至離津赴滿就新國執政之時

當帝居津時常受軍閥及暴徒之恐嚇某日一惡漢冒名求見帝方置帽於桌時惡漢刼而逃去該帽飾有寶珠一粒價約值日金八萬云

56-1-3.4

558

56-1-3.4

OSAKA MAINICHI & THE TOKYO NICHI NICHI, OSAKA,

Before Becoming 'Boy Emperor'

Chief Executive Pu Yi, when he was three years old, seen with his father, Prince Chun who is holding the Chief Executive's younger brother, Pu Chieh.

Life of Pu Yi, Destined Emperor Of Manchuria

Chief Executive Pu Yi of Manchoukuo, who will soon be enthroned as Emperor of the new state, was born in 1906 in Peking (now Peiping) as the eldest son of Prince Chun, brother of the late Emperor Kuanghsu. Two years after Prince Pu Yi was born, Emperor Kuanghsu passed away without an heir, and Prince Pu Yi, who was then only three years old, was proclaimed Emperor of China on November 14, 1909. His father, Prince Chun, acted as the Regent.

Prince Chun took greatest care to bring up the "Boy Emperor" to be a great Ruler, and looked after state affairs with great intelligence, but at that time the revolution to overthrow the Manchu rule was on the gain among the Chinese, and on October 10 of the third year of Kuanghsu, that is, in 1911, General Li Yuan-hang started the revolutionary movement at Wuchang. The movement spread all over China like wildfire, and the "Boy Emperor" abdicated on February 17, 1912 at the age of seven. The rule of the Ching Dynasty, founded by Emperor Tatsung, which lasted 277 years, thus ended.

The Chinese Republic was established, and the revolutionary government as the condition for the surrender of rule, permitted Emperor Hsuan Tung to reside in the Palace and use the honorary title of Emperor. The revolutionary government promised to pay an annuity of 4,000,000 taels in silver to the retired Emperor.

Ex-Emperor Hsuan Tung's family, therefore, resided in the old Palace. In the meantime, the Presidential Office was built adjacent to the Palace, and Yuan Shih-kai as President gained great influence, the ex-Emperor being forced to live *he took shelter in the Japanese Legation in Peking. Mr. Kenkichi Yoshizawa, then Japanese Minister, greatly sympathized with the ex-Emperor, and agreed to accord him shelter.*

The ex-Emperor lived in a well appointed suite of rooms in the Legation, with the Empress, but after having lived long in the stately Palace with its spacious gardens, the ex-Emperor was uncomfortable in the rooms of the Legation. Once, while taking a talk in the gardens of the Legation, which are not quite small, with Minister Yoshizawa, the ex-Emperor is said to have remarked sympathetically, "you must be very uncomfortable in having to put up with these small gardens."

The ex-Emperor, however, felt quite safe in the Japanese Legation, and lived there three months. The ex-Emperor and Empress greatly enjoyed the company of Mr. and Mrs. Yoshizawa and their daughters. On February 23, 1925, the ex-Emperor left the Japanese Legation, and proceeding to Tientsin, stayed at the Yamato hotel in the Japanese Concession for some time, and then moved to a residence at Changyuan, Tientsin. He lived in that residence until he left for Manchoukuo to be the Chief Executive of the new state.

While living in his Tientsin residence, the ex-Emperor was often threatened by the military and ruffians. Once a hoodlum obtained an interview with the ex-Emperor, using a false name, and when the ex-Emperor placed his cap on a table, the interviewer snatched the cap, which was decorated with a crysoprace valued at about ¥80,000, and fled from the residence.

in oblivion.

The ex-Emperor lived a lonely life in the Palace with his family and his tutors, Messrs. Chen Pao-shen and Shih Hsu for five years. He would have continued to live in this way had it not been for the resuscitation movement started by General Chang Chun and other loyal retainers of the Ching Dynasty. On July 1, 1917, General Chang Chun and his followers engineered a coup d'etat, and proclaimed the resuscitation of the Ching Dynasty. The attempt was too sudden, and the general public strongly opposed it. Leading his troops, Marshal Tuan Chi-jui attacked Peking, and General Chang Chun's attempt completely failed within 13 days.

Many people feared for the safety of the ex-Emperor on this account, but the Emperor, having had nothing to do with the resuscitation movement, was allowed to live in the old Palace as before. He led a peaceful life again, and applied himself diligently to study. When the ex-Emperor reached the age of 17 in 1922 he married a daughter of his loyal subject Mr. Ying Yuan. He was taught Chinese classics by Mr. Chen Pao-shen, new theories by Dr. Hu Shih, a Chinese scholar of the new school, and languages by Mr. Johnstone, a Britisher. He took much interest in music and sports.

Meanwhile the annuity payment by the government was not made regularly, and the ex-Emperor was sometimes very hard pressed. In 1924, when the Mukden-Chihli war was going on, General Feng Yu-hsiang, betraying Marshal Wu Pei-fu, engineered a coup d'etat in Peking, and sending his troops to the Palace, demanded that ex-Emperor Hsuan Tung vacate, on the pretext that if the ex-Emperor stayed in the Palace there was fear of the outbreak of another resuscitation movement.

The ex-Emperor, accordingly, retired from the Palace and lived with his father, Prince Chun. His safety was still very much endangered, and

《东京万朝报》所载溥仪就任伪满执政后生活片断的译文（一九三四年一月二十六日）

憲法頒布以前萬民敬仰之

執政之簡素日常生活

樊植譯

譯自一月廿六日日文版東京萬朝報夕刊

滿洲國將於三月一日頒布憲法政治威容愈為之整下為舉國三千萬民衆敬仰之執政之近来日常生活

滿洲國執政之日常生活極為有條不紊而以對内外時事尤特深為注意在執行重要執務間拒絕引見内外之伺候者餘暇流覽新聞圖書僅於午飯後作網球果而夫鷄毛球散步種々之運動雖深夜尤執行政務或埋頭

讀書七十餘歲之經學大家（王乃徵）時為進講我菱刈全權一月接見三次閑散會心一閱書籍為執政之第一快事平生多著洋服御中國服時甚少最近執政之制服及佩刀已製定今後遇正式場合當用之至於飲食為普通質素之中國菜蔬且喜日本之豆醬湯每食必備目下之執政府位於舊吉黑權運局一國元首之居所如此簡素而執政乃曰「三千萬民衆生活未安定時泣飢寒能建設平和之樂土及滿足矣」此所謂「先天下之憂而憂後天下之樂而樂」躬行實踐之王道精神也僅此一端日滿兩國〻民不勝感激之至云

瑞士人胡思特贺溥仪称帝的信译文及原文（一九三四年二月四日）

瑞士胡思特原函譯文　　樊植譯

敬陳者恭逢

皇帝陛下登極大典外臣虔申賀忱并祝

貴國人民幸福外臣生於瑞士出身平凡

善於器具製作及運動且能操德法英語因

向對遠東事件感覺興趣故不揣冒昧函懇

錄用俾得首途來滿近侍

天顏為國宣勞也如蒙

恩准不勝感激之至恭此謹呈

皇帝陛下

附呈照像一張

胡思特謹呈 二月四日

580 14

Am Zürichsee, Insel Lützelau - Sur le lac de Zurich, île Lutzelau
Sul lago di Zurigo, isola Lützelau - On the lake of Zurich, Lützelau island
Phot. Gaberell

Zürich, den 4. März 1934.

Ehrwürdige Majestät!

Darf sich der Unterzeichnete erlauben, Seiner Majestät zur Krönung als Kaiser des Staates Mandschukuo zu gratulieren und Seiner Majestät, wie auch dem Volke Glück wünschen. Da ich seit

58'
16+4-2

Jahren die Vorgänge im fernen Osten mit Interesse verfolge, bin ich mit den dortigen Verhältnissen ziemlich betraut und kann Seiner Majestät daher aus vollem Herzen Glück wünschen.

Der Unterzeichnete ist ein einfacher Schweizer, gelernter Möbel-Schreiner und Sportsmann mit jahrelanger Erfahrung auf beiden Gebieten, spricht deutsch, französisch & etwas englisch und möchte Ihnen, Ehrwürdige Majestät, gerne seine Dienste offerieren, da es sein grösster Wunsch wäre, Seiner Majestät

582
16-4-2

irgendwie dienen zu können und damit sich das Märchenland, die Handschrift, zu erschliessen.

Genehmigen Sie, Ehrwürdige Majestät, die Versicherung meiner ergebensten Verehrung,

Heinrich Wüst,
zum Weingarten,
Höngg-Zürich.
Schweiz.

Beil.
1 Photo.

583
16-4-2

美国人陶雷贺溥仪称帝的信译文及原文（一九三四年二月十六日）

美國陶雷原函譯文

樊植譯

敬陳者

陛下就任大滿洲帝國皇帝王道治國外臣甚為

陛下祝且賀也茲謹敬祝

陛下及

皇后陛下健康並願他日能賜見是幸謹呈

皇帝陛下

外臣陶雷謹呈 二月十六日

584
16-3-1

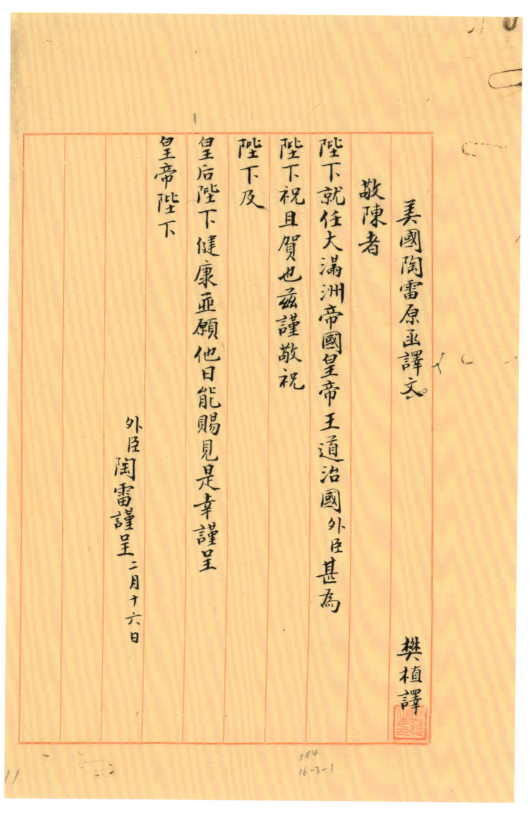

0020

U. S. A.
209 Prospect Avenue
Dunellen, New Jersey
Feb. 16, 1934

"Most Excellent Majesty"
King Henry Pu-Yi,

I wish to have the honor, to extend my best wishes, for your success when you become Monarch of the new "Great Manchu Empire."

Also hoping your eye sight will be restored to normal; and best of health to you, and to your wife.

Someday hoping to have the highest of honors bestowed upon me in seeing you.

Peter Doren Jr.
"An American boy of 19"

585
16-3-2

美国人阿文为贺称帝并请赐美儿童玩具等事致溥仪的信译文及原文（一九三四年二月二十七日）

美國阿文原函譯文　樊植譯

敬陳者閱報紙悉得

陛下登極外臣謹致誠賀並祝幸運竊外臣以謀社會福利為素願

於今之際伏乞

陛下對於美國兒童予與賞賜如玩具扇圍巾茶木等皆可賞

賜於男女兒童者也如邀

恩准請即賜下是感恭此謹呈

滿洲國

皇帝陛下

外臣阿文謹呈二月二十七日

603
16-10-1

29

Feb-27-1934

Mr Henry Pu Yi

Dear Sir + Emperor

2

I extend you best wishes and good luck on your enthronement. I read about it in the paper and as I have been choosen to solicit prizes for a benefit social we are having for poor of this vicinity I thought I would intrude on your generosity and ask if you would send me something to this United States of America where you had the pleasure of visting. Anything a doll, would be appreciated by a girl or anything from the Orient a fan, shawl or a piece of teawood, I hope I will have the honor of being the first to recived something from you since you have been raised to your high honor,

Thanking you in advance

I remain Respt Yours.

Mrs Thos. Matthews over

604
10-10-2

紐約郭哈雷醫生原函譯文　樊植譯

敬陳者茲甚願為
貴國介紹視力測定學倘蒙准予接洽外臣當前來
貴國開始新事業之進行也此呈
皇帝陛下

外臣郭哈雷謹呈二月二十八日

Dr. HARRY COHN
Optometrist
Reg. No. N. Y. State 312
Reg. No. Conn. State 285

Tel. ORchard
4-8126

Eyes Examined
Glasses Fitted

Triangle Optical Co., Inc.

111 DELANCEY STREET
NEW YORK CITY
Cor. Essex Street

№ 7

Date FEB 28TH.

Hon Henry P. u-Yi:

It would be my greatest desire to introduce Optometry in the new Manchurian State. If the initial arrangements can be made I am willing as a pioneer to endure the hardships in my new venture.

Yours
Harry Cohn

597
16-5-2

(7)

美国人威特为请赏赐皇帝照片及邮票事致溥仪的信译文及原文（一九三四年二月二十八日）

美國威特原函譯文

樊植譯

敬陳者恭求

賞賜

御容一幅

貴國郵票數種并祝

貴國康寧興盛謹此謹呈

皇帝陛下

外臣威特謹呈 二月廿八日

5$ Windsor Street,
Arlington, Mass.,
February 28, 1934.

Emperor Kang Teh,
Hsinking (Changchun)
Manchukno

My dear Emperor Kang Teh,

Wishing you a most peaceful and benevolent rule over your kingdom, I am asking of you a favor.

Please send me an autographed photograph of yourself also would you be kind enough to send me some postage stamps issued by your kingdom.

Yours very truly,

James E. Witt

James E. Witt

JEW/BER

595
16-6-2

21

捷克人茜生贺溥仪称帝的信译文及原文（一九三四年三月一日）

捷克斯拉夫茜生原函譯文　　樊植譯

外臣茜生恭祝

陛下萬歲國運興昌如蒙賜

諭不幸榮幸之至謹此恭呈

滿洲國

皇帝陛下

外臣茜生謹呈　三月一日

592
16-7-1

23

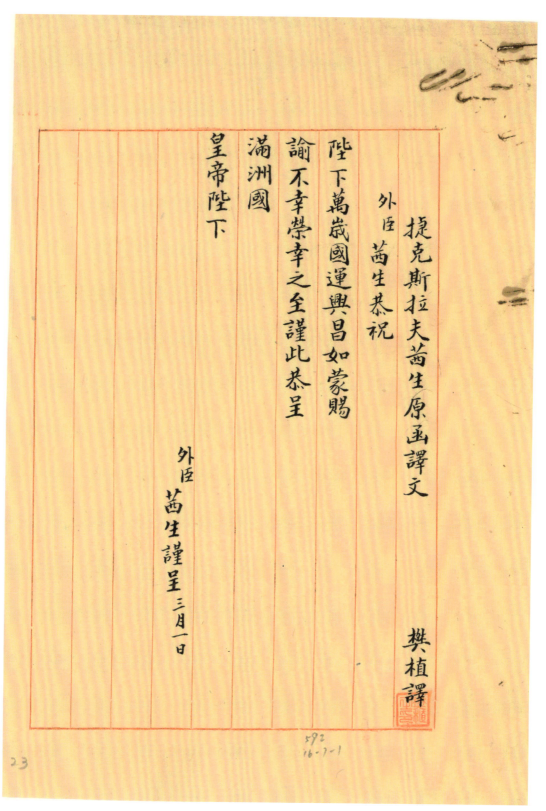

№6

Sir Kang Teh,
this time emperor of Manchourie.

Expression of good wishes.

Sir,
I wish to Your writing best, from family to Your people and Nation long time held and luck!
Thats all so from mine hert.
A few lines from You wil greatly oblige.
Believe me, Sir, to be with the highest esteem
Your very humble servant
Jos. Sista.

1/III. 1934.

Sender: Jos. Sista,
Hradec Králové II. 491.
Czechoslowakia, Europa.

593
16-7-2

24

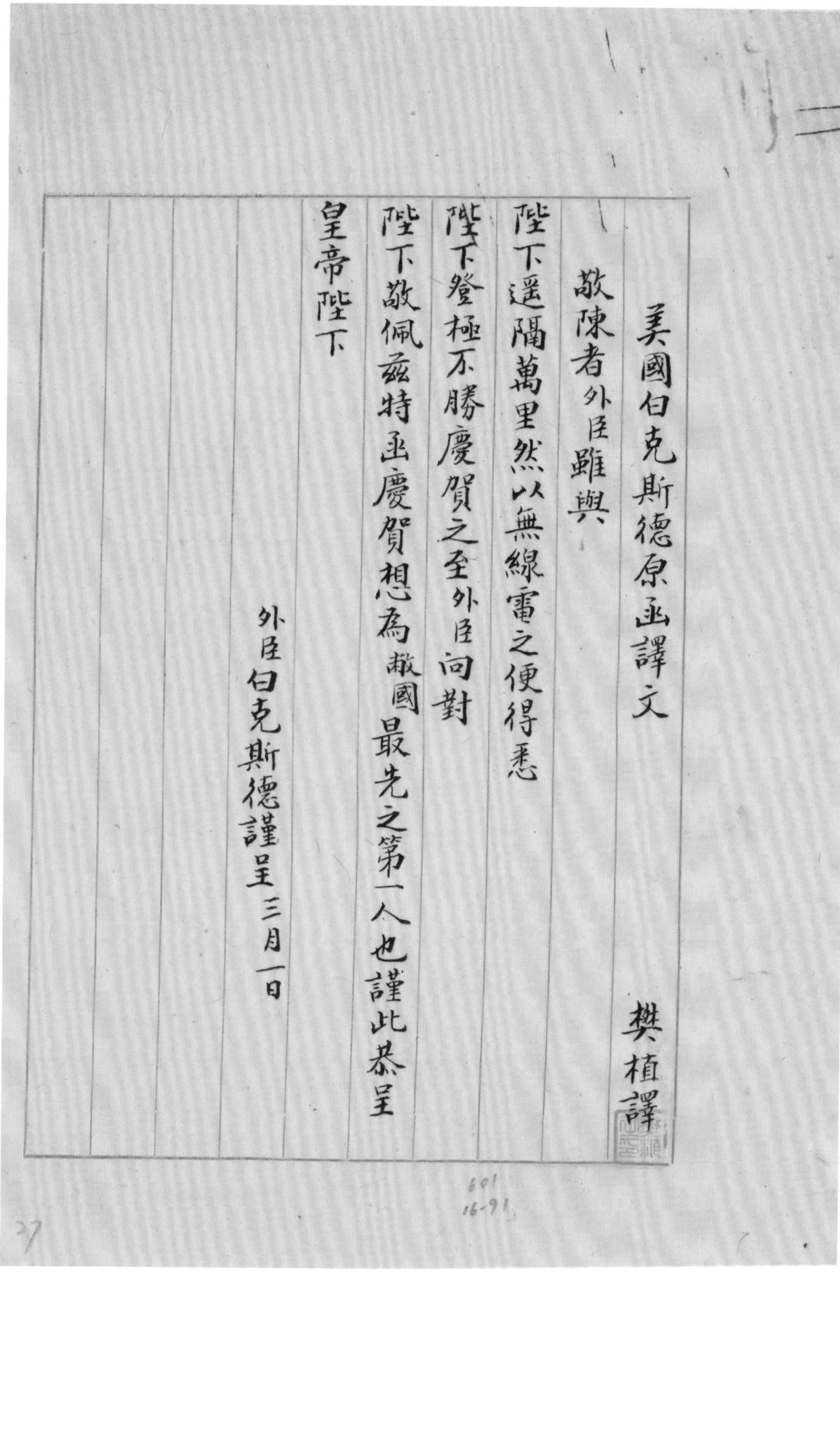

美國白克斯德原函譯文　　樊植譯

敬陳者外臣雖與
陛下遥隔萬里然以無線電之便得悉
陛下登極不勝慶賀之至外臣向對
陛下敬佩茲特函慶賀想為敝國最先之第一人也謹此恭呈
皇帝陛下

外臣白克斯德謹呈　三月一日

601
16-91

27

602
16-9-2

0022

150-43 Hoover Avenue
Jamaica, N.Y.
U.S.A.
March 2, 1934

Dear Emperor Kang Teh;

After reading the account in the newspapers about you, I would like to add your Autograph to my collection.

I hope you will honor me thus, by sending me your autograph.

Good Luck and Best Wishes.

Sincerely
Anna B. Rapaport

美國雷派克原函譯文

敬陳者閱報載

陛下之一切茲謹恭求賞賜

御筆一幅如蒙

恩不勝感謝之至謹此恭呈

皇帝陛下

外臣雷派克謹呈 三月二日

樊植譯

美国旧金山人胡特贺溥仪称帝的信译文及原文（一九三四年三月三日）

美國舊金山胡特原函譯文　　樊植譯

敬陳者遥聞

陛下依民意加冕不勝欣悦兹謹致誠意之慶祝並願

陛下及

皇后陛下萬歲　外臣甚喜中國之哲學及習慣屢欲訪問但不知他日能償此夙願否兹附呈敝國報紙數則想

陛下必樂於覽閲也肅此謹申誠敬並祝幸福無量謹呈

皇帝陛下

外臣胡特謹呈　三月三日

4801 California Street.

San Francisco, California
March 3rd 1934.

To his Highness,
Emperor of Manchuria;

I wish to eptend my congratulations and prays for a long and successful reign, to you and your beautiful Empress.

Enclosed are some of the publicity given you in our papers, that I thought you might enjoy reading. I am sure your subjects should be very proud of you as there leader.

My own desire in life has been to visit China, I love its traditions and philosophy, and hope some day to visit its wonderful cities.

I hope you will forgive the liberty I am taking in writing you as it is prompted by deep feeling. May all blessings be yours.

587
16-2-2

Sincerely
Jean E. Hood

美国人米克哈维兰为询问提高教育方针事致溥仪信及译文及原文（一九三四年三月三日）

美國米克哈維蘭原函譯文　　樊植譯

敬啟者外臣等為新集塞地方高等學校學生閱報得悉

陛下及

貴國之一切如屬確實誠可異也

貴國新建關於提高教育不識

陛下有何方針如

陛下能分百忙之暇請按下列住地賜覆是感此呈

皇帝陛下

外臣哈維蘭
米克　謹呈　三月三日

瑞士人白雷为索要签字照片事致溥仪信译文及原文（一九三四年三月三日）

瑞士白雷原函譯文

樊植譯

敬陳者去歲曾上書
陛下求於附呈之
御容上賜予僉字然迄今未獲覆
諭也茲復附呈
御容一張求爲僉字其上如邀
恩准榮甚幸甚倘不蒙
天寵伏乞將原件及去歲附呈者一併賜下爲感謹呈
滿洲國
皇帝陛下

外臣白雷謹上 三月三日

600

26

陈宝琛为告近情事致胡嗣瑗的信（一九三四年三月四日）

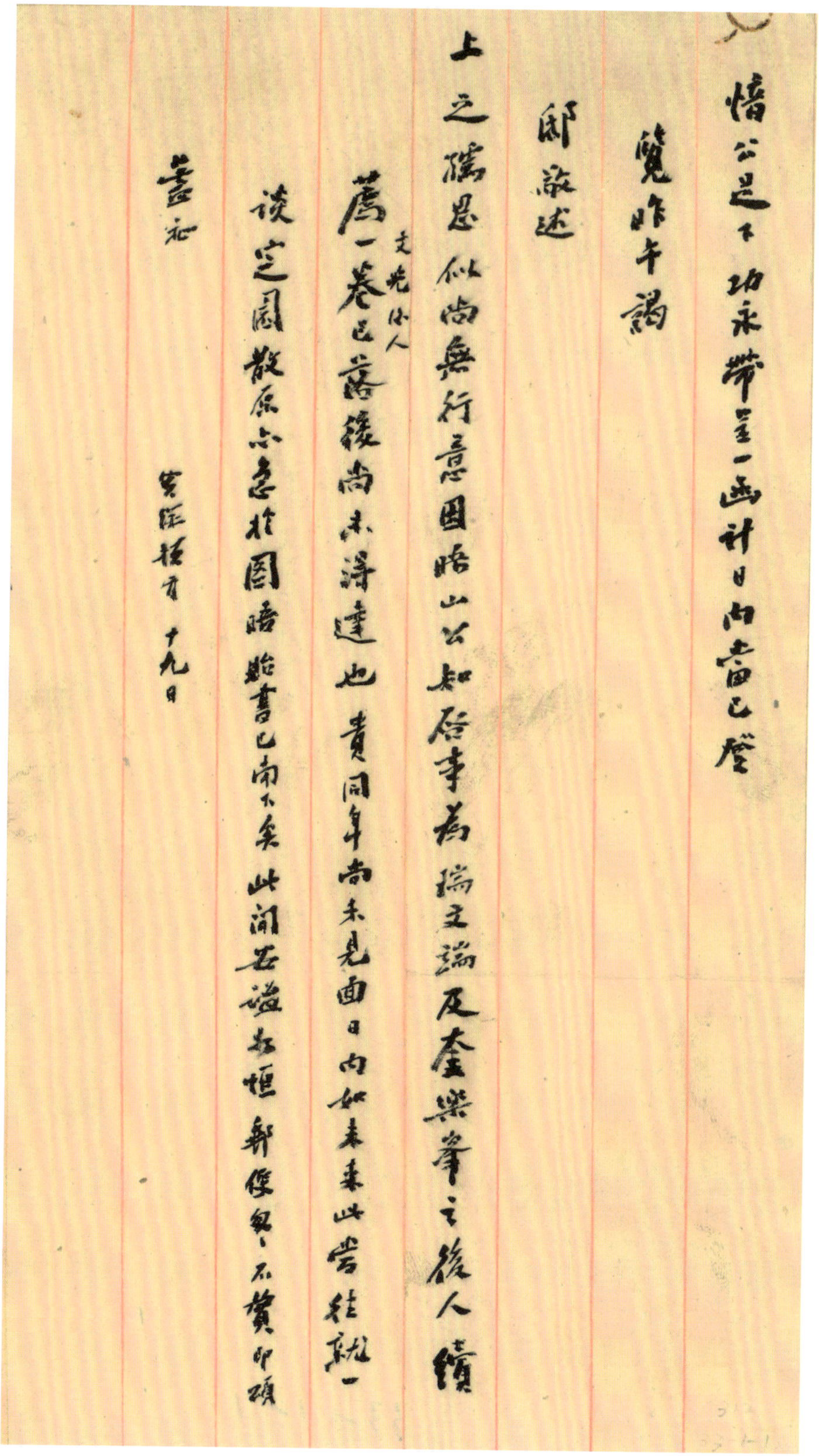
愔公足下功承帶呈一函計日內當已登
覽昨午謁
邸敬述
上之隆恩似尚無行意因略以山公啟事為端揆文端及奎樂峯之後人續
薦（文光係人）一卷已蒞後尚未得達也貴同年尚未見面日內如未來此當往訪一
談定園散原亦忽於圖晤貽書已南下矣此間若識好恒郵便與之不贅即頌
藎祉
寶琛頓首　十九日

美国人史利姆贺溥仪称帝的信译文及原文（一九三四年三月五日）

美國史利姆原函譯文　　樊植譯

敬陳者

陛下就任第一代皇帝村人無不深表敬意外臣雖為十四之穉子

對於

陛下亦誠表祝賀也茲懇

陛下賞賜

御容及

御筆各二幅一珍存敝校一留家藏倘以

皇后之

御容見賜則更不勝榮幸之至謹此敬呈

皇帝陛下

外臣史利姆謹呈　三月五日

2

Mar 5, 1934.
Monday.
Lederach.

0018

Your Majesty

I am only a boy of 14. I am writing you asking for 2 of your photograph and two of your autograph. One is for my High school & one for myself

My address is:

Gordon Curtis Clemmer
Lederach, Pennsylvania.
Mongt. County
United States of America

You are greatly respected in our village. and if you wish you may send a photograph of her empress Pu yi. I wish to congratulate you for being the first

590
18-1-3

Emperor of Manchukuo.
I sincerely hope you
will stay in office for
many years to come.

Yours Truely
Gordon Flemmer

P.S. I will be anxiously
waiting for a reply.

陈宝琛为伪满政权当有新气象及自己身体仍未康复事致胡嗣瑗的信（一九三四年三月九日）

元夕函廿到，現又涉旬。新宮揆同，當有一番朝氣象，消長之機，亦即興替所係，想必歸期亦稍

緩耶。循循得而復失者，為好事者所阻撓。五談上，許陽均不知所指。回陽舊是忠懇，關係來居上矣。玉

出處之仍將到處發，卅一是非權之才，豈能久於處內。然無論在內在外，恐其害活處多。劉正容步，視乎用

者能擇從之，從亮猶乎。若此能濟，則掌盤之責任，喫重有輸於玉者。然其為肩小所據，不知離然能不

為所青否？此夙夜所望望之者也。春秋日親醫藥，通病雖略減，轉無能不能健康。迄此半期，尚非到院一轉。

聞一帝服之藥，方敢到津。來信所言奇為要緊。玉章兩接，言日須開，諸在舊處並心諒之。新殿宮

祿不寄，一切無定，不贅。

旅祉

正月廿四 琛頓首

陈宝琛为忧心日本欲别树一帜以屏蔽「新国」等事致胡嗣瑗的信（一九三四年三月二十四日）

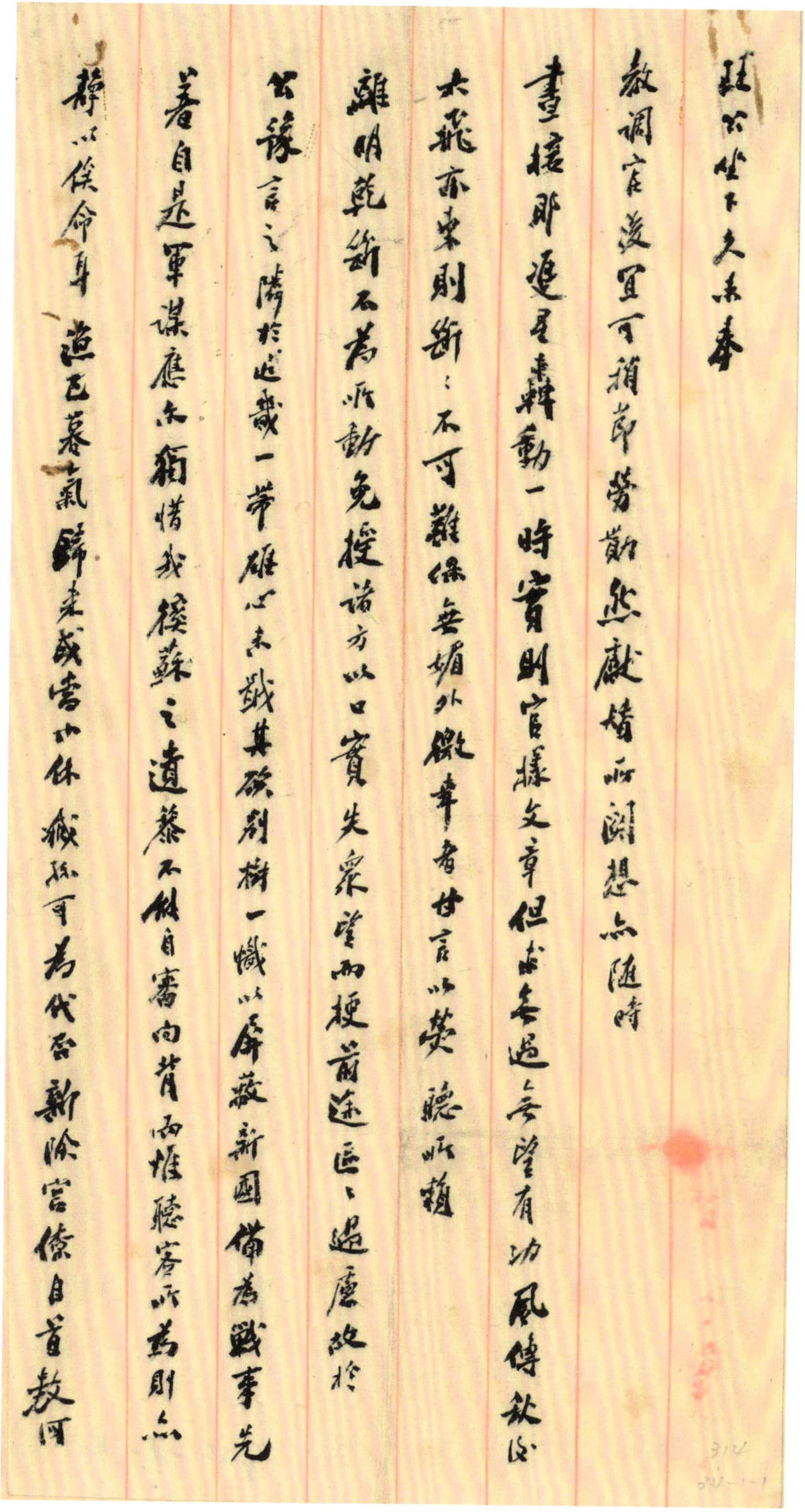

琴公世丈大人：承奉

教，調官後宜可稍節勞勩，然獻替所關，想亦隨時

書達。那邊是舉轟動一時，實則官樣文章，但求無過，無望有功。風傳欲迎

大駕亦來，則斷斷不可。難保無媚外徼幸者甘言以熒聽，所賴

離明乾斷，不爲所動，免授諸方以口實，失衆望而梗前途。區區過慮，故於

公豫言之。隣於近歲一帶雄心未戢，其欲別樹一幟以屏蔽新國，備爲戰事先

着，自是軍謀應爾。獨惜我徯蘇之遺黎，不能自審向背，而惟聽客所爲，則亦

靜以俟命耳。適已暮春，氣歸來或當少休，臧孫可爲代否？新除官僚自首數何

陽借花穠遂歸衛湘人物究有擩染太真見知以詠能得中秘而休期適至

毅菴

公與子將所汲引部圓和甚謨認為府中造所甄別若干其集矢益可意揣直道之

難容私見之難化殺以朝危時猶不免此可為浩歎辭之必要者

公乏而錄敘者即以其盡己奉公常宣不渝仍望始終如一促少數鋒能以免悮

倍為

君國計非為身謀也衰態日甚適有便鴻草草奉布即頌

藎安

稿益首 二月初十日

此函本寄劉寅敬華等帶因其尚未行取回另寄

陈宝琛为读天津转来信函等事致胡嗣瑗的信（一九三四年三月二十六日）

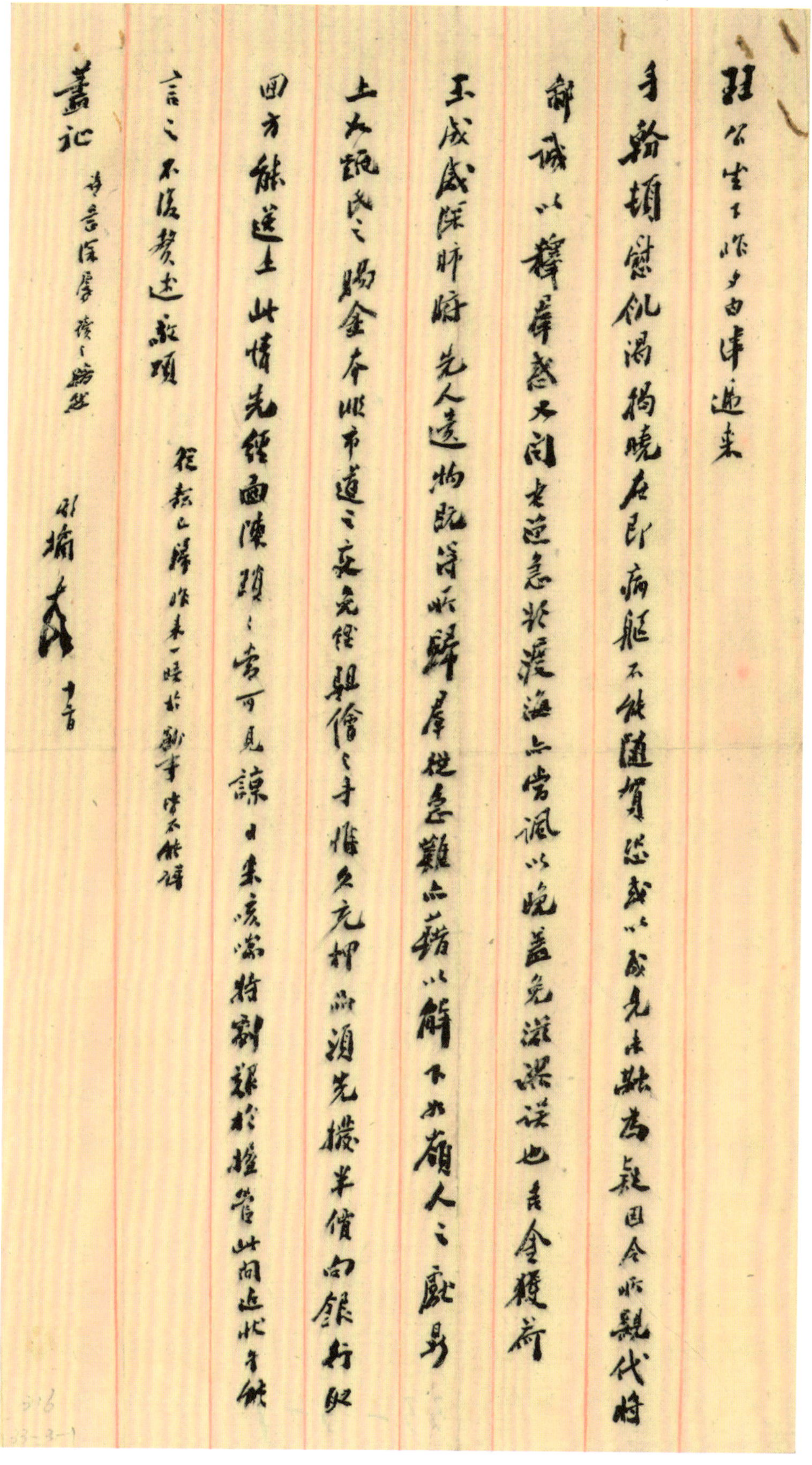

琴公坐下：昨夕由津遞來

手翰，頓慰饑渴。獨曉右臥病，既不能隨駕，恐或以或先未能為疑，因令昕親代時

聆誠，以釋群惑。又聞老迨急欲渡海，亦嘗諷以曉，蓋免遲誤也。去金獲荷

玉成，感深肺腑。先人遺物既得昕歸，群從急難亦藉以解。下此顧人之獻曝

上方，甄存之賜金，本非市道之交。先經親償之手，惟久充押品，須先撥半價向銀行贖

回，方能送上。此情先經函陳，頃之當可見諒。日來咳喘，特割錄於握管。此間近狀，當能

言之，不復贅述。敬頌　從者亦已歸，昨來一晤，於新事當不能詳

蓋祉　亞言湄舉讀之觴然

弟寶琛　十二

陈宝琛为汇款一事致胡嗣瑗的信（一九三四年三月三十日）

琴初老弟：日昨奉
函後即復一緘，托人郵遞，諒已入
覽。頃任振采交來致本行陳澈之信一封，據云應與前往匯款之人面
致劉行長，收同時據奉行財匯費一節，當可免交尤荷。祈
附奉上
閱。此項項者或須借重
大筆一行與劉驂蓀為對婿梓先也。
令兄已愈未？念極。即頌
日祉。 弟名心叩 二月十六日

陈宝琛为劝胡嗣瑗善待自己爱护身体事致胡嗣瑗的信（一九三四年四月十三日）

晴初仁兄足下在津邮呈一缄计早登
覽默園歸知
令兄竟不起遂令
足下孔懷篤摯時為盡然去歲蒼海藏詩有歲歲相從張一面權將死別
當生離之語
今之情景亦復相似而孤立搘危所繫尤重望
善自寬譬以為
君國愛身也後起能否自立不至累

公肇遷否合極鉶入春醫藥不效喘嗽漸平而寒熱散注肢末指腫妨書
跡燗碍復療治渉自頭始出户數日内仍當引年以便音問計老漁迴權當
有笛譜可聽矣夢寐習於靈素得無近墨之累亦能上當
一德下結同心否我謂其戲蒯某被裁有憾於
此我不其然近日時局亦至不安少暇再布手此即請
蓋安

脩[signature] 五十日

日本报纸刊载熙洽访问日本归来发表的声明及同记者谈话情形译文及原文（一九三四年四月二十九日）

熙特使等自櫻花國日本歸来

莊壽尔譯

熙洽財政部大臣奉

滿洲國皇帝差遣為修聘特使訪問友邦日本於朝野各方面之熱誠歡迎中完成大命先鄭特使離日返朝此行亘三星期於十九日午後七時半抵新京驛頭自沈宮内府大臣以下各部大臣石丸侍從武官各要人等關東軍方面西尾參謀長以下各幕僚大使館方面各參事官等要人多數出迎新京驛前呈近来稀有之盛况七時三十分熙特使及至奉天出迎之遠藤總務廳長並隨員等所乘列車抵站熙特使黑色之面上微含笑容充滿精神自展望車

步下與來迎者諸人握手星野財政部總務司長以下六
隨員重歸懷念之新京亦均滿溢喜氣衆即入貴賓
室向出迎者致謝後搭汽車列隊返熙大臣自邸當熙
大臣抵車站時發表聲明如下
離帝都凡一月茲已完成訪日修聘特使之大任平安無
事重返帝都予心中唯有感激二字在日本内地時蒙
天皇陛下特別待遇對於滿洲國之將來日滿兩國關
係賜以可謝諭旨對此深厚聖意除感激零涕外別無
可言至於到處皆受各方面官民之誠懇歡迎至今仍
感日滿兩國如父子兄弟之親熱日本國民上下皆助滿

洲國之發展其決定確固不拔維持東亞和平之死心
及忍耐重大之犧牲以其希望愛兒長成之懷盼滿洲
國之生成發展予痛感吾儕滿洲國民今後於日滿
兩國共存共榮大義之基礎上愈當固其國礎增其國
力達成確保東洋和平之光明大事業以日本國有力之
援助期其早日告成以報日本國民之非常好意此感
想乃予為三千萬國民携束之最大收穫也

かノ一

◎後の日本より
熙特使一行歸る

（新京十九日國通）滿洲國皇帝御差遣の修聘特使として友邦日本を訪問朝野各方面の熱誠な歡迎裡に無事大任を果し鄭特使より一足先へ日本を出發した熙洽財政部大臣は三週間に亘る旅を了へて十九日午后七時半新京に到着した、驛頭は沈宮內府大臣以下各部大臣、石丸侍從武官、各要人、關東軍より西尾參謀長以下幕僚、大使館より谷參事官を始め各要人關係者多數の出迎へ人に埋められ新京驛は近來にない賑はしさを呈した、七時三十分熙特使一行及び奉天まで出迎へた遠藤總務廳長を乘せた列車がホームに到着するや展望車より降り立つた熙特使は黑い顔に元氣な微笑をたゝえて出迎へ人と握手を交し星野財政部總務司長以下の六名の各隨員も懐しい歸京に喜ばし氣である、一行は直ちに貴賓室に入り、出迎へ人の挨拶に答へて後特使一行を乘せた

かノ二

自動車は驛頭より列をなして熙大臣の自邸に向つた、尙熙大臣は驛到着と同時に左の如きステートメントを發した

帝都を立ちてより一月玆に滯りなく訪日修聘特使の大任を果し只今無事帝都に歸り着きまして私の心中に在るものは只感激の二字であります

日本內地に於きましては畏くも天皇陛下より身に餘る御待遇を賜り、又滿洲國の將來日滿兩國の關係について誠に有難い御言葉を頂戴致し大御心の深く厚きに只感泣に咽ぶの外はありませんでした、又官民各方面よりは到る所誠意あふるゝ歡迎を受け今更乍ら日滿兩國　の親子兄弟にも比すべき關係をしみじみと感得致しました

日本國民は上下共に滿洲國發展を助け、之によつて東洋の平和を維持する爲には確固不拔の覺悟を有し、又甚大なる犧牲に耐え而して吾子の成長を見るが如き心持で滿洲國の生成發展を希望致して居ります

かノ三

我々滿洲國民は今後日滿兩國共存共榮の大義の基礎の上に愈々國礎を固め、國力を增進し東洋平和確保と云ふ光輝ある大事業の達成について日本國に有力なる御手傳を爲し得る日の一日も速かならんことを期し以て日本國民の非常なる好意に報ひねばならぬと痛感致します、而して此の感想が私の三千萬國民に齎した最大の家苞であります

康德元年四月十九日

財政部大臣　熙　洽

了

熙特使在車中談訪日之感想

莊壽尔譯

滿洲國修聘特使奉遣櫻花盛開之日本無事完成大任之財政部大臣熙洽氏及隨員星野総務司長以下六名雖經長途旅行毫無疲容凭車窗流覽久別之滿洲大野並與至奉歡迎之遠藤総務廳長等叙談記者於中途上車訪問交名片後即欣然招語如下

問：在日本印象最深者為何

答：予別離日本十三年今次訪問受朝野之熱烈歡迎至今腦中仍未忘感謝此番所見之日本與前次不同之印象為都會之機械化工業交通均意外

發展人衆亦如機械之正確

問：滿洲有無機械化之必要

答：産業及其他方向意為極須機械化以旺盛生産人衆亦當養成如機械之工作習慣尤必要有精神的訓練

問：傳聞晤見齋藤首相時關於日滿經濟提携有種種談話其具體内容如何

答：祇談日滿兩國提携努力發展經濟並無何種具體者

問：與民間之懇談會對於關税改正等有無希望

事項
答：並無希望事項
問：聞鄭總理與齋藤首相會見時有建國目的
已達歸國後將提出辭呈之説確否
答：予意謂無談此事之理
問：與各舊友懇談否
答：僅與予所屬之習志野騎兵十五聯隊戰友敘談
一晚以過於繁忙所約未果頗為遺憾
問：令郎健否
答：刻在成城學園學習日本語過一年後使其入本

人所願入之學校

至此會見告終沿線停車時官民多數揮五色國旗歡迎特使等人返國熙特使一一答以鄭重言詞於七時半在盛大之歡迎波中安抵新京矣

熙ノ一

◎熙特使車中に
訪日感想を語る

（新京十九日國通）晴れの滿洲國修聘特使として櫻咲く日本に使し無事大任を果した財政部大臣熙洽氏は隨員星野總務司長以下六名を從へ長途の旅に疲れも見せず窓外に展開する久々に見る滿洲の原野を懷しく氣に眺め乍ら奉天まで出迎へた遠藤總務廳長等と親しい語らひを交してゐたが途中まで出迎へた記者が刺を通ずれば快く招じ左の如き一問一答を爲した

問 日本で最も印象の深かつたのは何でした

答 自分は日本を十三年振りで訪問し朝野の熱誠な歡迎を受け今尚その記憶が腦裏から去らない程感激してゐる、今度見た日本で前回と印象の異つてゐると思ふ點は都會が機械化し工業や交通が素晴らしく發達して

熙ノ二

人間までが機械の樣に正確になつたことだ

問 滿洲も機械化する必要がありませんか

答 産業其他の方面は大いに機械化し生産を旺盛にせねばならぬと思ふ、人間も漸次機械的に働く習慣を養ふ必要があるが更に精神的訓練が必要だ

問 齋藤首相との御會見の際日滿經濟提携に關し種々御話があつたと傳へられてゐますがその具體的內容はどんなものでしたか

答 日滿兩國提携して經濟的發展に努力しやうと話つたのみで具體的なものは何もない

問 民間との懇談會で關稅改正等に對する註文はありませんでしたか

答 そんな註文はなかつた

問 鄭總理が齋藤首相との會見の際建國の目的を達したから歸國後辭表を提出すると洩されたさうですが事實ですか

答 そんな事を言ふ害はないと自分は考へる

熙ノ三

問　舊友の方々と懇談しましたか

答　自分が所屬してゐた習志野騎兵十五聯隊で一夕戰友と語つたのみで多忙のため數多くの約束が果せなかつたのは遺憾であつた

問　御令息は御元氣ですか

答　成城學園で日本語を勉強してゐるが一年程したら本人の希望に委せ然るべき學校に入れたいと思ふ

と語り、會見を打切つたが沿線停車驛には官民多數五色旗を打振り將使一行の晴れの歸國を迎へ之に對し熙將使は鄭重な言葉を返しつつ午后七時半歡迎のうづ卷く新京驛に到着した

了

日本报纸刊载日本对伪满洲国投资问题的争论译文及原文（一九三四年四月二十九日）

對滿投資問題之積極論統制論相對峙　莊壽爾譯

滿洲治安已臻恢復同時日本對滿投資亦急激增加

因此生積極與統制兩論統制論之根據為

一、在日滿經濟制確立之前如行自由投資將來於

日滿經濟統制上恐有重大障害之虞

一、如放任行之將誘致不純不健事業之統制則健

全且必要之統制將致回避

一、對滿投資增加之結果則國內事業資金滯對產

業資本之低金利政策難以澈底

積極論者之根據則謂

一、新興滿洲須要巨額之建設物資輸入過超國際借貸之決濟唯有俟資本之流入

一、如日本限制對滿投資則外國資本易於流入於將來之事業統制上恐有困難

雙方各執其辭互相對峙而大藏省之見解則謂以滿洲國自體國際借貸之故認為對滿投資乃必然之事至於投資之統制頗為困難然以與日本金融政策有極重要關係擬乘此機會派津島理財局長渡滿視察藉以認識全滿金融經濟之狀態云

對滿投資問題で 積極論統制論對峙

津島理財局長近く渡滿せん

【東京二十七日發國通】滿洲治安の恢復と共に我對滿投資も急激に增加するに至つたので之をめぐつて對滿投資、放任主義と、統制論とが對立するに至つたが統制論の根據としては

一、日滿經濟統制の確立を前に自由に對滿投資を行へば將來日滿經濟統制上重大なる障害となる虞れあり

一、若し之を放任するに於ては不純不健全なる事業統制を誘致し兼て健全且必要なる統制迄が回避せらるゝ樣になるやも圖られず

一、對滿投資增加の結果は內地事業資金の引締りを來し產業資本に對する低金利政策を阻害せしむる事が困難になること等にして投資積極論の根據は

一、新興滿洲は巨額の建設物資を必要とし輸入超過となつてゐる國際貸借の決濟には資本の流入に俟つ外なし

一、若し我對滿投資を制限し外國資本の流入を誘致するに於ては將來の事業統制に支障を來す虞れあること

の等點を擧げ兩者相對峙してゐるが、大藏省は滿洲國目下の國際貸借の見地より對滿投資の必然性を認め投資の統制は困難であるとの見解を有してゐる。しかしながら我金融政策とも極めて重要なる關係があるので津島理財局長は滿洲金融經濟の全般を認識するため最近の機會に於て渡滿し實情を視察する意向を有してゐる

夕刊
大滿蒙

滿洲經濟建設の 軍部拓務意見一致
所謂滿鐵改組は行はぬ方針
監督權其他は大體現狀を維持

天機奉伺の爲め 西園寺公が上京
政界動搖の折柄注目さる

英國
外相の説明に 英政府滿足す
英國當局間で打合す

對滿投資問題で 積極論統制論對峙
津島理財局長近く渡滿せん

自動車工業の 統制を審議
商工省官民協議会で

支那
中國强盛ならば 國際危機解消すと
支那紙獨特の辯を弄す

米國
大統領ハル長官と 重要懇談を行ふ
關係材料を蒐集研究中

歐米側の誤解 漸次解消す
齋藤駐米大使語る

對支聲明の反響と 外相の今後方針
各國の杞憂の解消に努める
更に新聲明を發せん

佛國
英米の態度を 靜觀の模樣
兎角の批評を控へ

海軍官制改正
三五、六年に備へて

興安省行政 區劃改正

藤山雷太氏 實業界を引退

黄金修羅道
三上於菟吉作

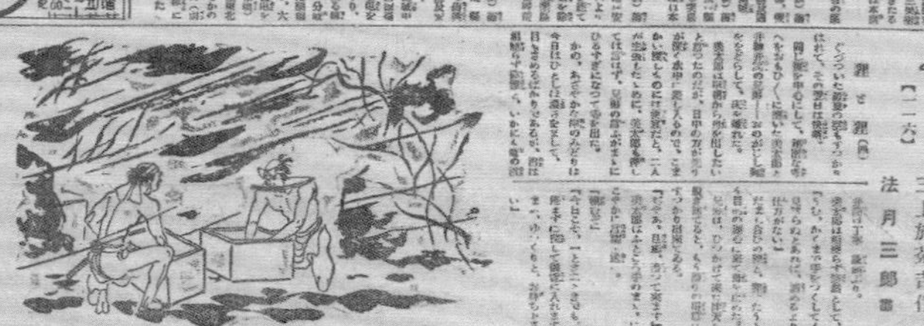

滿洲大豆問題で 獨商務官が來滿
賣買折衝會議を再開

鹽業會社設立 準備進捗す
資本金は五百萬圓

瓦房店金融組合 定期總會
幹事評議員決定

經濟開發に伴ひ 對滿投資激增す
日銀及鮮銀の調査

中銀週報

滿洲中央銀行 銀行々市場

參考行市

市況電報

各地金銀

新京市況

溥仪接见东京路透社记者肯尼第大尉时谈话记录抄件（一九三四年五月一日）

康德皇帝陛下賜見路透社通信員 樊植譯

康德元年五月一日午前十一時

皇帝陛下在臨時宮廷賜東京路透社通信員陸軍大尉肯尼第氏與謁見行禮如儀後肯氏慎重

感謝

皇帝陛下賜予之謁見并聲稱為有生以來莫大

之榮幸

皇帝陛下對於覲見者賜以通常謙遜由繙譯者

之陳述得知其平生經歷之大概及在滿洲國

之旅程肯氏繼述英國人民對新國態度之變遷

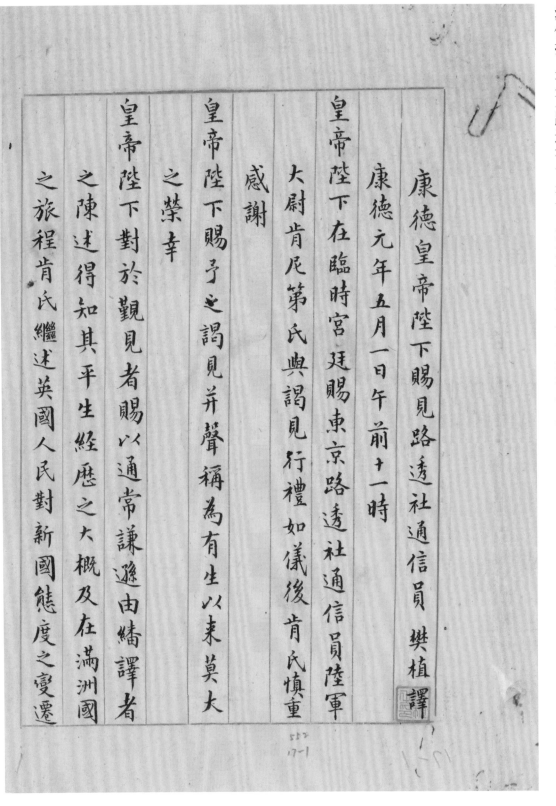

氏曰「自滿洲帝國成立

陛下就任皇帝以來祖國人民對於新國已漸有較

善之認識且發生强大之興趣然無盍謂之曰

熱忱也」肯氏又詢

皇帝陛下對於最近前教師莊士敦先生所著之「禁

城蕭光」有若何意見

陛下答以該書自為傑作然關於北京故宮照片未

能完全宮廷記載雖堪稱盡善惟自在馮玉祥

率軍逼宮以前

皇帝陛下開始重振朝廷重要之一切不甚充足曩曾

553

2

淘汰腐化官吏而代以合於該地位之青年有為之專門家一日之間釋放千數以上之太監三千年以來相傳之不人道制度因而廢棄然而自馮氏之逼宮行為後此種方策遂即終止矣如莊

士敦先生知

皇帝陛下對各方改革之計劃必將以不同之觀點依照

皇帝陛下之一切而描寫宮廷生活也謁見未畢之先

皇帝陛下謂余如莊士敦先生於今日來到滿洲國將無疑的察覺新宮廷與北京故宮有重大之異點

肯尼第大尉前屬於有名之團部（現為蘇格蘭

第一大隊）彼曾於世界大戰受傷以大尉銜告退
在遠東住居有年而大部分時間充任新聞記
者在彼未加入路透社時在東京英大使館內充
軍事職謁見前數日始達此回國之先對於新
國之情形有精細之考察彼甚願脫離路透社
而有成為一自由之遠東事件之專門家也

5555

4

陈宝琛为日本关东军特务部缩小权限改用文官等事致胡嗣瑗的信（一九三四年五月五日）

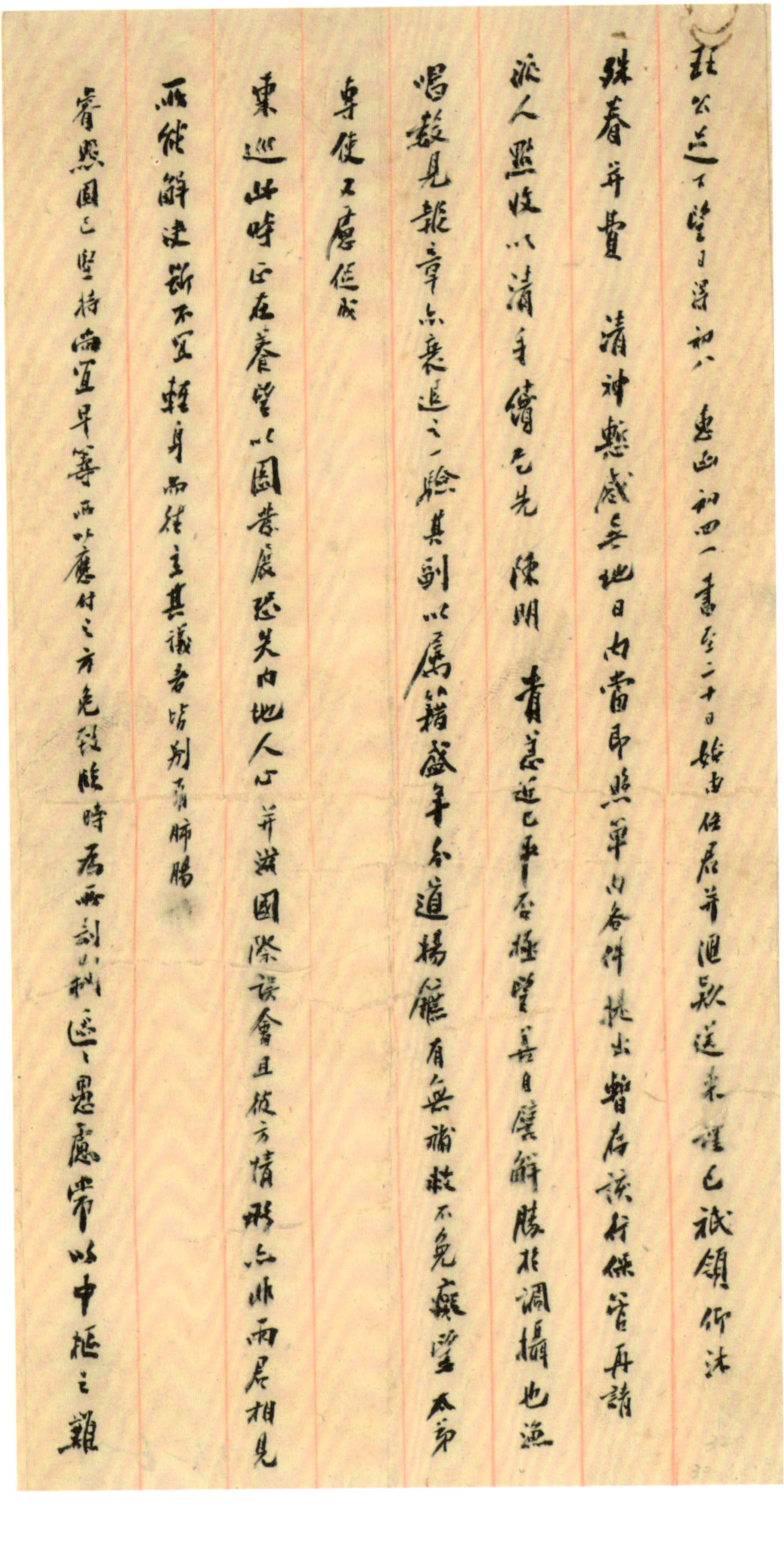

琴公足下：望日得初八惠函，初四一書至二十日始由佳君并匯款送來，謹已祗領。仰沐
殊眷并賚，清神懸感無地。日內當即照單內各件撥出，暫存該行保管，再請
派人照收，以清手續。先此陳明。貴恙近已平否？極望善自寬解，勝於調攝也。溫
唱毅見龍章亦來，進之一賠其副以原籍，盛年不道，揚饒有無補救，不免疑望。太郎
專使不虞從成
東巡，此時正在眷望，以圖恭展踐吳，內地人心并滋國際談會，且彼方情形亦非兩君相見
所能解決，斷不宜輕身而往。主其議者皆別有肺腸。
睿照國已堅持，尚宜早籌所以應付之方，免致臨時為所劫以行。區區愚慮，常以中樞之難

其人

至尊旅立於上無以弼成盛業河陽素尚正派聞其近頗衰弱究竟如何其

餘能循分供職不明此揀擇則難矣 鄉人有素暱於我者亦不敢因私廢公記

當為 公言之 公曾識其器小當能記憶其人試默察之毋使滋蔓近聞入

江隨帶屬員位置府中能無深慮之聞吉田正男薦任四等之事此人為中島弟子來

往至密不可不知 關東軍特務部縮小權限改用文官勢在必行我能因應得法不

難斷收被侵之權此亦一機會也月來見聞所及非言者西多行人臨發掌痛不能詳

陳中旬再當續達先此敬頌

藎祉 橋本 三月廿二日

旅兄嫂處為寄聲致候

朱益藩为时局混乱新政权难以自立及清东陵已驻军等事致胡嗣瑗的信（一九三四年五月二十二日）

搢仲仁兄年大人阁下前交仲偉兄袖致一函計已入覽意到便寫不暇審慮未知有當萬一否　弢師計已安抵行在瀕行弟復有所貢獻

良晤時當可面談總之今日時局徹論中國無辦法即各國亦皆有杌隉不安之狀各顯手腕以圖生存飛機海艦日事擴充又將釀成一大戰爭我新造之邦須以自立來日大難

令人不寒而慄

東陵駐軍一節聞此間方派人交涉希圖派警察接收此事

非有十分可靠之保障斷斷不可允許 交涉未定奉安
一層年內斷不能舉辦須遲至明年方可從事非惟多費
抑亦懸心昨廣君仲虎函來以前事見託不審目下有
機可圖否原函奉
覽即希
代為陳述示復為盼吾兄取書甚急匆匆泐此即請
籌安不盡欲白 弟名心印 廿三日
弢師處請 代致令伯嚴聞不日北來仍住師署寓中

再東事鑄錯已非一著去歲請函所欲力爭者皆不克如願以致蒼生失望志士灰心雖由形格勢禁無亦人事之不臧歟欲圖補救實苦不易下手兩載以來思於此間有所籌謀接洽多處與我表同情者大有人在擬苦未得一力承擔者投袂而起作登高之呼一切情形佩孚當能函陳尚有佩所未知者敢起其中如有徑達款誠者尚乞優予禮遇以資聯絡至於外交尤關緊要鄰人必有通盤計畫此處未預先商妥斷不能輕率從事近木老有至友取

道自長東渡擂言其人與彼邦軍政界有密切關繫欲覘
得其實情然後切實交涉、、妥協再定辦事方針步驟
自應如此（在長交涉決不得力故欲另闢途徑耳）
廟算如何或請就近
垂諭及之（木老之子及此人均在長）
東陵駐兵保護一層總以能辦得到為妙以定力堅持必當有
效失今不圖後患不可思議矣聞鄰邦介弟有來平之
說從優款待禮亦宜之但將來聘一層似宜預為慮及

乘輿斷無輕動之理必不得已惟有於天潢中擇賢代行
耳此間友人有與東使熟識者頗規其國人於東事不應
過於干涉渠謂非敝國人好干涉乃貴國人或不獲乎
上或不慊於同列每引之以為己助以至有此現象耳聞之
不勝痛心如哽在喉聊一吐之近日鵝掌風復發作字殊
費力 橋叟亦然可謂同病相憐矣手此再請
台安 弟又及 初十日

陈宝琛为点收库存等事致胡嗣瑗的信（一九三四年五月二十六日）

琴公下執月来牙齦腫疾愈而復發京居無自致疏音問昨奉初五日
手教敬聆壹是立遣溥光到津邀同仲業遵
諭點收存庫取回收據呈
覽去冬在新京所呈清單只二十一件此次添一爵取列爵非五之意故共二十二件
其銘文口徑輕重均詳於原呈圖冊中公若令照搨一分以資考證更慎重矣重
之趦趄盡有所牽他調騶鶴暫亦未能而伺隙者方廣集之罘能免紛繞
否未可知也太原此行亦必經京河北歸期當不遠頃晤張家口人謂有李守
信者以數千人往來察省為滿洲國兵逐前聞白堅武亦有衆數千毛衆

多倫一帶是一是二

此處當有所聞，機會不無可乘，雖視之辦之有道耳。明主孫歸述適極、高

厚。此圖擬如常態，但從甚有天功之可貪，八味与本齋燜親如我常就諮度

亦可以補所不足。本邇遠子組東日內亦能往詢之也。擱筆猶縈身之花落容

再候本印請

臺安

播拜首 四月十四

彼貴同年函再三謙辭，現暫存候樓

陈宝琛为对新参议矢田的评价及谣传溥仪重金聘医等事致胡嗣瑗的信（一九三四年六月三日）

琴公足下：故都兩函計均入
覽。土肥原來舜宿，即將東南下，故來津與晤。接云：休
文簡其過瀋，屢邀赴長，以行意未佳。其於
公之服忠卓行推挹甚至，並言彼都新來人不明我方底蘊，往往懸於虛嘯，先入為
主。新參議矢田人尚明白，曾與傾談及
公所處之難，近同僚升當能契洽，亦望以
公能動心忍性以支持此過渡之局也。渠本協定主腳，此行自意為此。或曰河北無人能任者，
故去秋又欲乘時而動，致逐塘又招人指摩，亦復近似。揆之彼亦倚我鎮滿，必不使遠離
而擅立屏藩以固圉，又其所實心積慮也。目下雖無大變化，然亦須備之安人始能

收近境遂來之敵數日前謠傳重金購晉浮定國復當始釋然際此多
難艱虞尤以
龍座起居為念亦惟有居易俟命所養生之所身日內正在敬待貴使亦嘗查摘
彼都報紙數則以備參攷既思一切自由院定徒煩
聖慮　公亦無從置議故擱置多日郡來津諭的晉謁以對掌辭亦未能摘述仍
專入都
來函諒有專人代寄每處轉交為便草布順頌
蓋祉　　橋栽首　四月廿二日

陈宝琛为日本使者已到伪满洲国上下忙于款待等事致胡嗣瑗的信（一九三四年六月五日）

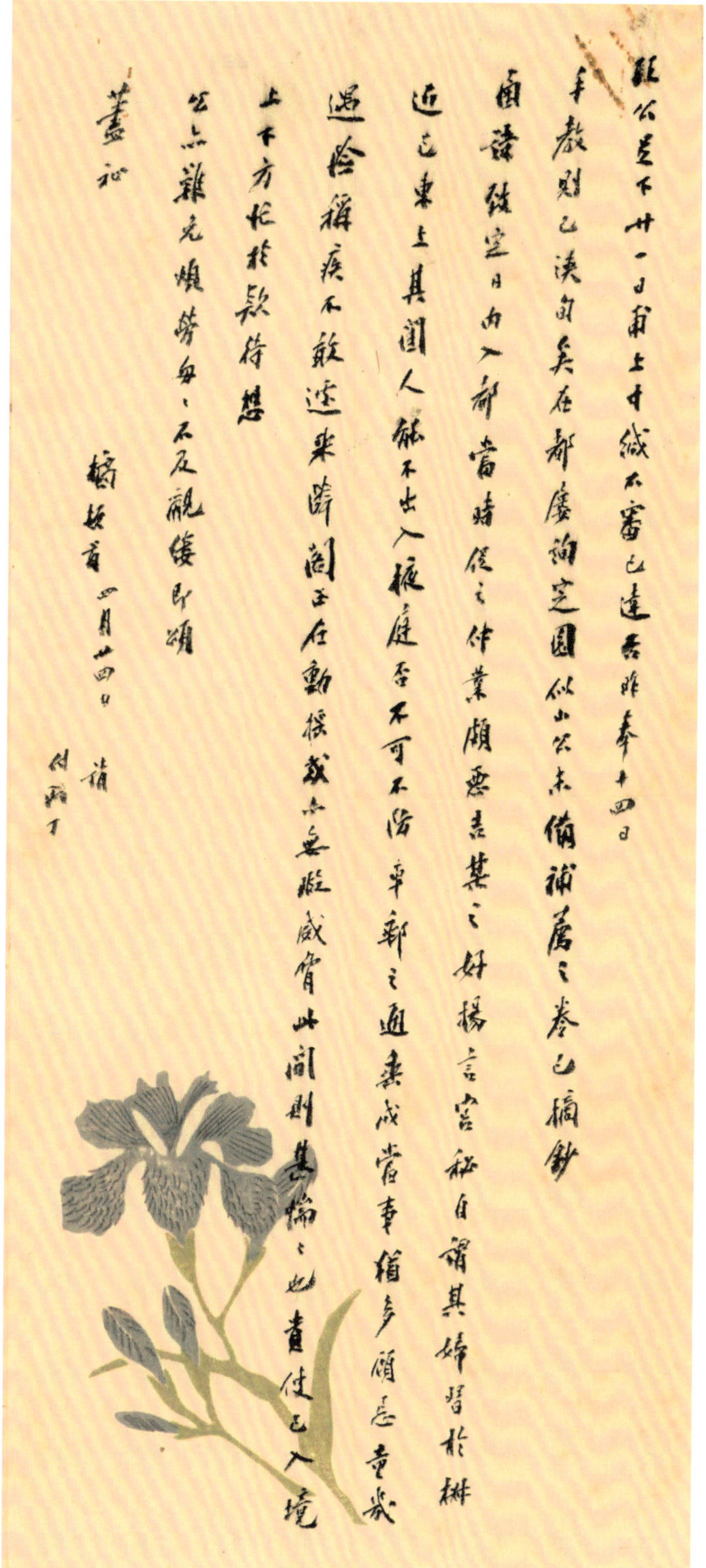

琴公足下：廿一日前上寸缄，不審已達否？昨奉十四日
手教，敬悉已決前矣。在都屢詢定園，似山公未備補處之卷，已摘鈔
面陳，請彼定日內入都。當時從之。此件業頗惡者甚之，好揚言宮秘，自謂其婦習於掖
近已東上，其闈人無不出入掖庭，否不可不防。辛鄭之通表成當事，猶多酉志童裁
遇險，彌疾不敢遽來。蹄間正在動搖，截亦無暇。盛宵此間則甚擒之也。貴使已入境，
上下方忙於款待，想
公亦難免煩勞耳。不及覼縷，即頌
蓋祉。

橋頓首 四月廿四日

請

付郵丁

《纽约时报》有关溥仪与记者格兰特谈话的报道译文（一九三四年六月五日）

覲見者悉得滿洲帝國皇帝陛下政躬康泰

皇帝陛下否認中國散布之多病謠言

譯自紐約時報　樊植譯

格蘭特（Jane Grant）原著

六月五日新京專電　康德皇帝陛下於籌備歡迎日

本皇弟秩父宮百忙之中本日賜記者以謁見

謁見之先政府當局囑記者著禮服至所詢問題以無異

論為原則

外交部通譯導記者入宮與宮内職員數人介紹以後復
導記者至御書房皇帝陛下御滿洲國海陸軍大元帥軍便裝
裁翦適宜胸前懸挂最高之寶章坐於室之中央圓棹之旁記
者入室後向皇帝陛下行正式謁見禮一鞠躬皇帝陛下側身起
天顔祥和出手相握命記者坐下
記者以恭謹之禮貌向皇帝陛下致登極之慶賀後恭奏
曾在登極大典影片中拜睹天顔
當記者述陳之時皇帝陛下天顔煥發目光灼灼雖在黑

色眼鏡之下猶能見之

皇帝陛下御體修偉天庭寬濶髮向後梳手指尖圓彩潤較諸影片上之御容尤為英偉并向記者否認近来中國散布之多病謠言

皇帝陛下垂詢記者對滿洲國之感想記者奏對從車窗眺望田間春景之美麗皇帝陛下示微笑之容繼又告記者將力謀國内之興盛以期吸引移民移居廣大之地區

皇帝陛下告以新京建築初創各官衙應先建築至於新皇

宮當稍緩圖之

現在之皇宮為權運局舊址四週築城中有花園為惟一之美景

殿內鋪設地毯墻之四圍飾以龍章御書房外為一花園呈天然之景色

皇帝陛下又告以暇時則擊網球或流覽書籍最嗜歷史前之果而夫球場已有新建築今不能再作此戲矣

謁見將畢之時皇帝陛下親授蘭蕊烟一枝記者乃謹為致

謝皇帝陛下態度大方不似其他記者所謁見滿洲國官吏之
拘謹也
通譯旋示意記者謁見已過指定時間乃握手退出竊測
皇帝陛下之容仍尚不欲談話之終止也

9

560
17-5

溥仪会见美国芝加哥法学家律师爱微雷托博士及夫人的谈话记录译文（一九三四年六月二十日）

外賓覲見錄　樊植譯

日期　康德元年六月二十日

地址　宮内府

覲見者　美國愛微雷託博士暨夫人

繙譯者　外交部吳流業

博士　本日蒙

皇帝陛下賜以謁見不勝欣榮之至日昨外臣等參觀新建築區域其進步之神速使人起深刻印象

（繙譯者此時謹奏陳覲見者之畧歷及彼等之旅行途程）

夫人　竊悉室内右隅懸掛之觀音神像印象至深
陛下其有究研佛學之趣旨乎
皇帝陛下　然朕喜佛學哲學頗聞所信之派别
夫人　外臣崇佛教臨濟學校或稱禪宗以静坐為首務
皇帝陛下其然乎　朕個人亦習於静坐博士夫人所習之静坐之
道可得聞乎
夫人　日本僧人教以不同之法静坐時閉目直坐上唇覆
於下唇
皇帝陛下　當朕疲倦之時亦常習於閉目静坐相當時間以
後每覺目瞼四圍之神經忽然緊張為度至速結

562　2

果頓覺模糊然旋即寂静同時上半身發出
特殊熱力達於全體不知博士夫人在静坐時
亦有此狀否
夫人 然外臣亦有此經驗
陛下在静坐中作自然之呼吸乎
皇帝陛下 然朕作自然之呼吸
夫人 日本僧人教以在静坐之始作强大之呼吸吸氣
與出氣之效力各異前者屬於胸後者屬於腹
皇帝陛下 無論所習何法其理爲一蓋宇宙之真止於一也
夫人 外臣亦深信一元之論

皇帝陛下　美國人民對於滿洲國感想如何

博士　簡言之大多數美國人不明且忽略此間真相

加以偏執己見之新聞記者之失實宣傳遂引

起今日之不了解彼等實不能辭其咎外臣回

國以後當鼓動敝國人前來新國一觀完成

之一切事業也

皇帝陛下　朕對此甚為感謝

（斯時有持片者入覲見者乃告辭）

皇帝陛下　何時再作東方之遊

夫人　恐或在二年以後

皇帝陛下 朕甚願再與君等相晤

愛徽雷託為芝加哥著名之法學家兼律師為熱心親日學者曾任美國法律改正委員會議長伊利諾伊斯律師公會主席及芝加哥日美社主席來京之前住日本與中國凡數週晤及一般當道之士其妻前在日本學習佛教禪宗且以對靜坐之趣旨為更深也

朱益藩为清东陵有交还消息及平沈即将通车事致胡嗣瑗的信（一九三四年七月十日）

愔兄惠覽：前交張君袖呈一函，計塵
青睞。木老去之如能覘得實情，以資因應，未始無益。至於其他
則吾輩移山填海之心所不容已，然亦只是暇時布子，冀其將
來發生效力，非遂可視為目前急著也。今日環境風譎雲詭，変
幻百出，非眼觀六路，耳聽八方，殆未易遽下斷語。且返觀吾袞
袞諸公，能慷慨登壇指麾群衆者誰乎？此先決問題，亦應有自
知之明也。前函所述遞〔進〕呈三卷一節，迄未續有所獲，昨由
橋師面述

蒙處函催大意，自應加緊進行，唯數月以來，到處碰釘，幾於十叩柴扉九不應，實苦難於措手，唯有竭力更事搜訪，冀有以仰副

上意。聞

東陵將有變還消息，不知條件如何，切宜詳審此機，一失向後難共理論矣。感冒日前雖向愈，而咳嗽未已，匆匆敬請

著安，餘不殫縷。

行有所得再馳報 廿九日燈

平滬通車在即，南中不認我而認鄰人，所見深妄可笑，然鄰人亦似無望蜀之心矣，只好徐觀其後，選甚事仍在進

弟名心叩 廿日

陈宝琛为力辩「废椒之谣」等事致胡嗣瑗信（一九三四年七月十一日）

前函有未盡之言，適海來告爲太上謹舒舟寄語鏡山亟要自宮凡可得人歡應不曲從人亦
樂得而利而保存之，振者則破壞其成，旁觀所視爲機會也。之屆撥時自出投派推久不修復還
誠安能否患諸律呂，既有心致順，自不可拒之以責敵，貴齋身曾亟稱之，當能濟以鎮安林期亦當
孟稼當能爲合而矣也。月前有廢椒之謠，不知其何由起，且聞滬上有北派報一山以爲謝，郵力辯其爲深誣，作休期且謂遠者
自
公益予依德，我即以送秀枝政況，近者遂造謠以中傷耶？此而暗休期年勿提及，向月來亦
定時多暇，及皆以續送之。張策爲言，盡臣宗則懇於前車，祇於環境，其負者又時風所趨，園苑雖
信求如原送，端肅一奏，則不爲得，不知此奏是否蒙覽，備庶勘此事，臣之極深縈念，當數日親見
去冬提議，因於雅育國本有謝，亦防害以未風雨綢爲之備，至今已將半年。前數夕夢中恍惚有人告
以任幸之事入孫女家，可陽諫阻不聽，大哭而醒，惡懸而待原知無據，然自
公離紫闥，偷遠左右
即要言人，此吾懷歉之無已。既托舍
公亦無可與言者，草草密陳，閱後仍付丙丁，勿謂其夢囈也。
順頌
台安

[illegible] 五月卅日

陈宝琛为庆幸战事之成并称赞溥仪等事致胡嗣瑗的信（一九三四年八月十一日）

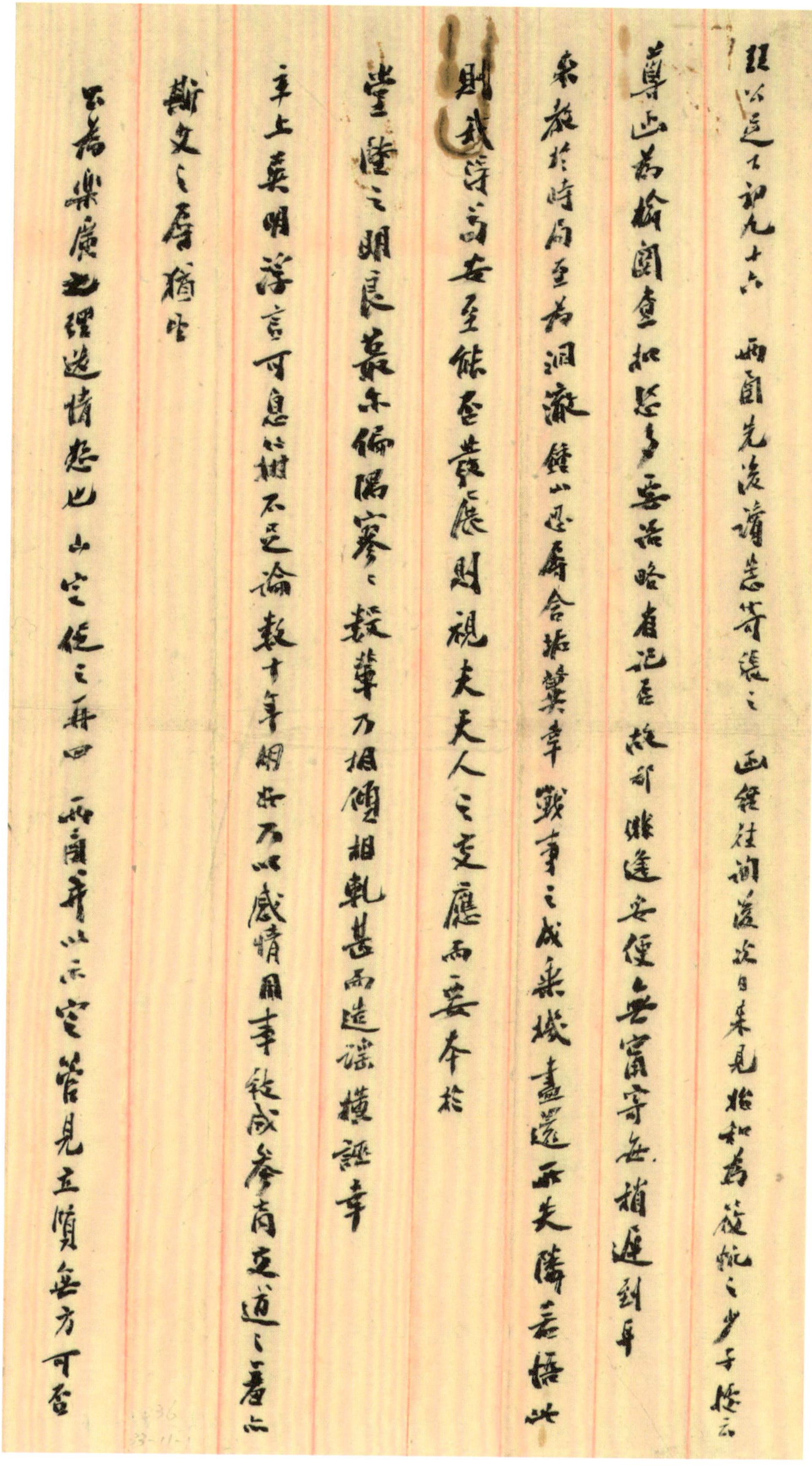

頃以退下初九十六兩函先後讀悉寄張之函經往詢後次日來見始知爲筱帆之少子條云

尊函爲檢閱查知悉多要語略有記者 故郵非逢妥便無當寄無稍遲到耳

來教於時局至爲洞澈 錢小恐府合抵冀幸 戰事之成乘機盡還所失隣益悟此

則我濟高安至能吞並之則視夫天人之交應而要本於

堂陛之明良嘉禾偏隅寡寡之拔葦乃相傾相軋甚而造謠横誣幸

主上英明浮言可息此輩不足論數十年網者乃以感情用事致成參商之道之產亦

斯文之厄猶些

不爲樂廣之理遣情懸也 公徒之再四 兩函并以示公 管見互質無方可否

推廣以泯種族之見嘗較易於得人此意亦甫於公以奉爲

公言之以爲何如長文自是長才於時事究不免生疏亦恐所任非人故言之耳

公所研討時勢所能而羅榮向德亦人才之難備以爲用也剛報滬來者態前

安厚其有孟明之敗耶亦係兩月背痛略稍輿機支度到沽上一視整將帥業當已歸

冀可一晤耶住新京自必安便若能久居猿右較勝津沽諸次偶及林期誤會耳

嚴夫仍在瀋否因聞路識曹語吉王爲解之不知能否釋然行人復發血之草率

即請　京津日報近仍閣否

著安

埼瑗首　七月廿二夜

陈宝琛为分析时局及伪满洲国人心未定用人须慎重等事致胡嗣瑗的信（一九三四年九月七日）

附：关于国联近期开会蒋介石全力「剿共」闽浙湘鄂红军四起等情报

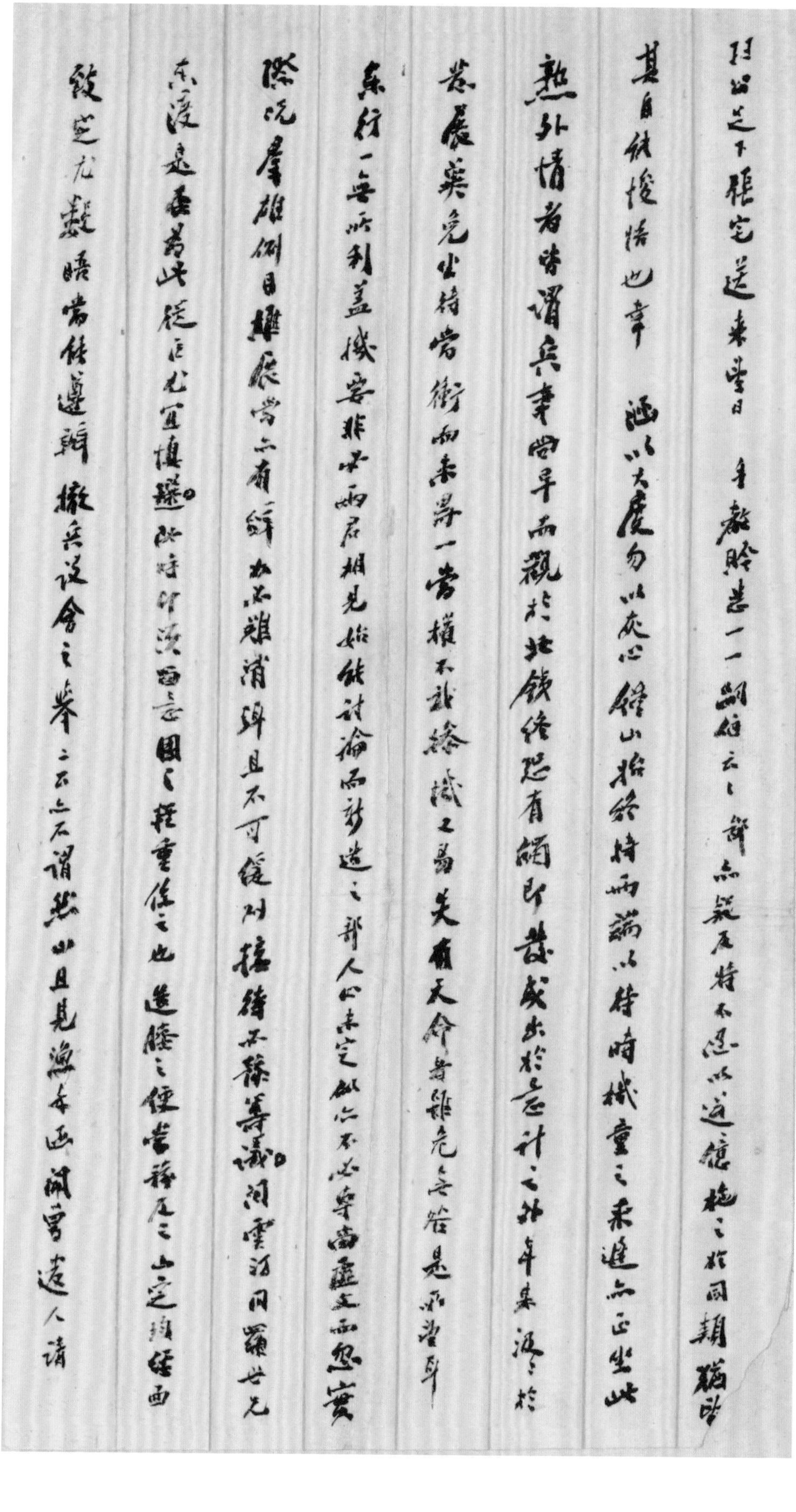

琴初足下：张宅送来望日手教，聆悉一一。凯函云云，弟亦疑其特不忍以遗德施之于同朝，稍以

慰其自悔悛情也。章函以大度勿以灰心，继以将终待而端以待时机重之来，进亦正坐此

热外情者皆谓兵事当平而观于北铁终恐有缩卸，发露出于意计之外，年来深深于

苍茫冥冥，免出持当衡而未尝一当，横不能综识之易失，有天命者能先定，是所望耳。

东行一无所利益，撼要非必而居相见始能讨论而前进之。郑人心未定，似亦不必专尚虚文而忽实

际，况群雄侧目，肆张当亦有辞，如不难消弭，且不可纵，对于接待不能筹议。闻云门罗世兄

东渡，是否为此？往后尤宜慎选。此时所须西去，园之轻重系之也。进谏之使，当称厚之，山定须经面

致。足下数晤，当能达辞。撤兵设会之举，亦不谓然，且见渔本函，闻曾遣人请

示日久未回復之，任意弥行，浸不思索，遂甚素性。近有一詩見示，有此局端堪舜意無疲民厭

漢謳，技猜天心或欲收殘劫，王道何妨起一隅四語，似亦自知識悔。但此從前空言，凶新鄰旁從四

茹京國閣。鄙意欲東到津，不及過遼，日內擬往遼，請恐於新都情況亦不能詳言，衷懇近賜青睞。

政躬眠食尚甚常，猶健，蹤跡當能輩起。朝以伸積愆，但是寅不能久，候月日來雲應辭之養作字記

報大公報新說一段，此時書頗合，剪出附覽。年幣非見聞，亦令條寫以資參考。佩見因

上用衷。褒讚景刻守餘，多々政須留意，事々審議，即頌

著安。餘不盡言。[illegible] 廿九日

同人均候

年以前藏歸後未再東渡故前件閣置未及繳呈僅有機會再至其地之
日究辦歸還以清手續斷不致有所損失乞
照為陳述請寬以時日至為感荷棄前年四國時因染病積欠先墊一款曾經上
鑒不當餞祗之 暉以第直內送香房銀若唯有張文通所陳語究由暉請 進以暉當知其
人劉翰臣久不見似已歸長文亦未續來常病不能多書有關當繕本 肅之承
知庭從一件寄元保齋主
崇安

南沙筆法仍是叟曾齋下隣事一
委之於退谷使獨當其衝佯為不知
以為他日卸責地步退谷以外如楊
永泰唐有壬之流皆曲承其意俟
黄北返黄之護衛已先行抵豊台
矣然歸期當不在遠黄鑒於北局
之嚴重而又無法擺脫日在苦悶之
中自言此行殊無把握不久或又
須入山也
國聯開會期近郭泰祺胡世澤已

前後返歐臨行曾受密令倚重國聯
以制強隣作戰方畧一如昔日顏顧
久爲隣所側目爲邇耳目或將不
使其回任雖面面討好事事遷就然
終不能見諒於隣也
蔣近以全力剿共限期克復瑞金
然閩浙湘鄂紅軍蠭起成都尚在
危急之中赤燄燎原已難撲滅蔣
又以五全會期迫而西南梗命如
故召集國民會議頒布憲法將悠

33-43

〻無期而總統迷夢亦難圓矣近復因
飛機被焚憂憤成疾軍情喫緊扶
病密往贊師謠言四起公債爲之大跌
當黃〻不肯回任蔣以爲北方於萬
不得已時仍推柯古出而主持柯〻左
右亦滋恩〻與蔣一見柯則力薦王、
吳葉譽虎以代黃然大遭黨部及對
此事遂又擱起最近有以會稽代
于〻說于〻精銳如董英斌等部
業已調豫其實力已減去一半然

聯絡以于為東北系統促其早離
戰區退出河北實行河北不駐兵
條件故有以手無寸鐵之會稽代之
若果去何亦不能安於其位也

344　33-45

陈宝琛为日方方针迭变此后难于应付事致胡嗣瑗的信（一九三四年九月十六日）

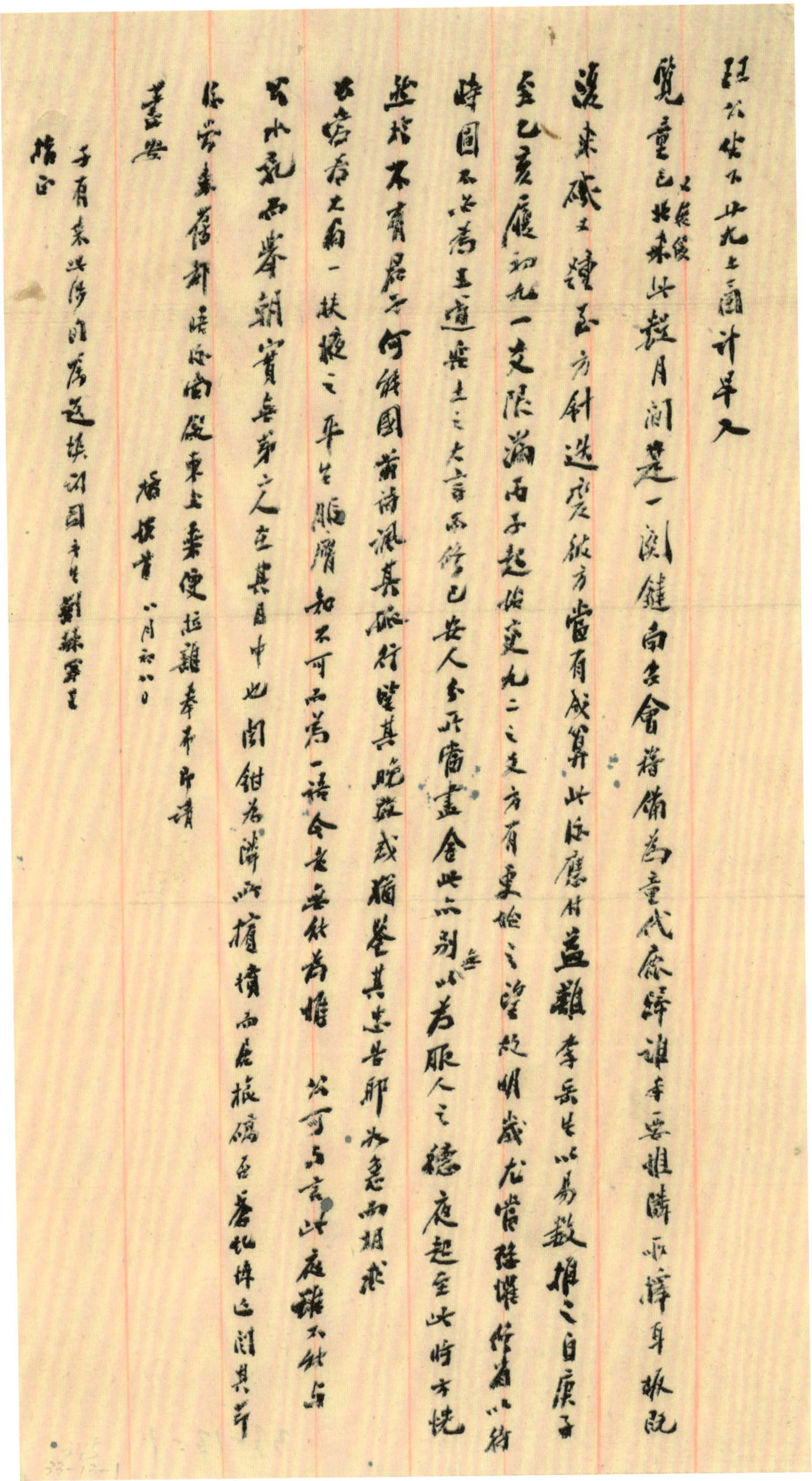

晴公左右：廿九上函计早入
覽。童已北來（又展後），此數月間是一關鍵，向者會將備為童代處，辭謝本要維講，兩擇身旅既
返。來械之違，蓋方針迭變，彼方當有成算，此後應付益難。李兵長以易數推之，自庚子
至乙亥，應初九一爻，限滿丙子起，始交九二之爻，方有重始之望。故明歲尤當隱忍以待
時。國不能為王道樂土之大言，而修己安人，亦所當盡。舍此亦別（無）以為服人之德。應起至此時方能
盛於不齊。君子何能國前詩諷，其砥行堅其晚節，或猶鑒其忠告耶。此意而悃求
者若大有一扶掖之，平生腦增，知不可而為一語，今者無能為役。　公可與言，此應惟不能與
共此氣而寡朝實無第之人在其目中也。閣鈕若講所積而展振，嗚呼，當此中國其苦
頃嵩泰蓀舒嶠，俗閣殿東上，乘便拉雜奉布，即請
蓋安
琛拜啟　八月初八日
子有來此，係自廣送填詞圖，手書劉祿寶呈
晴正

陈宝琛为据陈曾寿所言府中人满为患等事致胡嗣瑗的信（一九三四年十月十六日）

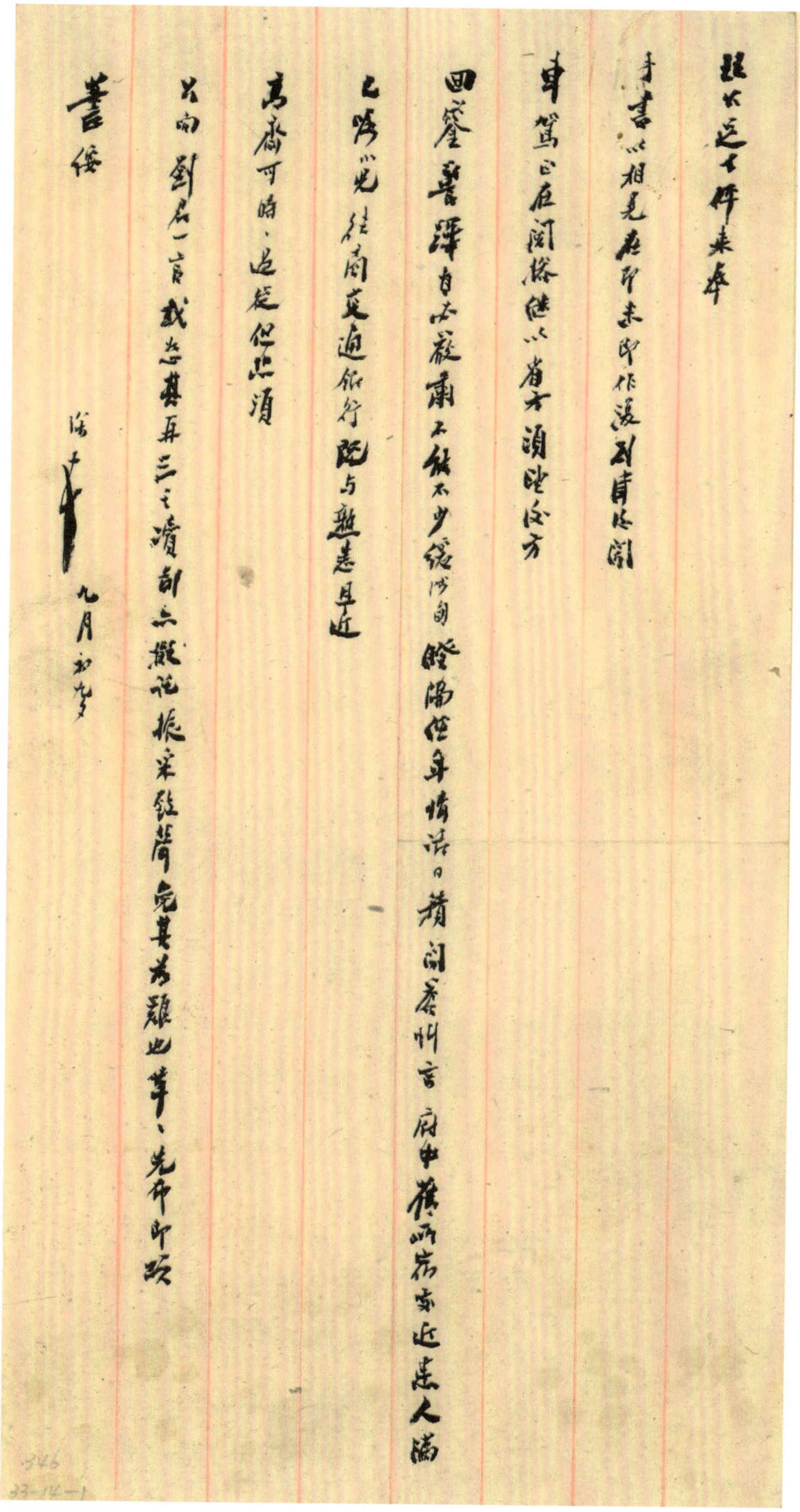

琴公足下：昨奉

手書，以相見在即，未即作復，引肯為闕。

車駕已在閭路，繼以省方，須陪從方

回鑾。曾澤自大殮，肅不能不少緩，陟自陳湯任身情話，日積聞慕州言，府中擁兩宗室近來人滿，

已時時以先往前交通銀行說與熊恚其近

高裔可時時追從，似不須

只向劉君一言，或恐其再三之瀆，郤亦擬託振采致書，免其為難也。等等。先布，即頌

著綏

陳寶琛　九月初八

陈宝琛为军事调动等事致胡嗣瑗的信（一九三四年十月二十四日）

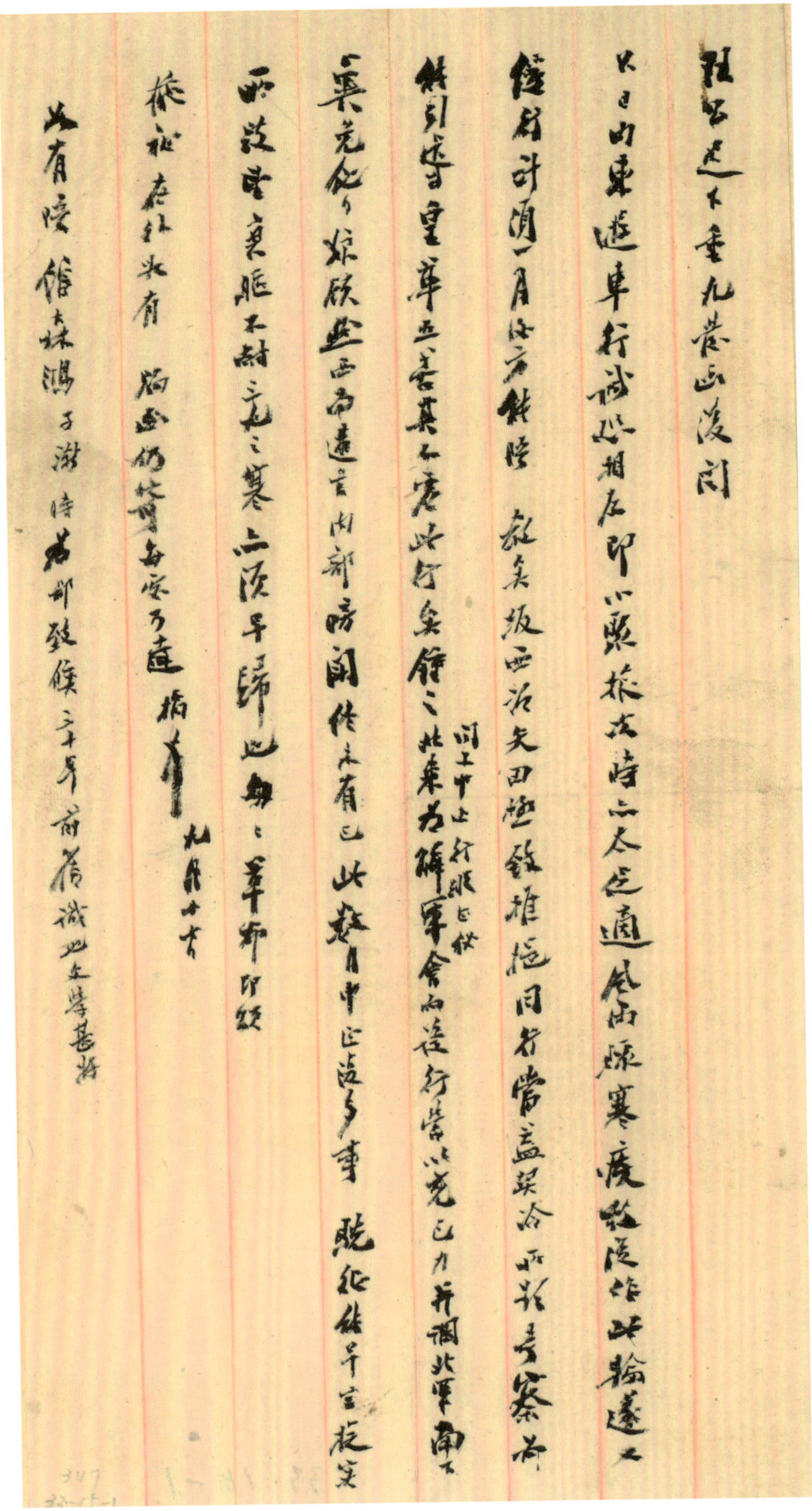
晴初足下：重九书函复闻
昨日由东边车行，诚恐相左，即以原稿交涛，亦太远适。风雨骤寒，痰咳复作，此轮遂止
馈府计须一月始可钱塘 叙兵级西沿矢田极致雄，随同前赏益深冷，所以青察为
钱司令宣华五万余某不容此行，兵饷之北来为补军合而往，行营以充已力，并调北军南下（闻上十三日行服已秋）
冀晃能为嫁欣然，西南远言，内部晴闻，傅来有已，此移月中止，逗多事。陇化铁早宣夜定
两政咨宣照示不封之民之恳，亦须早归也。多多费心即颂
旅祉，存什来有，炳西仍为每安，可达。宝琛 九月十七
如有便，馆林鸿子谢侍为部致候，二十年前旧识也，文学甚好

陈宝琛为报伪满尚书府大臣郭宗熙病情事致胡嗣瑗的信（一九三四年十一月二十九日）

琴公足下：月前析津濡滯，感寒折回

從者東游，未獲於道左攀荊，稍抒積懷。計程當已

吉旋，比維起居若何？

碩畫嘉謨，願聞其略。衰軀近方痛平，明年三九高寒，恐不能勝，從俟閏二再圖踐就。側聞

越庵近甚健康，唯淋病欲移根大療養。詢伯衰病頗劇，不知確否。詢究係何人，此席頗難為繼。論思

獻納，不能不重其選，日夕為之縈懷。神州有如纍棋

聽觀當道其能通郵，以無庸為安。耑此，先布，即頌

蓋祺

琛頓首　十月廿三日

陈宝琛为庄士敦《紫禁城的黄昏》一书等事致胡嗣瑗的信（一九三四年十二月七日）

琴公坐下　三小兄来知
從者已歸意此行不過尋常周旋勘有可述此間原函列日趕嚴重於理似未
可幸然時丢而無以待之則惟坐視而已夜起曾寄五古兩章恐亦祗作豪語也相睽又
已滿歲宮府之中封域之內進退何似百聞不如一見極思趨前一罄積愫衰疾
侵尋徒自愧恨
六飛東遊或難中止能否緩至秋間年來
動恐增益側聞
起居更見健康深用為慰山公啓事日內當可續陳瀾新京亦有薦揚可以

陈宝琛为中共与苏俄联合等问题致胡嗣瑗的信（一九三四年十二月二十五日）

琴初仁兄大人阁下：奉读
手书，甚慰驰仰。同舟而行，病话侪类，出于意外，败之举棋不定，目亦未至其时。
东事须实起意，然乘时与之商洽，大局亦未始非一转机。特言直前定，相当须人，方有益无损。
目下大势，钱亟急于自谋，从共入关者先入蜀，财殊大非，从秦陇过其通道，就量听之。
苏俄合并，后患岂可胜言。倘引此时，岂能坐视，而我今以谁能为助？英美虽嫉，固亦利（不能不）
用之。且此回纥助唐，必有李郭，龙缺之军能否应用？何用满洲国能慰思汉之心否？亦一
疑问。至豫寿之为笑，其太早计也。挥缓意之，南下或诺，其代黄戎以为难，殷焉之亦甚矣。
夜起难润，残尚有远意，视农之诸未集，不足蜀者有闻。

又述与徒谕否修订
大典旧制自不能无所损益亦不能专取彼都之典范一一摹仿 字朗任务甚一
端也否寺势不能后应设女官否
养鹿必理周详破闭其略还奉重爵致后有一拳之圃不过数日亦知有增益
否 戕逐已裔但尚游风忌掌医令未出门常有人来就诊 即生则往来京津见
问疑影也 南到后有何表见时有谢张专来成不止为满所 手此敬颂
蓋安
樀顿首 冬至后三日
方樞立之识其人否 彼此多年通彼见之

呈為國是重大人心傾向合詞請願籲懇
鑒察事洪惟我
朝開基之始起自阿棠里城定國號曰滿洲相傳弗
替至肇祖原皇帝定居興京
太祖高皇帝天錫智勇征服（環境）諸部奄有遼瀋遂
成帝業
太宗文皇帝纘承兩服創建百官式廓聲（版圖）威褒
括蒙古逮乎明政不綱中原鼎沸
世祖章皇帝入關定亂勤政愛民
列聖相承功德巍煥我

皇上沖齡踐阼適值革命軍興
聖懷慈仁不忍兵禍慨然遜政敝屣尊榮乃中華
民國改建之後上下交爭紀綱淩替道喪俗敝財
匱民窮名為五族共和實成暴民專制我滿洲地
方則為張氏盤踞窮兵黷武暴斂橫征哀哀孑遺
無可控訴洎夫前歲大日本帝國仗義興師驅逐
張氏廿年稔惡一旦消除我民衆獲慶更生亟圖
自決念以
先朝遺澤三百餘年深浹人心謳歌未泯我
皇上遵時養晦盛德遠聞乃議建新邦恭迎

故主而

宸情沖挹謙讓弗遑瀆請再三始蒙

俞允暫執政權兩年以來政治規模漸臻完備地方秩序日即敉平人民得安其居生業悉復其舊日本友邦首先承認世界列國不敢輕視皆由我

皇上仁心義聞遠略宏謨有以饜服羣情而昭示遐邇者也惟念立國本根首重國體欲求久治宜定一尊孔子所謂正名春秋所謂居正胥此義也

我

皇上運應樂推事兼守創伏願

90
7-2

上體

祖

宗之成法，下念民眾之歸依，

渙發綸音，

早正帝號，

朝日升則爝火熄，滄海深則眾流歸，實為我滿洲

國萬年有道之休，亦為我三千萬民罔疆之福，

為此合詞請願，伏乞

宸斷施行，謹呈

爾等請願書予已覽悉爾等此次遠來所請決
定國體關係安危民生休戚全系于國大局爾等愛國熱誠及憂國
遠見予自不能輕加可否惟請予早正位號一層
予自親政以後深居讀書不問外事二十年於茲
本年重推建民眾推戴權領滿洲國執政倏已
數月自問對於一切政治毫無成績方且內疚于心亦引以為深
愧疚何德何能更足以副全國父老子弟之望撫躬循
省益切慚惶但國體所關甚巨討論不厭求詳
當將爾等請願書交下國務院詳細討論可也

朱益藩为对新任伪满洲国总理张景惠的评价等事致胡嗣瑗的信（一九三四年）

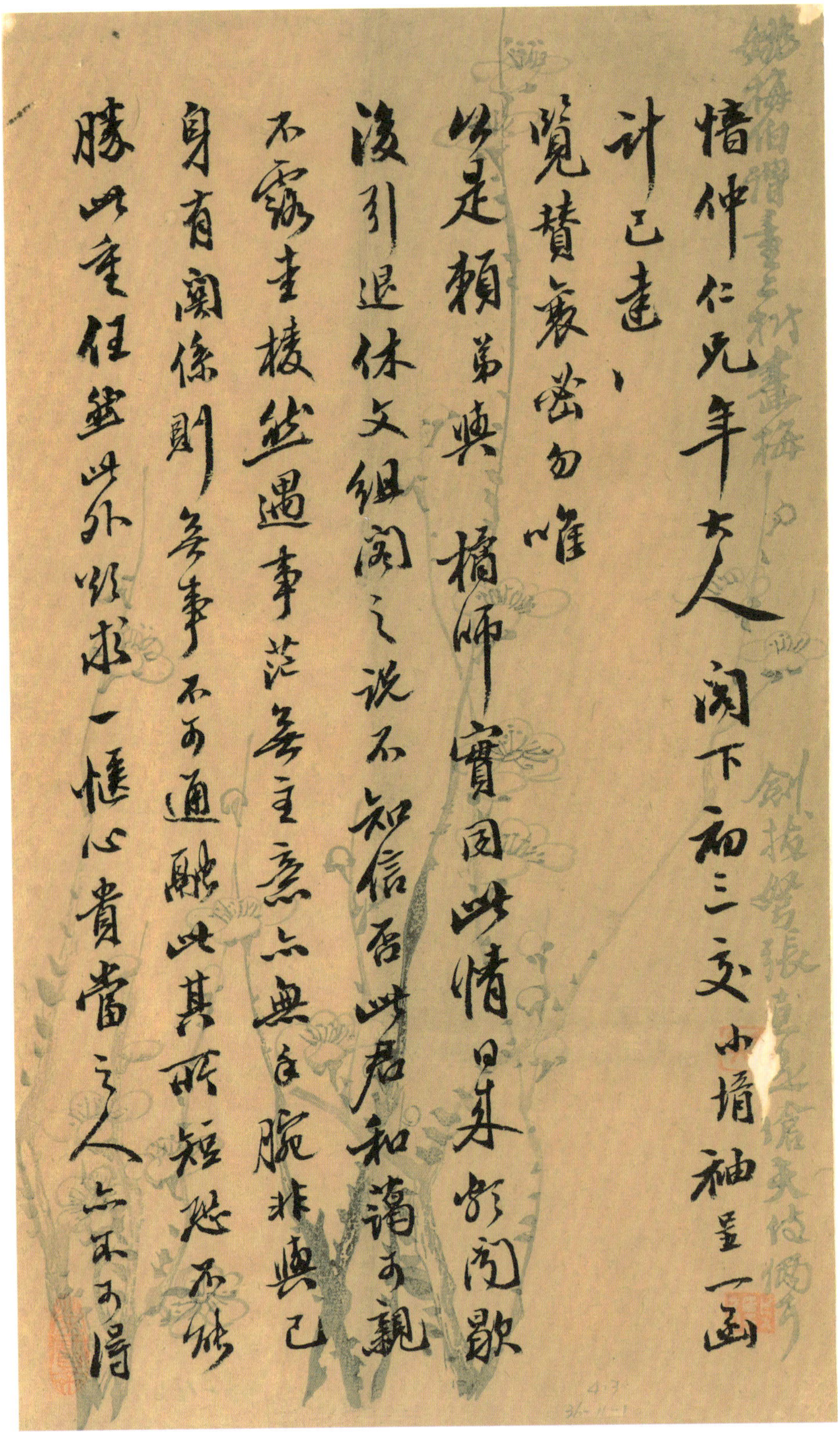

愔仲仁兄年大人阁下：初三交小婿袖呈一函，
计已达。
览赞襄密勿，唯
以是赖。弟与愔师实因此情，日與影阁歟。
後引退休，文组阁之说，不知信否。此君和蔼可亲，
不露圭棱，然遇事茫无主意，亦无手腕，非与己
身有关系，则无事不可通融，此其所短，恐不能
胜此重任。然此外欲求一惬心贵当之人，亦不可得。

孔子所以歎事難也開國之初萬國觀聽所在要
處規做
前謨可以壓薄海之望在我亦有欲于措置藉口潮
流弄成一不中不西之局適成笑柄且無所依據耶
心自用論眼前人才本領決不能在在妥協于變孰
甚昨仲業來交到
電示正在續行物色不日臣源東行一切當可面談
張君偉芝前往隨班行禮便中尚望

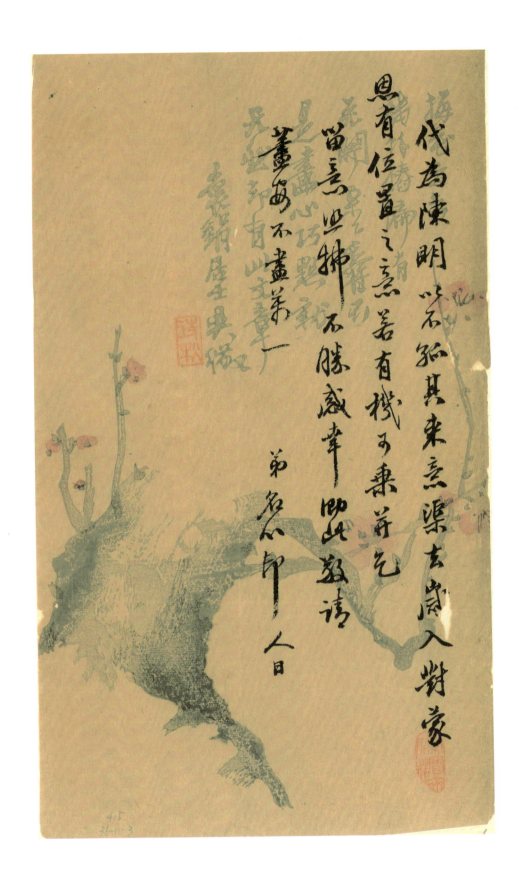

代為陳明非不欲其來意渠去歲入對蒙
恩有位置之意若有機可乘再乞
留意照拂不勝感幸即此敬請
著安不盡萬一

弟名心印 人日

朱益藩为给溥仪选妃事致胡嗣瑗的信（一九三四年）

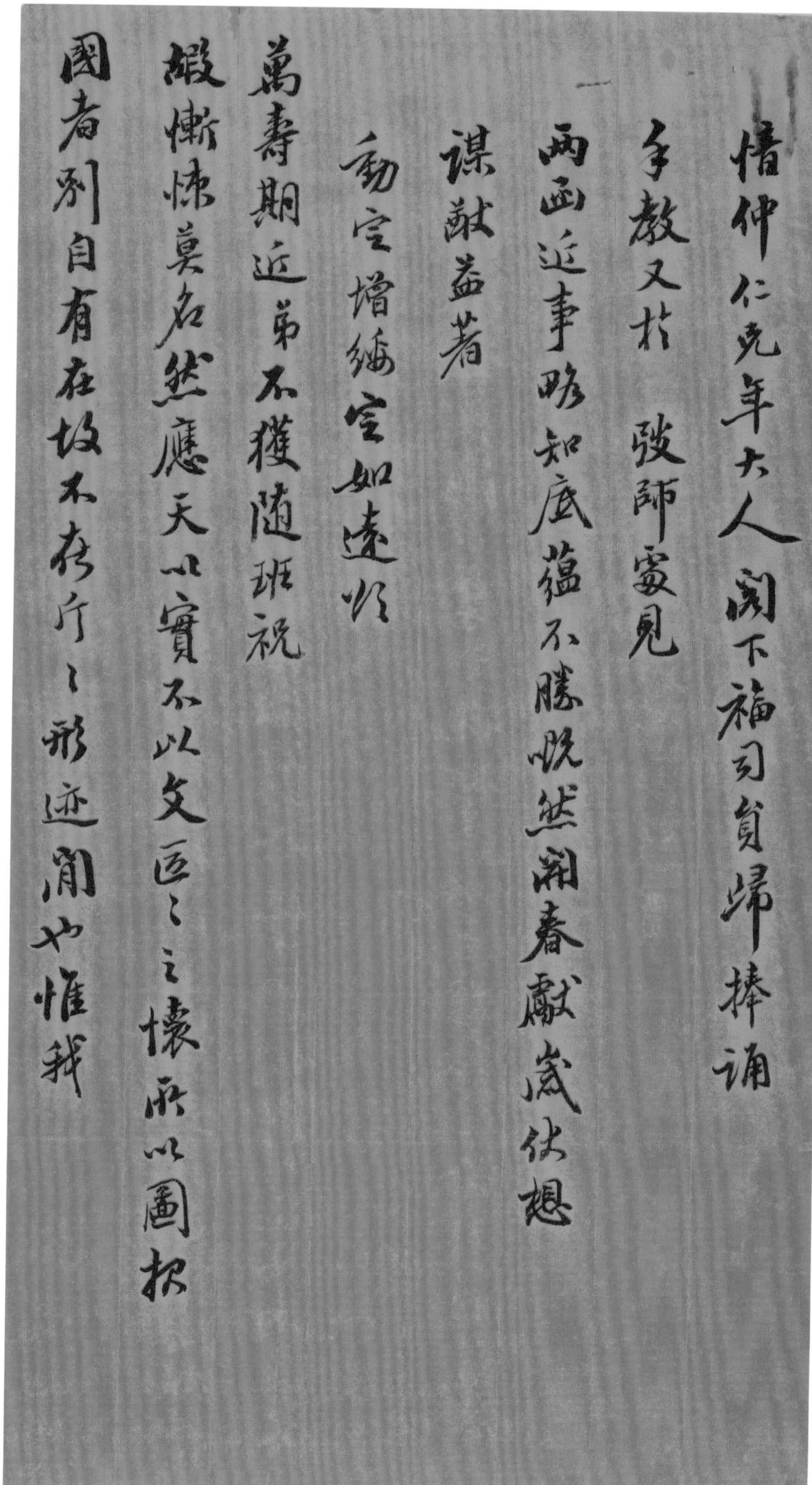
惜仲仁兄年大人閣下福司貢歸捧誦
手教又於 暇師處見
兩函近事略知底蘊不勝慨然翔春獻歲伏想
謀猷益著
勛望增綏定如遠頌
萬壽期近弟不獲隨班祝
嘏慚悚莫名然應天以實不以文臣子之懷所以圖報
國者則自有在故不於斤斤形迹間也惟我

后當能洞鑒此意便中尚乞
代爲陳明選券事近又獲 那郎函奉照片由 濤郎賫
呈有一卷似尚可取不知能入選否 潤郎遣其兩子東
行叩祝擾言閒
上有再派人赴東瀛留學之說如其次子（名濤仲）尚爲合格固願前往
否則亦不敢干求竊以此意私諸
左右不足與他人道也泐此敬賀
春釐並請
臺安不具

須 晳似未小坐
詢主 令嬡入春
甚適勿以爲念

弟[illegible]

初六日

朱益藩为感叹「主权久失无计挽回」及清东陵等事致胡嗣瑗的信（一九三四年）

愔兄再鑒：本年來書

手教悠悠，傳語不敢援為典要，故以得

賢者一言以釋疑慮云之甚切則有之，若謂

公為疏簡，則告者過也。不知渠家何緣作此語。接十五日

惠書，知前有託張君携來一函，竟致浮沉，深用悵然。又從

楨師處閱前後三書，近事大致瞭然。主權久失，無計挽回，堂

習已深，無術消弭。至於陵寢兩字，談何容易，眼下誠無可措手，

徒嘆奈何而已。

六飛東行深抱杞憂此事朕非初萌即慮及此著曾函請
陳明擬以親王執聘令觀預備情形竟有欲罷不能之勢卑
諸春秋來朝之例甚辱我亦已甚矣從行人選亦關緊要
宸衷之中絕少愜心貴當之才此事亦宜早計日俄戰釁忽
緊忽鬆恐是空氣作用萬一有事長地尚能立足否此又
宜早計也　陵事漁只所親戚不顧
祖宗為之畫策榮亦似已受運動彼之以委員會負責自是騙局
前數年非無委員會而　陵園之震驚如故其效亦可

靚矣且彼徒以私人往來其間不肯直接與我交涉試問他
日　陵地一旦有事我若與之交涉彼將置之不理矣頃閱
上意欲推翻前局自是正辦捻之非將到十分可靠不允撤兵彼
亦無如之何此機不可失也紫脅我撤而彼却不撤尤為可怪
公所處疑謗交乘此自古正人君子所不能免者幸
聖明在上眷遇不衰其他不足置念昔文中子論止謗曰無辯
公可謂得此意矣所懷萬端不及縷縷即請
籌安　　弟名心印　廿八日
前函所言　加派之人出意為溥侗
齊善慶壽特附及之
嵩姪前輩本月十七壽辰前曾函致蒼虬請其　上聞以六十時曾蒙　賞賚也今尚無消息何耶

《溥仪传记》（第八章）《紫禁城的黄昏》（节选）（一九三四年）

第八章

大清皇帝與洪憲

一九一二年至一九二四年此新共和初期十三年中居住北京者皇帝總統各一人以清室而論此十三年為熹光時代而於民國則為雲霧滿天凶兆畢集之黎明也

清帝遜位共和國予以最終之優遇保

留皇室尊號海外各地對此甚為明悉惟僑居中國之外人不久即忘却優待條件之一切視清帝與其他去位之君主相同於是沿歐洲先例稱為「遜帝」以禁城之幼帝為非治理中國之君主而其他了解實際者稱清帝仍在位與歐洲去位君主迥然不同姑不論其稱「帝」或「遜帝」然居華外人早與以適當之稱謂即「幼帝」是也

雖然多數人民知共和國以正式之同

意准為保留其威嚴之尊號而不加以如

「遜」或「幼」之前置字每易表示懷疑「何以民

國同意默認中國皇帝仍存於京師」似此

疑問常有所聞

此種問題不難答覆民國非若此其愚

清帝雖仍保留其完全之尊號然依中國

相習文體解之所謂皇帝者非即稱中國

之皇帝也

歐西人士往往稱前朝君主為「中國皇帝」然此為朝代之稱謂非土地之區別也每一朝代有其自稱繼其後者不仍引用其例如六一八年李淵立國稱大唐九六〇年趙匡胤立國稱大宋一九六八年朱元璋立國稱大明當此種朝代政權確立之時（掌土地之權）各稱大唐國大宋國大

3

明國其意即唐宋明各朝掌土地統治之權也「大」字為莊嚴語無主要意義中國習慣向例於朝代傾頹後去之吾人應注意者朝代之名稱非為領土統治之限制以明為例明亡後居中國之一隅（如緬甸）仍支持其朝代統治人民與土地與中國無關今中國新建必將有大某某國之自稱也

數年之後明朝根本推翻無立足之地於是明即不存在矣多數對於中國歷史不甚明悉之外人稱明為清所亡此不過滿洲之掠奪者搖動明室之基而明帝之煤山自縊非出自清手乃李自成使然耳李勝利後據京師自立為王國號大順年號永昌倘不失敗李將為大順國一世王其國亦必永稱大順始政之年（一六四四）亦

4

必將稱永昌元年若再進行良善必佔歷史上之地位成為大國之創造者今日之中國人民亦必將忠於久治之大順皇帝也

李自成之失敗無述及之必要然吾人不能不述及滿人之一切也當明室逐漸傾頹之時滿人即極為注意後以採用中國文化言語及起用中國能人由九門關

54-7

率軍入關又由吳三桂之前驅李自成敗
走得勝入京師遂定鼎燕京
此新立之朝代即為大清統治中國自
一六四四年至一九一一年革命爆發時
歷代皇帝均稱大清大皇帝而不稱中國
皇帝優待條約中所列之「尊號仍存不廢」
者乃大清皇帝之尊號曾再四引稱於條
約中者也

一九一二年無新朝代之成立僅倣照歐西制稱中國無其他之年號（如乾隆光緒等）僅稱中華民國若干年例如一九三四年即稱中華民國二十三年是也

袁世凱一九一六年稱帝如能成功其結果甚難預斷恐或將依照舊例另改國號年號據衷之己見僅欲易中華民國之民字為帝字此即變中華民國為中華帝

國也其詳細情形當再為述及之

中國人民往往習於以朝代名其國是以今日之廣東人有「唐人」之稱華北人民有「漢人」之稱民國成立以後滿洲人民又往往有稱為「大清國人」者再以威海衛（一八九八年至一九三〇年為英之屬地）之人民而論往往僅稱中國為「大國」以實際而論中國為其普遍之稱謂中國之意義

為何曰世界中央之國今乃變為共和國矣

如本章首段所述大清皇帝之尊號存留皇帝仍居京師而無大清國之實體是不能不引起一般對民國權力聲勢之誤解也

關於此種中國朝代之稱謂為相沿之例無甚重要然不僅對於袁世凱之帝制

野心有重要關係即一九三一年討論滿洲問題之國際政治亦不為無關也

袁世凱背光緒於一八九八年叛宣統帝於一九一一年更復於一九一六年而再叛民國矣

民國成立之初孫文知袁之為人及勢力乃讓與總統之位深受一般之稱揚其所以如此者非革命黨信任袁氏蓋彼等

7

不能為力其勢不能不讓與也

一九一二年三月十日袁就臨時總統照例宣誓後被邀赴寗袁知革命黨仇己如己身之仇彼於是中止前往以免己身之不利革命黨對袁甚為懷疑袁乃復生詭計佯作兵變以證明北京尚有危險分子之存在此種扮演雖犧牲多數之性命破壞鉅額之財產然達其留居北京之目

的矣。

一九一三年三月二十日發生宋教仁暗殺事件（全幾出於袁之主動）同年七月革命爆發意圖推翻袁氏不意未及一月而失敗此即常稱之「第二次革命」也革命失敗後孫文再度放洋居日本甚久一般對中國革新抱熱忱之日人與孫以扶助及便利後以少數日人之行動有甚難為

462

54-14

中國所解之處於是失卻孫文及民國之信仰矣

同年十月袁被選為正式總統任期五年旋於十月十日（第二次國慶紀念日）宣誓就職一経就職不久袁以種種之詭計攫得財政宣布總統為終身制且有指派繼任之權「第二次革命」失敗後袁深覺其力足以毀滅孫文之國民黨於是解散國

會罷免革命黨議員後以不足法定人數會乃終止直至一九一四年一月十二日一九一三年十二月黎元洪被選為副總統奉命入京在表面上似為管理之便而其實際蓋欲避免其為反袁工具也一九一四年五月修正一九一二年三月所立之臨時憲法並任前東三省總督徐世昌為國務總理山東省巡撫孫寶琦為外交

9

總長焉
袁世凱對於皇室抱誠懇之態度藉口
救濟皇室財政以示其對優待條約民國
納相當歲用之不忘然於實際條約成為
廢紙永未實行直至一九二四年民國欠
皇室之歲用以千百萬計矣
一九一三年袁邀請隆裕太后實行優
待條約第三款移居頤和園與宮廷以相

當之驚駭
内務府對此力加反抗以此為毀滅自身第一步隆裕太后亦極力争執稱頤和園之墻垣甚低有碍安全袁世凱允下令增高數尺而此費用不由民國支出應由
皇室自付換言之即出清帝之私囊耳
此對隆裕太后之答復甚為強硬而内務府一般狡黠官吏不難尋出自身之利

10

蓋其目的以為不久即將受包圍不如乘此時機而得餘潤況增築墻垣為數甚鉅是故無怪乎建築不久新墻即傾頹也

數年之後作者奉旨管理頤和園及附近之土地此增築之墻垣遂與以不少之冗擾一遇天雨即行傾頹以少數之用費培修葺繕為作者之職責且對於宮廷預算力求節儉焉

嗣後以皇室無須移出大內頤和園之
墻垣遂無增高之必要中國人民甚少明
瞭袁世凱遲延之理由其所以如此者因
懼張勳之勢力也按張掌津浦路一帶及
徐州之權足以制揚子江之北袁賴其力
以防帝制之反抗張之忠袁為環境關係
而其忠於清室之心乃出於至懇誠也
事緣會商移居頤和園之時內務府陰

遣人至徐州求助於是張勳出而阻止乃不果此固為張之忠忱彼内務府亦自稱其對皇室之忠心而其實際非為皇室之利益乃為自身計耳張之制止移出大内本不失其忠志然使皇室陷於傾頹之腐化機關因而存留矣

袁世凱因隆裕太后强烈背景張勳之警告遂暫時放棄其移皇室於頤和園之

計劃然自一九一三年始袁即有創立新帝國之野心及至身任總統乃居新華宮在禁城之西與皇室所居各地不相上下者也

溯自袁世凱正式被任總統後假面具尚未揭穿之先即以自榮爲務如斯者二年惟進行甚緩耳距此不久袁發表終身總統制其實等同君主不過名義之别彼

亦曾指定其子袁克定承繼其職袁克定者數年之後逃威海衛受作者之保護者也

袁旋復取第二之步驟組織籌安會以操縱人民該會以籌畫治安為名成立於一九一五年八月袁暗中操縱使楊度為其首領袁雖聲述國政問題應依民意而決然一切均有賴於彼之祕密私願也

當袁宣傳創建新帝制時一般為自身謀利益諂諛之輩與袁以包圍皇室中有溥倫者與帝同行輩曾由袁提議繼承皇位對袁之野心與以贊助俯伏稱臣復以彼任袁氏參議院議長之職代表皇室主張袁氏登極皇室對此認為莫大之恥辱袁因信之甚深付以說服皇室攫得交泰殿玉璽之使命嗣後宣統帝告作者溥倫

13

雖以金錢運動內務府某職員盜取玉璽
然終未成衷之計劃遂而失敗該玉璽為
帝室所保存直至一九二四年十一月
溥倫不顧一切以自身之利益為務而
遭失敗按中國玉璽之重要較任何國家
為甚一九一二年遜位之時定立優待條
約仍為清帝所保存當時一般對帝之遜
位因之甚為懷疑也

此外有廣東籍政治家梁士詒者亦為袁之阿諛者因其財產甚多故人皆以財神稱之梁與其友人提議袁之祖先中應指出一人為國家神傑方期愈增新帝國之威勢也

關於祖先問題果如真實則有袁崇煥一人袁崇煥為一武勇之軍人於明末之際鎮守長城曾屢敗滿人者也

14

袁與其附庸之所以認袁崇煥為祖先者曾因為中國而抗滿有此祖先必增人民對袁之孚望固當時人民反滿思想甚為深刻故也再者袁不忘祖先之遺志亦可博得孝名此不僅足以表其為國之忠且示其尊崇孔學之誠也

紀念祖先不屬於自身之利於是袁乃囑典禮院辦理之典禮院自然照例表彰

54-27

功績推為國傑入祀先賢祠而已在此議案未送呈新帝閱覽之先帝制計劃已成泡影梁士詒等表彰先賢之願望亦相繼失〔敗〕一度将尊為國傑之袁崇煥亦降列庶人之級其功績之不能享受榮譽而失敗者後裔袁世凱帝制失敗所致耳

此類細微之事件啟發人民之政治宗教觀念早年古聖賢人之精神幸運将因

15

而興起或低落也
袁之陰謀即新創帝國是也創立之先
各省電文紛紛到達呈請建立君主立憲
國於是於一九一五年十二月召集代表
會議全體一致通過袁乃登極年號洪憲並
公布全國其所以就帝位者乃根據人民
之意旨也
冬至後數日袁採用古禮舉行祭天典

禮中國制度僅皇帝方可祭天此項消息傳出證明袁已登極皇位不幸祭天之莊嚴威容大爲減色袁保証自身之安全乘護衛車赴天壇然對於人民一致之意旨則不能保證也

袁於星稀之晨衣冠嚴肅立於天壇之上外表之壯麗祈禱之處誠儼若君主然不爲神明所接受拒絕其爲天子也

當袁祈禱上天准其俯請時人間之反抗勢力已開始活躍袁一経乘護衛車還宮之時其将軍蔡鍔祕密驟離京師重返雲南與貴州唐繼堯連絡各軍起而反抗以打倒蹂躪人民權利之暴君破壞民國食誓之叛逆於是發生第三次之革命時在一九一五年十二月下旬也

中南各省反袁勢力甚烈袁因之而畏

懼乃於一九一六年二月公布登極準備為數甚鉅（多數出於皇室之財政）擬緩期舉行一月以後此洪憲帝制遂下令撤消矣

袁之遭受挫阻大部分發生於其黨人之中而其力亦足以制袁數年以前慘淡經營置其黨人於國事軍事地位而今日反對敵勢如此之劇烈誠出乎袁預料之

17

外也

反袁運動全出於袁之黨人所謂民衆一致之願望恢復君主亦皆虛言此為全國所知悉者也嚮使果為真正之人民自由選舉贊同帝國而袁亦決非當選之人有忠君之孔學家宋教仁者力諫袁促成清帝登極終於不納一般忠君份子紛紛不為利動憤然退休此皆遵古訓「邦有道

則仕邦無道則隱」者也當時一般外人深為誤會以此輩忠君份子曾致清室於危亡故不起用然袁非為外人能不自知而乃鑄成大錯以其有人民之擁護清室民國亦均不注視必安登皇位何其謬也

袁失敗以後意圖遺咎他人使全國人民知彼為共和主義者於是發出全國公告稱其所以如此者以為乃出於真正之

18

民意今既發現其非真實必將終其天年以支持民國也

袁無辭去總統之傾向蓋雖名為總統而其實得繼傳其子何啻君主然其聲勢大受搖動不為人所信仰終無復起之日矣袁死於一九一六年六月六日一時謠言四起有稱被刺者又有稱自殺者然據醫生所述為精神狂亂情感刺激所致

983
54-18

54-35　54-12

召集選舉如袁不當選必恢復帝制之論恐為幻影然當時一般卓越人物皆有此相同之傾向也北大教授陳獨秀（後為共產黨領袖之一長期被禁）創辦「新青年」刊物思想激烈茲節譯其一九一七年五月號於下

「余對於中國之現勢不抱流行之樂觀……將來政府之變換與否不能確定

19

……蔡鍔之反對重建帝制亦不足奇……今也袁世凱死矣一般認為共和基礎或可鞏固然甚為余所懷疑……雖然人民對於共和並非一致反對然腦筋尚深印舊時君主國之印像彼等不明歐美民主政治之實際也……袁之皇帝夢並不錯誤因彼知中國人民對於民國之信仰不如帝制之深最近

之帝制運動亦未遭根本之反對所不滿者僅袁世凱為帝耳……雖袁已死而人民渴望帝制之心尚存……以余觀之成立共和國不再發生帝制運動似難於登天也……吾人若欲民國之鞏固須先一清人民深印之帝制思想焉」

此種解釋為歐西人士所深信其所以

20

廢除帝制者乃人民之願望也該言論發表以後中國政府愈形紛亂遠不如清室之盛與與光榮此不足怪或因共和尚未成功也喬衛特先生(Jowett)有言曰「共和國家捨共和主義者不能成立」中國即如此無共和主義者已耳

皇室份子除少數如溥倫等而外餘皆為洪憲運動所驚駭蓋以如袁氏即位京

480
54-20

54-39

師之中又存一帝雖僅為名義上之皇帝亦實難忍受於是袁遣使保證安寧不為皇室所信自一九一五年上期至一九一六年更為激烈苟蔡鍔不起事於先袁世凱不死於後漢滿蒙回藏五族共和之國旗何能隨風飄揚耶

袁世凱傾慕虛榮與其他偉人相同對於登極皇位甚抱樂觀苦心經營為時數

21

月所用衣冠悉照漢式據聞袁鑄有紀念幣數種有上刋其像者有印就洪憲紀元者又有印就中華帝國者種類甚多然並未發行藏諸錦匣以贈其密友除銅幣而外又有銀幣上刋袁之照像然多發行於其死後而其代表非為皇帝乃總統也

袁更由江西御窰中燒瓷器品若干上刋「洪憲製」字樣嗣後作者收集二種進呈

於宣統帝焉

袁之鑄印幣制恐或知其不能久存而以之作為紀念其費苦心傷精神而從事於自擾之幻夢者能非至死之因乎

果袁世凱能安於其位則中國之和平安寧自可期待且得永垂萬古享歷史之盛名受人民之愛戴乃計不出此而成為自私自利之奸叛可慨也乎

22

對於作者之批評如認為不當作者當引丁文江博士之言論證之丁氏為留英留德學生贊同共和認革命為中國僅有之救濟方策非帝制之流也

「袁早年居住朝鮮度其政治生活負一八九四年中日戰爭之責光緒帝熱心改革與以阻撓歸附西太后訓練新軍革去不信任之軍人一九一一年革命

54-43

以內閣大臣背叛清室而自為總統解散國會誅其反己者然卒以創造新帝國失敗而亡」

作者對於此論甚為同意而衷為一英國公使所敬慕且交誼甚厚此常為驚異且不解者也

衷自認尊崇孔學且以之教人而於己身則未顧及孔學中有「君子」之稱英文中

23

亦有「紳士」(Gentle man)之稱二者字義甚難相同要之袁氏一切如本章所述反叛清室蹂躪民國既非「君子」又非「紳士」(Gentle man)也

493
54-23

54-45

第十九章

龍鳳

立后詔旨如上章所述已於一九二二年三月十一日頒布大婚典禮則於是年十二月一日舉行在此時期之中文公布前朝一切關於大婚之禮節焉

三月十五日宮廷彙報載后父榮源因欽派為御前大臣並賞賜紫禁城騎馬入

宮謝恩同報又載欽派載濤朱益藩紹英
耆麟等四人為大婚禮大臣
第二步旋即延后至京此非進入大内
之意亦非即與帝相晤不過僅使后接近
皇室學習宮廷禮節耳於是派遣宮内大
臣太監護軍軍官等赴津迎駕三月十七
日乘專車平安抵京百官羣僚侍女伴婦
服裝嚴肅相迎於驛民國政府方面亦派

有衛隊沿途亦有軍警崗位直達后父榮公爺府后通過之時均一律遵命敬禮示敬意也榮公爺府在北京東北城帽兒胡同地甚幽僻距神武門約里許到達以後即稱為「后第」后父雖仍居該地然不得不讓后居先也

四月六日帝御禮服幸壽皇殿依古敎昭告定婚於祖先之前大婚禮舉行之先

一二日復欽派禮王怡王恭代致祭後殿
太廟昭告大婚禮期即將来臨矣
大婚禮最緊要之初步可分為三第一
為納采禮（舉行於十月廿一日）第二為大徵
禮（舉行於十一月十二日）第三為金寶金
冊禮（舉行於十一月三十日）上述佳期均
為欽天監撰擇之吉辰每次舉行之時儀
仗魚貫由乾清宮直達后第后父跪於門

前迎接天使儀仗先頭導以持節大臣（皇室血族）其禮節雖均大同小異然各有特殊之重要性也

十月二十一日納采之物品並非任意選擇乃嚴遵昔日之先例此中計文馬二匹（鞍轡具）羊十八隻緞四十端布八十疋皆置於龍亭之上

朝廷王公貝勒大臣官吏任遣送納采品

之職者群集殿前由糾儀執事各官導至
應立之位稍頃傳旨官入殿立於寶座之
東朗讀聖旨其文曰「六品廕生後補道榮
源之女郭博羅氏前已立為皇后茲遣卿
等持節行納采禮欽此」
持節大臣旋捧節出立於儀仗之前復
前行蜿蜒魚貫通神武門直達帽兒胡同
后第隨行者除皇宮音樂隊及護衛軍各

一隊外尚有民國政府騎巡與步兵馬此盛舉之皇室壯觀列行於民國首都之街市並未受總統及政府之憤恨也

大徵禮舉行於十一月十二日為大婚禮之第二步傳旨官復入殿讀旨「持節行大徵禮」大徵禮送往之物品為賞賜皇后及其族人者此中賜皇后者為黃金百兩白銀萬兩金茶具一銀茶具二銀盥盆二緞

百端文馬兩匹鞍轡具賜后父者計黃金
四十兩白銀四千兩金茶具一銀茶具一
緞四十端布百疋馬二匹鞍轡具朝服各
一襲冬服二帶一賜后弟者其一年僅十
齡賜緞八端布十六疋其一文具一套僕
傭則賞洋四百元為彼等深憶不忘者也
其最末一次且最莊嚴之典禮舉行於
十一月三十日大婚之前夕也殿中於寶

座之前置禮棹三張其中者置節於上東則金冊西則金寶此金冊金寶均送歸皇后所有禮成入宮亦隨行也

除金冊金寶而外尚有最重之件且甚莊嚴者即大婚時所用之轎也此轎凡輿夫二十二人大婚時由后第肩至大內其色紅黃兼備美麗眩目且有種種之象徵其最顯著者為轎頂四角所置銀鳥此轎

為何即所稱之鳳輿也鳳為神話之動物
或以之為鳥類之皇后復又示吉祥之佳兆
中國習慣以鳳為祥鳥以之喻皇后即如
龍為祥獸以之喻皇帝也
殿之東西檐下樂器排列已如前述於
大典時用之屆時樂聲群起昔日中國歷
史上即早有記載矣
諸事既備帝朝服入殿御覽金冊金寶復

升座午門鳴鐘鼓中和韶樂作奏隆平之
章此樂始於舜紀元前二二五五年之天
子也
樂止王公貝勒百官群僚齊集丹墀贊
官贊齊班序班贊行三跪九叩禮宣制官
進至殿中門之左宣制制文與前相似禮
成皇帝起座還宮鳴鞭如初中和韶樂作
奏慶平之章

鑾儀冊寶亭至皇后宮門皇后禮服出
迎於宮門内道右隨行入宮既達贊跪皇
后跪贊宣讀冊文皇后受冊行六肅三跪
三拜禮禮成鑾儀還宮皇后送於宮門内
道右旋還内宮
同日(十一月三十日)黎明納淑妃入宮
外人眼光甚以為異納妃之禮節與大婚
有相似之處在相當情形下可立妃為后

所生之子亦可立為皇嗣然納妃之禮之
所以舉行於大婚之先者蓋屆時得立宮
女之首以迎后也
　皇后達宮之時定於十二月一日上午
四時天清雲散月明如盤三時左右即必
離后第滿洲婚禮(與漢人不同)古時即如
此也
　鳳輿自乾清宮到達后第之時禮節甚

爲莊嚴先由鹵簿所屬輿夫肩至前庭再
由太監舁至殿内東南隅喜神方也
皇后屆時御大婚禮服鳳輿達大婚禮
大臣奏請皇后升輿旋由太監通過庭院
舁至宫門再换輿夫隨鑾儀達大内后之
家族不隨行僅由后父跪送門外直至遠
去
鑾儀進行中隨有民國步砲騎兵警察

及宮內護軍樂隊各一組黃色銀節空轎一乘及同樣之北京舊式空車三輛盖此後后無乘鳳輿之時此車輿備他日之用也隨行中有持大宮燈者凡六十人持龍鳳旗及幡傘者凡七十餘人舁冊寶亭者及嫁裝者多人正使慶親王持節副使鄭親王捧旨正副使之前導以捧檀爐者多人此後即為二十二人所肩之鳳輿兩旁

御前太監及内務府大臣官吏騎馬或步行隨之

出發之時為上午三時許月没昏暗雖有街燈亦不甚明兩旁觀者蝟集在軍警之後共睹皇室盛典市街之中或皇后経過之地均鋪以黄沙古典也

鳳輿通禁城直達乾清宫暫停丹墀更換輿夫為太監舁至殿内鑾儀執事及樂

隊皆立於殿門以外不許近接寶座僅捧
檀爐者得入稍頃鳳輿入殿停於寶座之
前皇室血族之王公福晉內務府大臣內
廷官吏師傅太監伴婦等均集於殿之兩
側
皇后降輿之際按照宮廷禮節僅婦女
及太監可侍立於是王公官吏皆退出殿
門遂關閉

福晉太監扶皇后降輿後由殿之後門入乾清宮北之坤寧宮皇帝立候「蓋頭」一去皇后乃得睹天顏焉

大婚禮節與舊時滿洲式婚禮相似無描寫之必要其中之主要者如飲「合卺」酒吃「團圓飯」及「拜祖先」等禮節是也屆期宮中大賜酒宴十二月三日為受賀之期滿蒙王公前朝官吏均著舊時服裝入賀民

國方面有私人及當局之代表著外國早
禮服此足示民國政府及官吏對清室之
致敬且視帝爲民國土地内之外國君王
也

受賀既畢於大婚後二日即賜宴群僚
其中有廢棄舊時習慣者即皇帝與皇后
對外人賜非正式之筵宴也(賜滿蒙王公
前朝官吏民國當局時后不出席)西太后

時代雖曾因國交關係賜宴外賓然皆男女分食帝與后之賜宴則不然男女皆共食此次赴宴之外賓約二百人先導至乾清宮用茶點及賜紀念品帝后均不升座立於西暖閣接待來賓相與握手行禮兩旁侍立者為命婦二人內務府大臣接待外賓者四人即梁敦彥聯芳蔡廷幹與作者是也梁敦彥在民國時未出仕聯芳曾

任外交次長袁世凱時代曾任要職有詢之者彼曰此不過為衣食計耳

出席之外賓中幾全為外交官吏彼等之来也係以個人名義非為本國之代表也

外賓到齊之時先由侍臣通知告以帝將致歡迎辭於是群皆肅靜帝登台操英語作短篇之致辭態度逸然語聲清朗其

辭曰「今日蒙世界各國諸君降臨不勝欣快謹此敬祝諸君健康幸福」語畢梁敦彥捧帝香檳酒一杯帝高舉左右曲首再舉杯及昏居京外人與帝向未晤及今日歐美男女群集相聚一室東西之阻障遂而摒除矣

大婚禮用費為數頗鉅各地進獻之物品與現金（約百萬元）亦復不少內務府有

進獻物品登記簿一冊上載進獻者之姓名及物品孫文及其黨人自無進獻馮玉祥進如意一柄夫如意所以示善意也而基督將軍則缺之此點甚以為怪宗室黃帶紅帶師傅內務府官吏亦有進獻自不待言蒙古王公喇嘛活佛亦有進獻此外前總統徐世昌進洋二萬元瓷器二十八件龍鳳地毯一張張勳進洋一萬元吳佩

孚王懷慶蔡廷幹曹錕亦進有現金及物品張作霖進洋一萬元吉林黑龍江巡撫亦各進此數前朝官吏進獻亦為數不少如陳夔龍（東三省總督）胡維德（駐日俄法公使卒於一九三三年十一月）黎元洪（徐世昌之後任總統進洋二萬元）等帝對於黎所進之洋全數撥與慈善會以救濟北京之窮民

前朝官吏某甚為窮困然欲示其忠君之心於是進獻聖祖手抄千字文一冊對於清室其值甚昂蓋距今二百餘年故也

進獻物品在清冊上有自稱卑語有稱臣者滿蒙官吏則稱奴才民國官吏則不稱臣而僅書某某敬呈或某某恭呈顏惠慶張作霖張海鵬等皆書跪呈張海鵬現任熱河省長雖已年邁然忠志不遺也

一九二四年北京軍閥聲浩大沒收大婚進獻諸物品不以之為皇室私産而公然認為國産民國政府又不能保障於是大部分因而失去恐進獻者對此亦必反抗所幸者基督將軍並未奪回所進之如意復歸己有也

大婚後傳旨進皇貴妃等為皇太妃茲譯其文如下

14

「敬懿皇貴妃及榮惠皇貴妃服侍穆宗
毅皇帝克盡厥職端康皇妃服侍德宗有
功大婚禮完成應予進位茲均尊為皇貴
妃著該管部遵旨照辦欽此」
皇帝之弟封為輔國公作者賞頭品頂
戴進陳寶琛為太傅朱益藩為太子少保
耆齡為內務府大臣尊醇親王之父為帝
之祖父

54-72

一九二二年十二月三四五日内廷演
劇賞群臣聽戲下爲内務府所發之請柬
「敬啓者現由奏事處傳出奉
旨
賞〇〇〇於十四十五十六日在
漱芳齋聽戲等因欽此用特布達專此
即頌
公綏　　内務府啓」

54-73

15

演戲三日以来共三十三齣演員均為
京中名伶聽戲官吏均著補褂花翎坐作
者之側為一公爵前為西太后所寵信者告
作者曰自一八九三年中日戰爭以前以
来宫内無此盛舉即有后妃福晉均不得
参列而今日得共睹之三年以後午夜之
清室似有日光之狀然而不然也

522
54-38

54-74

第十九章終

後宮内懸有帝之御筆對聯毓慶宮面東向有大門通小院院内大門之左有候見室焉為師傅專用之所室中蘇拉侍立任服伺捧茶之職隨時添注既乾而又復滿師傅入宮之時皆由神武門或因個人之便由東華門西華門而入者亦有之至門前下車改乘肩輿沿途護軍皆致敬禮（作者不願坐車改坐肩輿且有紫禁城騎馬

之權既達景運門下轎離鞍步行前進蓋距離毓慶宮不遠也

入候見室後飲茶稍憩直至駕達之時

帝之駕達也御黃色肩輿輿夫十二人（或較多）按照禮節帝抵外院時師傅不出外接駕僅立於室中（不為帝所目睹也）至帝入御書房後始止旋由太監傳詔蘇拉傳達於是帝讀書之時將開始矣

師傅聞詔後急趨御書房帝北立南向
行禮後乃就坐師傅之位則在帝之右側
當作者初入宮之時授讀程序有如下
述陳寶琛入宮最早夏季為五時半冬季
為六時授昔日皇帝天明時即升朝此為
舊例也七時半退下遇賜早飡時則留宦宫
陪食無論何時對於師傅飯肴均有預備
設於候見室而此飯肴又皆由御膳房名

廚之作味美且精庖人有此良技自得豐富之收入也

八時半帝從伊克坦習滿文十至十一朱益藩授讀一時為作者之授讀時間歷二小時始止此為常例也

大婚以後為毓慶宮時代終止期彼時雖因例假增加然假期尚不甚多除給暑假一月舊歷元旦及萬壽放假三禮拜外

樊植譯

滿洲國未興以前清帝之危險生活

譯自東京英文日本廣告新聞　　伍德海著

下列著述為伍德海先生之作品曾刊載「東方事件」上茲複錄之於滿洲國將有重要之發展之先想當生特殊之興趣也

溯自一九二五至一九三〇年當清帝居天津時余與帝甚親密其英文教師莊士敦先生常以余所著之社論作為教本帝對於余寄呈之星期增刊表示謝意惠簽名之御容一幀一九二四年十一月馮玉祥率軍逼宮帝后均被困逼出宮庭遭受沙皇之同運當此之時余曾憤其厄

刋登嚴辭之社論回溯一九一二年二月遜位時與中華民國訂立條約允納歲費(而永未交納)保皇產陵墓(而幾遭盜掘)且視為居住中國之外君此種條約當能記憶是故帝非被逐也遜位乃耳

設計脫險

帝之動產與不動產被沒收逼逐出宮後避入其父醇親王府儼若階囚者甚久斯時外交團代表決議起而緩衝恢復帝之自由乃允帝隨國民軍外出當行至崇文門時(崇文門者北京主衢之一也)莊士敦先生謀脫險頓生巧計操華語曰「通此衢余等尚未撮影於「哈同」於是命

車夫驅車該處「哈同」為一照像館位於公使館區域者也既達帝與莊氏入該店隨從相語曰吾等之事務將不能存矣蓋按公使館區內不許武裝中國軍隊進入監視者無可如何乃歸而以失去囚犯報命

於是莊氏伴駕至德國醫院留帝該處出而努力接洽帝在該區內之居食問題英公使館首稱留此客居深覺不便却之而日本當局則允其所請任帝擇一駐屯公使館衛隊之房屋居之數日後后亦來此與俱帝幽居公使館區內頗感煩悶策欲他逃余數日之前於天津親聆其脫險之口述除一青年滿洲友人而外恐難盡信帝至車站携

隨從購三等車票搭車赴天津抵後即東西分住在車中時帝之左右為二國民軍詢帝為誰帝以姓王清華大學之學生對帝語余時操英語笑曰此「誑語」也此事傳述漢文亦有記之帝乘坐火車乃以此為首次及至日本當局聞訊後大為驚駭急拍電四出結果日總領事率隊候於天津車站迎焉帝達津即入一日本旅館直至相當房屋覓妥乃遷在英租界內帝本有房屋二所因英當局拒絕予以特殊之保護乃另居於日界較大之破屋帝來不久余即初晤於此遂而發生友誼直至余離津之時後復重晤於滿洲當余重晤帝時仍照中國習慣賜茶帝舉

杯起視杯上有朝代之鐫刻（即袁世凱欲覓者也）所有磁
器刻有朝代者或均被毀今之尚存者恐即帝飲茶之杯
而已

參觀印刷工作

年來常與帝晤且偶因特種時機亦得晤皇后帝起
居尚時隨侍圍侍彼等皆忠君之輩非嗜利之徒也余
侍帝饍或進茶點年必數次遇有女外賓時皇后亦出席
惟宮内禮節男來賓不得與皇后握手耳

某日帝傳余告以欲赴余等之印刷工廠參觀余以廠
中百餘工人均來自各地不悉其政治觀念不甚然之然以

帝之旨意余不便違逆遂微服而行向衆佯稱王君當余往接洽之前一日帝告以復欲參觀英國軍艦達天津之船無有再若英艦之大者時罝福克斯諾夫在津余與該艦長官亦甚相熟於是乃語帝曰余雖不能導視較大之軍艦然當力謀一小艦之參觀也余晤該船主渠欣然接待此化裝之貴客此次之參觀非正式社交往還也

為避免在印刷工廠意外之事件余邀該廠經理英人與帝晤於余之辦公室并囑當我等參觀時當在其側是日帝駕達忽一侍者目光眮眮奔告余曰「上至矣上至矣」余亦曰「何得胡言此乃余之友人王君也」參觀完畢

幸無他變惟中國勞工對帝甚異停止工作似彼等應行跪拜禮耳帝去後一華工首領至經理室告以帝所坐之椅應置他處倘任何人復坐帝曾坐之椅殊為不當英艦之遊船主甚慎先囑砲手及差役於晨間去岸故亦無不測

余常侍帝觀所存之寶物各朝代之物甚多此中最奇余能憶者為一綠畫卷長五六十碼上繪乾隆冬至皇祭之儀仗參予各官均本來位職服制及容貌卷末附有歷代帝王肖像象車及寶座焉

優秀之中國學者

帝為一優秀中國學者當居津時對於各種政治情

形之發展予以接近之注意帝能作流利之英語惟除親密友人外餘皆羞為之余離津之前與帝末次進飡時以經驗得知帝有多思之癖帝畜英獒其雄者呼為Ponto亦佳種也余之友人亦畜雌獒一頭知與帝同饍囑余如若可能請一洽Ponto之孵育問題余答以將盡力為之

在某相當時機余詢Ponto夫婦之健康帝告以均甚健余又詢Ponto之婦有妬性否帝答以Ponto似有懼内但詢余何以詢及彼等閫之内部關係余對以友人欲知Ponto之妻反對納妾與否帝大笑允其請且操英語曰「外人居間與二犬為媒之事實前此吾未之聞也

余發起「橋社」Bridge Club帝為贊助者帝依余之請署名社章之上及逯深以「社」之自然性為奇後告以此種遊戲甚為平常後邀請社員（時均為英軍官）過膳有時Tripehound亦（為）來賓帝不作Bridge戲然甚精於網球滑冰及駕駛當帝居宮內時購機器腳踏二部囑其英人教師乘其一余深知莊氏受此之困

當余將離津赴滬時意帝與英人交往甚密今余若去深恐不便乃為帝介紹二友人遇困難時得有以助之後邀飯介紹乃實現當余與帝道別時以為此乃最終之一次余之言語恐亦將難以實現告帝曰倘此後能晤時恐今

非昔比余或將要求一外交官地位帝答以當常憶之數小時後帝召飲茶余居津之末日也臨去帝依依不捨告以失余之困此猶昨日之事也

長春之謁見

一九三二年九月余以考察該地情形來至滿洲訪問大連奉天之概要後轉赴長春新國都也當余甫達旅店一青年外交官至余處告以執政聞余之來此甚願於明晨十點三十分賜予謁見俞君中英日俄文兼長按時至導余達帝府候候見室不久使者出語余執政在私室相晤余亦即導該處焉

帝睹余欣甚握兩手曳余至一沙發之前讓余坐其側詢余天津臨別宴會之語尚能記憶否噫嘻余之預言驗矣帝之一脚微傷告余將有特殊食物留余飯其幼弟與俱余等暢談直至饍時

余與帝作友誼之談話後告帝來滿之目的且述將詢及種種問題藉以披露於報端帝允所欲問者必答之於是余詢帝究誠快否中外友人甚願有以知之帝答曰「然誠快」復續語余曰「余甚忙碌然以近來管理機關組織完善亦不復若抵長春時之為甚也」

次復告帝中國普稱帝之來此為強迫而來一舉一

動亦失自由帝不僅予以强有力之否認且告余何以得此新權帝來此之動機有二即政治與個人關係是也茲先就政治言之當清室遜位之時宣言讓位於民但過去二十年究係若何政治之權不入於人民之手而乃操於貪得無厭軍閥之掌握中不顧人民之利益暴戾橫行苛政遍野中國與列强之關係逐漸惡化而五族決對平等之誓約已破壞無餘矣

帝之祖先故鄉

其次為帝之個人動機滿洲為帝祖先故鄉對於該地之一切懷特殊之注意乃天然之性也再者遜位條約對於皇

室亦宣布破產允納之歲費亦復無效私有財產又被沒收祖先墳墓被盜而不究財物遺失而不察國民黨之無理何以至於斯乎

滿洲發生紛亂帝注意及之乃天性也當正徘徊於發展祖先故地之問題時各地使者密來天津促其速往滿洲卒以今若不前恐將不果能決之

繼詢蔣介石之左右聲稱如帝放棄則恢復前立條約帝意如何帝答以中國政府應注意於人民之利益組織優良之政府息止內亂苟如年能納銀四百萬兩（帝之歲費）何妨先救中國之貧困

余復詢曰「外傳係被日軍綁劫而來旅順確否」帝搖首大笑操英語曰「綁劫綁劫殊非其然也」

余於此深信之乃復詢欲知離津時之一切帝告以所述者無待盡信個人決無祕密之可隱藏甚願述來長春時之一切曩之嚴守祕密者恐離津時遭受種種之危險也

營口之行

天津中日事變時帝乘淡路丸赴營口留書日本總領事囑其於離津後善為保護皇后既達營口後復前行至湯崗子(遼陽大石橋間之溫泉也)數日後回至旅順晤

皇后皇后之未乘普通輪也數週後帝居旅順視察日
俄戰跡後復與后赴湯崗子居數日直至同意赴長春
之時當帝確信北上就執政位為其責任時乘車而往
由此觀之由天津以至於滿洲何嘗又受日人强迫及束縛耶
（此處余當補述晤鄭國務總理告余帝離津之一切
鄭氏述曰當決定後囑彼往謁帝於預定相晤之處帝
着平日素未御之洋服急乘汽船登淡路丸時值天氣
失常帝達時幾昏倒此行當離日界時危險重重如烈
火之至苟為中國軍隊所捕捉恐有性命之虞也）
余留府侍帝膳幼弟溥佳俱焉飯畢下樓出Ponto

相晤復又至客廳賜余御容一幀紀念物多件（紀念章一面袖扣一付）為

帝明達之迅速

附註　帝之政治敵人稱帝為無知傀儡深不為然謁帝後之公正外人所信紐約通信社々員某數週以前曾謁帝渠有述曰「中國一般敵人宣稱帝之智力不足而帝予余燦爛之印影甚深對於國事之經驗記憶既强思想又達而速

深值吾人記憶者當一九二四年逼宮後反責遍於中國而以張作霖與唐紹儀為獨異當唐氏聞帝之待遇稱汪精

衛為一九一二年謀奪位之激者苟中國欲變更清室與民國之關係亦應以公平有禮貌之動作行之此非政治問題乃道德問題此非成立中國政府事件乃讓地之有無儀式問題也

一目睹者語記者張作霖聞基督將軍逼宮破壞遜位條約時大怒而段祺瑞亦發表逼宮之反抗焉

《溥仪印象记》译文（译自三岛过阳《政界往来》）（一九三四年）

（御名）印象記 譯政界往来 莊壽爾譯

余於汽車中囁嚅言曰「余幾願爲居滿洲國之鳥矣」「善哉斯言其將何時移来歟」同車之酒井少將答余而言「如日本少年團擯絶余時當如是」「是則難耳」田門中佐作是言時余等之車已將抵執政府時僅僅二年而新京竟似此活躍真一鳴驚人者也前年事変勃發際長春之吾儕少年團曾竭其全力活躍其傳令救急與及運搬死尸職務於槍林彈雨中彼有名之倉木少佐死体即由此輩勇敢少年團之手所搬運而吾儕偕全日本少年團代表部隊来長鼓勵在滿日本少年團事変時之活動

及慰問皇軍時為前歲十月正我軍佔齊齊哈爾方一二日是地一帶人情騷亂中國人殆家家閉户焉吾儕搭軍用車去齊齊哈爾彼時該地軍人外之日本人不足二十人而二年後之今日竟達二千人其变化之速可知也

次為去年之渡滿時為滿洲國成立後亦組成少年團（滿洲國童子團）應指導之聘而来借居於長春南嶺兵营集吉林黑龍江奉天三省之少年團指導者而訓練之滿洲國童子團於焉告成而是時長春街路之变化可驚中國人否滿洲人之家門皆啓滿充活氣汽車之數亦大增然南嶺附近夜間仍禁通行今歲則治安恢復夜行不禁較之張學良時代其安全可

知更加以製定大新京計劃於曠野一帶大施宏壯建築其勃勃生氣恐世界任何首都均難為匹二年來種種之變化正起伏於余腦中之間汽車已駛抵執政府門前執政府狀況依舊去年來時為最可記念之日本承認滿洲國之日余與二荒伯為承認後第一次謁見者今年亦按舊序求見仍為去歲予以種種斡旋之中島諮議所招待求見者為余及奉天萬泉園滿洲國童子團第二回指導者實修所幹部少年團審議員酒井陸軍少將田門砲兵中佐蘆谷主事阿佐見評議員笠原隊長等五人去年謁見乃承認式之後（御名）頗形疲倦僅余及二荒伯二人見於私室今則賜見於會客室中島諮議先

導入室（御名）即伸手微笑相迎首顧余問曰
「二荒伯健在耶」
是一言不能不使余驚喜（御名）穎敏事凡日人謁見者無不
稱贊去年謁見僅三四十分斯時（御名）於重大儀式之後心
身均當疲倦於余等之後迄今謁見之日本人更不知幾千
人而茲一見余顏即聯想及二荒伯則（御名）之不忘也可知遂
答曰
「謹敬謝二荒刻代表日本貴族院議員出席萬國議員會議
於滿洲國或能大行傳播歟
（御名）聞余言似極欣悅靜坐後余乃為同來者諸人介紹而

稟告奉天實修所之實情焉（茲為篇幅計祇記其要點於下）
一、去年實修所實修生六十名均由奉天吉林黑龍江來學者今歲三省之外加以興安熱河兩省之指導者五名
二、去年實修多在兵舍作屋內講習以理論與技術為主今歲為野營施以生活指導由理論與技術至精神教育主之
三、所謂少年團教育法原為東洋性其精神首重日本武士道而其教育及訓練之方法學於英國结果甚優乃以吾儕東洋人善於集世界文物而消化驅使之故雖學於英國竟可稱為青勝於藍也日本少年團精神為「皇道精神」而貴國童子團則為「王道精神」亦即余等注意鼓吹「王道精神

之故耳
四、目前貴國童子團雖由余輩指導然衷心固極望其能
早日自立倘王道精神之貴國童子團完成時余輩正願不
久將屈為學生以求指導嗣後或日本人為實修生或滿洲
人為實修人時師時弟之日固期期所待者也
五、以此教育法為東洋性故日本之皇道精神少年團與貴
國王道精神之童子團殆為車之兩輪相輔行必能成世
界少年團之模範少年團於世界運動上貢獻之日想必不遠
歟
六、三島將於實修所終了後搭飛機去熱河承軍部厚意在

承德組織童子團

（御名）極熱心聽之尤於熱河童子團甚感興趣為種種垂問余更進而言曰貴國為王道精神之國家於是點極願習學（御名）則告以雖然滿洲國人固僉以王道稱於口而王道之所以然則知者尚尠還望諸君善為導之最後余再謂關於指導貴國童子團時尚祈賜以訓旨遂取小紙書以

誠
智　仁　勇

謂此即童子團之精神誠即天道人道雖變天道終如一望以天道告我童子團最後諄諄諭以指導童子諸君之

責甚重焉以結束之
余等不勝感激進而言曰智仁勇者二荒伯去歲謁見時奉
覽之日本少年團徽章亦像徵三種日本神器其精神亦
即日本少年團之精神亦即貴國古語智仁勇之謂因又
爲普遍天道大精神之說聽睿（御名）頻頷首焉於是余
等告退出室而余於「指導童子諸君之責甚重」一語將深銘
胸中矣

57-8

573

《伦敦时报》评述《今日之满洲国》译文及原文（一九三四年）

今日之滿洲國 譯自倫敦時報 樊植譯

吾人稱「沉靜之東方」而結果一東方國家已證明其能創造歷史之出發點使歐西人士為之暈眩矣將近二年以前一九三一年九月十八日日本以挑戰之行動舉兵侵入滿洲任意獨行不宣而戰為期數月橫衝直撞於東三省之間引起歐西之非議

一九三二年三月一日滿洲獨立國宣告成立名為出於三千萬民衆之熱誠而其實乃日本之狡黠外交政策與幸淂日軍一致之意旨耳新國受人獨斷之進行（此為精撰以制該國之政策）生存歲半無絲毫之困難雖在襁褓之中奄奄

一息其日本教毋又溺愛過甚然以有少數世襲主持正義者之扶護現已證明為强健之嬰兒矣

吾人於叙述今日之滿洲國當取直接之觀察蓋較諸參考官方報告與統計不易引入歧途也

新京舊稱長春為滿洲國之首都位於滿洲平原之中心連結南滿中東二線城市狹小毫無特徵中國之國京頻頻遷動而新京之所以採取為首都者無他蓋欲以斷絕新國與張氏之關係與遠隔其留滯奉天之勢力耳苟不若斯何以都之新京之建築雖進行甚烈然於旅客及大多數官吏之設備上尚不稱便焉

滿洲國高級官吏甚至國家首領對於外人訪問者均非常禮貌予以深刻之印響執政閣下英明聰睿早經就職如為人民所要求將登基稱帝國務總理鄭孝胥學者詩人兼理想家因其表現中國思想之值價使彼甚為忙碌上將武藤軍司令官駐滿大使聰慧精明與中國人以溫和之態度旅團長小磯為一磊落之軍人此外尚有其他茲不贅述

最大權力

滿洲國之政體尚未具體化然在近期將改換一新而永遠之憲法即或將改建類似帝國之組織也皇室後裔仍努力

於蒙古思想有力之掌握而日本則於内蒙古廣事宣傳以期打倒俄人在外蒙之勢力滿洲國各部總長雖均為中國人然此為一秘密彼等皆非掌握大權者不僅於首都如此各中心要地亦皆由名為佐理與顧問之日本人操其權由此觀之則日人為滿洲國之最高官吏矣其最大權力為關東軍次大者滿鐵是也

近者滿洲國政府宣布關於鴉片之種植製造及發賣完全由政府管理除不可治療之癮疾者外在所嚴禁自其他方向觀之似乎冠冕堂皇而其實今年種植之鴉片較前為多專賣局以一定之價格購自農間而發賣於煙商時則無

定值政府國庫雖為之增加然遭受極端不良之評論矣

歲半以来財政迅速之進步使旅行者印證甚深曩者悪幣充滿市井彼輩軍閥以形同廢紙之紙幣購買糧食而換取質良之銀幣為害匪淺而今也中央銀行成立以来改革悪幣前之破廢舊紙已收回過半新國財政狀況甚為燦爛

按照六月之預算出入均甚平衡而其條立之財政報告亦足以清察其指數

將来外人之商業利益雖為極端期望然訪問者足以發現其對日本之善傾彼言而行行且有効者相告曰此乃救濟之策也中國三十年来立盼實現之計劃現均已迅速完成滿

洲雖仍對外資開放然決非為外資而濶開目下日本之貨物雖未公然有特殊之待遇而在同一種類貨物之下竟有二種之關稅此當為排斥外貨之舉進而言之市場中雖非時常充滿瞞關偷稅或軍部准其免徵之日貨然皆係日本工廠之出產日本政府專利大部份之財政勢力多數之企業如鐵道礦產等等均由政府掌握將来勢力擴張在滿之外人商業利益恐將迅速不免於滅亡也

滿洲國內中國人與日人之關係使訪問者甚形困惑一九三一年事變后日人居留人口之總數為三十萬較前增加百分之五十（內含七萬朝鮮人）而滿洲國三千萬人口中恐全部反對

該國發現日人此雖為自然深刻之反感而實際上沉寂甚常無絲毫之行動忿於心而不敢實於行對於日人僅視為武人耳日人向甚少居於鐵道帶外者即至現在因盜匪之出没内地多處鮮有不受日軍之保護而居住而旅行者此種軍事政策下之殖民計劃（礦區及其他任何地方）甚為重要此亦為居滿日人仍以征服者自居之故也

種種之落後

滿洲國之教育自然由政府管理將改革其正確之誤解然較諸任何事業尤為輕視本年預算軍匪費用之預定較之超過四十八倍至於司法甚為明顯且流行然究真能使滿

洲之二族近密乎醉心歐化誤入歧途為中國人之天性日本對之引為至奇彼等以之為野蠻而其官吏則重賴以任救濟種々落後之工作彼等雖有普通心理上工作之知識然不悉中國人之個性日本人與不諳日語及操不健全日語之中國人交際甚少在鐵道區內設有果而夫球場各駐軍地方又備有娼寮以供遣情不如中國人鄉土瀾念之重中國人雖不通言語然其學習日語之進步甚為速也

滿洲國為已成之事件不待多言日本過去兩年之行動或直或屈皆不關於遠東之現在與將來滿洲已表現其盡量之開發三千萬人民亦得相當之利益雖不如日人之多而虎口

餘食亦聊獲薄潤目下之匪盗為和平與繁盛之障碍苟不
防患於未然後患堪虞
滿洲國將来之觀察甚為危險試觀日軍部之專權甚
難相信其為大陸利益而不進伸西部内蒙古各王公力謀
有効之整頓南部華北或將並之而他日一俟新京充滿種
種榮利時或又將輸誠北部為沿海省份俄軍集中於黑
龍江畔予以威嚇此外與日本野心之挫阻者即其國内之
財政情形與紅軍之超越是也

MANCHUKUO TO-DAY

I.—THE JAPANESE AS CONQUERORS

AN ENLIGHTENED EXPLOITATION

In the following article our Special Correspondent in Manchuria analyses the progress of the new State and examines the present form of government. In subsequent articles he will deal with the difficulties attending the suppression of banditry.

We speak of the "unhurrying East," but at least one Eastern nation has proved herself capable of making history at a pace which produces a feeling of dizziness in Western onlookers. Nearly two years ago, on September 18, 1931, Japan, acting under provocation, launched her armies into Manchuria. For some months war, undeclared, sporadic, and one-sided, raged up and down the three Eastern Provinces, its echoes scandalizing the West.

On March 1, 1932, the Independent State of Manchukuo was established, nominally by the spontaneous will of its 30,000,000 inhabitants, actually by a shrewd stroke of Japanese foreign policy, which fortunately coincided with the will of the Japanese Army. The new State, brought by a rather arbitrary process into a world which has chosen to ignore her, has survived her first year and a half without any difficulty at all. Though swaddled, almost to the point of asphyxiation, in propaganda, and

handicapped by several hereditary complaints, she is proving a sturdy infant; and she has, in Japan, a fairy godmother who is strictly benevolent and benevolently strict. In writing of Manchukuo to-day a record of direct observation is less likely to mislead than a summary of official information and statistics (in Manchukuo there is no other kind available), qualified by unofficial rumours.

The capital of Manchukuo is Hsinking, formerly Changchun: a small characterless town standing in the middle of the Manchurian plains and marking the junction of the South Manchurian Railway and the Chinese Eastern Railway. Capitals in China have always been highly movable; the chief reason for the choice of Hsinking was the prudent desire to sever all connexion between the new régime and whatever traces of the Young Marshal's influence may still linger in Mukden. Otherwise Hsinking has little to recommend it. Accommodation, both for travellers and for the large official population is still inadequate. Building, however, goes forward at a furious pace.

The foreign visitor will find high officials courteous and very anxious that he should be pleased. He will take away most favourable impressions of the men who, whether as forces or as figureheads, are playing important parts in the new State—H.E. Henry Pu Yi, the Chief Executive, an alert, neat, and charming young man, professing himself ready, if the interests of his people demand it, to reassume the title of Emperor: the Premier, Mr. Cheng Hsiao-hsu, scholar, poet, and idealist, who, because of his value to the Japanese as an interpreter of the Chinese mind, leads a busier and a more influential life than his Chinese colleagues: the late Marshal Muto, Commander-in-Chief of the Army, Japanese Ambassador to Manchukuo, and several other things besides, a man whose wisdom and benignity appealed immediately to the Chinese: Lieutenant-General Koiso, his Chief of Staff, a brilliant soldier—and many others.

THE BIGGEST POWER

The form of government in Manchukuo defies definition, and is shortly to be changed for a new and permanent Constitution, in which the position of the Chief Executive will probably be raised to something corresponding to Imperial status. The heir to the Dragon Throne still exerts a powerful hold on the imaginations of the Mongols, and the Japanese are seeking to offset Russian influence in Outer Mongolia by a vigorous propaganda campaign in Inner Mongolia. Almost all the Ministers in the Manchukuo Government are Chinese, but it is a secret, which official circles take little trouble to conceal, that they wield the minimum of executive power. Not only in the capital, but in all centres of importance, affairs are directed entirely by Japanese holding subordinate or advisory positions. In this connexion it should be noted that it is not the influence of the Japanese civil officials which is paramount in Manchukuo. The biggest power in the land is the Kuantung Army, the second biggest the South Manchurian Railway.

The chief criticism to which the Government lays itself open is one of extraordinary disingenuousness. It was, for instance, recently announced that the cultivation, manufacture, and sale of opium was to be controlled by the Government, and its consumption—except in the case of incurable addicts—completely suppressed. This sounds well on the other side of the world, but in point of fact more opium than ever has been cultivated this year; the Government monopoly offices buy it from the farmer at a fixed price, sell it to the merchant at a price which is not fixed, and an enormous revenue accrues to the Government.

The traveller will be impressed by the rapid progress made within the last year and a half in the field of finance. The currency has been stabilized; and that alone represents an inestimable blessing to a country formerly flooded with the worthless paper of the war-lords. The Central Bank of Manchukuo has now redeemed more than half these old notes, which were issued without security and then forced upon the farmers in payment for crops subsequently sold by the war-lords' agents for "good" dollars. The financial position of the State itself appears to be flourishing, and the last Budget, published in June, showed a comfortable balance; detailed

陈宝琛为大典修订及郭宗熙去世谁人接替等事致胡嗣瑗的信（一九三五年一月六日）

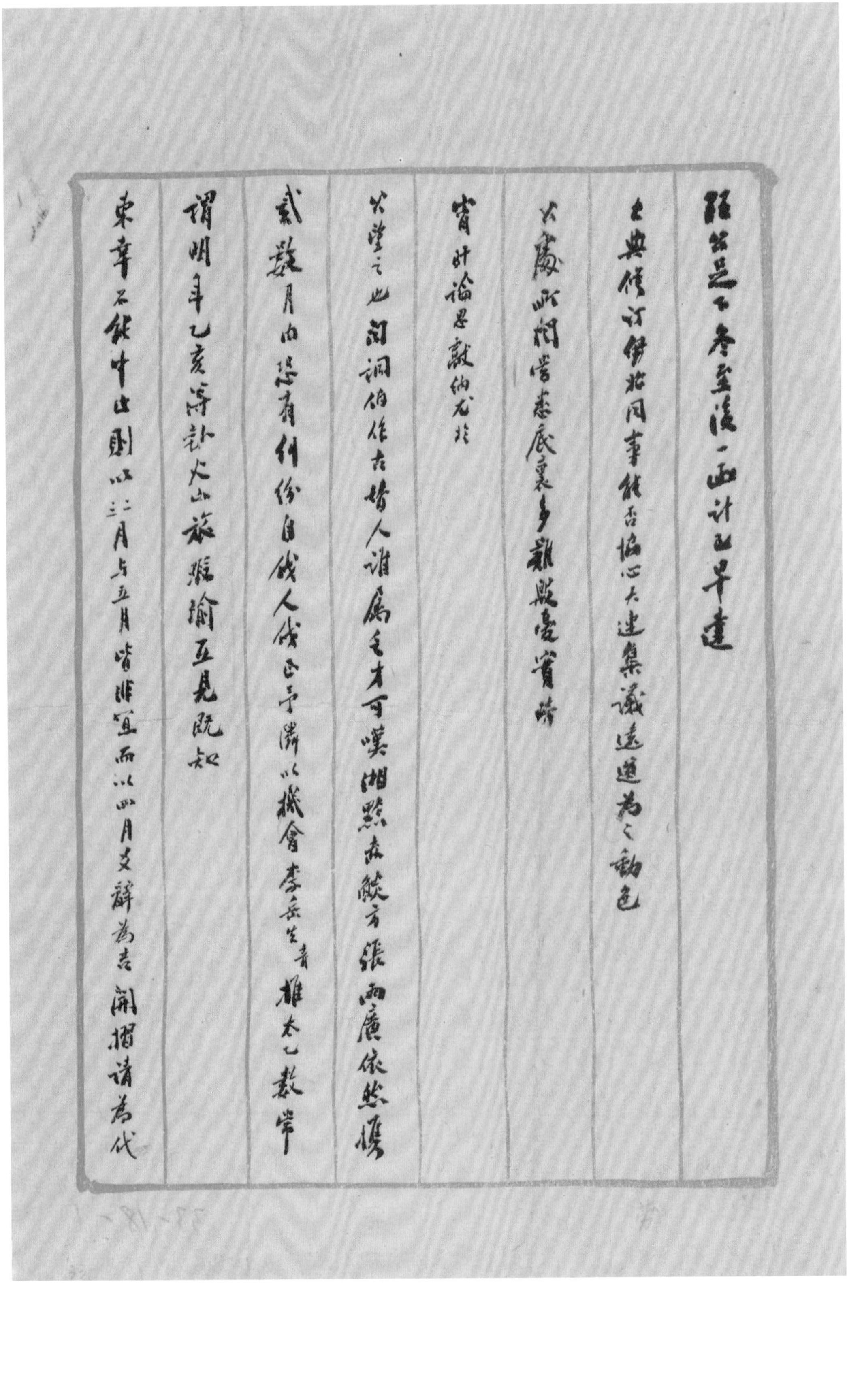

琮公足下：春至後一函計已早達。
大典修訂，伊北同事能否協心大建集議，遠道為之動色。
大庵所關，當悉展衷，多親敞處賞識。
肯時論思獻納尤非
公望之也。閱詞伯作古，替人誰屬，毛才可嘆。湘默森蘇方張，兩廣依然攜
貳。疑月內恐有什伍自戕，人代任子端以機會。李岳生青雄太乙數常
謂明年乙亥當默大山旅猴瑜互見既知
東章不能中出，則以二三月與五月皆非宜，而以四月交辭為吉。開摺請為代

呈前詢期於本年深冬未確定可否展緩旬餘因其前歉題識且

於本夏開學斷言辦病送卷中式須待來年尔時不之信而置之今諸

卷均發下續選所需日竟如所言故以聞諸

左右　韻之何如　賤軀近已稍平唯晨寒不敢出戶有心人時復來遊足以略

知一二耳　適有便鴻手此奉訊　敬頌

叢祉

名心叩　十月初二日

朱益藩为听闻溥仪东访日本等事致胡嗣瑗的信（一九三五年一月十四日）

愔仲仁兄年大人閣下：頃接初四日
手教，所言歆浚等輩舉動至為可慮，此輩憑仗外勢
專為身謀，不恤大體，不顧恩義，不諳掌故，一切以意為
之，眼前必鬧笑話，異日必多流弊，聽之不可，爭之不得，
此弟所以不欲身履其地也。收拾人心全在舊日招牌，此
報章言明春　駕擬東渡，當是謠傳，不然則是李王，我也期期以為不可
之不得，減力萬倍。外人斬此真是心狠手辣，要默察此
間人心固多引領而望，即身在政局者亦有歡欣之勢，
若措施得人，真是絕好機會，無如在位者皆此輩，今

人往嘆奈何耳孫子授留京中數月今已遂之回泰郎

行祈轉致

台端大約開春後來也　痛山同年遄歸道山聞之

不勝悵痛論其本身亦無遺憾獨後顧茫茫一棺旅

寄天道誠難測哉　致師年內回津否倘未首途

即乞

轉致一一此復祇請

著安　遲日宣示　詔書務祈

設法先行密示

卷中瓜爾佳氏擬編為佳字號　石爾德特氏擬編為德字號　如某卷中式請　改仲業電用○平安若干字樣若兩卷均入選即並用兩字　接電後即可按尺寸製備衣物

弟名心印　十二月初十日

陈宝琛为关内消息紧张四川及两广局势变化日本伺机图利及建储等事致胡嗣瑗的信（一九三五年一月十七日）

琴丈先生阁下：初二函恭悉，先教戴己世期。旧历二月杪，诚恐难以展缓，非李君见此又非亲团之庸。并其略招居为审量，盖信甚挚，皆至诚恳。上亲其意，则声称之或有机会可以设词推展之为，客尔五朔十二日。驾幸犹太遏寒是否为，拜蒙病致讹却。同行先归耶，日来瀚州消息甚繁，江夏以隋青诸势道引进镰仓既远若琅邪。又亲访柯古西蜀之湘完两事忌断嶙骨发怨燫，独伺其侧自有所利未必有心反我。庞工作豪，语堂有所见耶，曾为备否。以当知之蕙风未安非严洞教养其洽其设枢尝略来见。大典已闻蓬否我胡之不谋蓬储不病其松降新即前古二不乐未有此事想在逗谶中小云松彼事春数空团正储促之事内颇居储。有所状尚不愁彼廉腰竹少出到卷金维为徒自恨耳。罪龚辛淮顺请。署安便中继後厳言莠翁。

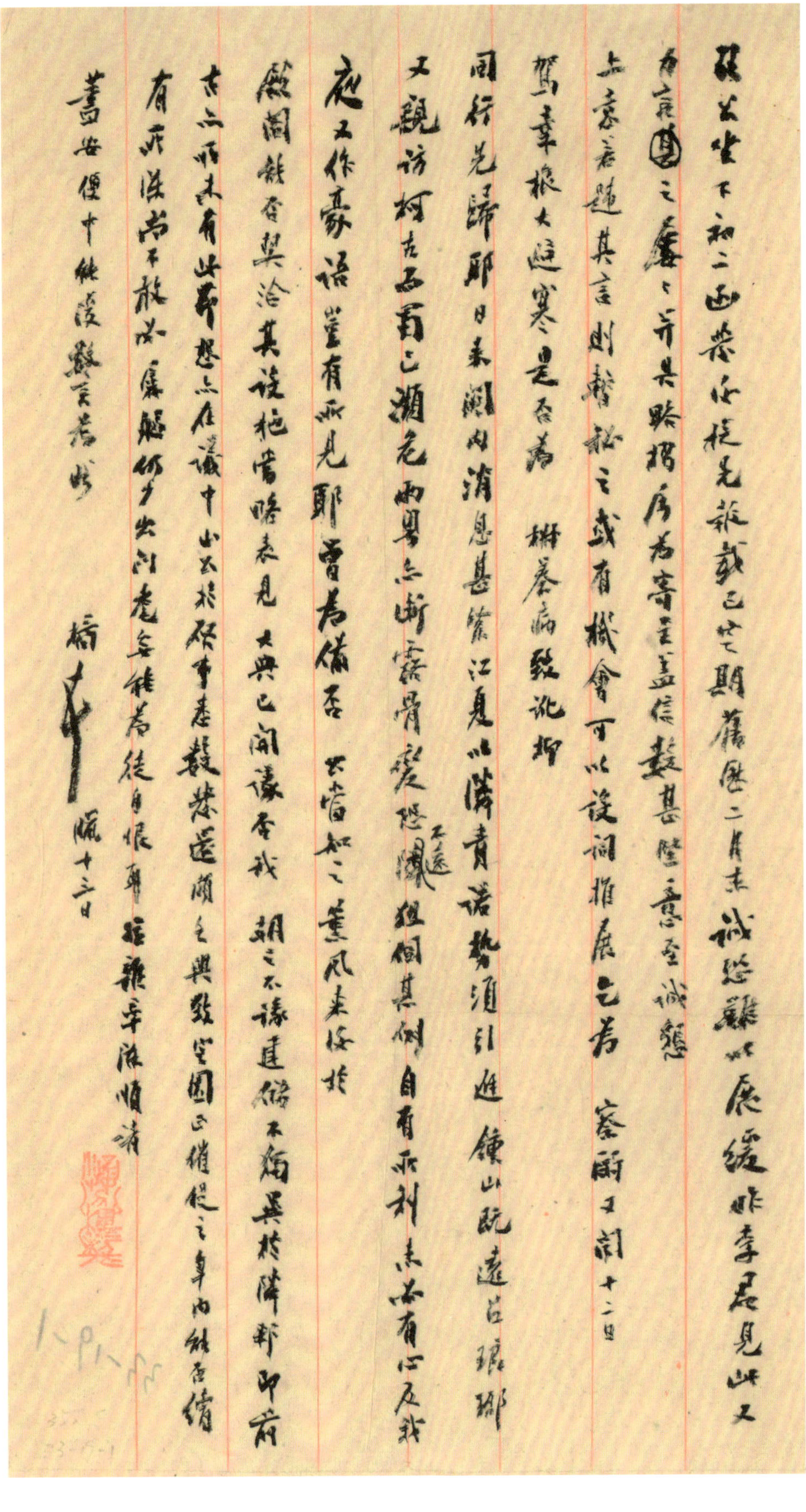

前有舍弟竹生求
書，係婚喜
聯，就乞
交嘿園帶來爲荷

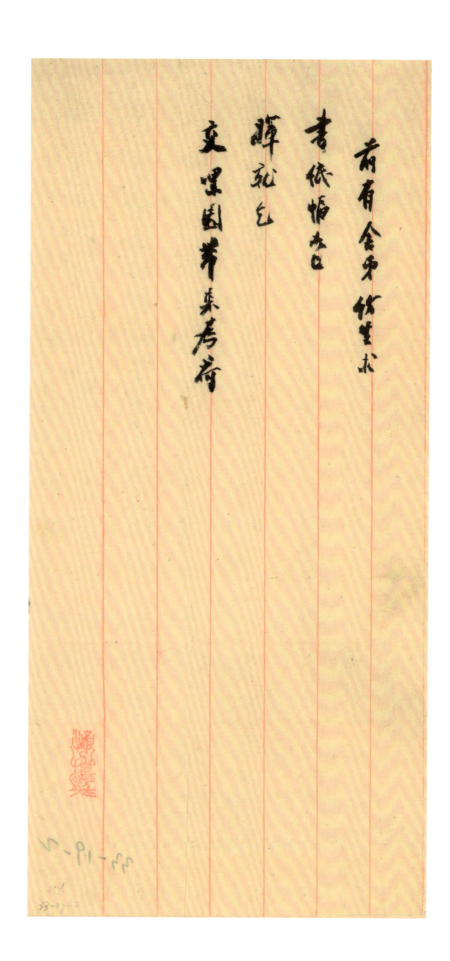

陈宝琛为荐人事致胡嗣瑗的信（一九三五年一月十八日）

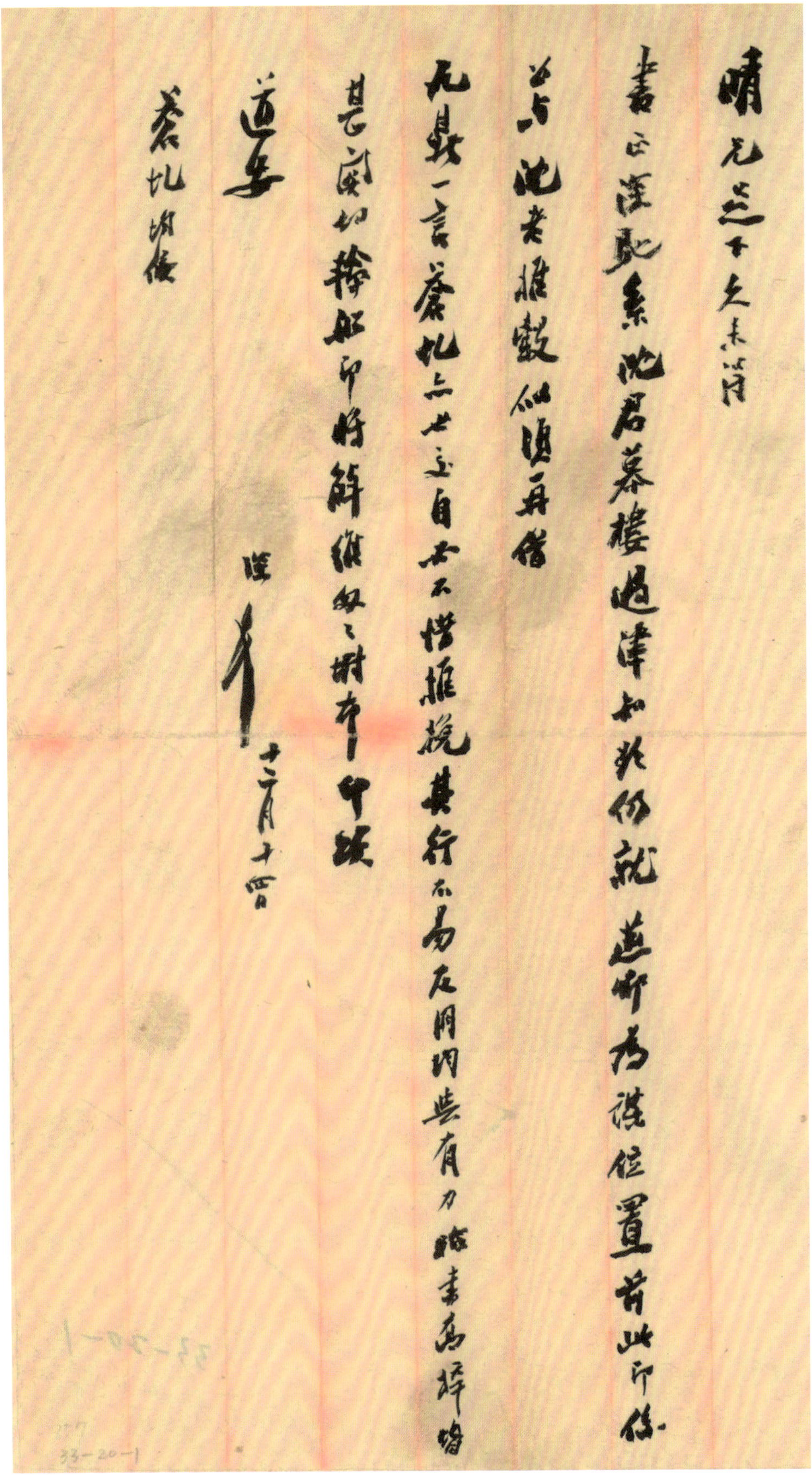
晴兄足下：久未晤
書，正深馳系。沈君慕樓過津，知欲仍就[illegible][illegible]，為謀位置。昔此所係，
弟與沈君推轂，似須再借
兄鼎一言。蒼虬亦[illegible]正自告，不惜推挽，其行亦易。友朋均無有力，臨去為[illegible][illegible]，
甚感切。務祈即將[illegible][illegible][illegible]之樹[illegible][illegible]，[illegible][illegible]
道安
蒼虬均候
弟琛
十二月十四

陈宝琛为访问日本随从人员等事致胡嗣瑗的信（一九三五年一月二十三日）

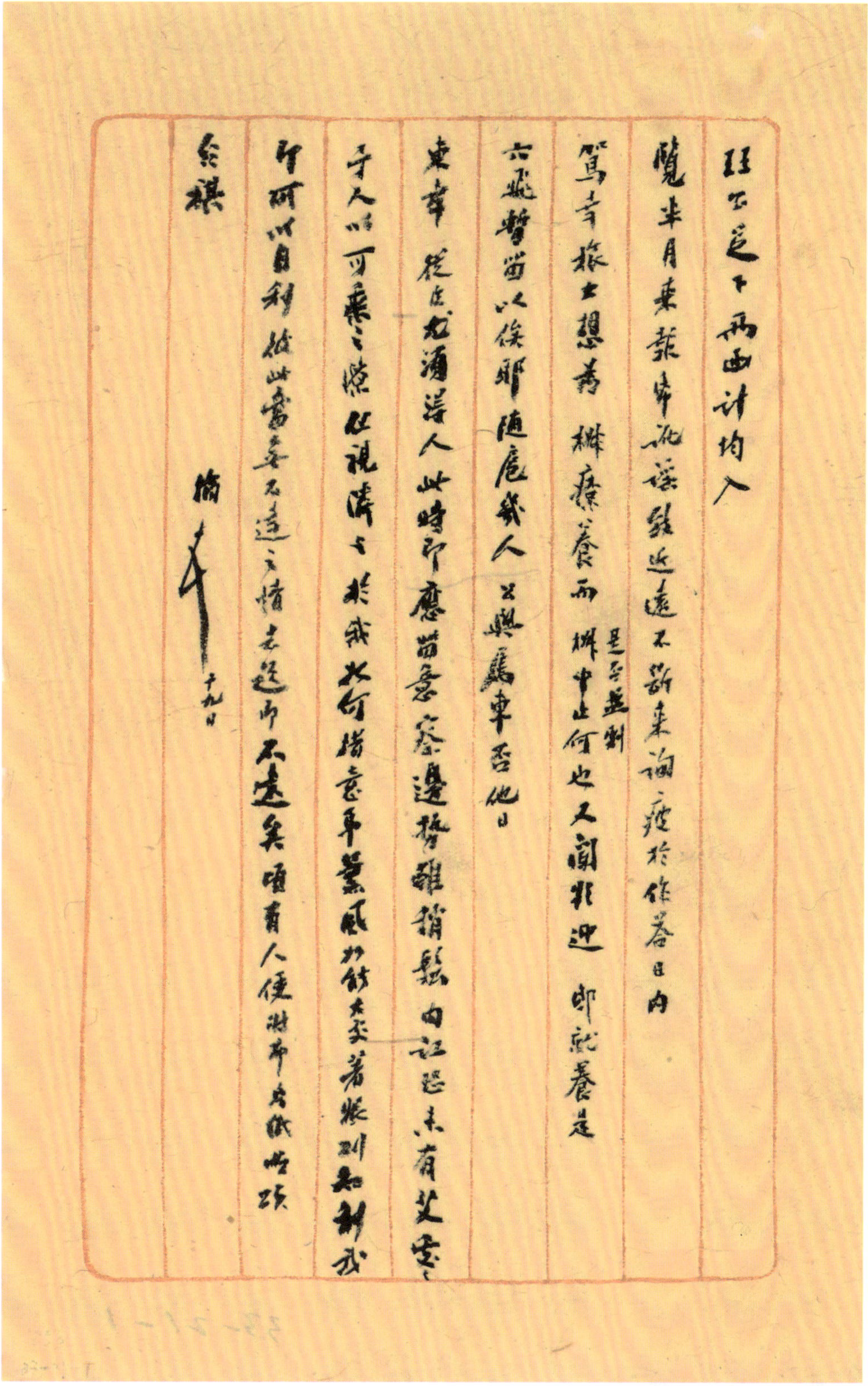

[illegible]足下：两函计均入

览。来月东[illegible]，[illegible]远近不[illegible]来询，[illegible]於作答。日内

[illegible]恳为[illegible]而[illegible]中止，何也？又闻非[illegible]，是否[illegible]，即就养[illegible]

六飞暂留，以俟[illegible]随扈数人，以与[illegible]车否？他日

东幸[illegible]诸人，此时即应留意，[illegible]边势虽稍[illegible]，[illegible]亦未有艾，[illegible]

[illegible]人以可乘之隙，[illegible]视[illegible]於我[illegible]

所[illegible]以自利，彼此当[illegible]不远之情，去之而不远矣。唯有人便[illegible]

台祺

[illegible] 十九日

日本对外同志会《对满策建议案》译文及原文（一九三五年一月）

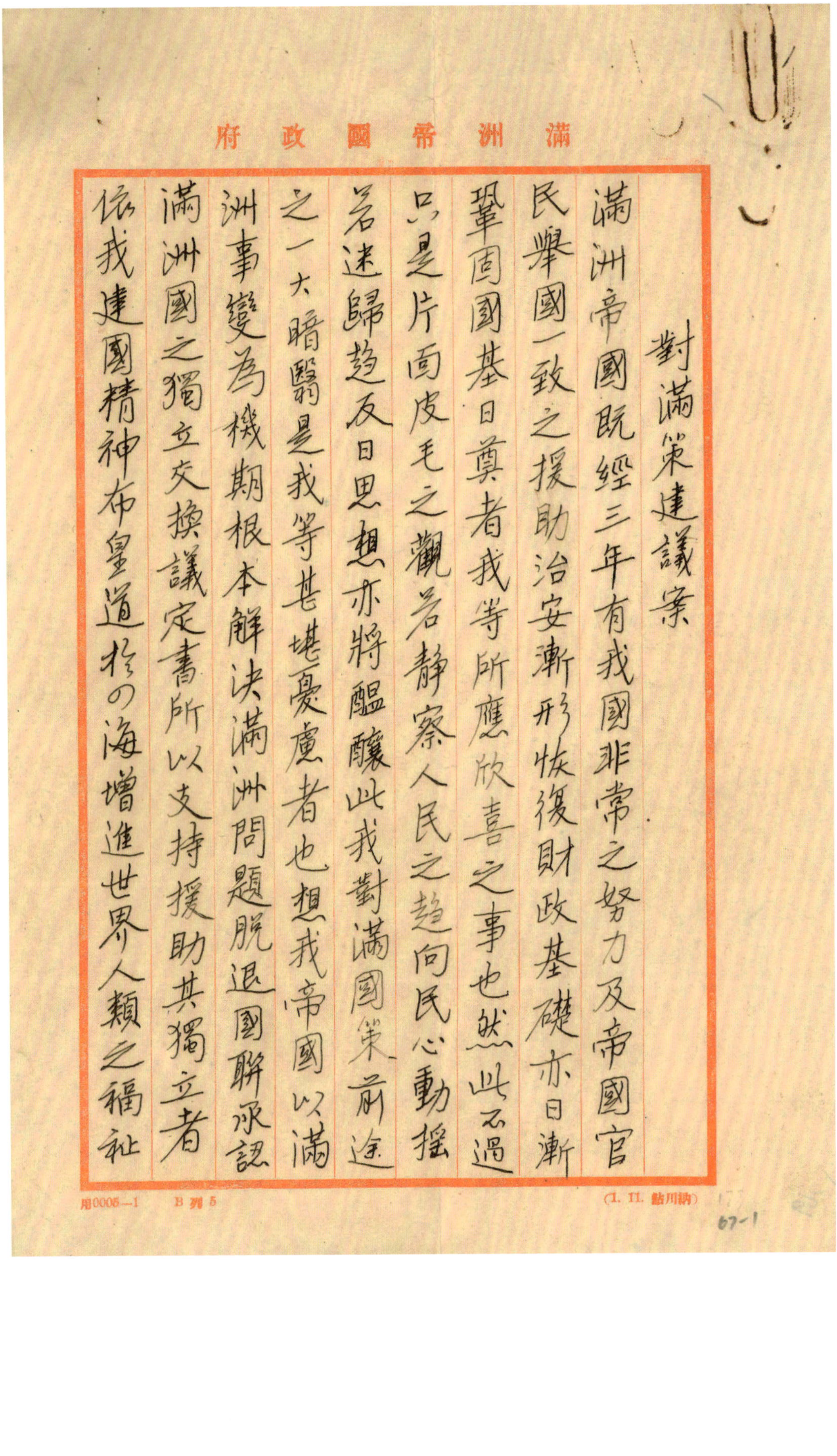
滿洲帝國政府

對滿策建議案

滿洲帝國既經三年有我國非常之努力及帝國官民舉國一致之援助治安漸形恢復財政基礎亦日漸鞏固國基日奠者我等所應欣喜之事也然此不過只是片面皮毛之觀若靜察人民之趨向民心動搖若迷歸趨反日思想亦將醞釀此我對滿國策前途之一大暗翳是我等甚堪憂慮者也想我帝國以滿洲事變為機期根本解決滿洲問題脫退國聯承認滿洲國之獨立交換議定書所以支持援助其獨立者依我建國精神布皇道於四海增進世界人類之福祉

用0005—1　B 列 5　(1. 11. 鮎川納)

67-1

滿洲帝國政府

不外發揮我皇謨故本此宗旨尊重滿洲國之獨立以一視同仁之心包容愛護滿洲國民增其幸福使其悅服化滿洲為王道樂土進而及其の~~海~~鄰之民宣布皇道於の海然觀滿洲施設之迹大有不顧地方人民風俗徒然濫發法規以破傳統良習或缺統制日系官吏互相排斥互相非議妨害國務之進行或驅功利陷於專斷輕視滿人官吏致有跋扈之誹或資國人之發展非法侵害滿人利益上下驅於優越之感輕視滿鮮人民挑發其反感釀成反日思想如此對日本感謝之念日漸薄弱加之南有排日反日之宣傳北有赤化之宣傳排日思想

用0005—1　B列5　(I. II. 紙用納)

2

67-2

3

滿洲帝國政府

益加增進今茲臣敢此弊將能招徠可憂之結果政府宜
速決定照下記各項革正
一、確認滿洲國之獨立實現滿洲國皇室之尊嚴並須使
日滿兩國民徹底諒解滿洲之獨立為滿日兩國民協力
合作而成者須有不可分之關係
二、人事行政須公正且確適肅正紀綱俾提高官吏之
人格資質
因此須行官吏之大更動且告以明確周到之訓諭抑
制其擅恣之行為確實統制之先罷免反對改革在滿
機構運動主謀者使其明賞罰之真義

府0006—1　B列5　(1. 11. 諸川納)

67-3

4

滿洲帝國政府

三、尊重滿人官吏之地位使其當責任之衝以資收攬人心
四、尊重滿洲人民風俗習慣及自治精神考量文化程度
避免屈窮之統治制俾其有所依
五、促進日滿兩國民之經濟提携共有利害俾日滿兩國
民結合不可分之關係
北方危機雖緩不能期其永久繼續收攬民心行手
和工作者蓋屬急務而前記各項乃救刻下危機之根
本策決議盼政府速使其實現

昭和十年一月

對外同志會

用0005—1　B列5　(1.11. 結川納)

67-4

秘

對滿策決議

滿洲建國既ニ三年我國ノ非常ナル活動ト帝國官民擧國一致ノ援助ニ依リ治安概ネ回復シ財政ノ基礎略ボ確立シ國基漸ク定マラントスルハ頗ル喜フヘキ事ナリトスルモ之レ只一面ノ皮相觀ニシテ靜カニ人心ノ趨向ヲ觀察スレハ民心動搖シテ歸趨ニ迷ヒ反日思想亦醞釀セラレテ我對滿國策遂行ノ前途ニ一大暗翳ヲ生シタルハ吾人ノ憂慮ニ堪ヘサル所ナリ。抑モ帝國カ滿洲事變ヲ契機トシテ滿洲問題ノ根本的解決ヲ期シ國際聯盟ヲ脫退シテ滿洲國ノ獨立ヲ承認シ議定書ヲ交換シテ其獨立ヲ支持援助シタル所以ノモノハ我建國ノ大精神ニ基キ皇道ヲ四海ニ布キ世界人類ノ福祉ヲ增進センカタメノ皇謨ノ發露ニ外ナラズ。此精神ニ從ヘハ滿洲國ノ獨立ヲ尊重シ滿洲國民ヲ一視同仁ノ心ニ包容シ愛護シ其幸福ヲ增シ進ンテ之ヲ悅服セシメサルヘカラス之レ滿洲ヲ王道樂土化シ進テ之ヲ其四隣ノ民ニ及ホシ皇道ヲ四海ニ宣布スル所以ノ途ナリ。然ルニ滿洲ニ於ケル施設ノ跡ヲ見ルニ地方ノ民度風俗ヲ顧念セスシテ徒ラニ法規ヲ濫發シテ以テ傳統的良習ヲ破リ或ハ日系官吏ノ統制ヲ欽キ互ニ相排斥シ相非議シテ國務ノ進行ヲ妨ケ或ハ功利ニ馳セテ專斷ニ陷リ滿人官吏ヲ無視シテ橫暴ノ誹ヲ受ケ或ハ邦人ノ發展ニ資セントシテ無法ニ滿人ノ利益ヲ侵害スル等上下ヲ擧ケテ優越感ニ驅ラレ滿鮮人ヲ無視シテ其反感ヲ挑發シ以テ反日ノ思想ヲ釀成ス。此ノ如クシテ帝國ニ對スル感謝ノ念ハ日々ニ薄ラキ南方ヨリスル排日反日宣傳ニ加フルニ北方ヨリスル赤化宣傳ト相待チテ排日思想益々增進ス。今ニ於テ此弊ヲ匡正スルニアラサレハ遂ニ憂フヘキ結果ヲ招徠スルニ至ラン。

政府ハ速ニ左ノ各項ニ涉リ一大革正ヲ斷行スベシ

一、滿洲國ノ獨立ヲ確認シ滿洲國皇室ノ尊嚴ヲ具現スルト共ニ滿洲ノ獨立ガ滿日兩國民ノ協力合作ニ成リタルモノニシテ眞ニ不可分ノ關係ニアルコトヲ日滿兩國民ニ徹底的ニ諒得セシムルヲ要ス

二、人事行政ヲ公正適確ニシ綱紀ヲ肅正シ官吏ノ人格資質ヲ高上スルコト之ガ為メ先ヅ官吏ノ大更迭ヲ斷行シ且明確周到ナル訓諭ヲ與ヘテ擅恣ノ行為ヲ抑制シ統制ヲ確立スベシ、在滿機構改革反對運動ノ首謀者ハ第一ニ罷免シ信賞必罰ノ義ヲ明ニスルヲ要ス

三、滿人官吏ノ地位ヲ尊重シ之ヲシテ責任ノ衝ニ當ラシメ以テ民心收攬ニ資スルヲ要ス

四、滿洲人ノ風俗習慣及自治的精神ヲ尊重シ文化ノ程度ヲ考量シテ窮屈ナル法治的統治ヲ避ケ眞ニ彼等ヲシテ賴ル所アラシムルヲ要ス

五、日滿兩國民ノ經濟的提携ヲ促進シ利害關係ヲ共同ニシ以テ日滿兩國民ヲシテ不可分ノ關係ヲ結ハシムルヲ要ス

北方ノ危機ハ稍緩和セラレタリト雖其永續ハ期スベカラス。滿洲ノ民心ヲ收攬シ其平和工作ハ蓋シ急務中ノ急務ニ屬ス。而シテ前記各項ハ刻下ノ危機ヲ救フ根本策ナリト信ス。政府ハ速ニ之ヲ實現セラレンコトヲ望ム

右決議ス

昭和十年一月

對外同志會

東京市赤坂區青山南町六ノ八三
電話青山七五四二・七五四三番

陈宝琛为溥仪访问日本随从人员等事致胡嗣瑗的信（一九三五年二月五日）

晴公足下：奉读廿四日
手书，敬悉种切。耕之病状一一楼寄还。
主上何以为怀，思之黯然。惟张之支辞或应於此，不可不为之防，应预有备无患。
东游从臣皆已简定，清容既调尚书，想亦与选。阁外人才不过如此，不能苛求。
亦尚宜派以大度，恐为已用。有人闻自议来说，八议将长外交，其遗席
上意亦属。公然用熙光自已。惟矣，消长之几，恐不能如吾意也。密察晋强将降
伏愿屈而求达志，理或有之。有自南来者谓，馆出一一，顺受三国，长崎、华北之忧
可行，果亦殊，亦岂能深服其堂之徒。龙[illegible]未出也。张謇病甚，昨风霜日内能行与否
尚未敢必。近事先函得西陈收阅。

敬颂
[illegible]不宣。
橘叟顿首 初五

陈宝琛为推荐熟悉外交人才等事致胡嗣瑗的信（一九三五年二月十二日）

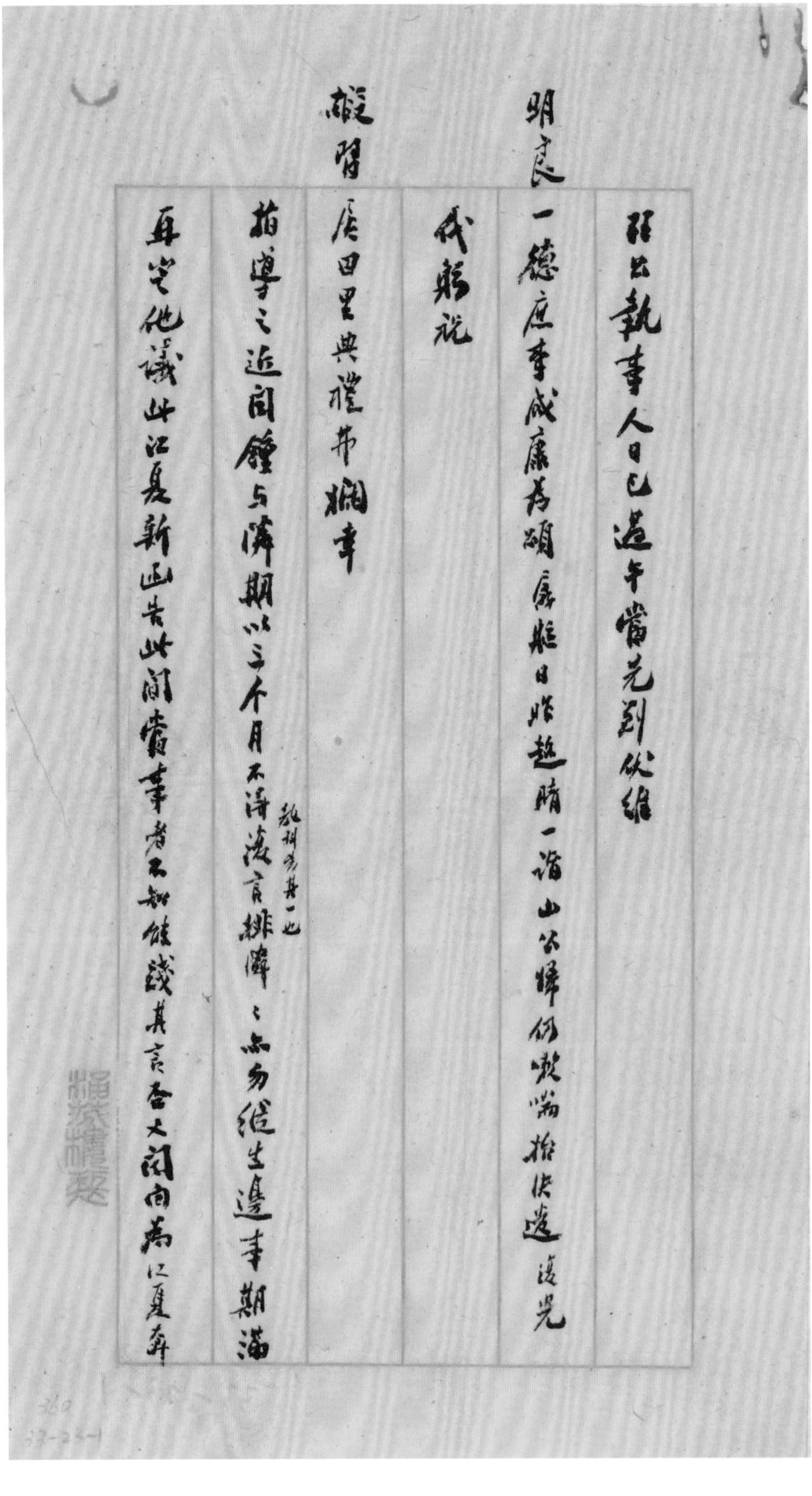
琴公執事：人日已過，午當先到，伏維
明良一德，庶事咸康為頌。康雅日昨趨晤，一諸山公歸，仍欲瑞拾使遂 渡光
代躬祝
擬習辰田里與禮節擱事
指導之近，聞鍾與濤期以三个月不得溢言排擠之，亦勿涉生邊事，期滿 故排斥其一也
再定他議。此江夏新函告此間當事者不知能踐其言否。大約向爲江夏奔

達之劉石蓀近又不愜於仁長劉亦懸人
公識之否閩小假聯絡之新交某君頗有獨見其留學於陸歸已卌年
久在政界近則隱于舊京故于當代人物外交情勢甚為瞭然昂擬之
公若亦上呈見為可採則豫商北庭相時乘勢為之所謂五千言仍不能不煩回
紀控亦馳誉亦曾遣使者來不當碍否此君舊曾官達懸人頗多豈者
詠之免令招惹是非切之閩公忠實奇士家勤而於腹奉公状史邇復缺資

33-23-2

前旬以三四見也山公日内首塗續返那郎兩奉仍擬為吳頌蔿 此信到否亦

予到 楸病能稍安否

六飛慇凝展期從 是已否派定 得消息云出就參議 南田孫之內務曉嵐光云

尚未定近否楢曉郎 青疾若須久些讀草多張 叙頌

春祉唔

琴不宣

擂 初九日

頃正作函，貴同年過談，移晷始行，致甚草草，不盡所言。
某觀察時未收，有將到余州之陳邦和者，奔走見閣校
處之說將以彼其意月據兩毅為敝，此前祝要上達，所在安穀
由使月據付我，將本人以據寄之年呈，以備年後至年所
經手函件所有為難之處，由集自行函達，以并包
折撫杭滁以求
見諒為幸

陈宝琛为因病不能赴津事致胡嗣瑗的信（一九三五年二月十五日）

晴初仁兄大人足下：得
手教，知
暫緩還津，亟思趨陪，而僵卧病坊，不能奮飛，殊自悵恨。弟因顙
瘤潰膿，稍出汁，腫痛，本就德醫割治，尚需數日，裁能平復。倘
諭及近狀，急須恭聆，特遣回僕赴津，祇候
諭示。弟俟明日西寓，還須換藥稍諸整，方能到津。詒友此次在津，獲久安女公
子當日見屆，可為令千金直敘。請
道安。

寶琛頓首 二十二晨

朱益藩为闻近日交涉紧急及汇款等事致胡嗣瑗的信（一九三五年六月五日）

愔仲仁兄年大人閣下：月前一函交默園帶往，不意至今尚未成行，濡滯至兩月餘之久，其中遲者一事並勝下文者因之耽延，殊可怪詫。昨接安世書，述及曲江一款，在橋師原有深意，當其無恙時曾與弟談及，故得知其大略。曲江領來收受，蓋爲賢自代，其所支配亦出自曲江之意。頃閱款目，謂得曲江書以前均未收到，按以上陳，將有下月停寄之説，殆以未見收條爲疑耶？茲將弟經手兩月收條，併照橋師辦法寄呈尊處，應如何辦，轉陳明爲幸。哉壽昨往視令愛，據言自日來服藥甚見舒爽，胃納精神均見好，惟近兩日（自言或因多食之故）覺食後脹悶，腰亦無力，此則外證已解，純是虛寒，已更方用洋參、于朮、杜仲、首烏之屬，以補氣血，如服藥合宜，當可斷就痊可也。照安世幸道意，未及另復，此請

叢安

日來交涉頗緊急，當有所聞

弟名心印 重五

前紙寫就待發接

手教並書後詩筆挾秋霜自是碻論惜繼起亦未為得人未必能

壁壘一新耳頃由午交到陳君一二月收條並云上撥午言三月

款未匯到或謂款已發出潁川扣而未匯不詳究竟如何能

然查見示否日前與潛面晤言此事始末甚悉　弢師原有苦心款

亦並非虛擲以後自宜照實為妥昔漢高以黃金五百斤授人不問出

入此是何等手段豈容窮措大掣肘於其間乎日來鄰邦交涉咄

咄逼人所發策題已對數條尚有三數條不易對者如不得圓滿答

復即將爆發觀其命意仍是彼方向外張口非助我向內伸腳

然自此後事較易聯人心傾向南北一致唯在我好自爲之耳勉

從德業以樹聲望搜羅人才以備任使廣置耳目以通消息皆

今日切要之圖此

宵旰所當注意者幸於

造膝時一代陳之臨行急不盡百一再請

藎安 季玉友

陈懋复等为递送其父陈宝琛遗折事致胡嗣瑗的信（一九三五年六月）

附：陈宝琛遗折

愔仲先生世大人矜鑒不孝等竟遘鞠凶百身莫贖疊承
唁問又荷
上陳獲邀
渥典兩奉
諭旨褒揚志慮先君九原實戴
高厚不孝等更長銜
恩施於世世也感激下忱伏乞
代為上達赴聞失於簡略不孝等亦自知之此中曲折敬

託　黃丈嘿園代陳
左右想
大賢定能曲諒之也近日粗將　先君事略具稿聞見難
詳加以瞀亂不文恨不能盡萬一壬申九月以迄近日
之事　先君孤悰苦志計唯
先生能知之敬錄一通呈請
詧閱茲件不擬印俵衹備清本奉求　散原世丈撰文定
園少保書丹以納幽永閟資後世攷證謹攄此意伏祈

賜詧爲幸肅此鳴謝虔頌

蓋綏不備

棟人陳懋

隨艮復侗需

稽顙

35-3

臣陳寶琛跪

奏為臣病勢危篤伏枕哀鳴口授遺摺叩謝

天恩仰祈

聖鑒事竊臣自去冬偶患痰咳調理就痊前月望間舊恙復作
尚可支持數日以後體中發熱痰涎壅塞喘促不安改由
西醫診治鍼藥兼施未能奏效自是病狀益危氣息僅屬
輾轉牀褥勢將不起伏念臣幼承庭訓世受
國恩弱冠登
朝謬列金閨之籍壯年奉使屢膺玉尺之榮偶緣事而歸田
方閉門而思過優遊隴畝積有歲時迨夫
聖主當陽羣材思奮

35-5

賞還原秩旋畀疆符洊擢崇銜留陪
經幄
講筵乍啓靚車服之陳庭
實錄告成復台衡之迭晉杖國杖朝之始屆
錫聖藻以引年登科登第之重逢
頒宸章而志慶凡茲
恩施之逾格皆非夢寐所敢期感愧靡涯捐糜何惜方期三春
氣暖再詣
行朝及茲一息之尚存藉致五中之愚慮不圖心長命促福

溥宊生空懷捧日之忱無復回春之望生機已盡恨無路

以瞻

天素願未償徒銜悲而入地命也如此夫復何言伏願我

皇上求賢納諫親仁善鄰脩德乃可服人得道方能多助因人

心之思舊亟為遠大之圖戒王業之偏安宜有綢繆之計

庶幾上慰

九廟之靈下副萬民之望則臣身雖死臣目長瞑無任感激悽戀

之至謹口授遺摺命臣子樾復繕寫

上陳叩謝

天恩伏乞

皇上聖鑒謹

奏

朱益藩为溥仪东巡及留京办事处住房迁移等问题致胡嗣瑗的四封信（一九三五年）

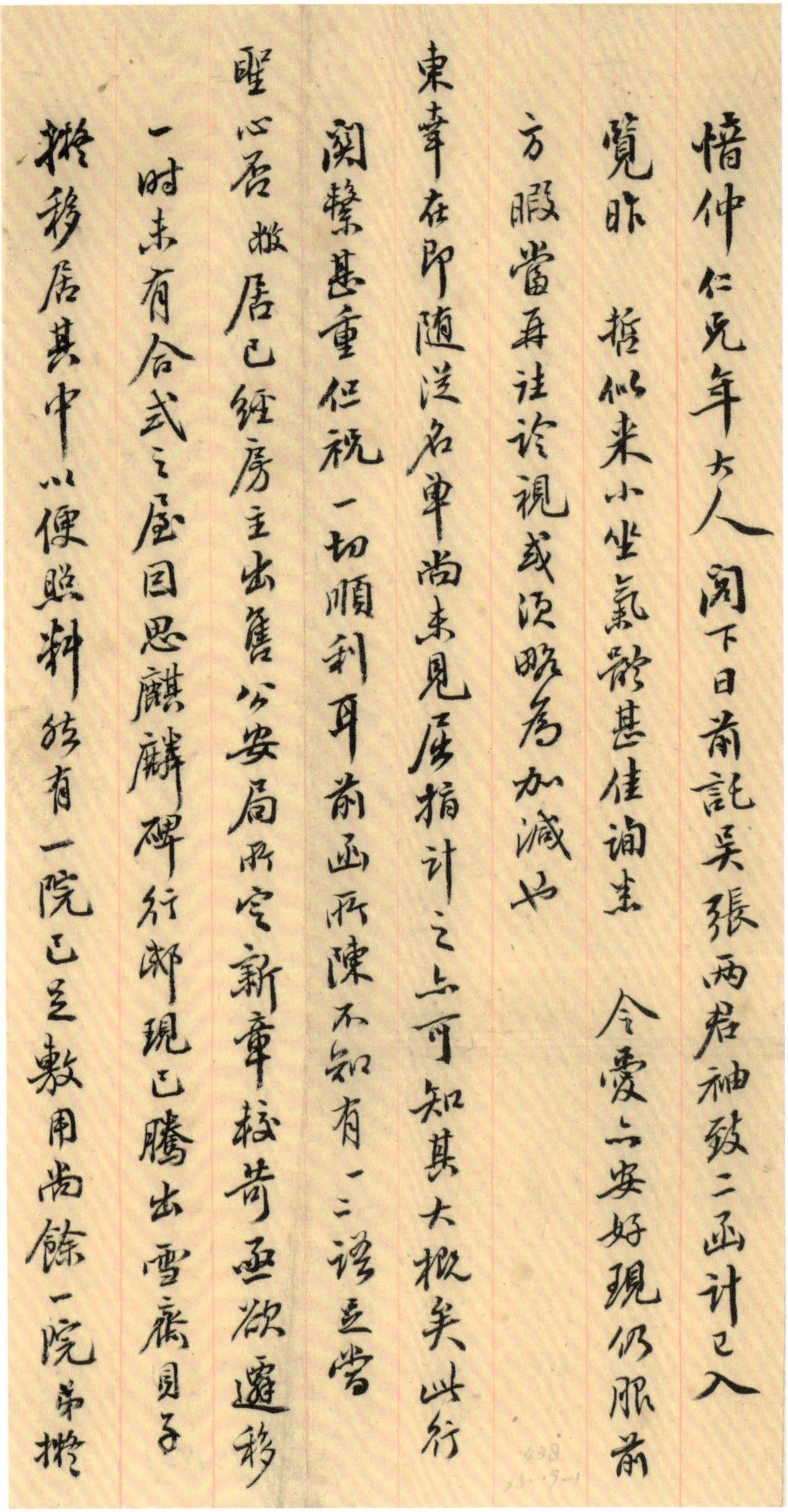
惜仲仁兄年大人閣下日前託吳張兩君袖致二函計已入
覽昨接似來小坐氣體甚佳詢悉令愛亦安好現仍服前
方暇當再往診視或須略為加減也
東幸在即隨從名單尚未見屈指計之亦可知其大概矣此行
關繫甚重但祝一切順利耳前函所陳不知有一二語足當
聖心否 敝居已經房主出售公安局所定新章接其函欲遷移
一時未有合式之屋因思麒麟碑衚衕現已騰出雪齋貝子
搬移居其中以便照料於有一院已足敷用尚餘一院弟擬

借住承辦處本設在東院弟以留京辦事處設諸西院西樓
間併在一處似亦名正言順一切方便所存物品除貴重者已
解往津門所餘粗笨儘有餘屋收藏不至散失也聞雪堂
已函蒼虬陳明當並及鄙意若復以私諸
左右尚乞
代陳速復至盼日來稍暇弟擬作一局邀集同人進行選卷
之事有所得續閱之匆此祇請
籌安即候　回玉

弟[illegible]

二十一日

载涛朱益藩为给溥仪选妃事致胡嗣瑗的四封信（一九三五年至一九三六一月四日）

愔仲先生仁兄閣下敬啓者選妃一事數月以來欽欽在抱
迭經廣託至交到處物色亦曾搜得多卷或曰社會惡
劣不免沾染或曰家長樂從而本人不願以致一無成議
不勝焦灼迭經 椅叟轉述
尊囑催令速辦並承
諭不分滿漢皆可入選似此範圍較廣或更易於搜羅唯
自機關南遷漢人在京稍有頭面者歷歷可數其有意
謀事者往往多所顧忌一俟物色如何再行相機辦理

前此託付之人雖多或因未負責任未能盡力訪求

擬請於世家大族姻戚眾多者

加派一二人公同搜采似於事理較便伏希

陳明示復為幸專此祗請

台安

載濤
朱益藩 拜啓

夏曆廿八日

愔仲先生仁兄閣下敬啓者選卷一事共事
諸人仍在切實進行惟尚未有所
獲不勝焦灼因憶濤在長時聞沈菴
經進之件未蒙
發下此二卷濤近日曾得寓目門第才
品尚屬可以入選擬懇
代為請
示可否由濤等遴派妥人護送至長恭候

欽定如蒙
俞允希即
速復以便遵行大典正在修訂竊
意此事似宜提前辦妥不可更行
遲延也專此敬頌
勛綏鵠候
回玉

載濤
朱益藩
同啓

惜仲仁兄年大人閣下朋輩東來鄙人組織大概殊出

意外矣

兄雖經調任而

眷遇未衰固當為所容心惟弟所深憂者薛居州不在王所

從此羣邪競進正士裹足其關係至為重大即弟等

遠在平津既乏

喉舌之司誰為腹心之託一切深感不便連日與 陳師晤

談同深感喟並此亦只是一時暫局將來窒礙必多尚須

垂行布置，但根本之地如此紛紛，益啓外人輕視，亦非計
遠之郡所宜有耳。昨聞
令兄同年遽返道山，不勝悼惜。宏才令德，百未一酬，而止
於是耶？吾
兄手足之情深，傷感自不待言，尚祈
強自排遣，以就遠業為任。企禱。　病山同年身後蕭
條，至今未見訃聞。其夫人不願回蜀歸葬，尚未有期。
天之報施善人固如是乎？又傷知己。佩蘭再作東遊，索

信甚急，遂俗事猬集，匆匆渺此，率臆百不盡一，藉候

興居

弟以蕃頓首

再前寄去照片，未有下文，臣源函達

諭旨更衍物色，遂即廣為託付，尚未獲愜心之眷，而前此之

眷詮揚甚殷，以此家若不入數，當別圖出身之路，未便久羈

耳。第意脈亦佳，一卷似堪入選，不知

上意如何，惟有多方訪求，冀有所獲，恐勞

念注，聊復及之

覽

此信寫好已久，佩因事耽閣，另摘所云擬照呈

愔仲先生仁兄閣下前此仲業傳
諭之件當即留心物色未敢稍懈頃接初四日
來函因商定先將已獲兩卷交依某賚上請
代為進呈尚有烏雅氏一卷摹照未就濤等尚
在訪求如續有佳卷當再一併呈
覽兩卷履歷均開列粘貼卷端皆搢紳後人家
規整肅未染時下習氣如其中有可錄取者請
電由仲業速達即當略幫衣物護送前往此

時徑歸未定固不必有所鋪張然當此嚴寒遠
出凡衣飾用品衾幬盥川安家諸費似亦在所必
需濤等約略估計擬請
先行匯寄三千由濤等酌量送給事畢開單報
銷如
上意別有優給即希
示知遵辦專肅祇請
台安諸惟
亮照

載濤
朱益藩 同啟 十二月初十日

復真崎大將書

敬啓 獻歲發春伏維

蓋躬晏福忻頌無量頃由蔡法平君轉奉

大緘祇聆一一前呈拙作寀寀短章不足盡（表）欽遲

之意乃辱

（閣下）謙謝諄摯誦之弥益汗顔再展

另椷謹已面陳

大陸矣目今内外情勢略可窺見端倪惟（雖万變不離其宗猶）

閣下謀國精誠探源星宿（標正義）大綱既（舉）目畢張此尤

敬致 足下風（不）深感（敬）佩者也南風多便時祈

惠貺我好音尚布腹心敬祝順頌候

嘉祉

真崎甚三郎大將閣下

胡子拜啓

康德三年一月六日

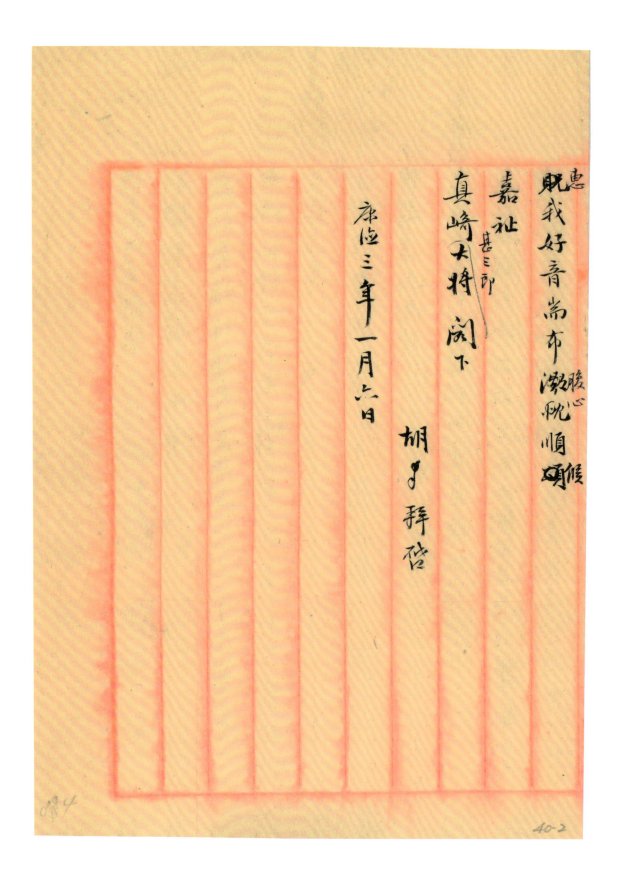

后记

本书编纂工作在《抗日战争档案汇编》编纂出版工作领导小组和编纂委员会的具体领导下进行。

本书编者主要来自辽宁省档案馆，档案保管、利用、电子等部门的同志通过不同方式对本书的编纂工作给予了大力支持和帮助。中央档案馆的领导同志审阅了书稿，提出了重要修改意见。

中华书局对本书的编纂出版工作给予了鼎力支持，谨向上述同志和单位致以诚挚的感谢！

编者